Historia DE LOS PAPAS

desde San Pedro hasta León XIV

Luis-Tomás Melgar Gil

LIBSA

© 2025, Editorial Libsa
C/ Puerto de Navacerrada, 88
28935 Móstoles (Madrid)
Tel. (34) 91 657 25 80
e-mail: libsa@libsa.es
www.libsa.es

ISBN: 978-84-662-4519-7

Colaboración en textos: Luis-Tomás Melgar Gil
y equipo editorial Libsa
Edición: María Mañeru
Diseño de cubierta: Lucía Fernández Díez
Maquetación: Equipo de maquetación Libsa
Documentación: Archivo Libsa

Contenido

Introducción

Leer reflexivamente la historia de los papas es un ejercicio doblemente gratificante: permite al lector repasar la historia de nuestro mundo en los últimos dos mil años, manteniendo un mismo centro de gravedad en su sobrevuelo, y, si es católico, tomar conciencia de la presencia del Espíritu en el mantenimiento de la Iglesia, en la elección de papas a todas luces santos, pero también de otros que, a nuestros humanos ojos, distaron mucho de serlo pero que no por ello contribuyeron menos a sostener a la Iglesia a través de los siglos, afrontando decenas de movimientos heréticos que amenazaban corromperla, superando numerosos cismas que la fraccionaron durante años y años, sobreviviendo a su larga supeditación al poder de los imperios, purgando amargamente su propio y duradero poder temporal, asumiendo las luces y sombras de unos papas que acertaron a elevarse hasta las cumbres de la santidad, descender hasta la vanidad de los cesarismos y ser siempre rotundamente humanos, a la par que santos o césares, servidores de Dios o de sí mismos, llenos de orgullo o dechados de humildad, sabios o ignorantes, héroes o cobardes, caritativos o egocéntricos, dignos o indignos, pero siempre eslabones de una cadena que solo acabará con el final de los tiempos.

Con frecuencia, la atención de muchos, y muy especialmente de los menos fieles a la Iglesia, se detienen a considerar los muchos papas que antepusieron, o parecieron hacerlo, la lucha por el poder temporal a la mejoría espiritual de los fieles de los que habían sido nombrados pastores. Solo a Dios toca juzgar, porque solo Él conoce la verdad que se encierra en cada conciencia individual; pero, desde nuestra limitadísima capacidad de juicio, se nos antoja que para la perdurabilidad de la Iglesia, nos han sido menos necesarios los papas que han defendido con tesón el poder temporal, los césares, que los muchos que han defendido la fidelidad a la palabra de Cristo con el ejemplo de su santidad, la solidez de su fe y el rigor de su formación teológica: los santos. Dios quiere la colaboración de los hombres, de todos los hombres, en el milagro de la redención, y a unos pocos de ellos, con sus virtudes y defectos, les ha encomendado la misión de apacentar su rebaño: los sucesores de San Pedro, los papas.

El Papa

La palabra *papa*, «padre» en latín, se aplicó en la Iglesia primitiva a cualquier autoridad religiosa; muy pronto, a los obispos, y solo a partir del siglo IV San Siricio empleó esa palabra para referirse a sí mismo como obispo de Roma y sumo pontífice. Desde el principio del cristianismo, la primacía sobre la Iglesia de Cristo la da el hecho de ser obispo de Roma y, por serlo, sucesor de San Pedro; pero, en la actualidad, aunque sea ese título de obispo de Roma el que le da derecho a todos los demás, el Papa ostenta otros títulos: vicario de Cristo, sucesor de San Pedro, sucesor del Príncipe de los Apóstoles, supremo pontífice de la Iglesia católica, patriarca de Occidente, primado de Italia, arzobispo y metropolitano de la diócesis de Roma, soberano del Estado de la Ciudad del Vaticano y, sobre todo, siervo de los siervos de Dios.

Siendo el Papa el más alto poder en la Iglesia, a él toca convocar concilios, establecer sedes episcopales, elegir obispos, hacer declaraciones doctrinales, resolver cuestiones legales y ejercer como suprema autoridad de la Iglesia. Para hacerlo, el Papa cuenta con la ayuda de la curia romana, una organización burocrática que mantiene la misma estructura desde el siglo XVI: congregaciones, tribunales y oficios, consultorías y secretariados.

En teoría, cualquier hombre bautizado puede ser Papa, y en los quince primeros siglos de historia de la Iglesia fueron frecuentes los elegidos que no habían sido electores, e incluso que no habían sido aún ordenados sacerdotes, especialmente cuando la elección del obispo de Roma recaía en el clero y el pueblo romanos, con o sin intervención del emperador de Roma, de Constantinopla, del Sacro Imperio Romano Germánico o de Italia, en un sistema que fue modificado incontables veces a lo largo de la historia. Y elegidos no electores hubo también a partir del siglo XI, en el que se fijó que fuese el Colegio Cardenalicio quien eligiese Papa tras la muerte de su predecesor, aunque bajo fórmulas que han ido variando con el tiempo. Desde el siglo XVI la elección papal ha recaído siempre sobre alguno de los electores: los cardenales presentes en el cónclave.

El papado

Desde los primeros años de la Iglesia, los sucesores de San Pedro en el obispado de Roma ejercieron el poder que el Señor les había dado al concederles las llaves del reino de los cielos, y el de atar y desatar en la tierra lo que quedaría atado y desatado en los cielos.

En la larga lista de papas, son incontables sus declaraciones defendiendo la primacía del obispo de Roma, como sucesor de San Pedro, sobre el resto de los obispos. Y esto fue así desde los primeros años.

Y otro tanto hicieron Padres de la Iglesia y concilios. Por ejemplo, ocurrió con San Ignacio Mártir, San Ireneo o San Cipriano, y en el Concilio de Éfeso, Concilio de Calcedonia, III Concilio de Constantinopla, II Concilio de Nicea, I Concilio Vaticano, entre muchos otros. Quizás el mejor ejemplo de que ya en el siglo IV era un hecho admitido por todos nos lo den las siguientes palabras de Optato de Mileve expresándose contra los donatistas: «No puedes negar que la primera sede episcopal en Roma fue conferida a Pedro, y sobre esta sede descansa la unidad de todos».

Hasta los paganos reconocían la primacía del episcopado romano: el emperador Cómodo, en el siglo II, pide al papa Víctor I que intervenga ante el procurador de Cerdeña para que levante la sanción a un sacerdote condenado a las minas, y el emperador Aurelio indica que la sede de Antioquía debe ser entregada a aquel a quien designe el obispo de Roma.

Pero no todos los cristianos han admitido siempre esa primacía del sucesor de San Pedro en el obispado de Roma sobre el resto de los obispos. Quien lea esta u otra historia de los papas verá, acaso con asombro, la enorme cantidad de cismas, herejías y desobediencias a las que tuvo que enfrentarse el obispo de Roma, especialmente en el primer milenio de su historia. E incluso en nuestro tiempo, al margen de los hermanos separados desde la reforma y de la Iglesia ortodoxa, no faltan cristianos que discuten esa primacía del Papa sobre el resto de los obispos, apoyándose en el entendimiento que de la palabra *cefas* —«piedra, roca»— han hecho algunos santos y Padres de la Iglesia —San Cirilo, San Hilario de Poitiers, San Jerónimo, San Juan Crisóstomo e incluso el propio San Agustín—, en la opinión que algunos disidentes tienen de que Jesús dio a todos los apóstoles el mismo poder que a San Pedro, en el hecho de que es difícil encontrar testimonios que demuestren que los apóstoles reconocieron esa primacía en San Pedro y en la evidencia de que, en los concilios de los cuatro primeros siglos, el obispo de Roma solo parecía gozar de una preeminencia honorífica.

También han sido muchos los que han discutido si realmente San Pedro vivó y murió en Roma; sin embargo, hoy en día es un hecho históricamente comprobado que San Pedro residió en Roma y que también en Roma sufrió martirio y fue enterrado.

Tú eres Pedro (años 42-67)

Entorno histórico

A la llegada de San Pedro a Roma –si fue, como afirma la tradición, en el año 42 de nuestra era– el mundo occidental vive bajo el mandato del Imperio de Roma y a su vez, Roma vive bajo el mandato del imperio de Claudio, que había accedido al trono tras el asesinato de su antecesor, Calígula, por el prefecto del Pretorio.

Claudio, a quien la historia describe como un cobarde que disimula su valía bajo una capa de estupidez para evitar ser asesinado –como buena parte de sus parientes–, intenta retomar la forma administrativa que impuso en el Imperio el emperador Augusto, concede puestos de privilegio a los libertos imperiales y vive bajo la influencia negativa de las ambiciosas mujeres de su entorno: Mesalina y Agripina, especialmente.

Cuando Claudio muere asesinado –año 54– por orden o de propia mano de su esposa, Agripina, le es confiado el Imperio a Nerón, bien influenciado en los primeros años por sus preceptores Séneca y Burro. A partir del año 61, Nerón, quizá mejor emperador para su pueblo y más querido por este de lo que la historia ha reflejado normalmente, deviene en una especie de locura que le hace caer en un despotismo cruel para sus allegados: asesinato de su hermanastro Británico; de Agripina, su madre; de Octavia, su esposa; de Burro, maestro, prefecto y favorito; de Séneca y Lucano, aunque forzándoles al suicidio, etc. Y tras el incendio de Roma –del que Nerón acusa a los cristianos y las historias cristianas–, en represalia, aunque posiblemente ni emperador ni cristianos tuvieran nada que ver en ello, el enloquecimiento total, persecución de los cristianos, martirios, etc., hasta que, ornados ya con la corona del martirio San Pedro y San Pablo, el propio Nerón se suicida, depuesto ya por el Senado y con las tropas de Galba a las puertas de palacio dispuestas a acabar con su imperio y con su vida.

En Israel se produce un levantamiento judío cuando los romanos exigen, en el año 66, rendir culto al emperador y Vespasiano recibe la orden de aplastar la rebelión.

En China, la dinastía Han Oriental, fundada por un descendiente de los emperadores Han, Liu Hsiu, hace florecer el imperio durante doscientos años.

En India, tras la invasión de los nómadas Yue Chi, de habla indoeuropea, surge el reino de Kusana en India Septentrional, que llega a dominar India Occidental, parte de Irán y otras tierras cercanas. Al propio tiempo se inicia el dominio de la dinastía Satavahana en el reino indio de Andahara, y la nobleza escita funda el reino de Ksatrapa.

Japón era, al decir de los cronistas chinos, un país fragmentado en incontables comunidades pero que conocía ya la metalurgia y el cultivo del arroz. En el año 57, un rey del país japonés de los Wa envía una embajada ante el emperador chino, Guang Wudi.

En África nace el imperio de Axum, de lengua griega.

En México se funda el gran centro urbano de Teotihuacán y los mayas crean una gran civilización en las tierras que hoy forman Guatemala y Honduras, al tiempo que, en la costa norte del actual Perú, los guerreros mochicas establecen una sociedad organizada.

Institución del papado

El papado –la función y preeminencia del Papa, del obispo de Roma y vicario de Cristo en la tierra– nace, según el Evangelio de San Juan, cuando Jesús se dirigió a Simón, hijo de Jonás, y le dijo: «Tú eres Simón, hijo de Jonás, y serás llamado Cefas».

Ese Cefas –piedra– que nosotros traducimos por Pedro.

En el Evangelio de San Mateo, leemos:

> «Llegado Jesús a la región de Cesarea de Filipo, hizo esta pregunta a sus discípulos:
>
> —¿Quién dicen los hombres que es el Hijo del Hombre?
>
> Ellos dijeron:
>
> —Unos, que Juan el Bautista; otros, que Elías; otros, que Jeremías o uno de los profetas.
>
> Preguntó Él:

—Y vosotros, ¿quién decís vosotros que soy yo?

Simón Pedro contestó:

—Tú eres el Cristo, el Hijo del Dios vivo.

Replicando Jesús, le dijo:

—Bienaventurado eres, Simón, hijo de Jonás, porque no te ha revelado esto la carne ni la sangre, sino mi Padre que está en los cielos. Y yo, a mi vez, te digo que tú eres Pedro y sobre esta piedra edificaré mi iglesia, y las puertas del Hades no prevalecerán contra ella. A ti te daré las llaves del reino de los cielos, y lo que atares en la tierra quedará atado en los cielos, y lo que desatares en la tierra quedará desatado en los cielos».

Hay un pasaje en el Evangelio de San Lucas en el que queda escrito:

«Dijo el Señor también:

—¡Simón, Simón! Mira que Satanás ha solicitado el poder cribaros como trigo, pero yo he rogado por ti, para que tu fe no desfallezca. Y tú, cuando hayas vuelto, confirma a tus hermanos».

En otro punto del Evangelio de San Juan, se puede leer:

«Después de haber comido, dice Jesús a Simón Pedro:

—Simón de Jonás, ¿me amas más que estos?

Le dice él:

—Sí, Señor; tú sabes que te quiero.

Le dice Jesús:

—Apacienta mis corderos.

Vuelve a decirle por segunda vez:

—Simón de Jonás, ¿me amas?

Le dice él:

—Sí, Señor; tú sabes que te quiero.

Le dice Jesús:

—Apacienta mis ovejas.

Le dice por tercera vez:

—Simón de Jonás, ¿me quieres?

Se entristeció Pedro de que le preguntase por tercera vez "¿Me quieres?", y le dijo:

—Señor, tú lo sabes todo: tú sabes que te quiero.

Le dice Jesús:

—Apacienta mis ovejas. En verdad, en verdad te digo: cuando eras joven, tú mismo te ceñías, e ibas a donde querías; pero cuando llegues a viejo, extenderás tus manos y otro te ceñirá, y te llevarán a donde no quieras».

Siempre se cita a San Pedro el primero de los apóstoles en los Santos Evangelios, y en los *Hechos de los Apóstoles* es Pedro quien decide reemplazar a Judas y el primero en hablar al pueblo tras el Pentecostés.

Con San Pedro, primer obispo de Roma, se inicia la monarquía electiva que rige la Iglesia desde el año 42 de nuestra era, pues todos los que desde el siglo IV llamamos papas lo son en tanto en cuanto han sido elegido sucesores suyos.

1. San Pedro (42-67)

Se llamaba Simón Bar Jona, Simón, hijo de Juan *(Jona)*, y nació en Bethsaida, en la orilla septentrional del lago de Tiberíades (Genezareth), de donde era también el apóstol Felipe. Con su hermano Andrés vivía en casa de su suegra en Menandro Cafarnaún, ya que Simón estaba casado y, al parecer, tenía hijos.

Los dos hermanos eran pescadores y, ambos, se contaron entre los discípulos de San Juan Bautista. Con él estaban cuando, al paso de Jesús, le oyeron decir: «He ahí al cordero de Dios», por lo que Andrés y otro discípulo siguieron a Aquel a quien señalaba el Bautista hasta el lugar en que residía, y permanecieron un día junto a Él.

Al siguiente día, los dos discípulos buscaron a Simón para decirle: «Hemos hallado al Mesías». Simón fue con ellos en su busca y, cuando llegaron a su lado, Jesús, fijando la mirada en Simón, le dijo: «Tú eres Simón, el hijo de Juan, y te llamarás Cefas» *(Kephas*, «roca»; *Petrus* en latín).

Cuando más adelante el Señor les llamó a su lado y ellos pasaron a formar parte del grupo de los doce, volvió a dar a Simón el nombre de Cefas *(Petrus)*, y desde ese momento ese nombre le fue tan propio como el de Simón.

Tras ese encuentro inicial, Pedro y el resto de los primeros discípulos permanecieron algún tiempo junto a Jesús, acompañándolo a Galilea, Judea y Jerusalén, antes de regresar por Samaria a Galilea, donde Simón volvió a su oficio de pescador.

Pescando estaban Pedro y Andrés cuando Jesús les dijo: «Venid conmigo y os haré pescadores de hombres». Y ambos, como en la misma ocasión hicieron los hijos de Zebedeo, permanecieron a su lado para siempre, con la única salvedad del día de la muerte del Salvador.

Los Evangelios están llenos de referencias a la creciente importancia de Pedro entre los discípulos del Señor, pese a su carácter indeciso pero tenaz en su fidelidad a Jesús y firme en su amor y fe. Cuando los doce son llamados al apostolado, su nombre encabeza la lista, y los evangelistas destacan el nombre, significado del Cefas que Cristo le había dado, y las veces que el Salvador se dirige directamente a él; como también las ocasiones en las que Pedro habla en nombre de los demás o en el propio: «Señor, ¿quiénes vamos a ir? Tú tienes palabras de vida eterna, y nosotros creemos y sabemos que tú eres el santo de Dios».

Cristo acentuó la precedencia de Pedro entre los apóstoles cuando, tras reconocerle este como el Mesías, Él le prometió que encabezaría su rebaño.

Pese a su fe, Pedro no tiene clara la misión del Salvador y no entiende los padecimientos que le aguardan, tan contrarios a la concepción que se tenía de la llegada del Mesías. Ello se mostró con toda claridad durante la pasión de Cristo. Pedro había afirmado que estaba dispuesto a acompañar a Jesús hasta la muerte, pero Cristo anunció la triple negación de Pedro. Nuevamente el Señor hubo de reprenderle cuando procedió a lavar los pies de los apóstoles antes de la última cena; cuando le halló dormido, como los otros, mientras Él sufría una angustia mortal en el huerto, y cuando quiso defenderle con la espada. Y después, tras la vergonzosa huida con los otros apóstoles, la triple negativa tras seguir a su apresado Señor hasta la casa del sumo sacerdote.

Tras la resurrección, las mujeres que hallaron el sepulcro de Cristo vacío recibieron del ángel un recado especial para Pedro, y solo a él se le aparece Cristo en el día de la resurrección. Y después, cuando se les aparece junto al lago de Tiberíades, Cristo confía nuevamente a Pedro la misión de alimentar y defender a su rebaño, y le anuncia la muerte violenta que habría de sufrir.

Tras la ascensión, los *Hechos de los Apóstoles* nos hablan de la actividad apostólica de San Pedro en Jerusalén, Judea y los distritos cercanos a Siria, y cuando apóstoles y discípulos esperan en Jerusalén la llegada del Espíritu Santo, Pedro es su líder y cabeza de la comunidad cristiana. Es Pedro quien toma la iniciativa cuando ha de designarse un sustituto de Judas en el colegio apostólico. Y después de la llegada del Espíritu Santo, es Pedro quien, a la cabeza de los apóstoles, pronuncia el primer sermón público proclamando la vida, muerte y resurrección de Jesús, y convirtiendo a muchos a la fe de Cristo, y también es él el primero de los apóstoles en hacer un milagro público, curando a un tullido en la Puerta Hermosa. Y quien, en los interrogatorios a que son sometidos los apóstoles ante el Gran Sanedrín de los judíos, defiende la causa de Jesús y la obligación y libertad de los apóstoles de predicar el Evangelio. Cuando Ananías y Safira intentan engañar a los apóstoles, es Pedro quien se presenta como juez de su acción y Dios ejecuta la sentencia de castigo dictada por el apóstol, provocando la muerte de los culpables; y, como el resto de los apóstoles, obtiene de Dios numerosos milagros para confirmar la verdad de su misión y de su fe.

Pero no solo en Jerusalén trabajó Pedro en el cumplimiento de su misión, sino en otras comunidades cristianas de Palestina y en las tierras ubicadas más al norte. Va a Samaria, tras Felipe el Diácono y acompañado por Juan, y se presenta por segunda vez como juez en el caso de Simón el Mago, que desea adquirir de los apóstoles el poder de invocar también él al Espíritu Santo. En un largo viaje misionero, Pedro fue a Lida, Joppe y Cesarea; a su regreso a Jerusalén, los judíos cristianos más estrictos a la ley judía le preguntan por qué había entrado y comido en casa de los incircuncisos, y Pedro les habla de una visión que abre el camino de la fe a todos los pueblos de la tierra. La larga residencia de Pedro en Jerusalén y Palestina pronto tocó a su fin, pues Herodes Agripa I le hace encarcelar para ajusticiarlo más tarde; pero, liberado de forma milagrosa, se reúne con los fieles que estaban en oración y, tras informarles de su liberación de manos de Herodes, les mandó que comunicasen el hecho a Santiago y los hermanos, y salió de Jerusalén para emprender largos viajes misioneros por Oriente. Es probable que Pedro haya proseguido sus trabajos apostólicos por varios distritos de Asia Menor, las provincias de Ponto, Galacia, Capadocia y Asia, y muy probablemente Corinto, con retornos ocasionales a Jerusalén, que había dejado al cuidado de Santiago.

San Pedro trabajó en Roma durante la última parte de su vida y allí sufrió martirio, pero se carecen de datos precisos sobre su actividad en la capital del Imperio, sus estancias en ella y la precisión cronológica de su llegada, pero su martirio durante la persecución de los cristianos ordenada por el emperador Nerón, y en la que sufrió también martirio y muerte San Pablo, parece fijada para San Pedro el 29 de junio de 67, cuando, tras ser arrestado y sometido a tortura, pidió ser crucificado con la cabeza hacia abajo, por no serlo en la misma forma que su Maestro.

San Cleto erigió, en el lugar de su martirio, una memoria *beati Petri*, y en ese mismo lugar, en el que hoy se alza la basílica de San Pedro, el emperador Constantino hizo construir una basílica en su memoria.

San Juan Bautista, hijo del sacerdote Zacarías y de Isabel, la prima de María y madre de Jesús, nació unos meses antes que Jesucristo, pues fue él quien saltó de gozo en el vientre de su madre cuando, tras la Anunciación, María fue a visitarla. Era, pues, natural de Judea y, al parecer, nazareo, es decir, consagrado a Dios desde la infancia.

Cuando el propio Jesucristo se sometió al bautismo del agua, y reconociéndole como el Mesías, San Juan Bautista dio por concluida su labor, aunque siguió predicando la necesidad de penitencia hasta el punto de enfurecer de tal forma a Herodes Antipas denunciando su pecado al casarse con la mujer de su hermanastro Herodes Filipo que ordenó encarcelarlo y, a petición de Salomé, decapitarlo.

Herodes Antipas nació el año 21 antes de Cristo y murió en el 39 de nuestra era; era hijo de Herodes el Grande, el de la matanza de los inocentes, y fue tetrarca de Galilea y de Perea.

Herodes Antipas es el Herodes ante quien el procurador Poncio Pilatos envió a Jesucristo en el día de su pasión y muerte.

Tras la muerte del Señor, Herodes Agripa I, nieto de Herodes el Grande, fue coronado rey de Judea. Su amor a la causa judía tradicional fue lo que le llevó a ser un encarnizado persecutor de los cristianos de Jerusalén, y en los *Hechos de los Apóstoles* se da cuenta de que él fue quien ordenó la muerte del apóstol Santiago y el encarcelamiento de San Pedro.

Los mártires de Roma (67-311)

Entorno histórico

En Roma se vive un período de estabilidad política y de prosperidad económica que alcanza su apogeo bajo el mandato de los emperadores Trajano y Adriano, al tiempo que emperadores como Antonino Pío y Marco Aurelio implantan el orden en el Imperio; este último, que era un estoico convencido, sienta las bases de la futura legislación romana. Junto al cristianismo, se imponen en Roma otros cultos llegados de tierras más orientales y de mayor carga espiritual que la tradicional religión grecorromana, como por ejemplo las diosas Cibeles, Mitra e Isis. El cristianismo, acusado de ateo y destructor de los lazos familiares, es declarado ilegal y sus seguidores son perseguidos y sometidos a martirio. En la parte oriental del Imperio reverdece la cultura griega y, en el año 293, Diocleciano concede a esta parte del Imperio la autonomía administrativa al elevar a la dignidad de augusto al coemperador Maximiano, a quien obliga a abdicar, como hace él mismo en el año 305, para dar paso a emperadores como Galerio y Constancio, quienes nombran césares a Severo y Maximino Daya, formando una tetrarquía.

En el año 88, en Maguncia, Antonio Saturnino, gobernador de la Germania Superior, se subleva contra Roma. Diez años más tarde, Trajano, gobernador de la Germania Superior, acepta ser nombrado emperador, pero continúa en la Germania defendiendo la frontera del Rhin.

Se construye, en Hispania, el puente de Alcántara en el año 105.

En el año 117 muere Trajano y el ejército imperial destacado en Siria nombra nuevo emperador a Adriano.

Muere, en Beocia, el escritor, historiador y filósofo griego Plutarco en el año 125.

En el año 130, el emperador Adriano visita la derruida ciudad de Jerusalén y la manda reconstruir bajo el nombre de Aelia Capitolina.

En el año 156, el hereje y cismático Montano inicia la predicación de su doctrina en Frigia, anunciando el inmediato regreso de Jesucristo.

Los ejércitos partos invaden Armenia y Siria en el año 162.

En el año 176 se establece en Roma la sucesión dinástica, cuando el emperador Marco Aurelio nombra coemperador a su hijo Cómodo.

En el año 202 se publica en Roma un edicto por el que se prohíbe el proselitismo a los cristianos, lo que provoca graves persecuciones en Italia, Galia, África y Egipto.

En el año 269, una confederación de pueblos germánicos orientales inicia una fuerte ofensiva contra las fronteras del Imperio Romano, a quienes derrota, en el año 271, el emperador Aureliano en la batalla de Pavía.

En el año 284, el general Diocleciano es nombrado emperador por sus tropas a la muerte de su predecesor, Numeriano. Dos años más tarde asociaría al Imperio, con el título de augusto, a su compañero de armas Maximiano. En el año 303 Diocleciano ordena, en Roma, una durísima persecución contra los cristianos y los maniqueos, ordenando que los cristianos sean expulsados de los cargos públicos que ocupen.

En el año 306 Constantino I el Grande es nombrado emperador por sus tropas en Ebarocum (York), al tiempo que Majencio, hijo de Maximiano, se hace proclamar emperador en Roma. En el año 308 se reinstaura la tetrarquía: Constantino I, Licinio, Galerio Maximiano y Maximino Daya.

En Persia se derrumba por completo el imperio y, en el año 226, los sasánidas conquistan el poder y establecen la capital en Ctesifón, al tiempo que resurge el zoroastrismo. En el año 277 muere crucificado el líder religioso Manes, fundador del maniqueísmo, una doctrina gnóstica.

En India, una provincia del noroeste, una satrapía fundada en Ujain, se convierte en el centro de la sabiduría sánscrita y se fijan las seis escuelas de la sabiduría hindú. En el año 300, según la tradición, Malanaga escribe el *Kamasutra*.

En el año 94, el general chino Ban Chao completa la conquista de Tarim. En China se inicia la fabricación de la porcelana y, lo que es más importante, del papel a partir de fibras vegetales. Los viejos textos de Confucio, grabados en piedra, son transcritos al recién inventado papel gracias a un invento revolucionario, la imprenta, que tardaría más de mil años en llegar a Europa. Renace el taoísmo. En el año 220 el Estado chino se fragmenta en tres reinos independientes.

En Japón se consolida la tradicional estructura feudal, aunque el clan Yamato impone lentamente su supremacía sobre el resto de los clanes. Se define mejor el sintoísmo, y comienza la manipulación del hierro.

En México se construyen, en Teotihuacán, enormes templos piramidales, dos de ellos majestuosos: el de la Luna y el del Sol, al tiempo que los olmecas esculpen enormes esculturas de basalto y los zapotecas levantan su propia capital; más al sur, en Honduras y Guatemala, los mayas crean su calendario astronómico y perfeccionan la escritura jeroglífica, y en Perú los mochicas levantan edificaciones de adobe y construyen canales de riego y acueductos.

En Nigeria, a mediados del siglo II, florece la cultura de los nok.

Los mártires de Roma

Tras San Pedro se suceden treinta obispos de Roma que, como él, alcanzaron la santidad con la corona del martirio. Vivieron años en los que la autoridad del obispo de Roma no había sido aceptada por todas las Iglesias cristianas, pero en la que todas reconocían su primacía en lo espiritual como principal depositario del legado evangélico. Fue una etapa apostólica y de enorme importancia para la Iglesia, ya que en ella se sentaron las bases de su desarrollo futuro; pero, sobre todo, porque la sangre de los mártires, con la de sus obispos a la cabeza, regó y fertilizó para siempre la semilla del cristianismo.

En aquellos primeros siglos al cristianismo se le consideraba, en Roma, una secta judía y, como a tal, no se le concedió demasiada importancia hasta que, al ir aumentando el número de sus seguidores, a finales de los años sesenta era considerado ya una amenaza para la religión oficial romana: adoraban a un hombre que había muerto en la cruz y negaban a los dioses, por lo que eran acusados de ateísmo; la pobreza evangélica que predicaban, el ideal de abandonarlo todo, esposa y padres incluidos, para seguir a Cristo, y ritos como el de la comunión, que eran mal comprendidos por los no cristianos, socavaban las bases sociales sobre las que se levantaba la sociedad romana y luchaban contra el culto al Estado, razón última de la religión grecorromana.

Por eso grandes emperadores, como Trajano o Marco Aurelio, fueron los que mayor amenaza vieron en el crecimiento de la nueva religión, y hacia el final de este período el emperador Diocleciano hizo cuanto estuvo en su poder para eliminar el cristianismo, multiplicando el número de mártires y, con ello, de nuevos cristianos. Trajano, en sus consejos al gobernador de Bitinia, Plinio, le aconsejaba que «... los cristianos pueden ser castigados, pues no tienen ningún derecho, pero no deben ser perseguidos en forma genérica», una fórmula seguida en el Imperio Romano durante más de cien años pero que encierra en sí, como ya denunciaron los cristianos del siglo II, una evidente contradicción y una manifiesta injusticia, una fórmula que define perfectamente la permanente inseguridad jurídica en que vivieron, en el Imperio de aquellos tres primeros siglos, los cristianos, sus obispos y la cabeza de todos ellos: el de Roma.

Los papas del período

2. San Lino (67-76)

Aunque la historia de la Iglesia en sus dos primeros siglos está llena de imprecisiones, parece probado, y así se toma por oficial, que tras el martirio y muerte de San Pedro el obispo de Roma fue Lino, quien también alcanzaría la gloria del martirio y la canonización.

San Ireneo, obispo de Lugdunum –la actual Lyon, en Francia–, en su *Adversus haereses,* escribe: «Después de haber fundado y establecido la Iglesia de Roma los bienaventurados apóstoles Pedro y Pablo, confiaron la administración a Lino, de quien habla San Pablo en la carta a Timoteo». De otra parte, Egesipo –que visitó las Iglesias más importantes en torno al año 160–, tras su visita a Roma, redactó una carta en la que elaboraba la lista de los once primeros obispos de Roma –hasta San Aniceto–, en la que figura San Lino como sucesor de San Pedro.

Son, pues, los apóstoles Pedro y Pablo quienes, movidos por la santidad de su vida y la capacidad de gobierno de que había dado muestras, habían elegido a San Lino para la administración de la Iglesia de Roma, y en él recae la dignidad de obispo de Roma tras la muerte de San Pedro en el año 67. Nueve años más tarde, el 23 de septiembre de 76, el propio Lino alcanzaría también la gloria del martirio y la de ser enterrado muy cerca del lugar donde lo había sido San Pedro. Una piadosa tradición afirma que durante su pontificado, en el año 70, fueron martirizados los evangelistas San Marcos y San Lucas, pero de ello no parecer haber constancia alguna.

San Lino nació en Volterra, en la Toscana (una región de Italia Septentrional), en el seno de una familia calificada como rica y distinguida, pues sus padres eran ni más ni menos que un aristócrata llamado Herculano y aquella Claudia de quien escribe San Pablo en su epístola a Timoteo unos meses antes de su muerte.

Convertida la familia al cristianismo y conocida la virtud e inteligencia de Lino por San Pedro, en el año 48 le designa vicario suyo en Roma cuando sale de la ciudad para asistir al Concilio de Jerusalén y visitar alguna de las otras Iglesias, ordenándole previamente obispo al tiempo que a San Clemente, que llegaría a serlo también de Roma tras San Lino y San Cleto.

Eran años aquellos del imperio de Claudio y primeros del de Nerón en los que la Iglesia romana vivió un tiempo de tranquilidad y eficacia pastoral. Quizá por ello no duda San Pedro en alejarse de Roma dejando como vicario al joven Lino, a quien, a su vuelta a Roma, San Pedro envía a las Galias en misión evangelizadora y pastoral. En su viaje, el joven obispo llegó hasta Besançon, junto al río Doux, cerca de donde topó con un tribuno llamado Onosio, quien rompió en risotadas cuando San Lino comenzó a predicarle en nombre de Jesucristo, de quien Onosio solo sabía que había muerto crucificado. La bondad de San Lino y el buen corazón de Onosio hicieron el milagro de que aquellas primeras burlas se tornaran en muestras de amistad y este invitó al joven obispo a hospedarse en su casa. Cuando días después San Lino prosiguió su camino, el tribuno Onosio era ya cristiano.

Como obispo de Roma, San Lino se opuso a la doctrina de un discípulo de Simón el Mago, Menandro, que como él luchaba contra el cristianismo y simulaba tener el poder de hacer milagros; nombró a quince obispos para que administrasen los sacramentos, cuidasen de los pobres y gestionasen varias comunidades cristianas, con la ayuda de presbíteros y diáconos, y, al parecer, dispuso que las mujeres entrasen en el templo con la cabeza cubierta.

En el Nuevo Testamento se recogen dos epístolas de San Pablo a Timoteo, y la segunda de las cuales indica, poco antes de concluir: «Te saludan Eúbulo, Pudente, Lino, Claudia y todos sus hermanos».

San Ireneo, que vivió entre los años 140 y 202, nació en Asia Menor y de niño oyó predicar a un discípulo de San Juan Evangelista, San Policarpo, obispo de Esmirna.

El emperador Claudio lo fue entre los años 41 a 54 y nació con el nombre de Tiberio Claudio Druso Nerón Germánico, en Lugdunum. Era hijo de Druso el Germánico, hermano menor del futuro emperador Tiberio; su sobrino Calígula le elevó al consulado cuando contaba ya cuarenta y siete años de edad, y cuatro más tarde, cuando Calígula fue asesinado, la guardia pretoriana le proclamó emperador.

Nerón Claudio Druso Germánico (Nerón) fue emperador de Roma entre los años 54 y 68 de nuestra era, el último de la dinastía Julia-Claudia, ya que su madre era bisnieta del emperador Augusto. Fue elevado al Imperio por la guardia pretoriana cuando tenía diecisiete años, tras el asesinato de Claudio, su padre adoptivo. En julio del 64 ardieron dos tercios de Roma, un incendio del que muchos han acusado a Nerón y este culpó a los cristianos, tomando pie en ello para iniciar su cruel persecución.

3. San Cleto, Anacleto (76-88)

San Cleto nació en Roma, en la calle Patricia, y era hijo de Emiliano. Bautizado por San Pedro en el primer periodo del cristianismo, muy pronto se convirtió en uno de sus más ejemplares discípulos, destacando entre todos por su piedad, la amabilidad de su trato y el sincero amor que demostraba a Jesucristo en todos los actos de su vida. Sin duda por ello, San Pedro lo eligió, junto a San Lino, para evangelizar junto a él en Roma y para que, juntos ambos, gobernasen la Iglesia de Roma cuando el apóstol tenía que alejarse de ella por su labor de apostolado.

Cuando San Lino alcanzó la gloria del martirio, San Cleto le sucedió como obispo de Roma en el año 76, años en que la furiosa persecución contra la joven Iglesia que los poderes imperiales habían desencadenado en tiempos del ya difunto Nerón había llegado a todos los rincones del universo romano. Este tercer obispo de Roma supo extender su caridad, su voz de aliento y su apoyo incluso hasta las provincias más remotas del Imperio y aquellos poblados más recónditos con recursos como las limosnas, cartas, consuelos paternales y atinadas instrucciones que tenían la virtud de cruzar los caminos del Imperio para así poder sostener en su fe a todos los cristianos sometidos a persecución.

Para que le ayudasen en su tarea, ordenó en Roma a veinticinco presbíteros, y llevaba ya doce años gobernando la Iglesia cuando Domiciano, acérrimo enemigo de los cristianos, ordenó una de las más horribles persecuciones que habían sufrido en aquellos decenios de existencia. Días hubo en que fueron millares los cristianos que alcanzaron la palma del martirio en todas las provincias del Imperio. No bastándole ello a Domiciano, volcó su odio contra quien era en aquellos años pastor del rebaño que Cristo había encomendado a Pedro, San Cleto, y ordenó que se buscase y arrestase al obispo de Roma, que corría por toda la ciudad y su campiña asistiendo y consolando a su fieles y oculto por ellos de quienes le perseguían.

Pero cuando, arrestado y encerrado en una cárcel, se mostró a todos tan alegre por la proximidad del martirio, tanto paganos como cristianos se admiraban del deseo de que daba muestras de derramar su sangre por Cristo. La noticia de su alegría excitó más aún el odio de Domiciano y su impaciencia por acabar con su vida, por lo que el día 26 de abril de 88, en Roma, San Anacleto fue ornado con la palma del martirio. Fue enterrado junto a San Pedro y San Lino, y su cuerpo se conserva en la iglesia de San Pedro, en el Vaticano, muy cerca de donde él había hecho levantar un oratorio en el que dar sepultura a los mártires, y algunas de sus santas reliquias en la de San Pablo, de la plaza Colonna de Roma.

La ciudad de Ruvo, situada en la antigua Calabria, le honra aún hoy como patrono porque una antigua tradición afirma que fue San Anacleto, todavía en vida de San Pedro, quien con su buen hacer convirtió a la fe católica a muchos de sus vecinos y además cuidó de ellos durante años antes de ser designado obispo de Roma.

En nuestro tiempo, la Iglesia le honra con el nombre de San Cleto, pero los santos Ireneo, Eusebio y Agustín —u Optato— usan ese nombre y el de Anacleto, indistintamente, para referirse a él; pero no faltan antiguos escritos que sostienen que San Cleto y San Anacleto fueron dos obispos distintos, romano uno y griego el otro. Además, algunos de los Padres de la Iglesia sitúan a San Cleto como sucesor de San Clemente en vez de como su predecesor. En todo caso, los historiadores modernos se inclinan por la hipótesis de que ambos nombres designan a una sola persona, San Cleto, y que fue el tercero de los obispos de Roma.

La basílica de San Pedro está situada en la colina del Vaticano, en Roma, a la orilla derecha del río Tíber, sobre el lugar en que, según la tradición, fue crucificado y enterrado San Pedro y donde lo fueron también sus sucesores San Lino y San Cleto, una antigua necrópolis pagana sobre la que el emperador Constantino mandó levantar una basílica en torno al año 320, la que puede considerarse primera basílica de San Pedro, pues bajo su nombre fue consagrada.

4. San Clemente I (88-97)

El tercer sucesor de San Pedro, San Clemente, gobernó a la Iglesia desde el año 88 hasta el 97, en tiempos de los emperadores Domiciano y Trajano. Al parecer, y como sus antecesores, conoció a San Pedro y a San Pablo, como parece desprenderse de la carta de este último a los Filipenses y del hecho de que las más antiguas tradiciones le cuentan entre los bautizados por San Pedro.

Obispo de Roma ya, fue condenado a trabajos forzados y desterrado a Crimea, en el sur de Rusia, por el emperador Trajano, junto a más de mil cristianos, quienes se dirigían a él, según una piadosa y muy antigua tradición de la zona, diciéndole: «Ruega por nosotros, Clemente, para que seamos dignos de las promesas de Cristo».

Esa misma piadosa tradición, recogida en algunos escritos de los siglos II y III, afirma que fue San Clemente el que convirtió y bautizó al cristianismo a muchos de los paganos de la región de Crimea, y que, ya en vida, realizó algunos milagros, como por ejemplo el de hacer brotar una fuente de agua cristalina al pie mismo de la mina de mármol en la que trabajaban él y el resto de sus compañeros de condena para paliar la sed atroz que todos padecían por la lejanía de la fuente más cercana.

Su fama de santidad creció tanto que las autoridades romanas quisieron forzarle a que adorase a Júpiter para que ello sirviese de ejemplo al resto de los cristianos. Cuando se negó a ello, aduciendo que solo adoraría al verdadero y único Dios, fue arrojado al mar Negro con una enorme pieza de hierro atada al cuello. Sus verdugos pretendían con ello, además de su muerte, impedir que los cristianos de la zona venerasen el cadáver de quien, aunque exiliado en Crimea, seguía siendo obispo de Roma y cuarto de los pontífices de la cristiandad. Murió mártir, pero una gran ola devolvió su cadáver a la orilla para que pudiera ser venerado por aquellos a quienes había bautizado y confortado en vida.

De su obra apostólica se conserva su excelente epístola a los Corintios, una Iglesia que, en aquellos años, se hallaba dividida. Fue escrita en el año 96, por lo que es el documento pontificio más antiguo que se conserva, tras las epístolas del propio San Pedro. Es una carta hermosa, llena de buenos consejos, en la que San Clemente llama a los cristianos corintios a la benevolencia; condena el orgullo, la envidia y la cólera que reinaba entre ellos, recordándoles que Cristo es de los humildes, y advirtiéndoles: «El que se conserva puro no se enorgullezca por ello, porque la pureza es un regalo gratuito de Dios y no una conquista nuestra». Además, esta hermosa epístola recomienda la obediencia de todos los cristianos al sucesor de Pedro, el obispo de Roma, y toca, entre otros temas de trascendencia para el cristianismo en expansión, la sucesión apostólica del oficio sacerdotal y la constitución de las comunidades; reflexiona sobre el tema de la resurrección de los muertos; da cuenta a los cristianos de Corinto de la multitud de cristianos que alcanzaron la palma del martirio en tiempos de Nerón y Domiciano, y deja testimonio de la misión evangelizadora cumplida por San Pablo en España.

Se conservan también algunas cartas suyas dirigidas a cristianos de ambos sexos que han ofrecido el voto de virginidad y algunos fragmentos de una segunda epístola a los Corintios.

Tito Flavio Domiciano (51-96), segundo de los hijos del emperador Vespasiano y hermano del emperador Tito, a quien sucedió, fue emperador de Roma entre los años 81 y 96. Muy querido por los soldados a sus órdenes, era odiado por los senadores romanos, especialmente a partir del momento en que adoptó los títulos de *Domus et Deus* («Señor y Dios») y censor perpetuo. En los tres últimos años de su imperio ejecutó a muchos de los miembros de la aristocracia romana y confiscó sus posesiones. Ya antes había expulsado de Roma a filósofos y matemáticos, e iniciado crueles persecuciones contra los cristianos. Fue asesinado por orden de su esposa, la emperatriz Domicia, confabulada con algunos oficiales de la corte romana.

Marco Ulpio Trajano, nacido en el año 53, fue emperador de Roma entre los años 98 y 117. Había nacido en Itálica, cerca de la actual Sevilla, de una familia de origen romano. Elegido cónsul en el año 91, en el 97 el emperador Nerva le adoptó y asoció al Imperio un año antes de su muerte.

Generoso con los soldados y con los pobres, como lo había sido su padre adoptivo y antecesor, Nerva, fue acaso el más grande de todos los emperadores romanos, tras Octavio, tanto por sus obras de gobierno como por su conquistas y victorias militares. Recuerdo de la que obtuvo contra los dacios, resiste aún en pie la famosa columna Trajana, en el foro de Trajano de Roma. Demostró una actitud intransigente hacia los cristianos, siendo fiel a la religión de sus mayores, pero no ordenó persecución alguna.

5. San Evaristo (97-105)

El cuarto sucesor de San Pedro fue San Evaristo, griego de nacimiento aunque originario de Judea y de religión judía, ya que su padre, Judas, era natural de Belén y educó a su hijo en la religión de sus mayores cuando fijó su residencia en Grecia.

San Evaristo nació en torno al año 62 o 63 y su padre, bien acomodado socialmente, contrató a maestros que cultivaron su natural inclinación a la virtud y a las letras. Ya adolescente, aunque se ignora en qué momento de su vida, se convirtió a la fe de Jesucristo y antes de cumplir los treinta años y presbítero ya, residía en Roma, donde conquistó a la comunidad cristiana con el fervor de su piedad, la fuerza de su fe, lo apasionado de su caridad y el encanto de su palabra.

Tan grande era su prestigio entre el clero romano que, cuando llegó a Roma la noticia de la muerte de San Clemente, los presbíteros que formaban el clero designaron a Evaristo nuevo obispo de Roma y, con ello, cabeza de todas las Iglesias cristianas.

San Evaristo, movido por su humildad, quiso resistirse a tan alto nombramiento, pero la voluntad del Espíritu se impuso y fue consagrado obispo de Roma el día 27 de julio de 97.

Pese a que el emperador Trajano, muy religioso de su fe, no proclamó ningún edicto nuevo contra los cristianos, pues los desconocía, sus cortesanos le pusieron en su contra, y la muchedumbre congregada en el circo pedía su muerte y la extirpación de la doctrina que profesaban. En el momento en que

San Evaristo fue designado obispo de Roma, la Iglesia puesta a su cuidado seguía sometida a crueles persecuciones y, lo que era peor, tentada y despedazada por la herejía. Los simoníacos, los gnósticos, los cainianos, los discípulos de Menandro, Saturnino, Basílides y Carpócrates, los nicolaítas, los valentinianos, los helceseítas, entre otros herejes, tentaban a los fieles —y muy especialmente a los de la Iglesia de Roma— con mil y un errores dogmáticos. Pero a todos ellos, perseguidores y herejes, supo oponer San Evaristo la fuerza de la verdad, pese a su juventud, y apoyándose en ella la de su constante compañía y entrega, con especial caridad para con los niños y los esclavos.

La constante entrega del pontífice consiguió que los fieles de Roma se mantuvieran en la pureza de la fe, aunque él, desbordante de energía en su lucha por el perfeccionamiento de la Iglesia que había sido puesta a su cuidado, se esforzó en mejorar la disciplina eclesiástica y confió a veinticuatro presbíteros de Roma, en una clara anticipación de lo que serían los curas párrocos en el futuro, el cuidado directo de los fieles que se reunían en cada uno de los veinticuatro oratorios privados de la ciudad para escuchar en ellos la palabra de Dios y participar en la celebración de los misterios sagrados.

San Evaristo dispuso también que el obispo fuese asistido por siete diáconos cuando predicase, para mejor honrar la palabra de Dios y mostrar un mayor respeto a la dignidad episcopal, y en esos siete diáconos se ha visto un precedente del actual Colegio Cardenalicio.

San Evaristo dispuso también que los matrimonios se celebrasen públicamente, conforme a la tradición apostólica, para que los desposados pudiesen recibir públicamente la bendición de la Iglesia, así como una reglamentación de las ceremonias de consagración de las iglesias.

A San Evaristo se le atribuyen dos epístolas, dirigida una a los fieles de África y la otra a los de Egipto. En la primera, se condena que un obispo pase de un obispado a otro movido solo por su interés, declarando ilícitos esos traslados; en la segunda, habla San Evaristo sobre la reforma de las costumbres.

Durante el pontificado de San Evaristo aumentó notablemente el número de fieles, y con ello por supuesto el de los mártires, y fueron muchos entre los paganos de Roma los que atribuyeron ese crecimiento a los desvelos de su obispo, por lo que se propusieron, como mejor forma de acabar con la nueva y pujante religión, acabar con la vida de su pastor. De este modo, fue arrestado y encarcelado, y posteriormente condenado a muerte. Recibió la palma del martirio el 26 de octubre de 105.

Los oratorios privados en que se reunían los cristianos en los primeros años de la Iglesia recibían el nombre de «títulos», porque sobre sus puertas se grababan unas cruces para distinguirlos de los lugares profanos.

En los primeros años del cristianismo al obispo de Roma, aunque se le respetaba y consideraba pastor de todas las Iglesias cristianas, no se le designaba con la palabra *papa*, «padre», ya que ese nombre se aplicaba durante aquellos años a cualquier autoridad religiosa, y solo a partir del siglo IV San Siricio empleó esa palabra para designarse a sí mismo como obispo de Roma y sumo pontífice de la Iglesia, aunque hasta el siglo VI el nombre de Papa no fue exclusivo de la máxima autoridad de la Iglesia católica.

6. San Alejandro I (105-115)

Hijo de un ciudadano romano de su mismo nombre, San Alejandro nació en Roma, en el barrio de San Lorenzo; fue persona culta y discípulo de Plutarco y de Plinio el Joven.

Las viejas historias discrepan sobre la edad que tenía en el momento de su consagración como obispo de Roma, pues unas le atribuyen veinte años y otras treinta. En cualquier caso, es evidente que fue elevado al pontificado a edad muy temprana, y lo fue, como su antecesor, por elección de los diáconos y presbíteros de Roma y no por designación testamentaria, como alguno de sus antecesores.

A San Alejandro se le atribuye la institución del uso del agua bendita —a la que por cierto indica que se debe añadir sal— en la entrada de las iglesias, oratorios sagrados y en las casas de los cristianos; así como que la disposición de que la sagrada forma fuera elaborada con pan ácimo, y que, en la consagración del cáliz, se mezclase un poco de agua con el vino, tanto para seguir la costumbre romana de aquella época como para significar la perfecta unión de Cristo con su Iglesia. Ordenó también que ningún clérigo pudiese decir más de una misa cada día, con las excepciones y correcciones que a este decreto fijaron los pontífices posteriores, y además decretó la excomunión contra aquellos que impidiesen a los legados apostólicos hacer aquellas cosas que el sumo pontífice les hubiese mandado.

A lo largo de su pontificado, consagró cinco obispos, seis presbíteros y dos diáconos.

Se conservan tres epístolas de San Alejandro, recogidas en el tomo primero de los *Concilios*, en las que se recogen los decretos a que nos hemos referido.

En su labor de apostolado, convirtió a muchos senadores y otros aristócratas romanos, con sus familias y esclavos. La conversión de uno de estos nobles, un prefecto llamado Hermes, a quien acompañaron en la conversión más de mil personas de su casa, enfureció de tal modo a un gobernador llamado Aureliano, que mandó encarcelar a San Alejandro. Encarcelado, el joven obispo obró numerosos milagros, entre los que la tradición habla del siguiente, comentado por muchos en la época:

«Estando San Alejandro en la cárcel cargado de cadenas, se llegó hasta él un niño, en medio de la noche, con un hacha encendida en las manos, que le ordenó que le siguiese. Obedeciendo al que entendió era un ángel enviado por el Señor, San Alejandro le siguió, sin que cadenas, paredes, puertas o guardias se lo impidiesen. El niño guió al obispo hasta la casa del tribuno Quirino, en la que estaba preso Hermes, quien había afirmado a su custodio que el obispo Alejandro vendría a visitarlo. Cuando prefecto y obispo se vieron y abrazaron, se reconfortaron mutuamente en su deseo de padecer martirio por Jesucristo. Viéndolo y oyéndolo, el tribuno Quirino, que había puesto oídos sordos a los cristianos razonamientos de Hermes, se convirtió a la fe de Cristo, y el Señor quiso, por medio de San Alejandro, y para fortalecerle en su fe, que una hija suya llamada Balbina, gravemente enferma de lamparones, sanase al tocar las cadenas que aún aprisionaban al santo obispo. Como él, y movidos por los milagros del Señor y el amor que le demostraban San Alejandro y el prefecto Hermes, fueron muchos los encarcelados que abrazaron también la fe que a ambos movía y a quienes, por orden de San Alejandro, bautizaron los presbíteros Evencio y Teódulo, que hacía poco habían llegado de Oriente.

Enterado el gobernador Aureliano de esta noticia, creció su furor e hizo atormentar a cuantos habían recibido el bautismo estando en la cárcel e hizo llevar hasta su presencia a San Alejandro con los presbíteros Evencio y Teódulo. Cuando sus guardias lo hubieron hecho, hizo que los verdugos extendiesen a San Alejandro sobre el potro de tortura, clavasen cuñas aceradas en sus carnes y quemasen sus costados con hachas candentes. Ante el silencio con el que San Alejandro recibía este tormento, el gobernador le preguntó la razón de su silencio, y el joven, santo y sabio obispo le respondió:

—Cuando un cristiano reza, está hablando con Dios».

El cruel Aureliano hizo pasar por parecido tormento a los presbíteros Evencio —que tenía ochenta y un años— y Teódulo, tras lo cual mandó arrojar a San Alejandro y a Evencio a un horno encendido para que, viéndoles abrasar, Teódulo sacrificara a los dioses; aunque este, lejos de hacerlo, se dejó caer junto a ellos, quienes desde el horno le decían que donde estaban no había dolor ni tormento, sino refrigerio y holganza; y así fue, porque las llamas no dañaron a ninguno de los tres, que salieron del horno más sanos que al entrar.

Este milagro no ablandó a Aureliano, quien mandó degollar a Evencio y a Teódulo, y punzar con leznas de acero, atravesando sus miembros, a San Alejandro, para que muriera más cruelmente. En estos tormentos, los tres santos, como poco después haría Hermes, alcanzaron la palma del martirio y entregaron su alma al Señor el día 3 de mayo de 115, siendo Adriano emperador.

Los cuerpos de San Alejandro y sus compañeros fueron enterrados fuera de la ciudad, en la vía Nomentana, a siete millas de Roma, y después se trasladaron a la iglesia de Santa Sabina, convento de los padres dominicos.

En el judaísmo, la ley prescribía que las manos y la cara de las personas que estuvieran impuras se rociaran con agua. De esa práctica judía derivó la costumbre cristiana de mojarse los dedos en agua bendita antes de hacer con ellos la señal de la cruz.

Plutarco fue un biógrafo griego que nació en Queronea, en la Beocia, en el año 46. Educado en Atenas, fue sacerdote del templo de Delfos y viajó a Egipto antes de dedicarse a la enseñanza de la filosofía en Roma. Como resumen de esas clases, escribió *Moralia,* pero su obra más conocida es *Vidas paralelas,* con la historia de una serie de personajes clave de Grecia y Roma.

7. San Sixto I (115-125)

San Sixto nació en Roma y fue obispo de Roma cuando en ella fueron emperadores Adriano y Antonino Pío, un tiempo en el que los cristianos siguieron sometidos a persecuciones y fueron muchos los que, como el propio San Sixto, alcanzaron la palma del martirio.

Hombre de admirable piedad y muy versado en las Escrituras, ejerció un verdadero magisterio entre los sacerdotes de Roma y, aunque no se conserva ninguna de sus epístolas, queda constancia de las que envió a diversas Iglesias de la cristiandad, en las que, por ejemplo, daba instrucciones para que el paño que acompaña al cáliz fuese de lino, que el cáliz y otros paramentos sagrados fuesen tocados tan solo por los sacerdotes y que se entonase el *Trisagio* antes de iniciarse la misa.

En el año 125 sufrió martirio y cuenta la tradición que, cuando sus restos eran trasladados a lomos de una mula, esta se detuvo al llegar a Alatri, en el Fronsinone, sin que fuerza alguna fuese capaz de hacerla dar un solo paso, por lo que San Sixto I fue enterrado en aquel mismo lugar: la acrópolis de Alatri.

Tito Aurelio Fulvio, Antonino Pío, nació en Lanuvium (Italia) en el año 86. Cónsul en el año 120, y antes gobernador de la provincia de Asia, fue uno de los consejeros de Adriano, quien le adoptó y nombró sucesor. Su reinado, entre los años 138 y 161, estuvo marcado por la prosperidad económica y la estabilidad política, respetando, como su predecesor, al Senado. Fue tolerante con las prácticas religiosas de judíos y cristianos.

Rezar un *Trisagio* consiste en alabar y dar las gracias a la Santísima Trinidad, con estas palabras sacadas del misal romano: «Santo, Santo, Santo, Señor Dios de los Ejércitos: llenos están el cielo y la tierra de vuestra gloria. Gloria al Padre, al Hijo y al Espíritu Santo».

8. San Telesforo (125-136)

San Telesforo, griego de nacimiento, fue profesor del instituto creado en el monte Carmelo en honor de la Virgen María para predicar el Evangelio a los habitantes de las zonas limítrofes, especialmente Palestina y Samaria. Era tal la fama de su sabiduría y piedad que, desbordando los límites de Oriente, llegó a Roma, donde, a la muerte de Sixto I, fue elegido obispo de Roma y pontífice de la cristiandad el 9 de abril de 125.

En Roma, y en muchas de las Iglesias de la cristiandad, las persecuciones se habían acentuado y del orgullo de algunos y la ignorancia de muchos nacían cada año nuevas herejías contra la verdad evangélica. Por ello estaba la Iglesia tan necesitada de un pastor que estuviera lleno de fuerza, piedad y sabiduría. Así, el Espíritu Santo quiso que fuese San Telesforo, quien sin ninguna duda acertó a ser un dignísimo sucesor de San Pedro al desempeñar su pontificado con singular celo.

Se guarda especial memoria de sus victorias en la lucha por la fe contra los discípulos de Basílides Antioqueno, compañero de Saturnino y discípulo de Menandro, y la que sostuvo con Cerdón, quien, en los principios del gnosticismo y anticipándose a los maniqueos, defendía la existencia de dos principios creadores: uno bueno y otro malo; despreciaba el Antiguo Testamento, y negaba la naturaleza humana de Jesucristo.

San Telesforo, al tiempo que combatía y derrotaba a esas y otras herejías, envió misiones apostólicas a diferentes partes del mundo para que predicasen el Evangelio, y se ocupó de la disciplina eclesiástica, disponiendo, por ejemplo, que los obispos y los sacerdotes no fuesen acusados por los seglares, para que no fuesen manchados por la calumnia, y que nunca se juzgase al prójimo con temeridad, dejando especificada la clase de acusadores que debían admitirse en los juicios.

La tradición atribuye también a San Telesforo la institución de la misa del Gallo, que se celebra cada año durante la medianoche del día de Navidad; la autorización para que los sacerdotes pudiesen decir tres misas en esa noche; el canto, en la misa de Navidad, del *Gloria in Excelsis Deo,* que él mismo había compuesto, y la implantación del ayuno y abstinencia de carnes durante la Cuaresma, ordenando así de una forma litúrgica la práctica de un ayuno que los primitivos cristianos venían observando por tradición apostólica. Dispuso también que, durante el sacrificio litúrgico, se diese lectura al canon, al Evangelio.

Durante su pontificado, y siempre en el mes de diciembre, ordenó a diecinueve presbíteros, consagró a trece obispos y, pese a que se mantenía invariable el número de siete diáconos por obispado, confirió esa dignidad a dieciocho.

Después de haber gobernado la Iglesia once años, nueve meses y tres días, alcanzó la gloria del martirio el 5 de enero de 136, siendo emperador Antonino Pío.

El monte Carmelo, ligado a la tradición bíblica desde los tiempos del profeta Elías, es una pequeña sierra situada al noroeste de Israel y ese mismo nombre recibe uno de sus picos. En ese monte se fundó, en 1150, la orden religiosa de los carmelitas.

Basílides Antioqueno fue profesor de filosofía en Alejandría y allí fundó una secta cercana al gnosticismo en cuyas creencias se mezclaban, casi a partes iguales, tradiciones esotéricas inspiradas en el dualismo, pensamientos platónicos y formulaciones de la moral estoica. Afirmaba que Cristo no fue el crucificado, habiéndolo sido en su lugar Simón de Cirene, y que, por eso mismo, Cristo no resucitó.

9. San Higinio (136-140)

Natural de Atenas, y por tanto griego, San Higinio era hijo de un filósofo cuyo nombre se ignora; cuando, adolescente aún, viajó a Roma para enriquecer su cultura, tuvo conocimiento de la fe cristiana, fue testigo de persecuciones y martirios y, admirado por la entereza de los mártires, movido por la piedad de los hermanos en la fe y maravillado por las enseñanzas evangélicas, abrazó la fe de Cristo, por la que habría de sufrir martirio, lleno de gozo, el año 140. apenas cuatro después de ser elegido como obispo de Roma y sumo pontífice.

Como su predecesor –San Telesforo–, tuvo que enfrentarse a herejías y persecuciones, recrudecidas en su tiempo porque, habiendo caído sobre el Imperio muchas y graves calamidades, los gentiles atribuyeron esos males como castigo de sus dioses por la existencia de los cristianos, a los que tachaban de ateos, blasfemos, viciosos y enemigos de los dioses.

Al propio tiempo, parecían haberse dado cita en Roma todos los herejes del Imperio, especialmente los que se inspiraban en las nacientes doctrinas gnósticas, algunos de ellos muy peligrosos para los nuevos cristianos porque hacían públicas demostraciones de una piedad y una humildad que estaban lejos de vivir en la intimidad. De entre ellos, y junto a Valentino, acaso el más peligroso para la verdadera fe fuese Marción, quien, bajo una falsa capa de virtud y austeridad, acrecentó con nuevas impiedades la herejía de Cerdón.

Contra él y otros herejes tuvo que luchar Higinio, quien, como hombre de superior ingenio, sabiduría y grandeza de alma, supo perseguir toda herejía hasta exterminarla y cuidar con diligencia del rebaño que le había sido confiado, contando para ello, muy especialmente, con la ayuda de San Justino, acaso la mente más clara de su siglo y más tarde mártir de Cristo, quien compuso su *Apología en favor de los cristianos,* arma invencible para confundir a los herejes.

En su labor pontificia restituyó y perfeccionó los grados de su jerarquía del clero, confundidos tras las persecuciones de Trajano, Adriano y Antonino, disponiendo la forma de ejercer sus respectivas funciones para cada uno de los grados eclesiásticos; al propio tiempo, estableció normas y decretos para la celebración del santo sacrificio.

Dispuso también que, en el bautismo, fuese uno el padrino o madrina, ya que en su tiempo el número de los padrinos de un bautizado se había multiplicado en exceso y que, de ser posible, ese mismo padrino o madrina lo fuese de la confirmación.

Ordenó igualmente que se celebrase el santo sacrificio de la misa en la consagración de los templos u oratorios sagrados, y que esos templos no se erigiesen o demoliesen sin licencia de los obispos, prohibiendo que las edificaciones cedidas para el culto divino fuesen empleadas en usos profanos.

Ordenó quince presbíteros y cinco diáconos, y consagró a siete obispos para diferentes Iglesias de todo el mundo.

Alcanzó la palma del martirio el 11 de enero de 140, después de haber gobernado la nave de la Iglesia cuatro años, tres meses y ocho días. Su cuerpo fue sepultado en el Vaticano, cerca de donde lo había sido el de San Pedro.

Gnosis es una palabra griega que significa «conocimiento». Dentro del contexto de las religiones, se refiere a un saber completo que trasciende todas las cosas y libera a su poseedor de un error primigenio vinculado a la historia del mundo. No se accede a él por vía racional, sino mística, reservada a unos pocos iniciados. El gnosticismo fue una herejía que contó con numerosos adeptos durante los dos primeros siglos de nuestra era, sobre todo entre los educados en la cultura griega. Dentro de la gnosis siria, los principales representantes fueron Simón el Mago y el también samaritano Menandro; Satornil, en Antioquía; Cerinto, en Asia Menor; Cerdón, en Siria, y los ofitas. La «gnosis» era, para ellos, un conocimiento revelado, transmitido en exclusiva a un pequeño número de iniciados, y la salvación se alcanzaba por medio de ese conocimiento que les era revelado misteriosamente y no en los Evangelios.

Marción era un cristiano de Asia Menor que viajaba con frecuencia a Roma por razones comerciales y que, en la capital del Imperio, se mostraba piadoso y caritativo en extremo. En uno de sus viajes presentó una obra suya, *Antítesis*, en la que exponía unas ideas teológicas totalmente heréticas: rechazaba también todo el Antiguo Testamento y la creencia de que Jesús era el Mesías judío anunciado por Dios.

10. San Pío I (140-155)

Nacido en Aquilea, era hijo de un cristiano de nombre Rufino, quien lo educó en su fe, enviándolo posteriormente a Roma para que completase allí su formación.

Por su piedad y profundos conocimientos de la doctrina, fue admitido en el colegio de canónigos y San Higinio le consagró obispo para que actuase como su coadjutor en el gobierno de la Iglesia.

Tras el martirio de San Higinio, San Pío I fue elegido obispo de Roma y sumo pontífice de la Iglesia.

Ordenó que los judíos convertidos al cristianismo se confirmasen con la Iglesia romana el día de la Pascua de Resurrección, dictó graves penas contra quienes enajenasen los bienes de la Iglesia y puso especial cuidado en acabar con la negligencia de los sacerdotes en la celebración del santo sacrificio.

Se le atribuye haber fijado la fecha de celebración de la Pascua de Resurrección el domingo posterior al plenilunio de marzo.

Condenó a los herejes Valentino y Marción, logrando alejarlos de la ciudad.

San Pío I fue encarcelado, sometido a suplicio y degollado el 11 de julio de 157. Su cuerpo fue sepultado en el Vaticano.

Valentino nació en los últimos años del siglo I de nuestra era en el litoral de Egipto, aficionándose desde adolescente a la filosofía platónica, la mitología griega y las enseñanzas de San Pablo. Dotado de gran talento y enorme elocuencia, aspiraba al episcopado y al no acceder a él, rompió con la Iglesia. Predicó su herética doctrina en Alejandría, Roma y Chipre. Permaneció en Roma unos treinta años. Tuvo una enorme influencia entre los gnósticos.

Del año 155 se conserva una curiosa carta de San Justino en la que relata al emperador Antonino Pío cómo se celebraba el santo sacrificio (nuestra misa):

«El día que se llama día del sol [nuestro domingo] tiene lugar la reunión en un mismo sitio de todos los que habitan en la ciudad o en el campo.

Se leen las memorias de los apóstoles y los escritos de los profetas.

Cuando el lector ha terminado, el que preside toma la palabra para incitar y exhortar a la imitación de tan bellas cosas [actual liturgia de la palabra].

Luego nos levantamos y oramos por nosotros y por todos los demás dondequiera que estén, a fin de que seamos hallados justos en nuestra vida y nuestras acciones y seamos fieles a los mandamientos para alcanzar la salvación eterna [actual oración universal de los fieles].

Luego, se lleva al que preside pan y una copa con vino y agua mezclados.

El que preside los toma y eleva alabanzas y gloria al Padre del universo, por el nombre del Hijo y del Espíritu Santo, y da gracias largamente porque hayamos sido juzgados dignos de estos dones.

Cuando el que preside ha hecho la acción de gracias y el pueblo ha respondido amén, los que entre nosotros se llaman diáconos distribuyen a todos los que están presentes el pan y el vino *eucaristizados* [nuestra comunión]».

11. San Aniceto (155-166)

San Aniceto era originario de Emesa (Siria) y nació en el año 98, alcanzando fama de ser uno de los más sabios y santos presbíteros de Roma, por lo que, cuando San Pío I alcanzó la palma del martirio, fue elegido su sucesor.

Como sus antecesores, encontró una Roma plagada de herejes, pero fue tal su celo y acierto que, en poco tiempo, libró de herejías a la Iglesia de Roma.

En los primeros años de su pontificado le fue a visitar San Policarpo, quien, lleno de estimación y admiración por Aniceto, pasó algún tiempo discutiendo con fervoroso acaloramiento algunos puntos de disciplina eclesiástica en que andaban disconformes las Iglesias romana y griega. Trabó también singular amistad con San Justino, quien estableció en Roma, siguiendo el consejo y los planes de San Aniceto, una escuela en la que daba lecciones de religión cristiana a cuantos querían ser instruidos, siguiendo una piadosa costumbre establecida al parecer por San Pedro, en memoria de las espinas que coronaron al Salvador.

San Aniceto alcanzó el martirio en la persecución de Marco Aurelio en el año 166. Su cuerpo fue enterrado en el cementerio de San Calixto. En 1590, Minucio, arzobispo de Múnich, llevó a aquella ciudad la cabeza de San Aniceto y la colocó en la iglesia de los padres de la compañía, donde aún es reverenciada con singular devoción. En la actualidad, los restos de San Aniceto reposan en un riquísimo sarcófago, que acaso perteneciera a la familia de Septimio Severo, y ahora sirve de soporte al altar mayor de la capilla del Colegio Español en Roma.

En el siglo II la comunidad cristiana de Roma estaba fuertemente helenizada; su lengua oficial no era el latín, sino el griego. En griego vulgar se celebraba la liturgia y se predicaba y se hacían las inscripciones de los mártires en las catacumbas. Hasta un siglo después la lengua latina no suplantaría a la griega.

Esto explica los nombres griegos de la mayoría de los pontífices primitivos; nombres, por lo demás, sin ascendencia gentilicia, porque obispos debían de ser libertos o de familias más bien humildes.

La corona de cabello que los clérigos primitivos usaban siguiendo la tradición de San Pedro era una especie de cerquillo en derredor, con todo lo demás afeitado a navaja, en la misma forma que aún hoy día la practican algunos religiosos.

12. San Sotero (166-175)

San Sotero era natural de Fondi, en el reino de Nápoles, y nació en el seno de una familia cristiana hacia el año 103, en tiempos del emperador Trajano. Fue elegido obispo de Roma en el año 166, cuando el emperador Marco Aurelio había desatado tan cruel persecución contra los cristianos, que se contaban por centenares, los cuales eran encerrados en inhumanas mazmorras, forzados al trabajo en las minas, degollados, decapitados, crucificados o despedazados en los cadalsos, o entregados a las fieras en el circo.

En medio de tan cruel situación, San Sotero se esforzó en auxiliar a los condenados, especialmente a los arrojados a las más profundas cavernas, y, arriesgando su propia intensidad, recoger y repartir limosnas entre las Iglesias de todo el orbe cristiano, al tiempo que la confortaba e instruía con sus frecuentes cartas pastorales.

En respuesta a una de estas cartas, se conserva aún la que le remitió San Dionisio, obispo de Corinto, en la que, entre otras cosas, le decía:

> «... desde luego, te acostumbraste a derramar tu beneficencia sobre los hermanos, enviando a muchas Iglesias con qué mantenerse; aquí socorres a los pobres en sus grandes necesidades, allí asistes a los que trabajan en las minas: en todas partes renuevas la generosa caridad de tus antecesores, socorriendo a los que padecen por Jesucristo [...]. Hoy celebramos el santo día del domingo y hemos leído vuestra epístola, que proseguiremos leyendo para nuestra instrucción...»

En el orden teológico, San Sotero se opuso a la herejía de Montano, y lo hizo con tanto acierto que muchos años después siguieron empleándose sus argumentos para combatir a Tertuliano, que se declaró discípulo de Montano. Confirmó que el matrimonio es un sacramento sin valor alguno si no es bendecido por un sacerdote, prohibió a las monjas tocar los vasos y los corporales, y suministrar el incienso en el oficio divino.

San Sotero sufrió martirio el 22 de abril de 175 y el papa Sergio II, en el año 845, hizo trasladar su cuerpo del cementerio de San Calixto, en que había sido inhumado, a la iglesia de Equicio.

Montano fue un heresiarca frigio que inició la propagación de su doctrina en el año 171 y murió en el 212. Creó el montanismo, afirmando haber sido enviado por Dios para perfeccionar la religión y la moral cristianas. En esa secta ingresó Tertuliano después de haberse convertido al cristianismo y creó en ella la facción de los tertulianistas antes de morir, en el año 220. El tertulianismo exageraba los principios de la moral hasta hacerlos impracticables para la mayoría de los hombres.

13. San Eleuterio (175-189)

Envió a Fugacio y Damiano a convertir a los bretones. Suprimió algunas costumbres hebraicas sobre la pureza e impureza de las viandas, a las cuales los cristianos daban gran importancia.

San Eleuterio nació en Nicópolis (Grecia) y fue diácono y discípulo de San Aniceto, con quien viajó a Roma; en ella se encontraba cuando, tras el martirio de San Sotero, fue designado obispo de Roma y elevado al pontificado.

Su pontificado correspondió con los cinco últimos años del emperador Marco Aurelio y ocho de los de Cómodo, aquejado de la locura cesárea de creerse encarnación de Hércules y Mitra.

Con todo, aquellos fueron años en los que hubo cierta paz para la Iglesia, lo que tuvo la virtud de favorecer la labor apostólica de San Eleuterio, sus diáconos y sus presbíteros, gracias a la cual se convirtieron al cristianismo muchos otros miembros de la aristocracia romana. Y otro tanto vino a ocurrir en el resto de las provincias del Imperio, muy especialmente en la Bretaña, que estaba regida entonces por el rey Lucio, quien pidió a San Eleuterio que le enviase algunos ministros suyos para que él y toda su casa y reino se hiciesen también cristianos. En respuesta a esa petición, San Eleuterio envió a Fugacio y Damiano a la Bretaña, quienes, en el año 183, cumplieron con tanto acierto y entrega la misión apostólica que les había sido encomendada que incluso el propio rey alcanzó la santidad.

Como sus predecesores, San Eleuterio hubo de luchar contra las herejías que pretendían corromper la pureza de la fe: valentinianos, marcionistas, severianos y otros muchos, tarea en la que recibió singular ayuda de San Ireneo, varón doctísimo y discípulo de San Policarpo, y de Papías, que alcanzó la palma del martirio en Lugdunum, la actual Lyon.

San Eleuterio dispuso que ningún sacerdote fuera depuesto sin que hubiese admitido su participación en algún grave delito, y que ningún ausente fuese condenado antes de ser oído. Ordenó doce presbíteros, ocho diáconos y consagró a quince obispos.

Tras su martirio, su cuerpo fue sepultado en el Vaticano.

> El emperador Lucio Aurelio Cómodo fue hijo del emperador Marco Aurelio, por lo que también se le conoce como Marco Aurelio Cómodo. Último de los Antoninos, su imperio estuvo marcado por el derroche, la violencia y el libertinaje.

14. San Víctor I (189-199)

San Víctor fue africano, hijo de un tal Félix, y fue elegido obispo de Roma y pontífice de la Iglesia tanto por su fama de santidad como por la de su sabiduría de las Escrituras, cualidades ambas necesarias para combatir las herejías que infestaban Roma.

Persuadido San Víctor de que los herejes se crecen en su soberbia y se empecinan en su error cuando se contemporiza con ellos con la esperanza de convencerlos de su error, les declaró una guerra sin cuartel, combatiendo por igual a Teodoro de Bizancio, curtidor de profesión, que había apostatado por miedo al suplicio y enseñaba que Jesucristo solo tenía naturaleza humana, que a Práxeas, creador de la herejía de los patripasianos, precursores del sabelianismo, que negaban en Dios la distinción de personas. San Víctor consiguió la retractación de Práxeas y, para mejor luchar contra el resto de las herejías, convocó un concilio en Roma.

San Víctor estableció que, en caso de urgencia, se pudiese usar cualquier agua para administrar el bautismo y defendió, frente a los obispos de Asia y África, que la Pascua fuese celebrada de acuerdo con el rito romano y no con el hebraico, como ellos pretendían, una decisión que ciento veintinueve años más tarde fue confirmada por el Concilio de Nicea.

San Víctor recibió la palma del martirio el día 28 de julio de 199.

> La mayor parte de los obispos de Asia celebraban la Pascua el día 14 de la luna de marzo, conforme la costumbre judía, mientras que el resto de la cristiandad lo celebraba el domingo después de ese día 14 de aquella luna.

15. San Ceferino (199-217)

San Ceferino era hijo de un cristiano, de nombre Abundio, y nació en Roma, donde fue ordenado sacerdote muy joven y elevado en la dignidad eclesiástica por San Víctor I, a quien sucedió tras su martirio.

Los fieles romanos, tras la muerte de San Víctor I, estuvieron orando durante once días pidiendo al Espíritu Santo que les designase un pontífice digno en los difíciles tiempos que corrían, pues el emperador Septimio Severo, primero de la dinastía de su nombre, había decretado una feroz persecución contra los cristianos.

Cuenta la tradición que, al cabo de esos once días, el Espíritu Santo se apareció, en forma de paloma, sobre la cabeza de San Ceferino durante un tiempo, lo que hizo que fuese elegido obispo de Roma y pontífice de todas las Iglesias cristianas, por unanimidad, el 8 de agosto de 199.

La persecución ordenada por el emperador Septimio Severo permitió al nuevo pontífice multiplicar sus trabajos de consuelo y ayuda a los fieles encarcelados y de aliento al resto de su rebaño, llevando, con la Eucaristía, limosnas y alimentos a los que se refugiaban de quienes los perseguían en las catacumbas romanas, en cuevas y en subterráneos. La muerte del emperador Severo, en el año 211, significó el cese de las persecuciones, al menos en forma tan virulenta como durante su imperio, y la Iglesia pudo vivir en paz.

San Ceferino aprovechó ese período de paz para ocuparse de ordenar la disciplina eclesiástica, ordenando que los fieles, cumplidos los catorce años, tuviesen la obligación de comulgar por Pascua y que los cálices, hasta entonces de madera, lo fuesen al menos de vidrio, introduciendo también el uso de la patena. Dispuso también que cuando celebrase un obispo, le asistiesen en el sacrificio algunos sacerdotes.

En el orden teológico, reprimió las doctrinas del heresiarca Práxeas, fundador de la doctrina patripasiana; devolvió a la verdadera fe al teodoriano Natal, y se vio obligado a excomulgar a Tertuliano, lo que llenó de amargura su corazón, pues Tertuliano, orgulloso de su falsa virtud, censuraba públicamente y sin fundamento alguno la conducta del santo pontífice y predicaba una moral de casi imposible cumplimiento por los cristianos.

Muerto el emperador Caracalla en el año 217, fue emperador de Roma durante unos meses Macrino, quien ordenó reiniciar las persecuciones a los cristianos, encarcelando y sometiendo a martirio casi en primer lugar a su pontífice, San Ceferino, quien murió el 26 de agosto de 217.

> Las catacumbas eran cámaras y pasadizos subterráneos construidos en cuadrícula que en la antigüedad empleaban algunos pueblos mediterráneos para sus enterramientos.
>
> De entre ellas, las que nos son más conocidas son las romanas, situadas fuera de la ciudad, por haber sido utilizadas por los primeros cristianos cuando la población romana no cristiana optó por cremar a sus muertos. Durante las persecuciones, los cristianos convirtieron las catacumbas en refugio, ya que, por su misma condición funeraria, se encontraban protegidas por la ley, y en ellas construyeron capillas subterráneas en las que los cristianos se reunían cuando sus iglesias y oratorios eran destruidos.

16. San Calixto I (217-222)

San Calixto fue un ciudadano romano que, siendo esclavo en su juventud, vivió la terrible experiencia de perder una gran suma de dinero que le había confiado su amo y ser sentenciado por ello a la tortura de la rueda y trabajar en las minas de Sardinia, la actual Cerdeña, lo que sin duda le preparó óptimamente para llevar a cabo la obra por la que ha pasado a la historia: las catacumbas de San Calixto.

Manumiso ya, al verse nuevamente convertido en un ciudadano libre, se perfeccionó en el conocimiento de la doctrina cristiana y enseñarla a sus vecinos.

Conociendo sus antecedentes, San Ceferino le elevó al diaconado, más tarde le nombró archidiácono y al mismo tiempo le encomendó la dirección de las catacumbas, en las que se sepultaba a los cristianos difuntos y donde muchas veces se celebraba el santo sacrificio.

Al morir San Ceferino, el pueblo romano eligió a San Calixto obispo de Roma y elevado al pontificado, pese a la fortísima oposición de San Hipólito, el primer antipapa, quien consideraba herético a San Calixto por afirmar que se podía volver a admitir entre los fieles cristianos a un pecador cuando hacía penitencia y dejaba sus maldades, y, por lo mismo, que no se podía destituir a un obispo que hubiese cometido un grave pecado si se arrepentía y enderezaba su vida en la penitencia, sobre todo, por graves discordancias en el entendimiento del misterio de la Santísima Trinidad.

La caridad que con ello demostraba San Ceferino se vio confirmada, durante su pontificado, con las muchas conversiones que propició, las curaciones que alcanzó del Altísimo y la defensa de los perseguidos, a que siempre estuvo presto.

Al poco tiempo de ser elegido San Calixto I, el ejército romano, tras asesinar a Macrino, elevó al poder a Antonino Heliogábalo, sobrino de Caracalla, quien fue emperador de Roma durante todo el pontificado de San Ceferino, y que estaba sometido a la influencia de su abuela Julia Maesa; introdujo en Roma el culto sirio a Baal, y mostró una gran enemistad hacia los cristianos. Por fortuna para ellos, cercano a Heliogábalo se hallaba su primo Alejandro Severo, que llegaría a ser, al sucederle, un emperador que se caracterizó por su clemencia, prudencia, modestia y respeto a la religión de los cristianos, y él defendía de continua ante su primo el emperador a San Calixto por la prudencia y acierto que mostraba en la dirección del clero y los fieles cristianos.

Las catacumbas que San Calixto organizó y que llevan su nombre son las más famosas de Roma, con cuatro niveles sobrepuestos y más de veinte kilómetros de corredores, y en ellas fueron enterrados Santa Cecilia y muchos de los mártires cristianos de aquellos primeros siglos y todos los papas del siglo III, excepto él mismo.

Cuenta la tradición que San Calixto ayunaba con cierta frecuencia durante cuarenta días, por lo que, cuando le apresaron y privaron de todo alimento esperando que el hambre le hiciese desesperar, él se mostró tan tranquilo que asombró a sus carceleros.

Ya en la cárcel, obtuvo del Señor la curación de la esposa de uno de sus carceleros cuando estaba ya agonizando, con lo que consiguió, además, la conversión de ambos y toda su familia.

Al saberlo, el emperador, pese a la defensa que de San Calixto hizo Alejandro Severo, ordenó que lo arrojasen a un profundo pozo y tapasen la boca con tierra y escombros. Es el pozo de San Calixto, que aún se muestra en Roma a los turistas.

San Hipólito de Roma, nacido en Oriente hacia el año 170 y discípulo de San Ireneo de Lyon, fue el primer antipapa de la Iglesia cristiana y muy posiblemente su teólogo más importante durante el siglo III, famoso sobre todo por su oposición a San Ceferino, a quien acusó de laxo en lo disciplinario. Cuando San Calixto fue elegido obispo de Roma, San Hipólito no quiso aceptarlo como tal y se autoproclamó sumo pontífice. En el año 235, durante las persecuciones ordenadas por el emperador Maximino el Tracio, fue deportado a las minas de Cerdeña en las que San Calixto había trabajado como esclavo y allí, reconciliado con la Iglesia, alcanzó la palma del martirio.

De sus obras se conservan *Refutación de todas las herejías,* fuente de información sobre este período y el estudio del gnosticismo; *Tradición apostólica,* que sirve para el conocimiento de la organización de la Iglesia cristiana en los siglos II y III, y *Comentario a Daniel.*

17. San Urbano I (222-230)

San Urbano I nació en Roma, hijo de un ciudadano cristiano llamado Ponciano, siendo elegido obispo de Roma y sumo pontífice en el mismo año en que fue designado emperador Alejandro Severo, el último de su dinastía, hombre honesto que permitió a los cristianos propagarse y cumplir con su fe sin ordenar persecuciones contra ellos. El emperador protegió a los cristianos romanos en una disputa legal sobre la propiedad de un terreno en el que San Urbano quería elevar un templo y la cofradía de Taberneros lo reclamaba como suyo, decidiendo que era mejor para Roma que ese lugar se destinase a dar culto a Dios. Alejandro Severo y su madre, Julia Mammaea, murieron apaleados en el año 235 por orden de Cayo Julio Vero Maximino el Tracio.

El problema más grave al que tuvo que enfrentarse San Urbano I durante su pontificado lo había heredado de su antecesor: el cisma provocado por San Hipólito de Roma al negarse a aceptar la designación de San Calixto I y autoproclamarse sumo pontífice. San Urbano I se esforzó en volver a atraer a la doctrina ortodoxa a Hipólito de Roma, teólogo que, antes de su ruptura con San Calixto I, se había enfrentado también a San Ceferino. Nada consiguió del testarudo antipapa.

Poco se sabe de los trabajos personales de San Urbano I: el aumento en la extensión de las catacumbas romanas; el resto es pura leyenda o invento de sus hagiógrafos: su legendario bautismo de la que llegaría a ser Santa Cecilia, patrona de los músicos, en cuyo honor y veneración San Urbano consagró su templo, y su imposible orden de que patenas, cálices y vasos litúrgicos se hiciesen en plata. Tampoco está probado que diese la orden de que los bienes que los fieles dejasen a la Iglesia en herencia para determinados usos no pudiesen venderse para satisfacer otros, ni siquiera socorrer las necesidades de los pobres. Ni que fuese él quien ordenase que los fieles recibiesen la confirmación de manos de un obispo.

Pese a la bondad que el emperador Alejandro Severo mostraba para con él, el 25 de mayo de 230 San Urbano I fue encarcelado por orden del prefecto Almaquio, azotado con plomadas y degollado, echando después su cuerpo a las bestias, donde sus restos fueron recogidos por una matrona llamada Maimenia y su hija Lucina para, con ayuda de otros, sepultarlo en el cementerio de Pretextato, en la vía Apia.

La leyenda cuenta que San Urbano convirtió a un tiempo a Santa Cecilia, a su marido, Valeriano, y a su cuñado.

De su martirio se afirma que la santa fue metida en agua hirviendo, de la que salió ilesa; sometida a una triple decapitación, y que vivió tres días más. Porque su corazón cantaba a Dios en medio de las torturas, fue proclamada patrona de los músicos.

---

18. San Ponciano (230-235)

Nació en Roma y apoyó a Urbano I en su controversia con el antipapa Hipólito de Roma. El 28 de agosto de 230, tras la muerte de San Urbano I, fue elegido sumo pontífice y obispo de Roma, siendo emperador Alejandro Severo.

Cinco años más tarde, tras el asesinato de Severo, se sucedieron en el Imperio Romano los llamados emperadores militares, el primero de los cuales, Cayo

Julio Vero Maximino el Tracio, ordenó una nueva y cruel persecución contra los cristianos y deportó tanto al verdadero sumo pontífice como al antipapa, San Ponciano y San Hipólito, respectivamente, a las minas de sal de la actual Cerdeña, donde ambos se reconciliaron. San Hipólito volvió a la verdadera fe y ambos renunciaron en San Antero, dando fin así al primer cisma que dividió a la Iglesia, que reconoció a este como único obispo de Roma y sumo pontífice de la Iglesia. Ese mismo año, San Ponciano y San Hipólito sufrieron martirio, siendo ambos azotados hasta morir el 28 de septiembre de 235, y sus restos fueron trasladados algún tiempo después, y por orden de San Fabián, al cementerio que Calixto I había hecho construir en la vía Apia. Actualmente, los restos de San Ponciano se encuentran en la iglesia romana de San Práxedes.

En defensa de la verdadera fe, confirmó la condena que había hecho Demetrio de Alejandría de los textos de Orígenes que propiciaban la herejía gnóstica, ordenó el canto de los salmos en las iglesias, mandó el *Confiteor* antes del santo sacrificio (al tiempo que lo recomendaba a los moribundos) e inició la práctica de que el celebrante se dirigiese a los fieles en determinados momentos del santo sacrificio con el *Dominus vobiscum* que, traducido hoy a las lenguas de cada pueblo, sigue en uso.

La Sardinia, la actual Cerdeña —en cuyas minas trabajó como esclavo San Calixto y donde fueron desterrados San Ponciano y San Hipólito—, es una isla situada al oeste de Italia en la que, ya en tiempos de los romanos, se trabajaba en la extracción de plomo, cinc, cobre y sal. San Ponciano y San Hipólito fueron condenados, al parecer, a trabajar en un yacimiento salino; San Calixto, por el contrario, parece que lo fue en alguna mina de plomo, cinc o plomo con galerías subterráneas.

19. San Antero (235)

San Antero era hijo de un cristiano griego llamado Rufino. Fue elegido para suceder a San Ponciano, en vida de este, el 21 de noviembre de 235 y murió el 3 de enero de 236, por lo que su pontificado duró solo cuarenta y tres días. Cuando fue designado obispo de Roma y sumo pontífice por San Ponciano y San Hipólito de Roma, condenados a trabajos forzados en una mina de sal en la actual Cerdeña, era un presbítero solo conocido por su virtud y que ejercía entre los campesinos más pobres de los páramos romanos; pero en el breve tiempo de su pontificado tuvo tiempo de dictar un decreto en el que daba instrucciones sobre las normas a cumplir para el traslado de un obispo a otra sede, cosa que hizo a petición de los obispos de Toledo y Sevilla, e inició una recopilación oficial de las actas de la Iglesia, con especial referencia a los documentos y testimonios que acreditaban la muerte de aquellos cristianos que habían sido sometidos a martirio.

Al tener conocimiento el emperador Maximino el Tracio de que San Antero había ordenado guardar documentos y testimonios en el recién inaugurado *scrinium,* dio orden de destruir dicho archivo y dar muerte al recién designado obispo de Roma. Sus enviados no pudieron hallar el *scrinium,* por lo que este no fue destruido hasta tiempos de Diocleciano, pero sí pudieron dar muerte a San Antero, quien fue sepultado por los seguidores de Cristo en las catacumbas de San Calixto. En la actualidad, sus reliquias se conservan en la iglesia romana de San Silvestre *in capite.*

Scrinium significa «archivo» y, en la antigua Roma, se aplicaba especialmente al archivo imperial, algo así como una oficina de la administración del Imperio. En los primeros siglos, había cuatro *scrinia:* para las cartas, para los compendios, para los estudios y para las memorias, este último dedicado a las disposiciones durante el Bajo Imperio. Cada *scrinia* estaba al cuidado de un maestro archivero. San Antero creó un *scrinium* en el Vaticano para guardar memoria de todos los cristianos sometidos a martirio, por lo que fue condenado a muerte.

20. San Fabián (236-250)

Era hijo de un cristiano romano llamado Fabio y fue elegido para ocupar el trono de San Pedro, siendo seglar, a la muerte de San Antero. San Eusebio, en el tomo sexto de su *Historia de la Iglesia,* narra el suceso milagroso al que se debió la insólita elección de un campesino seglar para ocupar la sede de obispo de Roma y el sumo pontificado de la Iglesia.

Tras la muerte de San Antero, y como era preceptivo, se reunieron el clero y el pueblo cristiano de Roma para elegir a su sucesor. Entre las gentes del pueblo se hallaba San Fabián, que se había acercado hasta la ciudad con otros compañeros de la *villa rustica* en la que todos ellos trabajaban. Cuando comenzaron a darse nombres de presbíteros y diáconos ilustres que podían ser elegidos, una paloma descendió sobre la cabeza de San Fabián, a quien pocos conocían y nadie consideraba elegible. Como quiera que la paloma se sostuvo sobre la cabeza de San Fabián, algunos de los reunidos recordaron el relato evangélico del momento en que el Espíritu Santo descendió sobre Cristo y, generalizándose el recuerdo, pronto fueron muchos los que vieron en aquello una señal del cielo, por lo que propusieron, y alcanzaron con gozosa unanimidad, que el elegido como heredero de San Pedro fuese aquel rústico Fabián, que llegaría a ser recordado como santo; pese a que él se resistió a ser elevado a tan alta dignidad, fue consagrado sumo pontífice y tuvo que encabezar a los fieles cristianos durante catorce de los difíciles años en que se impuso en Roma la llamada «anarquía militar», siendo en su tiempo emperadores Maximino el Tracio, Gordiano III, Filipo el Árabe y el ilirio Decio, bajo cuyo reinado, el 20 de enero de 250, alcanzó San Fabián la palma del martirio; los cristianos romanos tuvieron que abandonar Roma a causa de las crueles persecuciones ordenadas por Decio, y muchos de ellos, fuera de la ciudad, iniciaron, como anacoretas, la vida eremítica.

Defensor de la fe, hizo ampliar notablemente las catacumbas; instituyó las cuatro órdenes menores; estableció siete subdiáconos para que, en cada uno de los siete barrios de Roma, redactasen y guardasen las actas de los mártires de su subdiaconado; ordenó que todos los años se renovase el crisma en el Jueves Santo; prohibió el matrimonio entre parientes hasta el quinto grado; hizo trasladar a Roma los restos de San Ponciano y San Hipólito, muertos en Cerdeña, y les dio cristiana sepultura en las catacumbas de San Calixto, y castigó a Privato, obispo de Lambisa (África), por sus ideas heréticas y vida escandalosa. Se le atribuye también la consagración de siete obispos para que hiciesen apostolado en Gaul.

En 1915 fue descubierto el sarcófago de San Fabián en las catacumbas de San Calixto.

Recibe el nombre de anacoreta el religioso que vive en lugar apartado dedicado a la meditación y a la penitencia, una forma cristiana de vivir como eremita. Un eremita es aquel que se retira de la sociedad para vivir en soledad, en el desierto, ya que tal vocablo significa la palabra griega *eremites,* y ha habido eremitas en incontables culturas, pues nunca han faltado hombres que han buscado a Dios o a sí mismos en la soledad.

21. San Cornelio (251-253)

Nació en Roma y antes de ser elevado a la dignidad episcopal, los fieles romanos le llamaban «el santo presbítero» y «padre de los pobres» por su constancia en su lucha contra los heréticos, por su virtud y por las muchas pruebas de piedad y caridad cristiana que daba a todas horas, tanto como por su modestia y humildad, que le llevaban siempre a intentar ser el último de sus hermanos y servidor de todos.

Una de las pruebas más duras que San Cornelio hubo de sufrir una vez fue elevado al pontificado y devolver al redil de la Iglesia a San Cipriano, sapientísimo obispo de Cartago, fue la llegada a Roma del indigno presbítero africano Novato, quien para evitar su condenación en Cartago marchó a Roma, pese al temor que le causaban la firmeza y santidad de San Cornelio y su mejor consejero en los temas de fe: San Cipriano. Viendo Novato que de nada le había valido haber viajado a Roma e intentar engañar con fingida amistad a San Cipriano, puso en marcha cuanto estuvo en su mano para huir de las censuras e ideó crear un nuevo cisma dentro de la Iglesia aliándose con Novaciano –un presbítero de la Iglesia de Roma que se hallaba tan perdido como él– para, con su apoyo, elevarse al pontificado en sustitución de San Cornelio.

Para ello, comenzó a publicar atroces calumnias contra San Cornelio, con las que engañó a tres obispos no romanos para que consagrasen pontífice de Roma a Novaciano, creando así un segundo antipapa. Cisma al que ambos presbíteros añadieron el baldón de la herejía al defender que no se debía dar la penitencia a quien hubiese caído en alguna culpa grave después del bautismo, añadiendo a esto sus discípulos, los novacianos, que los pecadores debían ser rebautizados.

Ante estos hechos, en el año 251 San Cornelio celebró un concilio en Roma, en el cual fueron condenados los novacianos y proscritos sus errores.

En el año 251, el emperador Treboniano Galo le acusó de haber ofendido a los dioses paganos, provocando así una enfermedad contagiosa que había azotado Roma y parte del Imperio, por lo que ordenó que San Cornelio fuera desterrado y, más tarde, encarcelado; en prisión estaba sometido a terribles tormentos cuando, ante sus guardianes, confesó su fe en Cristo con tanto valor que espantó a los jueces y asustó a los verdugos; pese a ello, los esbirros del emperador le condenaron a muerte y el día 14 de septiembre de 253 murió, posiblemente en Civitavecchia, lugar al que fue desterrado, pese a que San Jerónimo asegura que tuvo lugar en la propia Roma. Aunque propiamente no fue mártir, la Iglesia le considera como tal por su constante testimonio en medio de los tormentos. Fue enterrado en Santa María de Trastevere, en Roma.

«Sabemos que Cornelio ha sido elegido obispo de la santísima Iglesia católica por Dios omnipotente y por Cristo Nuestro Señor, nosotros confesamos nuestro error. Hemos sido víctimas de una impostura; hemos sido cogidos por una perfidia y charlatanería capciosa. En efecto, aun cuando parecía que teníamos alguna comunicación con el hombre cismático y hereje; nuestro corazón, sin embargo, siempre estuvo con la Iglesia. Porque no ignoramos que hay un solo Dios, un solo Señor Jesucristo —a quien hemos confesado— y un solo Espíritu Santo, y solo debe haber un obispo en la Iglesia católica».

[De la Carta 6 *Quantam sollicitudinen* a San Cipriano, obispo de Cartago, del año 252]

En el momento de la elección de San Cornelio como obispo de Roma y sumo pontífice el clero romano estaba compuesto por cuarenta y seis presbíteros, siete diáconos, siete subdiáconos, cuarenta y dos acólitos y cincuenta y dos exorcistas, lectores y ostiarios.

---

22. San Lucio I (253-254)

San Lucio I nació en Roma, fue elegido obispo de Roma y sumo pontífice el 25 de junio de 253 y murió el 5 de marzo de 254, por lo que su pontificado duró menos de un año, los últimos meses del emperador Treboniano Galo, quien lo desterró de Roma; cuando este murió asesinado y le sucedió el emperador Valeriano, regresó a Roma, ya que este emperador se mostró benévolo con los cristianos en los primeros tiempos de su reinado, ciudad en la que murió a los pocos meses víctima de los sufrimientos de sus años de destierro, por lo que suele figurar en los martirologios como mártir, pese a no morir como tal.

Fue hombre de costumbres muy austeras y acaso esto le hizo tomar dos decisiones cuya memoria se recuerda: la de prohibir que cohabitasen hombres y mujeres que no fuesen consanguíneos, y la de declarar ilícito que los eclesiásticos conviviesen con las diaconisas, aunque estas los recogiesen por razones de caridad. Prescribió, además, que el pontífice, en sus viajes, fuese acompañado por tres diáconos y dos sacerdotes al menos. San Cipriano escribe que San Lucio condenó a los herejes novacianos, quienes rehusaban dar la absolución y la comunión a los pecadores arrepentidos.

San Lucio I fue enterrado en el cementerio de San Calixto y hoy está en la iglesia romana de Santa Cecilia, conservándose reliquias suyas en Bolonia.

Poco antes de morir, San Cipriano le escribió una carta en la que le recordaba que no por haber sido preservado por Dios de la muerte, había perdido la palma del martirio. Y añade:

> «No cesamos de ofrecer sacrificios y oraciones a Dios Padre y a su Hijo Jesucristo para darle las gracias y suplicarle que, puesto que da la perfección en todo, perfeccione en ti la gloriosa corona de tu confesión. Tal vez el destierro no fue sino para mostrarte que tu gloria debe brillar ante los ojos de todos, pues es conveniente que la víctima, que debe a sus hermanos ejemplo de virtud y de fe, sea sacrificada delante del pueblo».

23. San Esteban I (254-257)

San Esteban era hijo de un ciudadano romano de la familia Julia, que tantos emperadores había dado al Imperio, y desde niño fue educado en el cristianismo, siendo ya en la juventud un verdadero experto en hagiografía —vida de los santos— y conocido por los cristianos de Roma, en cuyo clero ingresó siendo adolescente aún.

Habiéndole conocido San Cornelio y San Lucio I, que le precedieron en el obispado de Roma, valoraron tanto su virtud y sus saberes que le ordenaron diácono y poco después arcediano, poniendo a su cargo la custodia y la distribución de los bienes de la Iglesia, y dándole jurisdicción de vicario. Las herejías de Novaciano y Novato dieron pie a nuevas y crueles persecuciones de los cristianos, por lo que San Cornelio y San Lucio I llamaron a San Esteban para que les prestase ayuda. Cuando murió San Lucio I, el clero y el pueblo cristiano de Roma eligieron por unanimidad a San Esteban como nuevo obispo de Roma y pontífice de los cristianos.

Sumo pontífice ya, combatió con las armas de la virtud, la fe y la razón a los libeláticos Basílides, obispo de Astorga, y Marcial, obispo de Mérida, ambos en España.

Otra grave contienda teológica la sostuvo San Esteban en la célebre disputa que se suscitó entre los obispos sobre el valor o nulidad del bautismo conferido por herejes. San Cipriano, en Cartago, enseñaba que era nulo todo bautismo fuera de la Iglesia católica y que se debía rebautizar a todos los herejes que se reconciliaban con ella, doctrina en la que le siguieron los obispos de Oriente y muchos de los de la provincia de África. Por el contrario, San Esteban declaró que quienes regresaban al seno de la Iglesia, desde cualquier secta, no debían ser rebautizados sino, siguiendo la tradición, imponerles las manos en la penitencia, ya que, una vez habían sido bautizados en el nombre del Padre, del Hijo y del Espíritu Santo, su bautismo era completo e indeleble.

San Cipriano se mostró reacio y convocó varios concilios para que confirmasen su opinión frente a la del sumo pontífice, a quien escribió numerosas veces, pero San Esteban escribió a San Cipriano y a los obispos de Cilicia, de Capadocia y de Galacia que se les separaría de la comunión de los fieles si persistían en su error. La feliz intervención de San Dionisio, obispo de Alejandría, en favor de la carta de San Esteban movió a los obispos africanos a cambiar de postura y pronto todos los obispos disidentes acataron la decisión del sumo pontífice.

Cuando el emperador Valeriano publicó un edicto ordenando confiscar los bienes de los cristianos y repartirlos entre quienes los denunciasen, San Esteban convocó al clero y al pueblo cristiano de Roma para despreciar con tanta energía los bienes materiales que un presbítero llamado Bono exclamó que no solo estaban dispuestos a perder todos sus bienes, sino también a padecer los más crueles tormentos e incluso dar la vida por Jesucristo.

Tanto fue el fervor que el santo obispo de Roma puso en el acompañamiento de los refugiados, los perseguidos, los encarcelados y los martirizados, que su ejemplo movió a tantos que, en un solo día, bautizó a ciento ochenta catecúmenos, muchos de los cuales alcanzaron la palma del martirio a los pocos días.

Para que no quedasen sin cuidado los negocios de la Iglesia, mientras él se ocupaba de lo más urgente, la caridad, San Esteban se lo encomendó a tres presbíteros, siete diáconos y dieciséis clérigos.

Mientras tanto, Nemesio, tribuno militar, andaba buscando a San Esteban porque tenía una hija, ciega de nacimiento. Cuando lo halló, le suplicó que le diese el don de la vista a su hija.

—Solo puedo hacerlo si crees en Jesucristo, en cuyo nombre y virtud he de obrar el milagro –le replicó San Esteban.

Bautizados conjuntamente Nemesio y su hija, que recibió el nombre de Lucila, esta comenzó a ver apenas recibidas las aguas del bautismo.

Este milagro arrastró a la fe a decenas de gentiles, pero Nemesio y Lucila fueron arrestados, junto a Sempronio, su secretario, y más tarde sufrieron martirio.

Tras la muerte de Nemesio y su familia, quedó San Esteban con unos pocos cristianos que le habían acompañado hasta el lugar del martirio. Junto a ellos, San Esteban se retiró a orar y ofrecer el santo sacrificio, y apenas había concluido la ceremonia cuando se llegaron hasta él unos soldados que andaban buscándolo por todas partes y le degollaron sobre su misma silla pontificia, el 2 de agosto de 257. Su cuerpo, junto a la silla en que fue sacrificado, fue enterrado por los cristianos en el cementerio de San Calixto, desde donde fue trasladada su cabeza a Colonia y que, en la actualidad, sigue siendo venerada.

Los libeláticos eran unos cristianos que, sin haber sacrificado a los ídolos, daban o recibían certificaciones falsas de haberlo hecho para salvar, de ese modo, su vida y sus bienes. Los obispos Basílides y Marcial eran de estos, grave delito al que se unieron otros muchos errores, tanto que el resto de los obispos españoles pidieron a San Esteban que los privase de sus respectivas mitras.

La tradición afirma que cuando Nemesio, Lucila y Sempronio fueron arrestados, a este último se le ordenó declarar, bajo pena de muerte, dónde estaban los bienes de su amo, a lo que respondió Sempronio que nada tenía el tribuno puesto que todo lo había repartido entre los pobres.

—¿Eres tú también cristiano? –le preguntó el juez.

—Esa dicha tengo –respondió Sempronio.

El juez hizo traer una estatua de Marte y mandó a Sempronio, en nombre de ella, que declarase los tesoros de su amo. Miró Sempronio al ídolo, y exclamó:

—Confúndate Nuestro Señor Jesucristo, Hijo del Dios vivo, y hágate pedazos en este mismo instante.

Al momento cayó el ídolo a sus pies reducido a polvo, lo que hizo que el propio juez, Olimpo de nombre, creyese en el verdadero Dios y comunicase su fe a su esposa, Exuperia de nombre, que lo era ya interiormente, acudiendo ambos a que los bautizase San Esteban, lo que fue tan comentado en Roma y enfureció tanto al emperador que ordenó se diese muerte a toda la familia inmediatamente.

24. San Sixto II (257-258)

San Sixto nació en Atenas, donde se especializó en filosofía y de la que llegó a ser profesor –y a quien consideraron «maestro de la paz»– antes de aceptar las doctrinas cristianas y convertirse en diácono de la Iglesia romana. Cuando a la muerte de San Esteban fue ordenado obispo de Roma, hizo honor a su antiguo nombre y llevó la paz a la disputa que enfrentaba entre sí a las Iglesias de Roma y de Cartago por discrepancias en el tema del bautismo a los herejes conversos.

San Sixto fue detenido, procesado y condenado, y en el camino hacia el martirio tuvo un conmovedor encuentro con San Lorenzo, su diácono, quien rogaba le llevase con él a la muerte, pero San Sixto le ordenó que antes debería repartir entre los pobres los bienes de la Iglesia.

El diácono de San Sixto II, San Lorenzo, cuando vio que arrastraban a su obispo al martirio, iba acompañándole y pidiéndole que le llevara con él. San Sixto le replicó:

—Me seguirás dentro de cuatro días, y en forma más gloriosa que la mía; pero antes has de regresar a nuestra casa y repartir entre los pobres todos los tesoros que puedas hallar en ella.

En efecto, degollaron a San Sixto, en atención a su avanzada edad, y con él a los diáconos Felicísimo, Agapito y a cuatro subdiáconos; y San Lorenzo, cuatro días más tarde, fue condenado a la pena de la hoguera.

San Sixto fue sepultado en el cementerio de San Calixto y los diáconos en el de Pretextato.

25. San Dionisio (259-268)

San Dionisio nació en Grecia, donde fue presbítero, y se trasladó a Roma en tiempos de San Esteban y San Calixto II.

Dos años antes de su coronación, en el año 257, el emperador Publio Licinio Valeriano desató tal persecución contra los cristianos que desarticuló a la Iglesia en toda la península Itálica, hasta el punto de que, muerto San Sixto II el 6 de agosto de 258, la sede de San Pedro permaneció vacante hasta que el 22 de julio de 259 fue elegido un simple presbítero, San Dionisio, para ocuparla.

Nada más ascender al sumo pontificado, San Dionisio hubo de ocuparse de reorganizar la Iglesia en Occidente y de ayudar a los cristianos de Capadocia, perseguidos por los persas. Lo hizo con singular eficacia, pues obtuvo del emperador Galieno, en el año 260, libertad para los cristianos en un tiempo en que los bárbaros se acercaban a las fronteras del Imperio Romano, ya que los godos, después de haber saqueado Cesarea, capital de Capadocia, habían hecho esclavos y cautivos a la mayoría de los habitantes de la ciudad, por lo que San Dionisio les envió una epístola de consolación a la que unió grandes sumas de dinero para el rescate de cuantos cautivos se pudiese.

En el orden teológico, condenó a Sabelio en un concilio romano y refutó con argumentos irrebatibles las blasfemias de Paulo de Samosata. Con todo, su pontificado ha pasado a la historia por su oposición al triteísmo, en abierta confrontación con otro Dionisio, obispo de Alejandría.

Sufrió martirio el 26 de diciembre de 268.

La llamada «controversia de los dos Dionisios» tuvo su origen en el hecho herético de que Dionisio, obispo de Alejandría, defendía el triteísmo, es decir, la separación de las personas de la Santísima Trinidad en tres deidades distintas. Cuando el otro San Dionisio, el obispo de Roma y sumo pontífice, le pidió que se explicara, el de Alejandría redactó unos escritos, titulados *Apología* y *Refutación*, en los que creía dejar clara la ortodoxia de sus ideas y reducía la discrepancia a una cuestión semántica entre cristianos orientales y occidentales. Esta controversia fue la base del posterior Concilio de Nicea y su credo, en el que se estableció la doctrina ortodoxa sobre la Santísima Trinidad.

26. San Félix I (269-274)

San Félix I era natural de Roma e hijo de Constancio. Fue elegido obispo de Roma y sumo pontífice el 5 de mayo de 269, y su pontificado vino a coincidir con el imperio de Aureliano, emperador que en los primeros años de su reinado, ocupado en otras guerras, dejó vivir en paz a los cristianos, pero que, tras regresar triunfal a Roma, inició nuevas y crueles persecuciones contra ellos.

San Félix I tuvo que luchar denodadamente contra los herejes que corrompían el pensamiento evangélico; sobre todos ellos, Paulo de Samosata (sirio) y Manes (persa), fundador y líder de los maniqueos, una secta que afligió durante muchos años a la Iglesia. San Félix I se opuso a ellos escribiendo una maravillosa epístola dirigida a Máximo, obispo de Alejandría, confirmando la divinidad y la humanidad del Hijo de Dios y su doble naturaleza –divina y humana– en una sola persona, con lo que refutaba los errores de Paulo de Samosata y de Sabelio. San Cirilo Alejandrino se valió de esta epístola, que se cita en las actas del Concilio Calcedonense, en su lucha contra los herejes, así como de otra en que refuta a Paulo de Samosata defendiendo el dogma de la Santísima Trinidad, la existencia de un solo Dios en tres personas.

Ordenó que nadie celebrase el santo sacrificio sino los sacerdotes y que la misa no se pudiese decir fuera del templo, salvo por causa de grandísima necesidad.

Determinó que si había duda de que alguna Iglesia estuviese consagrada, que se volviese a consagrar, y decretó que se celebrasen misas en memoria de los mártires.

Hizo levantar una basílica en la vía Aurelia, a dos millas de Roma, y su cuerpo fue enterrado en ella cuando alcanzó la palma del martirio, posiblemente el 30 de mayo de 274.

Lucio Domicio Aureliano, nacido hacia el año 210 de nuestra era, fue emperador de Roma entre los años 270 y 275 e inició las reformas del Imperio que culminaría el emperador Diocleciano. Comenzó a construir la llamada muralla de Aureliano, que completó el emperador Marco Aurelio Probo, y que se conserva en gran parte aún. En el año 274 adoptó el título de *Domus et Deus* («Señor y Dios») e introdujo al Sol Invicto junto al del emperador.

27. San Eutiquiano (275-283)

Nació en Luni, actual Luna, cerca de Carrara (Italia), y fue elevado a la dignidad de sumo pontífice el 4 de enero de 275.

Instituyó la bendición de la recolección de los campos y dio orden de que se sepultase a los mártires cubiertos por la dalmática.

San Eutiquiano dio sepultura con sus propias manos a trescientos dos mártires, de los muchos que hubo durante el reinado de los emperadores Aureliano, Probo y Caro, cuyos hijos, Carino y Numeriano, asesinos de su propio padre, ordenaron apresarle, martirizarle y darle muerte, lo que ocurrió el 7 de diciembre de 283. Fue sepultado en el cementerio de San Calixto.

La dalmática es una ajustada vestidura exterior, parecida al manto de los emperadores romanos, que llevan los diáconos en las ceremonias solemnes, y que debe ser del mismo color y material que la casulla que vista el celebrante.

28. San Cayo (283-296)

San Cayo, hijo de padres cristianos, era originario de Salona, en la Dalmacia; era hermano de San Gabino, tío de Santa Susana y sobrino del emperador Diocleciano, por lo que sus padres le enviaron a Roma para que residiese en una casa cercana a la de su hermano Gabino y su sobrina Susana y bajo la protección de su tío, el emperador.

Ya en Roma, comenzó a distinguirse entre los cristianos por la pureza de sus costumbres y la firmeza de su fe, así como por su sabiduría. A tanto alcanzó su fama que, a la muerte de San Eutiquiano, fue elegido para ocupar la silla de San Pedro el 16 de diciembre de 283.

Tras la persecución de Valeriano, la Iglesia vivió un período de paz solo interrumpido por algunas persecuciones, por lo que, a finales del siglo III, la Iglesia de Cristo contaba ya con tan numerosos fieles que era una fuerza imposible de dominar, y de esa paz se aprovechó San Cayo para perfeccionar las instituciones de la Iglesia, desarrollando dos escuelas en Oriente, la de Alejandría y la de Antioquía, así como las Iglesias de África, las Galias y España.

Pero las persecuciones arreciaron, dando ocasión a San Cayo para que mostrase la fuerza de su fe y su caridad en sus continuas visitas a los cristianos refugiados en cuevas y catacumbas o prisioneros en mazmorras, al tiempo que el emperador daba orden de que se colocaran en todas las plazas públicas, esquinas y encrucijadas de las calles unos idolillos, con bando riguroso de que nada se pudiese comprar ni vender sin haberles dado antes incienso, y que ni siquiera se pudiese tomar agua de las fuentes y pozos públicos sin ofrecer antes sacrificios a esos ídolos, por lo que fueron muchos los cristianos que huyeron de Roma.

Sabiéndolo, San Cayo ordenó a Cromacio, fervoroso cristiano que había sido prefecto de Roma, que regresase a su tierra para ayudar a los cristianos que se habían refugiado en ella. Y otro tanto ordenó al presbítero Policarpo. Antes de ello, había aconsejado a Cromacio, que era patricio, que acogiera a todos los cristianos en su casa de campo con el fin de protegerlos contra la persecución, a causa de lo cual, se cuenta que entró San Cayo en casa de Cromacio un domingo y dirigiéndose a los fieles allí reunidos, les dijo:

> «Dios Nuestro Señor, conociendo la debilidad humana, ha establecido dos grados entre los que creen en Él: la confesión y el martirio, para que los que no se crean con fuerzas para poder sufrir los rigores de los tormentos al menos conserven la gracia para su confesión. Así pues —continuó—, los que prefieran permanecer en casa de Cromacio queden aquí con Tiburcio, y los que quieran venir conmigo a la ciudad, ¡síganme!».

Poco después de la partida de Cromacio y Policarpo, San Cayo ordenó sacerdotes a los hermanos Marco y Marcelino, y a su padre, Tranquilino, con los que vivió en casa de otro cristiano llamado Cástulo que era oficial del emperador, y en esa casa celebraba el santo sacrificio y bautizaba a los muchos neófitos que acudían a él, la mayoría guiados por San Tiburcio.

Se sabe que San Cayo pasó algún tiempo escondido en la catacumba de San Calixto, que entonces se encontraba en todo su esplendor, tras los trabajos realizados en ella por San Calixto, que la convirtieron en uno de los lugares más venerados por los cristianos.

En ella estuvo escondido algún tiempo San Cayo, no tanto por miedo a las persecuciones cuanto por su devoción a los mártires, con los que se reunió definitivamente el 22 de abril de 296 y fue enterrado en el cementerio de San Calixto, desde donde fue trasladado su cuerpo a una iglesia de su mismo nombre en Novelara (Italia) en 1631.

Mientras San Cayo se ocupaba de las tareas propias de su apostolado, unos enviados del emperador fueron a decir a su hermano San Gabino que Maximino, hijo adoptivo del emperador, deseaba casarse con su hija Santa Susana. Cuando San Cayo lo supo, mandó llamar a su sobrina, quien, sabedora ya de los deseos del hijo del emperador, acudía ya a él para recibir su bendición y disponerse al martirio.

> «Ya sabéis, amado tío –le dijo Santa Susana–, que habiendo hecho voto de castidad no puedo dar la mano a otro esposo que no sea Jesucristo, y vengo a declararos que jamás la daré a otro. Sé que ningún tormento podrá obligarme a mudar de resolución; pero, llena de confianza en la misericordia de mi Señor Jesucristo, espero que antes me arranquen el alma del cuerpo que la fe del corazón».

La palma del martirio que embellece a Santa Susana da testimonio de la firmeza de su fe y la ayuda del Señor.

29. San Marcelino (296-304)

Fue hijo de un cristiano romano llamado Proyecto, y sus virtudes cristianas le hicieron conocido y apreciado por el clero y los seglares cristianos de toda la ciudad de Roma.

Prestó importantes servicios a la Iglesia durante el pontificado de San Cayo. Buen conocedor del dogma cristiano, infatigable en el trabajo e instruido en las necesidades de la Iglesia, a la muerte de San Cayo fue elegido para gobernarla el 30 de junio de 296, cuando corrían los borrascosos tiempos del imperio de Diocleciano y Maximiano, enemigos inexorables de la Iglesia.

Hacia el año 303, Diocleciano publicó nuevos decretos ordenando que se emplease todo género de medios para exterminar a la secta cristiana: en menos de un mes alcanzaron la palma del martirio diecisiete mil santos, y el propio pontífice fue arrastrado a la cárcel y a los tormentos.

San Marcelino fue acusado de excesiva benignidad con quienes habían caído en la idolatría por miedo al martirio, atribuyéndole los más injustos pecados, como el de haber ofrecido él mismo incienso a los ídolos. Que todo era falso quedó demostrado cuando, ante Diocleciano, confesó la divinidad de Jesucristo y la locura del paganismo con tal vehemencia que el emperador mandó que le decapitasen en aquel mismo instante y que se expusiese su cuerpo a la curiosidad y el escarnio públicos.

Más de un mes estuvo su cuerpo en la plaza en la que se ejecutó la sentencia con orden del emperador de que no se le diese sepultura, hasta que una noche el presbítero Marcelo los tomó y enterró en el cementerio de Santa Priscila.

> Diocleciano fue designado emperador tras el asesinato del emperador Caro por sus hijos Carino y Numeriano, en el año 284. Llevó a cabo una amplia reforma del Imperio, descentralizando la Administración, elevando a Maximiano a su misma dignidad de augusto, en el año 286, y adoptando ambos como hijos a los prefectos Galerio y Constancio Cloro el Pálido, se introdujo la llamada tetrarquía: Diocleciano recibió Oriente; Maximiano, Italia y África; Constancio, Hispania, Galia y Britania, y Galerio, Iliria, Macedonia y Grecia.

30. San Marcelo I (308-309)

Tras la muerte de San Marcelino, la Iglesia padeció cuatro años de sede vacante, ya que San Marcelo I no fue elegido hasta el 27 de mayo de 308, para un pontificado que se prolongó tan solo un año y veinte días, pues murió el 16 de junio de 309.

San Marcelo había nacido en Roma, en la vía Lata, y su padre, Benedicto, lo educó desde niño en la religión cristiana, en la que vivió una adolescencia tan virtuosa y dada al estudio que San Marcelino le ordenó presbítero, muy joven aún, y lo tuvo a su lado en las terribles persecuciones que los cristianos vivieron aquellos años.

Cuando San Marcelino fue llevado al martirio, se opuso a que Marcelo lo acompañase, confiándole la misión de velar por la Iglesia y exhortar a los fieles a que, en lo tocante a la fe, no se doblegasen ante Diocleciano.

El emperador Diocleciano había abdicado en el año 305, obligando a hacer otro tanto a su colega en el Imperio Maximiano, pero un hijo de este último, Majencio, se rebela contra Roma y consigue ser nombrado césar por la guardia pretoriana el 28 de octubre de 306, y augusto a su padre, quien derrota a Valerio Severo, al tiempo que a aquella primera tetrarquía le sucede una segunda al nombrar Galerio y Constancio césares y colegas suyos a Severo y Maximino

Daya, por lo que el desorden en el Imperio hace tan inestable la vida en Roma que no se elige sucesor de San Marcelino, en la persona de San Marcelo, hasta que, en el año 308, una asamblea nacional celebrada en Carnuto designa a Lucinio emperador de Occidente, al no aceptar Diocleciano nuevamente la dignidad imperial, y Lucinio manda que cesen las persecuciones, orden que ejecuta, al propio tiempo, el césar Majencio.

San Marcelo I aprovechó la paz para reparar los daños sufridos por la Iglesia y dar sepultura digna a los cuerpos de muchos mártires que permanecían casi insepultos o en lugares inadecuados –para lo cual una noble matrona, Santa Priscila, compró y reparó el cementerio que llevó su nombre, así como, a instancias de San Marcelo, invirtió sus bienes en la reparación de los templos y el socorro de los pobres–. Ordenó a dos diáconos, veinticinco presbíteros y ventiún obispos. Escribió una carta a los obispos de Antioquía y otra al tirano Majencio.

En su breve pontificado, distribuyó la diócesis de Roma en veinticinco barrios, o parroquias, poniendo al frente de cada uno de ellos a un sacerdote de los más sabios y virtuosos, a los que se denominó presbíteros cardinales.

Al propio tiempo, San Marcelo se dedicó a habilitar nuevas iglesias, consagró nuevos obispos y sacerdotes, estableció un nuevo cementerio en la vía Salaria y abrió las puertas de la reconciliación –no sin exigir la debida penitencia– a quienes, más débiles que apóstatas, se habían separado de la Iglesia en los días amargos y buscaban ahora el abrazo del perdón: los «lapsi».

Pero cuando Majencio usurpó el Imperio, tras la derrota de Severo, mandó prender a San Marcelo, intentando doblegar su ánimo y forzarle a adorar a los dioses romanos; al negarse a ello el santo pontífice, mandó azotarle duramente antes de enviarle a cuidar de las bestias durante nueve meses. Una vez liberado, San Marcelo es conducido a la casa de Santa Lucila, que él convierte en iglesia, para consolar, predicar y celebrar los sagrados misterios; pero Majencio, enterado e irritado, trueca en establo la nueva iglesia y hace morir en ella, entre las bestias, a San Marcelo, cuyo cuerpo fue sepultado en el cementerio de Santa Priscila, en la vía Salaria.

Majencio fue hijo del emperador Maximiano y, tras la abdicación de su padre, junto a la de su colega Diocleciano, en el año 305, se rebeló en Roma y consiguió ser proclamado césar por la guardia pretoriana, al tiempo que nombraba augusto a su padre, que un año más tarde derrotó al también augusto Flavio Valerio Severo, y a Galerio le designó césar de los territorios orientales. Tras gobernar despóticamente la parte occidental del Imperio, fue derrotado y muerto por Constantino I el Grande en la batalla de Puente Milvio, el 28 de octubre de 312.

31. San Eusebio (309)

Cuatro meses duró el pontificado de San Eusebio, ya que fue elegido el 18 de abril de 309 y murió, mártir, el 17 agosto de ese mismo año.

Había nacido en Casano (Grecia) y era hijo de un médico, que le educó en la fe de Jesucristo.

Durante su pontificado la Iglesia siguió sometida al desgarro de las herejías, frente a las que San Eusebio luchó con firmeza, no exento de caridad, durante su breve pontificado, ocupándose especialmente de que se cumpliesen con rigurosidad los cánones penitenciales con respecto a los pecadores, especialmente aquellos que, por cobardía, habían negado la fe durante las persecuciones.

Muchos de ellos, ofendidos por su rigor penitencial, se enfrentaron a él, con un tal Heraclio por caudillo, y ese escándalo dio pie al emperador Majencio para desterrarle a Sicilia, donde murió. Está enterrado en el cementerio de San Calixto, en Roma, en una sepultura cercana a la de San Cayo, aunque algunas de sus reliquias fueron llevadas a San Lorenzo, en Panisperna, y hay documentos que afirman que el cuerpo fue trasladado, en 1607, a España.

El cementerio de San Calixto, o por mejor decir, la catacumba de San Calixto, está situado en Roma, cercano a la vía Appia Nueva y a la catacumba de Domitila, en el Lacio, en la Roma Tuscolano exactamente, cerca de los gigantescos estudios cinematográficos de Cinecittà.

Las catacumbas fueron organizadas por San Calixto I, que fue obispo de Roma y sumo pontífice de la Iglesia entre los años 217 y 222. Son las más famosas de Roma, con cuatro niveles sobrepuestos y más de veinte kilómetros de corredores.

Los santos del Imperio (311-468)

Entorno histórico

En los siglos IV y V, el Imperio Romano está dividido en dos imperios, cada uno de los cuales, pese a ello, tiene unas fronteras demasiado extensas para su defensa y, en consecuencia, continuas oleadas de tribus procedentes de Oriente −Asia y estepas rusas, especialmente− penetran en él: los visigodos establecen reinos en España y Francia tras saquear la propia Roma, asolar Italia y devastar los Balcanes; los ostrogodos arruinan Italia; los vándalos, tras sus correrías por la Península Ibérica, crean un reino en el norte de Italia; los francos penetran y se establecen en las Galias, y el último emperador del Imperio Romano de Occidente, Rómulo Augústulo, es derrocado en el año 476. Pero el Imperio Romano sigue vivo: en Oriente, en el llamado imperio bizantino, el Imperio Romano de Oriente, y en Occidente, en la absoluta romanización de las tribus bárbaras que lo han destruido y desgajado, pero adoptan una lengua, costumbres y religión: la cristiana.

En el año 312, Constantino I aplasta al ejército de Majencio tras su visión de una cruz con el famoso: «Con este signo vencerás», que marca el fin de las persecuciones a los cristianos en Roma. Trece años más tarde inaugura el Concilio de Nicea, convocado por el papa Silvestre I, en el que se condena el arrianismo.

En el año 395 muere el emperador Teodosio I el Grande y el Imperio vuelve a dividirse, ya de forma definitiva: Honorio queda como emperador del Imperio Romano de Occidente y Arcadio como emperador del Imperio de Oriente. Quince años más tarde, en el año 410, las tropas del rey visigodo Alarico se apoderan de Roma, a la que saquean durante tres días.

En Bizancio, Constantino aúna los imperios romanos de Oriente y Occidente en el año 324 y funda Constantinopla, faro del comercio con todo el mundo oriental. Teodosio adopta el cristianismo como religión oficial, se celebra en Nicea el I Concilio Ecuménico en el año 325 y los turcos inician una larga serie de ataques al imperio. En el año 380, Teodosio I el Grande ordena que todos los pueblos sometidos a su soberanía acepten el dogma de la Santísima Trinidad. Bajo el impulso de la emperatriz Eudoxia, Teodosio II dicta una ley que reorganiza la enseñanza superior en Constantinopla y, a partir de ese momento, la universidad de esa ciudad compite con la de Roma.

En el norte de Europa, anglos y sajones se establecen en Inglaterra a comienzos del siglo v y las tribus que habitan Escandinavia y el norte del Rhin comienzan a comerciar con los romanizados bárbaros del sur.

Los hunos invaden el sur de Rusia en el año 375 tras ser expulsados de China, con los que, tras su triunfo sobre los ostrogodos, provocan la segunda invasión germánica sobre Europa. En el año 454, en la batalla de Nedao, los gépidos aplastan a los hunos y provocan el final del reino fundado por Atila veinte años antes.

En Persia, el imperio sasánida disputa influencias a Roma y los seguidores de Zoroastro someten a martirios y persecuciones a los cristianos.

En África, los misioneros de la Iglesia oriental convierten al cristianismo a los rectores del reino de Axum, que conquistan nuevos territorios y se convierten en una verdadera potencia, una de las más poderosas del mundo junto a Roma, Bizancio y Persia. En el norte de África, el rey vándalo Genserico funda y consolida su reino en el «granero» del Imperio Romano.

En India, los caudillos hindúes unifican el norte de la península y favorecen los estudios de los textos sánscritos y de los Veda, al tiempo que los budistas levantan grandes monasterios, y las leyes se unifican en un solo código en el largo período de paz que se vive bajo Chandragupta II, antes de que la invasión de los hunos destruya el imperio hacia el año 465.

Japón mantiene una larga guerra con Corea, al tiempo que comienza a asimilar lengua y cultura procedentes de China. Y en la propia China, la invasión de los bárbaros introduce la cultura occidental, al tiempo que los más avanzados de entre los chinos se refugian en el sur de su inmenso territorio.

En el norte de China, en el año 386, el clan de los Tobas, de origen turco-mogol, funda la dinastía Wei, que domina el difícil período que se extiende hasta mediados del siglo vi.

En América, la cultura maya alcanza su madurez sobre la base de una muy sólida y armónica estructura social: el cultivo del algodón, las calabazas y el maíz.

Los santos del Imperio

La sangre de los mártires que fecundó la semilla evangélica durante los tres primeros siglos de la Iglesia –y que seguiría y seguirá haciéndolo, aunque en forma menos masiva a lo largo de toda su historia– dio como primer fruto un período de ciento cincuenta años de paz, orden y crecimiento para una Iglesia, la de Roma, regida por quince obispos que, por sus virtudes y entrega a la tarea pastoral que les había sido encomendada, alcanzaron la santidad.

El emperador Constantino saca a la Iglesia de las catacumbas y, sin la permanente amenaza de las persecuciones, el I Concilio Ecuménico de Nicea formula el credo que define la fe de la Iglesia, y en su labor pastoral los pontífices romanos promueven la tarea apostólica de llevar la fe de Cristo a los lugares más remotos y van creando y fijando la liturgia de los actos sagrados: la comunión, la institución del domingo como día del Señor, la defensa de la fe frente a herejías como la arriana o la nestoriana, la incorporación del *Aleluya* en los ritos religiosos, la adopción del título de Papa –«padre» en griego–, la lucha contra los movimientos cismáticos, la regulación de los libros canónicos, la definición de misterios como el de la encarnación, etc., pero también, y ya en el siglo V, se inicia la intromisión del poder civil en la elección del Papa y otros obispos, el comienzo de los enfrentamientos con los emperadores de Oriente y, lo que es peor, con la Iglesia oriental, los antipapas, etc.

Tiempos de santidad en el papado, bajo la paz del Imperio, que permitieron fructificar la semilla regada por la sangre de los mártires, obispos, sacerdotes y seglares de los siglos anteriores.

Los papas del período

32. San Melquíades (310-313)

Llamado en algunas historias Miltíades, San Melquíades nació, según algunas biografías, en Madrid y fue elegido para ocupar la silla de San Pedro el 3 de octubre de 310, más de un año después de la muerte de San Eusebio, acaecida el 17 agosto de 309, por vivir Roma en aquellos días una inseguridad pública que sucedió a la primera tetrarquía y se prolongó hasta que, después de sus victorias sobre Majencio (312), Constantino el Grande quedó dueño de las provincias de Occidente.

Al parecer, en la víspera de su batalla contra Majencio, Constantino soñó que se le aparecía Jesucristo y le indicaba que grabara las dos primeras letras de su nombre en griego (XR) en los escudos de sus tropas, y el mismo día de la batalla, cuenta la leyenda, que vio una cruz ante el sol sobre la que estaban escritas las palabras *In hoc signo vinces* («Con este signo vencerás»). Venció Constantino a Majencio en Puente Milvio, cerca de Roma, y el Senado le proclamó salvador del pueblo romano y le confirió el título de *Primus augustus,* por lo que Constantino consideró que Cristo le había dado la victoria; abandonó sus creencias paganas y, junto a su coemperador Licinio Liciano, mandó cesar las persecuciones contra los cristianos, en el famoso Edicto de Milán del año 313, que restituía a la Iglesia los bienes confiscados y dejaba libertad de culto en todo el Imperio, ya que en este edicto se da esa libertad a todas las sectas, salvo a las herejes.

Convertido al cristianismo, Constantino ordenó a sus soldados rezar los domingos una oración a Dios, prohibió las festividades paganas y dictó una nueva ley *popaea* contra el celibato, forzando a los romanos al matrimonio, y otra castigando el adulterio con pena de muerte.

San Melquíades, que tuvo la fortuna de ser testigo y beneficiario de ese edicto que libraba a los cristianos de sus perseguidores, tuvo, sin embargo, que luchar duramente contra los herejes maniqueos, y se vio forzado a enviar una epístola a los obispos de España para recordarles que todos los apóstoles habían reconocido la preeminencia y superioridad de San Pedro, y ellos debían reconocer la del obispo de Roma.

En lo concerniente a la disciplina eclesiástica, ordenó que los cristianos no ayunasen los domingos, ni siquiera en la Cuaresma, y otra de sus epístolas aclara, para algunos obispos que andaban confusos en el tema, que el sacramento del bautismo es más necesario que el de la confirmación, aunque este sea de mayor dignidad ya que no puede conferirlo sino un obispo.

Con menor fortuna, pese a la ayuda del emperador Constantino, se enfrentó San Melquíades al cisma donatista, que se sostuvo beligerante y con mucho arraigo en la Iglesia africana durante los siglos IV y V. Se había originado en la falsa acusación que formuló Donato, obispo de Casinagra (en Numidia), contra Mensurio, obispo de Cartago, al que acusaba de haber entregado los libros sagrados a los enemigos de la fe, por lo que se separó de su comunión y originó un cisma, autonombrándose obispo de Cartago, situación que se prolongó cuando Ceciliano sucedió a Mensurio en la silla de Cartago y que, en lo teológico, se separaba de la Iglesia de Roma al afirmar que el valor de los sacramentos dependía del carácter moral del ministro que los administraba.

Para cortar el cisma, San Melquíades convocó un sínodo en el palacio laterano el 2 de octubre de 313, al que asistieron tanto Donato como Ceciliano, pero aunque el pontífice y el concilio declararon inocente a Ceciliano y a su predecesor, Mensurio, de cuanto se le acusaba, Donato siguió condenándolo, por lo que él mismo fue el condenado.

Durante su pontificado, San Melquíades ordenó a seis presbíteros, cinco diáconos y once obispos. Murió el 10 de diciembre de 313, siendo su cuerpo sepultado en el cementerio de San Calixto.

Pese a que murió de forma natural, los martirologios antiguos le consideran mártir y como tal lo celebra la Iglesia.

Constantino I el Grande, que nació poco después del año 274 y murió en el 337, fue el primer emperador romano que se convirtió al cristianismo después de su victoria sobre Majencio, con las letras XR (de Cristo) grabadas en los escudos de su ejército.

Hijo de un jefe militar de la guardia pretoriana, que llegó a ser emperador con el nombre de Constancio I, y de Santa Elena, se hizo tan popular entre la guardia pretoriana que le proclamaron augusto a la muerte de Constancio, pese a lo cual no consiguió ser único emperador de Roma hasta el año 324, tras su victoria sobre Licinio.

Ya emperador de Oriente y Occidente, intervino en el cisma que, por culpa de los donatistas, dividía a la Iglesia, procurando restablecer su unidad, para lo que presidió, en el año 325, el I Concilio Ecuménico de la Iglesia en Nicea.

Fue el creador de Constantinopla, la actual Estambul, capital del Imperio Romano de Oriente, y más tarde imperio bizantino, en el emplazamiento del antiguo Bizancio griego.

33. San Silvestre I (314-335)

San Silvestre nació en Roma y era hijo de un aristócrata cristiano llamado Rufino, quien le dio como preceptor a un piadoso sacerdote llamado Cirino y fue ordenado sacerdote por San Marcelino.

Fue elegido obispo de Roma y sumo pontífice el 31 de enero de 314, y fue el primero en ceñir la tiara.

En el primer año de su pontificado, el emperador Constantino convocó un sínodo para acabar con el cisma que había estallado en África, y en el año 325 convocó el I Concilio Ecuménico de la historia, que se celebró en Nicea (Bitinia), residencia veraniega del emperador, al que asistieron, junto a este, trescientos dieciocho obispos, y en el que se condenó la herejía arriana y se redactó el llamado «credo de Nicea».

Obrando así, Constantino abrió la puerta a la intromisión del poder civil en los asuntos eclesiásticos, algo que, acaso solo en aquel asunto, fue beneficioso para la Iglesia, ya que, en su calidad de *pontifex maximus*, Constantino autorizó la construcción de una gran basílica en honor de San Pedro sobre la colina Vaticana —sobre las ruinas de un cementerio pagano— y financió la construcción de otras dos basílicas romanas: una en honor de San Pablo, sobre la vía Ostiense, y otra la de San Juan de Letrán. Obsequió, además, al obispo de Roma con su propio palacio laterano, que desde entonces fue residencia de los obispos de Roma.

Por su parte, San Silvestre envió delegados al Concilio de Arlés, al que asistieron los obispos de las Galias, Italia, España y África, en el que se estableció que la fiesta de la Pascua se celebrase el domingo después del día 14 de la luna de marzo; se condenó la reiteración del bautismo, observada por los africanos; se declaró inocente a Ceciliano, obispo de Cartago, de los delitos de que le acusaban los donatistas, y se aprobaron leyes contra los cismáticos. San Silvestre envió también un obispo y dos sacerdotes en su nombre al Concilio de Nicea del año 325.

Concluido ese Concilio de Nicea, tras la condenación del arrianismo y la formulación del credo, el concilio escribió a San Silvestre para solicitar de él que confirmase sus decretos. El pontífice reunió otro concilio en Roma, en el que confirmó todo lo que el de Nicea había hecho, con estas palabras:

> «Confirmamos de palabra, y asimismo nos conformamos con todo lo que ha sido establecido en la ciudad de Nicea [Bitinia] por los trescientos dieciocho bienaventurados obispos, para el bien y conservación de la Santa Madre Iglesia Católica y Apostólica, y anatematizamos a todos los que intenten destruir la definición de este grande y santo concilio, al que se ha hallado presente el muy pío y venerable príncipe Constantino Augusto».

Otras obras pastorales de San Silvestre fueron la institución del domingo para recordar la resurrección, la creación de la «corona férrea», con un clavo de la cruz, y la consagración de San Juan como catedral de Roma.

En medio de tanta bonanza, Tarquino Perpena, prefecto de la ciudad de Roma, sabiendo que San Timoteo estaba hospedado en casa de San Silvestre, y pensando que este había traído a Roma grandes riquezas de Oriente, mandó meter en la cárcel a San Silvestre, pero la muerte repentina de su perseguidor al día siguiente de su encarcelamiento liberó al pontífice, quien salió de Roma y se retiró al monte Soracte –posteriormente llamado de San Silvestre–, que distaba de Roma unas siete leguas.

Murió, a edad muy avanzada, el 31 de diciembre de 335, y su cuerpo fue enterrado en el cementerio de Santa Priscila, en la vía Salaria. Es el primero de los obispos de Roma que no fue considerado mártir y también el primer cristiano canonizado sin haber alcanzado la corona del martirio.

Cuenta una piadosa tradición que, estando el emperador Constantino cubierto por una especie de lepra, sus médicos –paganos– le recomendaron que se bañase en sangre de niños pequeños como único remedio eficaz contra esa enfermedad.

Horrorizado Constantino ante esa posibilidad, aquella noche soñó que dos ancianos, de porte apacible y majestuoso, le dijeron que su acto de clemencia había sido muy agradable a Dios, y le indicaron mandase a buscar al obispo Silvestre, que estaba en el monte Soracte, y que él le mostraría un baño que le sanaría al instante.

Cuando San Silvestre estuvo ante el emperador, le dijo: «No dudes, gran príncipe, que la visión que has tenido viene de Dios. En cuanto a los dos venerables viejos que has visto, conocerás viendo sus retratos que son los dos grandes apóstoles de Jesucristo, las dos columnas de su Iglesia», y habiéndole mostrado las imágenes de Pedro y Pablo, reconoció Constantino en ellas a los dos viejos que había visto en sueños. Fue admitido entre los catecúmenos, bautizado por San Silvestre y, apenas le tocaron las aguas del bautismo, le desapareció la lepra.

---

34. San Marcos (336)

San Marcos, hijo de un plebeyo cristiano llamado Prisco, nació en Roma y destacó desde su adolescencia por su dedicación al estudio y sus muchas virtudes, por lo que, joven aún, alcanzó un gran prestigio entre el clero y el pueblo de Roma, crédito que le llevó a ser elegido para el sumo pontificado cuando tenía cerca de sesenta años de edad, el 14 de febrero de 336, para morir, de muerte natural, el 7 de octubre de ese mismo año.

Pese al poco tiempo que ocupó la silla de San Pedro, realizó una gran labor pastoral y estableció que el sumo pontífice debía ser consagrado por los obispos de Ostia, de acuerdo con una tradición ya entonces secular, y al propio tiempo, y por eso mismo, concedió al obispo de Ostia el privilegio de usar palio. Hizo construir dos templos: uno en la vía Ardeatina y otro cerca del Capitolio, y dotó a ambos de vasos sagrados de oro y plata.

Dedicó lo mejor de su actividad pastoral a luchar contra el arrianismo, disputa en la que fue ayudado por San Atanasio, San Hilario y San Basilio, pese a lo cual fue el propio emperador Constantino quien dirimió la disputa entre el obispo San Atanasio y el hereje Arrio, reinstaurando al primero en la Iglesia de Alejandría y exiliando a Arrio a Tréveris, sin consultar a San Marcos.

Como fruto de los estudios que al llegar al pontificado había realizado, fijó el primer calendario de fiestas religiosas.

A su muerte, fue sepultado en el cementerio de Balbina, en la misma iglesia de San Marcos que había hecho levantar en la vía Ardeatina.

El palio es una banda circular tejida con la lana de dos corderos blancos, bordada y signada con cruces y flecos negros. Se coloca en el cuello por encima de los paramentos sagrados. Originalmente la usaban el Papa, los patriarcas y los obispos de Ostia, y se guardaba en un cofre de plata en el Vaticano. En la actualidad la usan también los obispos.

El arrianismo fue una herejía cristiana que tomó el nombre de un nativo de Libia llamado Arrio que había estudiado en la escuela teológica de Luciano de Antioquía. Ordenado sacerdote, Arrio inició en el año 319 una polémica con su obispo en Alejandría, San Atanasio, sobre la divinidad de Cristo, y el emperador Constantino le deportó a Iliria en el año 325.

Para los seguidores de Arrio, la segunda persona de la Trinidad, el Hijo, no goza de la misma esencia del Padre, pues es, según ellos, una divinidad engendrada, al serlo Jesucristo, y solo Dios Padre no ha sido engendrado, existiendo por toda la eternidad. El arrianismo fue condenado en el I Concilio Ecuménico de Nicea, en el que se declaró, en el credo, que el Hijo de Dios era concebido, no creado, y consustancial al Padre.

En el año 359 el arrianismo se convirtió en la fe oficial del Imperio Romano hasta que el emperador Teodosio, en el año 379, aceptó como doctrina del Imperio el «credo de Nicea», lo que fue confirmado en el II Concilio Ecuménico de Constantinopla, celebrado en el año 381. En España, el arrianismo tuvo una fuerte implantación entre los visigodos, y el rey Leovigildo mandó ejecutar a su hijo San Hermenegildo por haber abjurado de la fe arriana y dar con ello origen a la conversión del pueblo visigodo a la fe definida en Nicea y Constantinopla.

35. San Julio I (337-352)

Nacido en Roma, fue elevado al solio pontificio el 6 de febrero de 337, en el mismo año en que murió el emperador Constantino y asumió el poder Constancio II.

Se considera a San Julio I fundador del archivo de la Santa Sede, porque ordenó la conservación de los documentos, decretando que el bibliotecario recogiese todas las actas eclesiásticas y estas fuesen arregladas por el primicerio de los notarios.

Fijó para la Iglesia de Oriente la solemnidad de Navidad el 25 de diciembre en vez del 6 de enero, junto con la Epifanía, como venía celebrándose hasta entonces.

En el año 347 envió legados al Concilio de Sárdica, actual Sofía (Bulgaria), que se celebró bajo la presidencia de Osio para defender la causa de San Atanasio, al que, con otros treinta obispos que habían sido arrojados de sus sedes por los eusebianos, reconoció como legítimo obispo de Alejandría en el Sínodo de Roma celebrado en el año 340. Sobre este tema se conserva una excelente epístola suya, de gran valor teológico y literario, en la que defiende el derecho de los obispos excluidos a recurrir a la autoridad del obispo de Roma. Murió el 12 de abril de 352.

Los eusebianos u homoiusianos fueron una secta del arrianismo a quienes se denomina con ese nombre por los tres Eusebios que defendieron esa herejía: Eusebio de Cesarea, Eusebio de Emesa y Eusebio de Nicomedia. Defendían una posición intermedia entre el arrianismo y el «credo de Nicea».

36. San Liberio (352-366)

Nacido en Roma, fue elegido sumo pontífice el 17 de mayo de 352 y murió, tras un largo y fecundo pontificado, el 24 de septiembre de 366.

En el mismo año de su elección, San Liberio inició la construcción de la basílica de Santa María la Mayor, centro del culto mariano en Europa; al parecer, él mismo dibujó su perímetro tras una nevada caída el 5 de agosto de aquel año.

En su tiempo, siguió avanzando la herejía arriana, lo que desembocó en la elección del antipapa Félix II, ya que el emperador Constancio II asumió la doctrina arriana y la impuso como religión oficial del Imperio Romano, e incluso intentó que lo fuese de la Iglesia, ya que un concilio celebrado en Arlés en el año 353, y otro que lo fue en Milán dos años más tarde, no lograron imponer su autoridad sobre la del emperador Constancio, a quien solo resistió, con firmeza, San Liberio, quien, por hacerlo, fue exiliado a Tracia, y el emperador nombró sumo pontífice a Félix II, quien se convirtió así en un nuevo antipapa, considerado entonces y durante un tiempo el sumo pontífice legítimo, pues como tal lo había designado el emperador.

San Liberio regresó a Roma tres años más tarde, el 2 de agosto de 358, y allí se negó a compartir la silla de San Pedro con el antipapa Félix II. El pueblo de Roma salió a las calles defendiendo a San Liberio, y gritando: «No hay más que un solo Cristo y un solo pastor: Liberio», por lo que Félix II se vio forzado a abandonar la ciudad.

En el año 361 muere el emperador Constancio en su guerra contra los persas y heredó el Imperio su sobrino Juliano el Apóstata, con lo que los arrianos perdieron su fuerza; pero ya antes, en el año 359, San Liberio había rechazado el concilio que los seguidores de Arrio habían convocado en Rávena.

Pese a ello, San Liberio tuvo que sufrir los intentos del emperador Juliano de reimplantar la vieja religión grecorromana, el paganismo. Juliano, llamado por ello el Apóstata, era un admirador del sincretismo y el neoplatonismo, y proclamó el culto al dios sol, una forma de hacerlo a Apolo. Al parecer, cuando agonizaba, Juliano levantó los ojos al cielo y exclamó: «Venciste, Galileo».

La construcción de la basílica de Santa María la Mayor, en Roma, tuvo su origen, según la tradición, en una aparición de Nuestra Señora a un matrimonio en Roma y a San Liberio.

Al parecer, en aquel tiempo vivían en Roma un cristiano llamado Juan Patricio y su esposa, quienes imploraban a Dios que les diese algún hijo con quien compartir los abundantes bienes materiales y espirituales con que habían sido bendecidos. Tras años de oración, y sin los hijos anhelados, decidieron nombrar heredera de sus bienes a la Santísima Virgen, a quien rogaron les inspirase la mejor forma posible de invertir su herencia.

En la noche del 4 de agosto de 352, Nuestra Señora se les apareció a Juan Patricio y a su esposa, al tiempo que a San Liberio, indicando a los primeros que financiasen la construcción de una basílica en el monte Esquilino, en el punto que ella señalaría con una nevada. A la mañana siguiente, bajo el abrasante sol de agosto, todos quedaron sorprendidos porque una zona del monte Esquilino quedó cubierta por la nieve. San Liberio dibujó sobre la nieve el perímetro de la futura basílica ante el feliz matrimonio, que invirtió su fortuna en financiar su construcción. San Liberio donó para la basílica la famosísima Madonna, Nuestra Señora y el Niño, que, según la tradición, había sido pintada por San Lucas y llevada a Roma por Santa Helena.

37. San Dámaso I (366-384)

Aunque nacido en Roma en el año 304, era hijo de un matrimonio español, Antonio y Lorenza, que se había establecido en la ciudad con sus dos hijos pequeños, Dámaso e Irene. Cuando Antonio enviudó, se hizo clérigo, más tarde lector, después diácono y, por último, presbítero agregado a una parroquia de Roma, San Lorenzo.

Cuando San Dámaso tuvo edad para ello, fue admitido en el clero y entró a servir en la misma parroquia que su padre. Al poco de cumplir los cincuenta años, siendo diácono, San Liberio fue obligado a abandonar la silla de San Pedro y exilado a Tracia por el emperador Constancio, quien nombró sumo pontífice a Félix II, constituido así en antipapa. Ese mismo día San Dámaso juró solemnemente, y junto a la mayoría del clero romano, que no admitirían a otro obispo de Roma que a San Liberio mientras este viviese. Y aún más, el diácono Dámaso acompañó a su pastor al exilio y vivió con él algunos meses en Berea de Tracia.

Cuando murió San Liberio, el clero romano eligió para sucederle a San Dámaso, que contaba en aquel momento sesenta y dos años de edad, y fue consagrado en la basílica de Lucina el 1 de octubre de 366.

Su elección, pese a ser casi unánime, irritó sobremanera a otro diácono, Ursicino, quien convenció al obispo de Tívoli, un tal Pablo, tan ignorante como venal, para que le ordenase obispo de Roma, creando así un nuevo cisma, ya que Ursicino logró tan gran número de seguidores que el cisma religioso se degradó a revuelta callejera en la que se contabilizaron ciento treinta y siete muertos, pese a que San Dámaso, movido por su bondad, se ofreciese a renunciar al pontificado. No lo consintió el prefecto de Roma, Juvenco, quien desterró a Ursicino y a sus diáconos Amancio y Lupo, pero el emperador Valentiniano, movido por los seguidores de Ursicino, le levantó el destierro, pese a lo cual él mismo hubo de desterrarle otra vez ante los alborotos que la presencia en Roma de Ursicino había vuelto a provocar.

Cuando, en el año 379, la Iliria fue separada del Imperio de Occidente, San Dámaso trabajó activamente en defensa de la autoridad de la Iglesia de Roma, creando allí una vicaría apostólica y nombrando para ella a Ascolio, obispo de Tesalónica, origen del vicariato papal que durante tanto tiempo ha estado ligado a la Santa Sede.

San Dámaso llegó al pontificado siendo un verdadero erudito, lo que le llevó a tomar medidas trascendentales en sus años de pontificado: ordenó que la lengua latina fuese adoptada como idioma litúrgico de la Iglesia, en sustitución del griego, para acercarla más al pueblo, en una medida similar a la que adoptó el Concilio Vaticano II cuando admitió el uso litúrgico de las lenguas vernáculas; autorizó el canto de los salmos a dos coros, siguiendo el rito instituido por San Ambrosio; introdujo en los sagrados oficios el uso de la palabra hebraica «Aleluya», y se dice que fue autor de la oración «Gloria al Padre, al Hijo y al Espíritu Santo, como era en un principio, ahora y siempre por los siglos de los siglos. Amén».

Hizo traducir del hebreo las Sagradas Escrituras, ordenando una nueva versión latina del Nuevo Testamento para corregir algunos errores detectados por San Jerónimo, dando así origen a la Biblia que la Iglesia latina adoptó más tarde para su uso, la llamada *Vulgata*; convocó un concilio en Roma, en el año 370, para devolver a la fe a los caídos en el arrianismo, lo que le valió la pública gratitud de San Atanasio, patriarca de Alejandría, y otro concilio allí celebrado poco después, y dispuso un nuevo concilio en Roma, con casi un centenar de obispos de distintos países, en el año 373. Sin duda por ello, San Optato, obispo de Milevi, publicó una obra monumental contra los cismáticos en la que dice de San Dámaso «...el cual es hoy nuestro hermano con quien todo el mundo mantiene comunión, así como nosotros por medio de las epístolas».

Con el mismo vigor que a herejes y cismáticos, se opuso en el Senado romano a quienes pretendían restablecer el altar de la Victoria, tomando él mismo la representación de los senadores cristianos contra los senadores paganos y logrando que se anulase dicha propuesta.

Quizás en recuerdo de sus muchos años en ella, San Dámaso hizo restaurar la iglesia de San Lorenzo, a la que dotó con instalaciones para los archivos de la Iglesia, al tiempo que mandaba construir la basílica de San Sebastián, en la vía Apia, en honor del traslado temporal a ese lugar de los cuerpos de San Pedro y San Pablo; construyó, entre los cementerios de San Calixto y Santa Domitilla, una pequeña iglesia, una «basilicula», en la que algunos eruditos afirman que fueron enterrados San Dámaso, su madre y su hermana, y consolidó, reformó y amplió las viejas catacumbas de la ciudad, y él mismo redactó e hizo grabar nombres y epitafios en numerosas tumbas de aquellas en las que yacían los cuerpos de los mártires.

Murió a los ochenta años, el 11 de diciembre de 384; tras su muerte, y en su nombre, fueron muchos los milagros que atestiguaron lo caro que le había sido al Señor. San Dámaso redactó su propio epitafio: «Yo, Dámaso, hubiera querido ser sepultado junto a las tumbas de los santos, pero tuve miedo de ofender su santo recuerdo. Espero que Jesucristo, que resucitó a Lázaro, me resucite también a mí en el último día».

Se denominó *Vulgata*, lo que significa «popular» en latín, a la edición latina de la Biblia aceptada por la Iglesia católica y que vino a sustituir a la escrita en griego que usaron los primeros cristianos; en la actualidad, a la versión realizada por San Jerónimo a petición del papa Dámaso I, y que se fue transmitiendo durante los doce siguientes siglos con las lógicas imprecisiones, hasta que, en 1546, se decretó que la *Vulgata* sería el único texto latino autorizado para la Biblia. Pablo VI ordenó una nueva revisión, completada en 1977.

38. San Siricio (384-399)

Nacido en Roma, fue diácono con San Liberio y San Dámaso I, a cuya muerte fue elegido sumo pontífice, por aclamación, el 15 de diciembre de 384.

Fue el primer obispo de Roma que adoptó como propio de su dignidad el nombre de Papa, para unos porque significa «padre» —en griego— y, para otros, como anagrama de la frase *Petri-Apostoli-Potestatem-Accipens*.

Como San Dámaso I, luchó para reafirmar la primacía del obispo de Roma sobre el resto de los obispos y a quien corresponde la última decisión en cuestiones de disciplina y derecho eclesiástico. En virtud de ello, sus escritos tienen decretal, como los del emperador, y el propio San Siricio no exhorta ni amonesta: ordena y prohíbe. Convencido de ello, escribió epístolas a varios obispos, la más célebre de las cuales la dirigió al obispo de Tarragona, Himerio, y que es considerada la primera epístola decretal.

Para confirmar todo esto, celebró en Roma un sínodo en el que se reafirmó la superioridad de la Iglesia de Roma sobre el resto, al tiempo que se oponía vigorosamente a la herejía maniquea.

Riguroso y severo, apoyó a San Ambrosio en su decisión de excomulgar al emperador Teodosio y expulsó de la Iglesia al monje Joviniano, quien equiparaba el matrimonio con la virginidad y afirmaba que un cristiano bautizado ya no podía pecar, por lo que podía hacer cualquier cosa sin caer en el pecado.

San Siricio prescribió el celibato a sacerdotes y diáconos; fijó las pautas temporales que debían respetarse entre las órdenes; decretó que solo los obispos pudiesen ordenar a los sacerdotes, y dispuso que los monjes también pudieran ser obispos.

Hizo reconstruir la basílica de San Pablo en la vía Ostiense, al oeste de Roma, y en el año 391 consagró a San Agustín como obispo de Hipona.

Murió el 26 de noviembre de 399, y está enterrado en la iglesia de San Práxedes, en Roma.

El emperador godo Teodosio ordenó destruir la ciudad de Tesalónica porque se le había rebelado, y por esa causa murieron más de siete mil personas. Ante tamaño crimen, San Ambrosio, obispo de Milán, excomulgó al emperador, quien se dirigió a San Siricio para que le perdonase y levantase la excomunión. Lo hizo, pero con una penitencia terrible para quien ostentaba el supremo poder: presentarse, vestido de mendigo, en la plaza de Milán la noche de Navidad de aquel año 390 y proclamar ante todos su culpa y su arrepentimiento.

---

39. San Anastasio I (399-401)

Nació en Roma, en el seno de la familia de los Máximos, y era tal su fama de santidad y la pobreza en que vivía que fue elegido obispo de Roma, por aclamación, el 27 de noviembre de 399, al día siguiente de la muerte de San Siricio, cuando San Anastasio contaba ya setenta años de edad.

Durante su breve pontificado usó del título de Papa, como su antecesor, y logró acabar con el cisma entre las Iglesias de Roma y Antioquía.

Sumamente austero él mismo, combatió la inmoralidad de costumbres, ordenó que los sacerdotes permaneciesen de pie durante el Evangelio, dispuso que los tullidos o aquellos a quienes faltase algún miembro no pudiesen ser clérigos y que ningún peregrino, especialmente si procedía de África, fuese aceptado como miembro del clero si no venía avalado por cinco obispos, para evitar que en el clero romano se infiltrasen maniqueos para difundir su herética doctrina.

En defensa de la doctrina heredada, San Anastasio combatió la herejía donatista y condenó los errores de Orígenes, prohibiendo sus obras por considerarlas heréticas.

Consagró la iglesia llamada Crescentina, en la vía Mamertita de Roma, y ordenó a ocho presbíteros, cinco diáconos y diez obispos.

Murió el 1 de diciembre de 401 y fue enterrado en el cementerio de Ursum Pileatum, en la vía Portuense de Roma; sus restos se guardan hoy en la iglesia de San Martino al Monti, en la misma ciudad.

En tiempos de San Siricio, Flavio Honorio, que había nacido en el mismo año en que aquel Papa fue elegido (en el 384), se convirtió en el primer emperador romano de Occidente.

Era hijo de Teodosio I el Grande y nació en Constantinopla, recibiendo a los nueve años el título de augusto y convirtiéndose en único emperador de Occidente el 17 de enero de 395, aunque quedó bajo la tutela del general Flavio Estilicón, a quien mandó asesinar en el año 408. Las tropas del visigodo Alarico saquearon la ciudad de Roma en el año 410, estando Honorio en Rávena, ciudad en la que murió en el año 423.

40. San Inocencio I (401-417)

Nació en la ciudad de Albano, cerca de Roma, y fue elegido para suceder a San Atanasio veintiún días después de la muerte de este, el 22 de diciembre de 401.

Durante su pontificado, San Inocencio alcanzó la alegría de ver concluido por completo el cisma que durante tanto tiempo había alejado de Roma a la

Iglesia de Antioquía; logró desterrar de Roma a los pocos herejes novacianos que aún restaban en ella, ciento cincuenta años después de originarse el cisma de ese nombre; se empleó con energía en luchar contra los seguidores de Pelagio, escribiendo dos epístolas contra su doctrina explicando la necesidad de la gracia, y excomulgando a Pelagio y Celestio, sus principales cabezas, al ser informado de sus heréticas doctrinas por las cartas que se escribieron para él en los Concilios de Mileva y de Cartago.

San Inocencio escribió otras muchas epístolas dirigidas a obispos de toda la cristiandad: a San Dictricio, arzobispo de Ruán; a San Exuperio, arzobispo de Tolosa, y a San Decencio, obispo de Gubio, entre muchos otros.

San Inocencio I tuvo el dolor de asistir, durante su pontificado, al saqueo de Roma por los godos de Alarico, aunque sus oraciones, unidas a las del pueblo cristiano, alcanzaron la gracia de que el propio Alarico fuese derrotado cuando avanzaba sobre Roma.

En su labor pastoral, el papa Inocencio I estableció que las Iglesias de Occidente deberían seguir los ritos romanos, y ordenó el catálogo de los libros canónicos y las reglas monásticas.

Obtuvo del emperador Flavio Honorio la prohibición de que se celebrasen en el circo luchas entre gladiadores y, enterado de que la emperatriz Eudoxia perseguía al patriarca de Constantinopla, San Juan Crisóstomo, salió en su defensa, anulando cuanto de falso —en un concilio celebrado en Calcedonia— había decretado contra él, restituyéndole en su puesto y excomulgando a sus opositores.

San Inocencio murió el 12 de marzo de 417 y fue enterrado en el cementerio de Santa Priscila. En el año 845, Sergio II trasladó su cuerpo a la iglesia del Título, en Equicio.

Pelagio fue un monje, sabio y austero, que llegó a Roma en el año 390 y descubrió la relajada moral de los cristianos allí, por lo que se dedicó a predicar una vuelta al asceticismo cristiano que arrastró a muchos seguidores. Desde esa posición de guía espiritual, cayó en la herejía al negar la existencia del pecado original y la necedad de bautizar a los niños, afirmando, como siglos más tarde haría Rousseau, la bondad natural del hombre y que su corrupción se debe a los malos ejemplos y mala educación. Afirmó también que la gracia es consustancial al hombre, aunque admitía lo que llamaba gracias externas. Pelagio enseñaba que la fe y el dogma carecen de importancia, ya que la esencia de la religión radica en la acción moral.

Acusado de herejía por San Agustín, fue absuelto en los Sínodos de Jerusalén y Dióspolis, pero en el año 418 el Concilio de Cartago condenó a Pelagio y a sus seguidores, y fue San Zósimo el Papa que condenó formalmente su doctrina.

41. San Zósimo (417-418)

Nació en Grecia, de una familia originaria de Misuraca, y fue elegido Papa el 18 de marzo de 417 por indicación expresa de su antecesor, San Inocencio I.

Fue un Papa de tanta ingenuidad como temperamento, que defendió con más energía que prudencia los derechos de la Santa Sede y prohibió que los hijos ilegítimos fueran ordenados sacerdotes.

De su ingenuidad da pruebas sobradas el hecho de que rehabilitó al pelagiano Celestio, condenado por los obispos africanos en el Concilio de Cartago; pese a los escritos y postura en contra de San Agustín, estuvo a punto de ser convencido de la bondad de su doctrina por Pelagio, manteniéndose favorable a Celestio y a Pelagio, pese a que un nuevo concilio había confirmado la condena del anterior de Cartago.

No fue menos ingenuo al permitir que los sacerdotes y diáconos excomulgados por los obispos africanos acudiesen a Roma o a otras Iglesias para ser juzgados y rehabilitados, una disposición que fue considerada inadecuada por su injerencia en el campo disciplinario. Igualmente, apelando a desconocidos decretos, exigió a la Iglesia de África que rehabilitase a un sacerdote condenado con justicia, Apiario.

Por fin rectificó y, en una famosa encíclica –*Tractoria*– condenó el pelagianismo, como hicieran los Concilios de Cartago, y definió el dogma del pecado original, señalando que la gracia divina es el único camino de salvación.

Ingenuo fue también cuando designó a un protegido suyo, Patroclo de Arlés, metropolitano de las provincias de Vienne y de Narbona (Francia), para colocar bajo su control a todo el clero de las Galias; pero todos, salvo el Papa, conocían la desmedida ambición de Patroclo y su nombramiento granjeó la enemistad de los galos para con el Papa.

No lo fue menos en el orden disciplinario cuando toleró la intromisión del Estado en los asuntos internos de la Iglesia.

En su tiempo, se extendió el uso del cirio pascual a todas las iglesias.

Tras un breve pontificado –algún Padre de la Iglesia escribe que por fortuna–, San Zósimo murió el 26 de diciembre de 418. Su cuerpo se conserva en la iglesia romana de San Lorenzo Extramuros.

Fue un teólogo del siglo II, Tertuliano, quien acuñó la frase «pecado original», que no figura en la Biblia, pero que los teólogos defienden apoyándose en San Pablo (Rom. 7) y los Evangelios de San Juan y San Lucas.

---

42. San Bonifacio I (418-422)

El *Liber Pontificalis* afirma que San Bonifacio era romano e hijo de un presbítero llamado Jocundo. Al parecer, fue ordenado por San Dámaso I y San Inocencio I le designó representante suyo en Constantinopla.

Fue elegido obispo de Roma, y consecuentemente Papa, el 28 de diciembre de 418, y la intervención en dicha elección de Carlos de Rávena marcó el comienzo de la intromisión del poder civil en la elección del Papa.

De otra parte, con motivo de esa elección se originó el quinto de los cismas que padeció la Iglesia, ya que, al propio tiempo que a San Bonifacio, se designó otro Papa, el antipapa Eulalio, y tuvo que reunirse un concilio en Roma, en el año 419, para expulsar a Eulalio y confirmar a San Bonifacio como sumo pontífice, por lo que este no fue consagrado Papa hasta siete meses después de su elección.

Siguió enfrentándose al pelagianismo, que se extendía por el norte de África, y para hacerlo mejor San Bonifacio pidió a San Agustín, obispo de Hipona, en la actual Annaba (Argelia), que redactase un libro que combatiese dicha herejía.

San Bonifacio, que tuvo un pontificado marcado por su voluntad de organizar la disciplina y la autoridad en la Iglesia, tuvo que rectificar algunas decisiones políticas de su predecesor, como la de nombrar metropolitano a Patroclo de Arlés y la de otorgar a algunos obispos de poderes extraordinarios, como vicarios papales, disminuyendo la influencia de esos obispos y restaurando sus poderes a los obispos de las provincias afectadas.

San Bonifacio impuso su criterio para que Máximo, obispo de Valencia, fuera juzgado por sus supuestos crímenes por un sínodo de obispos galos y no por un solo obispo designado por el Papa, y logró solventar los problemas que su predecesor, San Zósimo, había originado con la Iglesia de África, especialmente en el caso de Apiario. Apoyó con toda su autoridad a San Agustín en su lucha contra el pelagianismo, en reconocimiento de lo cual San Agustín dedicó a Bonifacio su escrito contra las cartas de Pelagio.

Logró triunfar frente al patriarca de Constantinopla en su defensa de la adscripción a Roma de las provincias eclesiásticas de Iliria.

En el orden pastoral, San Bonifacio renovó lo dispuesto por San Sotero prohibiendo a las mujeres tocar los paños sagrados e intervenir en el quemado del incienso, y la prohibición de que los esclavos fuesen ordenados sacerdotes.

Murió en Roma, el 4 de septiembre de 422, y fue enterrado en el cementerio de Máximo, en la vía Salaria.

Enterrado San Zósimo el 27 diciembre de 418, un grupo de diáconos, secundados por otros elementos del clero romano, eligieron como Papa a Eulalio, y sus partidarios impidieron que el resto del clero romano pudiese entrar en la basílica para impedirlo, por lo que estos se reunieron en la iglesia de Teodora y eligieron, contra su voluntad, al anciano San Bonifacio como obispo de Roma.

El domingo, día 29, San Bonifacio fue consagrado en la basílica de San Marcelo mientras que Eulalio lo era en la basílica de Laterán, en presencia de los diáconos que lo habían elegido, algunos sacerdotes y el obispo de Ostia, que fue llevado allí desde su lecho de enfermo para que participase en su consagración. Se había producido el quinto cisma de la Iglesia. El emperador Honorio confirmó la elección de Eulalio y expulsó a San Bonifacio de Roma; pero, ante los argumentos que le dieron los partidarios de San Bonifacio, convocó un sínodo de obispos italianos en Rávena para, ante los dos papas, aclarar la situación. Al no lograrlo, el propio sínodo aplazó la decisión hasta un concilio general de obispos italianos, galos y africanos que se convocó para dos meses después, en mayo, y pidió a ambos papas que abandonasen Roma hasta que ese concilio tomase una decisión. A los pocos días, Eulalio regresó a Roma y reuniendo a sus partidarios, tomó la basílica de Laterán, decidido a presidir las ceremonias de Pascua. Honorio, indignado, ordenó que se reconociese a San Bonifacio como único Papa, cerrando un cisma que había durado quince semanas.

43. San Celestino I (422-432)

Nació en la Campania napolitana (Italia) y era hijo de Prisco, que pertenecía a la familia del emperador Valentiniano.

La tradición dice que, en su juventud, quiso marchar al desierto con la intención de vivir allí una vida de eremita, pero lo cierto es que, siendo muy joven aún, fue ordenado sacerdote y lo era todavía cuando fue consagrado obispo y enviado a Siria como pastor de aquella Iglesia. De sus años allí ha quedado el recuerdo de una intensa e incansable labor donde destacaban los actos de caridad, y ha quedado constancia de unas cartas que son modelo de bondad para con los humildes o apenados y de rectitud para con cuantos caían o bordeaban la herejía.

En Siria estaba cuando, a la muerte de San Bonifacio, fue llamado a Roma para ser elegido sumo pontífice el 10 de septiembre de 422, seis días después de la muerte de su predecesor en el papado.

Los diez años de su papado fueron intensos y fecundos, tanto en el aspecto dogmático como en el litúrgico y el pastoral.

En el primero, convocó el III Concilio Ecuménico, en el que fueron condenados los seguidores de Nestorio, quien defendía que María era solo Madre de Jesús en cuanto hombre, pero no en cuanto Dios. Con San Cirilo de Alejandría como representante suyo, San Celestino luchó para que se celebrara el Concilio de Éfeso, en el año 431, y en él se proclamase el dogma de la maternidad divina de María.

En Éfeso, como todos los católicos después, los padres conciliares repitieron e hicieron suyas las palabras del papa San Celestino: «Santa María, Madre de Dios, ruega por nosotros pecadores, ahora y en la hora de nuestra muerte». Tuvo que luchar también contra las herejías arrianas y semipelagianas, que se difundían con fuerza en las Galias, y defendió con energía el perdón del pecador arrepentido en la hora de su muerte.

En el orden pastoral, San Celestino envió a Irlanda a San Patricio y escribió sus famosas *Decretales,* en las que, entre otras cosas llenas de prudencia, sabiduría y entereza, escribe a los obispos: «No permitamos sembrar en nuestra tierra otro grano que el que nos ha dejado en depósito el Divino Sembrador».

Expiró el 27 de julio de 432 y fue enterrado en el cementerio de Santa Priscila. Sobre su tumba, sus contemporáneos escribieron: «Su alma santísima goza ya de la visión de Dios».

San Patricio, que nació posiblemente en el sudoeste de Gran Bretaña hacia el año 390 y murió en el 461, es conocido como el Apóstol de Irlanda. Cautivo de unos bandidos en la montaña, unas visiones lo impulsaron a escapar y alcanzar la costa norteña de las Galias. Ordenado sacerdote en el año 431, San Celestino I le nombró obispo de Irlanda como sucesor de San Paladio, el primero en serlo en aquellas tierras.

Solía explicar el dogma de la Santísima Trinidad usando un trébol, papilionácea que pasó a convertirse en el emblema nacional irlandés.

44. San Sixto III (432-440)

Nació en Roma, en el seno de la familia Envidia, siendo el segundo Papa de la familia Colonna. Fue elegido sumo pontífice, por unanimidad, el 31 de julio de 432, posiblemente porque, siendo sacerdote y después diácono, alcanzó fama de ser capaz de refutar cualquier tipo de herejía con tal rapidez y eficacia que el Espíritu Santo le dictaba las palabras.

Ya pontífice, son famosos los problemas que tuvo a causa de Nestorio, pese a lo aprobado en el Concilio de Éfeso del año 431 y de que Nestorio había sido desterrado al monasterio de San Euprepio. San Sixto le intentó convencer de que volviera a la pureza de la fe y aceptara lo aprobado por el concilio, pero Nestorio, en lugar de hacerlo, propaló la mentira de que San Sixto había abrazado la doctrina nestoriana.

Sostuvo también una lucha frontal con los pelagianos, condenados ya por el papa San Zósimo, y escribió dos cartas de apoyo al obispo Aurelio y a San Agustín, que habían condenado a Celestio en el Concilio de Cartago.

Tras la aprobación del dogma que define que María es Madre de Dios, San Sixto, para conmemorarlo, hizo reconstruir la basílica de Santa María la Mayor y la embelleció con los espléndidos mosaicos que aún hoy son visibles a lo largo de las paredes de la nave central, encima del cornisamiento y en el arco triunfal.

También construyó o restauró varias iglesias y oratorios de Roma, como el baptisterio constantiniano de Letrán o San Lorenzo de Lucina.

En lo pastoral, continuó la obra de sus predecesores en la organización de la estructura eclesiástica, estableciendo, por ejemplo, que un obispo debía mostrar una carta de presentación del pontífice antes de tomar posesión de su sede, reglamentando algunos ritos de la misa y ordenando que los ornamentos sagrados fueran tocados solo por los sacerdotes.

Envió al obispo Peregrino a las Galias con la misión de evangelizar algunas zonas aún paganas; se le atribuyen la introducción del tríplice canto del *Sanctus* en la misa y dos cartas en las que se trata la doctrina de la Santísima Trinidad; la primacía entre las demás de la Iglesia de Roma, y disposiciones en las que mantuvo la jurisdicción de Roma sobre Iliria, contra el parecer del emperador de Oriente, quien quería hacerla depender de Constantinopla.

La tradición nos habla de San Sixto como de un Papa sumamente bondadoso. Una anécdota puede servir para reflejar esa bondad: un vengativo sacerdote llamado Baso acusó a San Sixto ante el emperador de haber cometido horribles delitos; un concilio investigó el asunto, absolvió a San Sixto y excomulgó a Baso; pero cuando este se hallaba a punto de fallecer, el Papa a quien había difamado acudió a su lecho de muerte, le levantó la excomunión, absolviéndole de sus pecados, y le acompañó en sus últimos momentos.

Murió el 19 de julio de 440 y fue enterrado en San Lorenzo Extramuros.

Cuenta la tradición que mil años después de la muerte de San Sixto III los condes Alife, de Benevento, solicitaron la custodia de su cuerpo, cosa que les concedió el papa Inocencio II. Cuando el cuerpo del santo era trasladado, la mula que portaba la urna se negó a proseguir avanzando al llegar a las cercanías de Alatri, por lo que los vecinos de ese pueblo depositaron la urna en su acrópolis, donde permanecen.

---

45. San León I Magno (440-461)

Fue natural de la Toscana italiana; cuando aún no era diácono, ya estaba considerado como uno de los miembros del clero con mayor influencia en el Vaticano y su mejor diplomático; joven todavía, fue nombrado archidiácono de la Iglesia de Roma, pese a lo cual fue enviado a resolver el grave enfrentamiento que sostenían dos de los generales del Imperio. Estando San León ausente de Roma, falleció San Sixto III, y él fue elegido su sucesor, por lo que tardó cuarenta días en llegar a Roma, donde fue consagrado como obispo de Roma y sumo pontífice el 29 de agosto de 440.

En los veintiún años que duró su pontificado, conquistó el título de Magno (Grande) con el que le honra la historia por la energía que empleó en la tarea de mantener la unidad de la Iglesia; por sus escritos y su ingente labor teológica, está considerado como uno de los Padres de la Iglesia, y por la ejemplaridad de su vida la Iglesia le distingue con el título de santo.

Retomó la idea que San Ambrosio formuló un siglo antes, y la desarrolló haciendo converger las convicciones ambrosianas sobre la misión providencial del Imperio Romano y la doctrina tradicional de la primacía de la sede apostólica, reconciliando cristianismo y clasicismo, y sentando con ellos las bases de la cultura europea posterior.

En el Concilio de Calcedonia, celebrado en el año 451, San León Magno proclamó la divinidad y humanidad de Cristo con estas palabras: «Consustancial al Padre por su divinidad, y consustancial a nosotros por su humanidad», lo que hizo exclamar a los obispos presentes: «Pedro ha hablado a través de León».

Definió también el misterio de la encarnación de Cristo, proclamó los Concilios Ecuménicos IV y V, y combatió el maniqueísmo en África, el pelagianismo en Aquilea y el priscilianismo en España.

Como pastor de los cristianos romanos tuvo que enfrentarse, en su avance sobre Roma, a Atila, rey de los hunos, quien había saqueado el norte de Italia en el año 452, obligando al emperador Valentiniano III a refugiarse en Roma. San León Magno salió al encuentro de Atila, en Mantua, y consiguió que el caudillo de los hunos se retirase, firmando un tratado de paz con el Imperio a cambio de un tributo.

En el año 455 impidió, con sus negociaciones a las puertas de la Ciudad Eterna, que los vándalos incendiasen Roma después de haberla saqueado y haber asesinado a Valentiniano III y su designado sucesor, Petronio Máximo.

San León I Magno falleció el 10 de noviembre de 461. La historia de la Iglesia le considera el más importante de los sucesores de San Pedro hasta que San Gregorio I Magno, al iniciarse el siglo VII, le disputó ese título.

Atila, que murió en el año 453, faltándole poco para cumplir los cincuenta años de edad, fue rey de los hunos —un pueblo nómada y de origen asiático— los últimos veinte años de su vida y la historia le conoce como el azote de Dios: avanzó por Iliria, derrotó a Teodosio II, invadió las Galias en alianza con el rey de los vándalos, fue derrotado en los campos Cataláunicos, arrasó Aquilea, Milán y Padua, entre otras ciudades italianas, y Roma se salvó de la destrucción gracias a San León I Magno, quien impresionó a Atila con su majestuosa presencia.

46. San Hilario (461-468)

Nacido en Caller, en la isla de Cerdeña, inició en la infancia los estudios eclesiásticos; joven aún, alcanzó el diaconado y, siéndolo, prestó importantes servicios al papado.

Fue consagrado obispo de Roma y sumo pontífice de la Iglesia el 19 de noviembre de 461, y en los siete años de su pontificado continuó la acción política de su predecesor, San León I Magno, del que, junto al obispo de Pozzuoli, Julio, actuó como legado en el Sínodo de Éfeso del año 449 y se opuso a la condena de San Flaviano de Constantinopla, irritando con ello de tal forma a Dióscoro, patriarca de Alejandría y líder del movimiento monofisita, como sucesor de Cirilo, que solo salvó su vida gracias a la huida y a un largo alejamiento, tanto de Constantinopla como de Roma.

Al proseguir la misma rigurosa política de San León I Magno, dedicó una atención especial al ordenamiento eclesiástico de las Galias y de España, sumidas ambas en el caos político y el desorden eclesiástico provocado por las invasiones bárbaras, con casos como el del arcediano Hermes, quien se había hecho consagrar, ilegítimamente, obispo de Narbona. Enterado de ello San Hilario, convocó un sínodo en Roma el 19 de noviembre de 462, después del cual el Papa envió una epístola a varios obispos galos acordando que Hermes continuaría como obispo titular de Narbona, pero sin ostentar facultades episcopales, y disponiendo además que se reuniese anualmente un sínodo en Arlés en el que se acordarían los asuntos que debieran ser sometidos a la autoridad papal. Igualmente ordenó que ningún obispo pudiera abandonar su diócesis sin permiso escrito de su metropolitano o, en su defecto, del mismo obispo de Arlés, y que cualquier propiedad de la que la Iglesia fuese propietaria no pudiera ser vendidas en ningún caso sin que un sínodo hubiera examinado antes la causa que lo justificase.

Un año más tarde, Mamerto de Vienne nombró y consagró a un obispo para Die, que pertenecía a la diócesis metropolitana de Arlés, y el papa San Hilario tuvo que ordenar a Leoncio de Arlés que convocara un sínodo de obispos de las provincias afectadas para investigar el asunto. Dicho sínodo publicó un edicto, el 25 de febrero de 464, advirtiendo a Mamerto de que le sería retirada su autoridad si no dejaba de llevar a cabo ordenaciones irregulares, y recordándole que correspondía a Leoncio de Arlés la consagración del obispo de Die. San Hilario refrendó lo acordado en Arlés y aprovechó la ocasión para ordenar a los obispos que se abstuviesen de traspasar los límites de sus jurisdicciones.

Apoyándose en los mismos principios, defendió los derechos metropolitanos de la sede de Embrún contra las usurpaciones de un cierto obispo Auxanio, y actuó con energía en España, donde estableció un vicariato cuando se enteró de que Silvano, obispo de Calahorra, había efectuado ordenaciones episcopales ilegítimas; que el obispo de Barcelona, Nundinario, había designado heredero de su sede a Ireneo, a quien ya había hecho obispo de otra sede, y que un sínodo celebrado en Tarragona había aceptado la voluntad de Nundinario a la muerte de este.

Para oponerse a estas decisiones, el papa San Hilario convocó un nuevo sínodo en Roma, celebrándose este el 19 de noviembre de 465 en la basílica de Santa María la Mayor, y que ha resultado ser, con el tiempo, el más antiguo, pues se guardan la totalidad de los registros; tras el sínodo, San Hilario envió una epístola a los obispos de Tarragona declarando nula toda consagración que no fuese sancionada por el metropolitano Ascanio; prohibiendo que ningún obispo se trasladase de una diócesis a otra y, en consecuencia, que Ireneo regresase a su sede y fuese elegido otro obispo para Barcelona; que solo fuesen reconocidos como tales, de entre los obispos consagrados por Silvano, aquellos que hubiesen ocupado sedes vacantes en el momento de hacerlo y cumpliesen el resto de los requisitos de la Iglesia, a las que añadió que era necesario una profunda cultura para ser sacerdotes, y ni pontífices ni obispos pudieran designar a sus sucesores.

Igualmente, San Hilario envió también una encíclica a Oriente, refrendando en ella lo escrito por San León I Magno en su carta dogmática a Flaviano, y apoyando de esta manera lo acordado en los Concilios Ecuménicos de Nicea, Éfeso y Calcedonia.

En la propia ciudad de la que era obispo –Roma–, San Hilario tuvo que defender con tesón la integridad de la fe, ya que el emperador de Constantinopla, Antemio Procopio, se dejaba influir en lo religioso por su favorito Filoteo, seguidor del hereje Macedonio y propagador de su herejía, por lo que el Papa, aprovechando una visita del emperador, le hizo prometer, junto a la tumba de San Pedro, que haría cuanto estuviese en su mano para obligar a Filoteo a desistir de su actitud.

Además, el papa San Hilario mandó erigir varias iglesias y oratorios en Roma, como los que, en Letrán, dedicó a San Juan Bautista y al apóstol San Juan, a cuya intercesión atribuía San Hilario haber podido huir de los ataques a que fue sometido tras la celebración del «concilio de los Ladrones» en Éfeso.

Murió el 29 de febrero de 468.

Se viene llamando «concilio de los Ladrones» al segundo de los que se celebraron en Éfeso, en el que el patriarca de Alejandría, Dióscoro, usando la violencia armada, consiguió que el monofisismo fuese adoptado por la Iglesia oriental. El monofisismo sostenía que Jesucristo carecía de naturaleza humana, pues solo tenía la divina. El II Concilio de Calcedonia refutó y condenó ese «concilio de los Ladrones» y el monofisismo que allí se había defendido, y dio origen al primer cisma importante en la Iglesia, ya que las Iglesias orientales, que lo rechazaron, dieron origen a las Iglesias separadas armenia, copta y jacobita.

La caída del Imperio (468-590)

Entorno histórico

Con la deposición de Rómulo Augusto por su rival Odoacro en el año 476, cae el Imperio Romano de Occidente. En Europa Occidental florecen los reinos bárbaros, que en poco tiempo se convierten al cristianismo y adoptan la lengua y las costumbres romanas. El Papa, como cabeza de la Iglesia, provee de servidores a los nuevos reyes y logra una cierta unidad en la fraccionada Europa. El rey merovingio Clodoveo I se convierte en rey absoluto de los francos y lo convierte en una gran potencia militar y política. En el año 567, el reino franco vuelve a dividirse a la muerte del rey Cariberto I, surgiendo tres nuevos reinos: Neustria, Austria y Borgoña.

En el reino visigodo de Tolosa, en el año 476, un grupo de juristas, por orden del rey Eurico, compila las leyes en el llamado *Codex Euricianus*, la recopilación más antigua del derecho tradicional germánico. En el año 587, el rey visigodo Recaredo I se convierte al catolicismo durante el concilio celebrado ese año en Toledo, al tiempo que lo hacen también la mayoría de sus obispos arrianos.

Mientras tanto, en el norte de Europa pueblos campesinos pero de espíritu guerrero se adueñan de la península Escandinava, los sajones conquistan Inglaterra y los celtas prosperan en Bretaña, Gales e Irlanda.

En el imperio bizantino, el emperador Justiniano reconquista buena parte del antiguo Imperio Romano de Occidente y reconstruye Constantinopla. El arte paleocristiano vive en Rávena un momento de gran esplendor, que se manifiesta, sobre todo, en los mosaicos a mediados del siglo VI gracias a la influencia y el poder bizantinos.

Hacia finales de este período y comienzos del siguiente, el imperio sasánida, que se había consolidado bajo el poder del rey Corroes I Anusharvan (531-578), alcanza en Persia su máxima extensión bajo Corroes II, que inicia su reinado en el año 589.

En India, los hunos destruyen las ciudades guptas y con ellas su reino, fundado en el año 320 y que había llegado a alcanzar un gran esplendor cultural, mientras el hinduismo se impone al budismo, que por esos mismos años —538— llega a Japón en forma de una estatua de Buda y una serie de escritos budistas remitidos por el rey de Kudara (Corea). A las antiguas creencias japonesas pasa a denominárselas *shinto,* o sea, «vía de los dioses», frente a la «vía de Buda» de la nueva fe.

El emperador chino Wudi impulsa de tal forma el budismo mahayana, una corriente muy distinta del budismo original, que lo convierte en la principal religión en China. En el año 589, el jefe militar chino, Yang Jian, unifica China sometiéndola a su dominio e implanta la dinastía de los Sui.

En África, el general bizantino Belisario conquista el reino de los vándalos en el año 534 y, en su desfile triunfal en Constantinopla, exhibe al rey Gelimer los tesoros conquistados a los vándalos, que sirvieron para sanear la tambaleante economía del imperio bizantino.

En México, la ciudad de Teotihuacán alcanza su máximo brillo y poder, y los mayas idean un calendario más preciso que el de los europeos de la misma época.

La caída del Imperio

El período se inicia con la caída del Imperio Romano de Occidente y el confuso cisma que originó la fundación de las Iglesias de Armenia, Siria y Egipto. Prosiguen las luchas con Oriente y la continua defensa del papado de su independencia frente al poder civil. Creación de órdenes monásticas, como la de los benedictinos. La conversión de los francos, la creciente fuerza de los ostrogodos y la llegada de los lombardos hacen que la Iglesia haya de enfrentarse, y aliarse en ocasiones, a un nuevo poder: el de los pueblos bárbaros, recién convertidos al cristianismo pero tierra fácil para que arraiguen en ella las doctrinas heréticas. Crece el poder del Imperio Romano de Oriente, convertido ya en imperio bizantino, y los papas viven una etapa en la que tan pronto son defendidos y apoyados por el poder civil para el mejor cumplimiento de su misión, como se ven perseguidos, encarcelados o exiliados por los representantes de ese mismo múltiple y dividido poder civil. Cae el

Imperio y en su caída no arrastra a la Iglesia pero le hace pasar años difíciles que anticipan ya algunos de los graves tiempos que solo la promesa de Cristo le permitirá superar en el futuro.

Los papas del período

47. San Simplicio (468-483)

Nacido en Tívoli, en el campo de Roma, e hijo de un cristiano llamado Castino, hizo toda la carrera sacerdotal en Roma y fue elegido como sucesor de San Hilario el 3 de marzo de 468, por lo que era Papa cuando, el 23 de agosto de 478, Odoacro, jefe de los hérulos, venció y depuso al emperador Rómulo Augústulo y sus tropas le proclamaron rey de Italia, el primer rey germano italiano, dando fin así al Imperio Romano de Occidente. Por fortuna para la Iglesia de Roma, aunque Odoacro era arriano, dejó que los cristianos de Italia continuasen siendo fieles a la Iglesia de Roma, pese a lo cual, durante el pontificado de San Simplicio, se confirmó la separación de la Iglesia de Roma de las surgidas en Armenia, Siria y Egipto.

Su lucha contra la herejía monofisita a la que defendían tanto Zenón, que era el emperador de Bizancio, como el tirano Basílico, está en la base de la ruptura de las Iglesias orientales con la de Roma, cuyo Papa, San Simplicio, convocó un concilio para oponerse a la herejía de Eutiques, defensor del monofisismo, aunque no puede olvidarse la influencia que también tuvo en ello la caída del Imperio Romano de Occidente, lo que provocó finalmente la ruptura de las relaciones entre Roma y Bizancio, al tiempo que incrementó notablemente la influencia del Papa en todo el mundo occidental y convirtió a la Iglesia de Roma en la figura maestra y rectora del antiguo Imperio Romano de Occidente.

Firme en sus posiciones, el papa San Simplicio se negó a las pretensiones de Timoteo Eluro, el usurpador, y a las de Pedro el Tintorero, al tiempo que defendía la elección canónica de Juan Tabenas como patriarca de Alejandría frente al protegido de Zenón, Pedro el Notario.

Prosiguiendo la labor pastoral de San Hilario, San Simplicio continuó organizando el patrimonio de la Santa Sede, regularizando la distribución de las limosnas a peregrinos y nuevas iglesias, y enviando numerosos sacerdotes a luchar contra las herejías arriana y eutiquiana.

Se tienen noticias de una carta suya al obispo de Sevilla, Zenón; otra a Juan, obispo de Rávena, con ocasión de unas ordenaciones ilícitas, y otras a los obispos galos Florencio y Severo en las que corrige a Gaudencio y priva del ejercicio episcopal a quienes este ordenó ilícitamente.

Hizo levantar en el monte Esquilino el primer templo que se dedicó a San Andrés, el hermano de San Pedro.

Murió el 10 de febrero de 483 y sus reliquias se conservan en Tívoli.

Odoacro, un esquivo rey de los hérulos e hijo de un servidor de Atila, fue el primer rey germano de Italia, cuando derrotó al jovencísimo emperador Rómulo Augústulo y fue reconocido como rey por Zenón, emperador de Oriente. Después, el rey de los ostrogodos, Teodorico I, enviado por Zenón, conquistó casi toda Italia, y cercó y derrotó a Odoacro en Rávena, en marzo del año 493, haciéndole asesinar en un banquete al que lo invitó.

---

48. San Félix II (III) (483-492)

Nacido en Roma, pertenecía a una familia noble, Anicia; estuvo casado antes de su elevación al obispado, y fue bisabuelo de San Gregorio Magno.

Fue elegido obispo de Roma y sumo pontífice a propuesta del rey germano Odoacro, el 13 de marzo de 483. Durante su pontificado, intentó restablecer la paz con Oriente, pero cuando envió a dos obispos a Constantinopla a interrogar a su patriarca, Acacio, quien –protegido por el emperador Zenón– había depuesto al obispo de Alejandría y nombrado en su puesto a Pedro el Notario, se vio forzado a destituir y excomulgar a ambos obispos, corrompidos por Acacio, y al propio patriarca, al tiempo que declarar ilegal el nombramiento de Pedro el Notario, lo que dio origen a un cisma que duró treinta y cinco años. Con todo, y pese a que el Papa había excomulgado a su protegido, Zenón intervino ante el rey de los vándalos, arriano convencido, para que dejase practicar su fe en libertad a los cristianos africanos fieles a la Iglesia de Roma; pero después, acaso impulsado por Acacio, incitó a Teodorico, rey de los ostrogodos, para que invadiese Italia y depusiese a Odoacro, amigo y protector de San Félix. Cuando Teodorico se proclamó rey de Italia e hizo matar a Odoacro, tanto Zenón como San Félix habían muerto ya.

Siguiendo la política de sus predecesores, San Félix aumentó el patrimonio de la Iglesia e hizo levantar varias iglesias y oratorios sagrados, al tiempo que sentó las bases del que posteriormente sería el Estado Vaticano.

San Félix, considerado indebidamente mártir durante mucho tiempo, murió en Roma el 1 de marzo de 492 y está enterrado en la basílica de San Pablo Extramuros.

Zenón, nacido hacia el año 426, fue emperador del Imperio Romano de Oriente entre los años 476 y 491, aunque dos años antes había sido regente de un nieto del emperador León I el Grande e hijo suyo, León II. Regresó al poder, ya como emperador, gracias a la protección del rey de los ostrogodos, Teodorico I el Grande, y a la paz que firmó con el rey de los vándalos, Genserico, a cambio de posesiones en África, Sicilia, Córcega, Cerdeña y Baleares.

Su «edicto de Unión», con el que, en el año 482, pretendió acabar con las contiendas entre la Iglesia de Roma y los monofisitas, dio lugar al primer cisma entre las Iglesias oriental y occidental, llamado «cisma acaciano» porque Acacio, patriarca de Constantinopla, fue el autor y defensor de dicho edicto frente a la autoridad del papa San Félix II.

49. San Gelasio I (492-496)

De padres africanos, el papa San Gelasio I nació en Roma, aunque algunos historiadores consideran que fue africano de nacimiento y ciudadano romano por adopción.

El papa San Félix II confió en San Gelasio I la redacción de muchos documentos eclesiásticos, ya que era un hombre muy versado e instruido en las costumbres de la Iglesia, por lo que no puede extrañarnos que Facundo de Hermoine, pocos años después de su muerte, escribiese: «El papa Gelasio fue famoso en todo el mundo por su sabiduría y santidad de vida», pese a lo cual era tanta su caridad que ha pasado a la historia como «el padre de los pobres». Su estilo de escritor es vigoroso y brillante, pero a veces oscuro. Aunque se le tiene por el más prolífico escritor entre los pontífices de los primeros cinco siglos, solo se conservan de él cuarenta y dos cartas, fragmentos de otras cuarenta y nueve y seis tratados: tres referentes al «cisma acaciano», uno a la herejía pelagiana, otro más a las herejías de Nestorio y Eutiques, y el último un escrito contra el senador Andrómaco, defensor de las *Lupercalia*.

Aunque procuró, sin fortuna, acabar con el «cisma acaciano», no aceptó devolver a la Iglesia de Roma a Eufemio, patriarca de Constantinopla, porque este se negaba a borrar del registro de obispos ortodoxos fallecidos a Acacio, excomulgado por San Félix II, desacatando así la autoridad del obispo de Roma.

Es famosa su defensa del poder espiritual sobre el terrenal, en carta al emperador Anastasio de Bizancio, en la que dice:

> «Hay dos principales poderes para regir el mundo: la sagrada autoridad de los pontífices y el poder imperial. De los dos, el de los sacerdotes es más importante porque tienen que rendir cuentas ante Dios, incluso de los propios reyes o emperadores».

En ningún escrito de aquellos años se encuentran argumentos más contundentes a favor de la primacía de la sede de Pedro que en los escritos de San Gelasio. Repitió siempre:

> «Roma no debe su principado eclesiástico a ningún sínodo ecuménico ni a su importancia temporal, sino a Cristo mismo, quien confirió a Pedro esa supremacía sobre la Iglesia universal».

Famoso es también el rigor con el que actuó para suprimir las *Lupercalia*, la única fiesta pagana que aún se celebraba en Roma.

Fiel defensor de las antiguas tradiciones, decretó que la sagrada eucaristía se efectuase bajo las dos especies: el pan y el vino. Dispuso que las ordenaciones sacerdotales se efectuasen en días especiales, y que los ingresos de la Iglesia se dividiesen en cuatro partes: para repartirlos a los pobres, para el mantenimiento de las iglesias, para que de ella dispusiese el obispo del lugar y para el sostenimiento del clero menor.

Se debe a San Gelasio la introducción en la misa del Kyrie eleison.

Murió en Roma el 21 de septiembre de 496 y fue sepultado en la basílica de San Pedro.

La fiesta de las *Lupercalia* se celebraba en la Roma clásica para honrar a Luperco, un antiguo dios de los ítalos de carácter erótico y pastoril. Las *Lupercalia* se celebraban en los idus de febrero en una gruta situada en el monte Palatino, a la que los romanos llamaban *Lupercal*, y en la que creían que una loba había amamantado a Rómulo y Remo, los legendarios fundadores de Roma e hijos de Marte y Rea Silvia, cuando su tío Amulio les hizo arrojar al río Tíber.

50. Anastasio II (496-498)

Este Papa, nacido en Roma, fue elegido el 24 de noviembre de 496, y fue tan excesivamente débil de carácter y conciliador que, en su afán por acabar con el «cisma acaciano», se mostró tan condescendiente con los monofisitas que dominaban la Iglesia oriental que fue acusado de herejía por el clero romano y tomado como tal por muchos de los cristianos romanos, mucho más intransigentes con los cristianos separados de lo que demostró serlo el propio Papa, especialmente cuando, en el año 497, envió a Constantinopla una delegación encabezada por el diácono Fotino para pactar con el metropolitano de Tesalónica, Andrea, protector de los cismáticos acacianos.

Esto, y su debilidad para sostener a la Santa Sede en el lugar de prestigio y autoridad a que la había elevado San Gelasio, fueron las razones, sin duda, que llevaron a Dante Alighieri a situarlo entre los condenados al infierno en su *Divina Comedia,* ya que en su tiempo se daban por auténticos unos escritos infamantes contra Anastasio II que la crítica histórica posterior ha revelado como falsos, al tiempo que ha dado a luz sus escritos contra el traducianismo.

En el orden positivo, el acontecimiento más importante ocurrido durante su pontificado fue la conversión al cristianismo del rey de los francos, Clodoveo, lo que hizo que este pueblo fuera el primero de los germánicos que se convirtió al cristianismo.

Anastasio II, el primero de los papas que no ha sido elevado a los altares por la Iglesia, murió el 19 de noviembre de 498.

Establecidos en las Galias, los francos fueron durante mucho tiempo aliados del Imperio Romano, pese a lo cual se mantuvieron en el paganismo hasta los tiempos de Clodoveo, quien, en el año 481, logró unificar las distintas tribus francas y proclamarse rey de todas ellas.

Rey ya de todos los francos, se casó con Clotilde, una princesa católica, de la que tuvo un hijo que, apenas bautizado, murió, lo que hizo creer a Clodoveo que ello no hubiera ocurrido si el niño hubiese sido consagrado a sus dioses tradicionales, pensamiento que se reforzó cuando, al nacer un segundo hijo y ser bautizado, el niño enfermó.

En el año 497, sanado y adolescente ya este segundo hijo, Clodoveo se enfrentó con una tribu bárbara y, al ver que sus tropas —derrotadas— emprendían la fuga, él se encomendó al Dios de su esposa Clotilde, Jesucristo, prometiéndole que se haría bautizar si le concedía la victoria. Dirigiéndose a Cristo estaba cuando sus enemigos comenzaron a huir, arrojando sus armas, y Clodoveo, y con él su pueblo, abrazaron el cristianismo.

El traducianismo nació en los escritos de Tertuliano, un escritor cristiano que sostenía que el pecado había sido transmitido a los hombres desde Adán, en una anticipación de la doctrina del pecado original que formuló San Agustín en sus escritos contra Pelagio.

51. San Símaco (498-514)

San Símaco nació en Cerdeña y fue arcediano de la Iglesia de Roma durante el pontificado del papa Anastasio II, a cuya muerte fue elegido para sucederle como obispo de Roma y sumo pontífice el 22 de noviembre de 498, el mismo día en que lo fue también el antipapa Lorenzo, un arcipreste.

Anastasio, emperador de Constantinopla, había conseguido que un patricio romano, Festo, muy cercano al papa Anastasio II, influyese sobre él para que acatase y diese por bueno el edicto que el emperador Zenón había proclamado a favor de los eutiquianos, el *Henoticon,* pero al morir el papa Anastasio II sin haberlo hecho y ser elegido como sucesor suyo San Símaco a los tres días de su muerte, Festo movilizó a los suyos para, con la ayuda del emperador de Constantinopla, iniciar un nuevo cisma al proclamar Papa al arcipreste de Santa Práxedes, Lorenzo. San Símaco fue elevado al trono pontificio en la basílica de Constantino y Lorenzo lo fue en el de Nuestra Señora.

El papa San Símaco escribió al emperador Anastasio para reprocharle su comunión con Acacio, lo que le impedía mantenerla con él. El emperador acusó a

San Símaco de maniqueísmo, y el Papa escribió una carta contra el emperador en la que exhortaba a los obispos orientales a sufrir destierros y persecuciones antes de traicionar la verdadera fe.

Enterado de todo ello el rey de Italia, Teodorico, pese a contarse entre los seguidores de Arrio, acabó con el naciente cisma al dar órdenes de que San Símaco fuese reconocido como Papa al haber respondido su elección a una voluntad más generalizada entre el clero y el pueblo romanos, y haberse efectuado, aunque por horas, antes que la de Lorenzo.

Confirmado Papa por Teodorico, San Símaco convocó un concilio en Roma al que asistieron sesenta y tres obispos y sesenta y siete presbíteros, en el que se aprobó la excomunión de quienes actuasen de cualquier forma para nombrar a un nuevo Papa mientras hubiese uno en la sede de San Pedro, y que fuese tenido siempre por legítimo el que alcanzase un mayor número de votos entre el clero romano a la muerte del sumo pontífice a que había de suceder. Tras los obispos presentes, al arcipreste Lorenzo fue el primero en suscribir estos decretos, y el papa San Símaco le nombró obispo de Nocera.

Pero Festo, atendiendo los deseos del emperador de Constantinopla, volvió a juntarse con algunos miembros del clero y otros senadores como él, y entre todos convencieron a Lorenzo para que regresase a Roma y, acusando al papa San Símaco de todo tipo de pecados, reiniciaron el cisma provocado con la doble elección papal. Nuevamente intervino el rey Teodorico, quien mandó que se celebrase un sínodo en Roma para acabar con él, a lo que San Símaco replicó que solo el Papa podía convocarlo, pero que, por su propia voluntad, lo haría.

En septiembre de 501 tuvo lugar en Roma el sínodo ordenado por Teodorico y convocado por San Símaco, y en él se declaró inocente al papa San Símaco de cuantas acusaciones se le imputaban y dictando distintas condenas contra los cismáticos, pero dejando a todos un fácil camino de perdón: el reconocimiento de su error. Llegada la noticia de este breve cisma y las resoluciones del sínodo a todas las Iglesias de las cristiandad, San Avito, obispo de Viena, escribió: «... no es fácil concebir cómo un superior puede ser juzgado por sus inferiores, especialmente cuando se trata de la cabeza de la Iglesia».

En el ejercicio de su pontificado, San Símaco consolidó los bienes de la Iglesia, a los que consideró debían permanecer en beneficio de los clérigos; sostuvo con ayudas espirituales, económicas y en especie a los obispos africanos que el rey Trasimundo había desterrado a Cerdeña; concedió la libertad a todos los esclavos que aún lo eran de la Iglesia, y se le atribuye la primera construcción del palacio

Vaticano, al tiempo que otras muchas iglesias y palacios que enriquecieron Roma material y espiritualmente.

Murió el 19 de julio de 514.

> Nacido hacia el año 430, Anastasio I fue proclamado emperador del imperio bizantino a la muerte de Zenón, tras haber sido un funcionario del palacio imperial en Constantinopla –conocido de todos por su capacidad e integridad– y contraer matrimonio con Ariadna, la viuda de Zenón. Hizo levantar, en el año 512, la aún llamada muralla de Anastasio, de unos 56 km de longitud.

52. San Hormisdas (514-523)

Nacido en la provincia de Frosinone (Italia), era diácono de Roma cuando fue elegido Papa el 20 de julio de 514, al día siguiente de la muerte de San Símaco. Era viudo, y uno de sus hijos, San Silverio, fue también Papa, alcanzando la corona del martirio.

Llegado al pontificado cuando la Iglesia estaba sumida en el «cisma acaciano», correspondió a San Hormisdas la dicha de cerrar dicho cisma mediante la llamada «fórmula de Hormisdas», documento al que se refiere aún el Concilio Vaticano I como prueba de la autoridad del Papa en los seis primeros siglos de la Iglesia.

A la muerte del emperador Anastasio, el nuevo emperador, Justino, invitó a San Hormisdas a que acudiese a Bizancio, pero este se limitó a enviar a la capital del Imperio de Oriente nuncios suyos con una fórmula de reconciliación, la «fórmula de Hormisdas», que fue aceptada por Juan, patriarca de Constantinopla. Dicha fórmula, en la que se afirmaba que «... la Santa Sede Apostólica ha conservado siempre sin tacha la religión católica...», y en la que se recogía la doctrina de los Concilios de Nicea y de Calcedonia y de la carta de San León Magno, terminaba diciendo: «... estoy de acuerdo con el Papa en la profesión de la doctrina y reprendo a todos los que él reprende».

Pero, al tiempo que la «fórmula de Hormisdas» cerraba la ruptura entre las Iglesias oriental y de Roma, el emperador Justino provocó otra de carácter político al pretender incorporar Italia a su imperio, enfrentándose con ello al rey ostrogodo Teodorico, arriano convencido, con la ayuda del papa San Hormisdas, quien puso a los cristianos italianos frente al rey, al tiempo que el emperador proclamaba un edicto que cerraba sus iglesias a los arrianos y decretaba su persecución.

Como consecuencia de este enfrentamiento, el rey Teodorico se convirtió en enemigo del Papa y de la Iglesia de Roma.

San Hormisdas vio concluida la persecución de los vándalos a la Iglesia de África; la fundación de la orden de los benedictinos por San Benito de Nursia, y el levantamiento de la célebre abadía de Montecassino, destruida en 1944.

En el orden disciplinario eclesiástico, San Hormisdas dispuso que los obispados fuesen otorgados y no establecidos por privilegios o donaciones.

Murió en Roma el 6 de agosto de 523.

San Benito de Nursia, que nació hacia el año 480 y fue fundador de la orden benedictina, está considerado padre del monacato occidental. Había nacido en Nursia (Italia Central), en el seno de una familia aristocrática, y cursó sus primeros estudios en Roma, desde donde se retiró a una zona deshabitada para vivir en una cueva huyendo de la degenerada vida de la ciudad. Elegido abad por un grupo de monjes del norte de Italia, estos pronto se negaron a aceptar las reglas que él imponía, por lo que intentaron envenenarlo. Tras alejarse de ellos, levantó el monasterio de Montecassino y estableció en él una regla de vida, llena de disciplina y espiritualidad, que fue adoptada por casi todos los monasterios occidentales.

53. San Juan I (523-526)

Nació en Populonia, en la región italiana de la Toscana, y era hijo de Constancio; fue elegido Papa el 13 de agosto de 523, después de un período de interregno de siete días.

De su administración pontificia solo se conservan dos cartas, pero se sabe que fue el primer Papa en ir a Constantinopla, obligado por el rey ostrogodo Teodorico, para solicitar del emperador que suspendiese su persecución de los arrianos.

El emperador Justino había emitido, en el año 523, un edicto contra los arrianos que cerraban sus iglesias y les obligaba a devolver a los cristianos las que les habían quitado, lo que ofendió gravemente a Teodorico, arriano convencido, preocupado además, políticamente, por el acercamiento entre las

Iglesias latina y griega, lo que venía a significar un más fácil acuerdo entre los poderes civiles de Roma y Bizancio. Para presionar al emperador, Teodorico envió, en el año 525, un grupo de senadores romanos, con el papa San Juan I al frente, para que obtuviesen de Justino la revocación de su edicto del año 523 y el de reconversión al arrianismo de quienes lo habían abandonado para hacerse fieles a Roma. Parece ser que San Juan I se limitó a aconsejar al emperador que actuase con benevolencia para con los arrianos, fortalecido en su postura por la multitud de fieles que salieron a recibirlo en Constantinopla y por el hecho de que el propio emperador Justino, que se postró ante él para saludarlo, se hiciese coronar emperador por él. Al verlo, todos los patriarcas de Oriente manifestaron su fidelidad al Papa, salvo Timoteo de Alejandría, y San Juan I celebró solemnemente una misa en Santa Sofía por el rito latino en el día de la Pascua de Resurrección, en abril de 526.

A su regreso a Roma, San Juan I se encontró con la enemistad de Teodorico, que acababa de hacer asesinar al poeta y filósofo Boecio y a su cuñado Símaco, acusados de traición al rey y de que, pese a no ser cristianos, se habían manifestado alegres por el resultado de la embajada enviada a Bizancio, tan contrario a los intereses reales. Por ello, tan pronto el Papa pisó tierra italiana, Teodorico lo hizo encarcelar en Rávena, donde fue sometido a tan severas privaciones que San Juan alcanzó la corona del martirio al morir en prisión el 18 de mayo de 526. Sus restos mortales fueron trasladados a Roma y recibieron sepultura en la basílica de San Pedro.

Nacido hacia el año 480, Boecio fue un filósofo romano que llegó a ser amigo y consejero del rey de los ostrogodos y de Italia Teodorico I el Grande, quien le nombró cónsul de Roma en el año 510. Más tarde fue acusado por sus enemigos de traición y fue encarcelado en Pavía, donde escribió *De Consolatione Philosophiae (Sobre la consolación de la Filosofía)*, plagada de principios de ética cristiana pese a no serlo su autor.

54. San Félix III (IV) (526-530)

Nació en Benevento, que es una ciudad del sur de Italia situada en una colina bordeada por los ríos Calore y Sabbato, y que es capital de la provincia del mismo nombre en la Campania.

Fue nombrado, sin elección, por el rey ostrogodo Teodorico I el Grande, que lo era de Italia, el 12 de julio de 526, y los cristianos romanos aceptaron esa elección aterrorizados por el furor anticristiano que había desencadenado en Roma la enemistad de Teodorico con el papa San Juan I, muerto en prisión.

Con todo, San Félix III, lejos de plegarse a la voluntad del rey —arriano convencido— en materia religiosa, se mostró tan contrario a ella y fiel a la doctrina de sus predecesores que el rey ostrogodo quiso destituirlo, y lo repudió y lo desterró de Roma.

Unas semanas después, cuando Teodorico había prometido a los arrianos que les serían entregadas para su culto todas las iglesias de Rávena, falleció repentinamente, quedando su hija Amalasunta, amiga y favorecedora de San Félix III, regenta del nuevo rey-niño Atalarico, con lo que los cristianos fieles a Roma alcanzaron nuevamente la libertad de culto y cesaron las persecuciones.

Aún más, el papa San Félix III obtuvo de la regenta Amalasunta que el sumo pontífice, como obispo de Roma, actuase como árbitro en las disputas entre clérigos y laicos, con autoridad superior a los tribunales civiles.

En lo concerniente a la disciplina eclesiástica, San Félix III decretó que no fuesen ordenados sacerdotes aquellos aspirantes a serlo que no dieran muestras de una verdadera vocación para ello.

San Félix, como sus predecesores, fue un Papa constructor, pues durante su pontificado se edificó, entre otras, la iglesia romana de San Cosme y San Damián, y San Benito levantó sobre el templo de Apolo el monasterio de Montecassino, base de la orden benedictina a la que pertenecerían más de veinte papas.

Ya antes de su nombramiento, San Félix III se sentía gravemente enfermo y, temeroso de que a su muerte pudiese producirse un nuevo cisma al ser varios los candidatos a su sucesión, en el año 529 proclamó un edicto en el que designaba a su sucesor: el archidiácono Bonifacio, lo que no evitó que, al morir el Papa el 22 de septiembre de 530, surgiese un nuevo cisma.

Cuando el rey ostrogodo Teodorico I el Grande falleció en Rávena, en el año 526, su hija Amalasunta quedó como regenta del trono en nombre de su hijo Atalarico, niño aún y nieto de Teodorico. En lo religioso se mostró contraria a la voluntad de su padre y favoreció al Papa y a los cristianos frente a las pretensiones de los arrianos. En Rávena levantó un magnífico mausoleo en memoria de su padre.

55. Bonifacio II (530-532)

Aunque nacido en Roma era de origen godo y fue, por ello, el primer Papa de sangre germánica.

San Félix III le había designado sucesor suyo en un edicto, por lo que una parte del clero, respetando la voluntad del difunto Papa, le eligió obispo de Roma y sumo pontífice el 22 de septiembre de 530, mientras un grupo, más numeroso aún, se opuso a ello por considerarle bárbaro y extranjero, eligiendo para el papado a Dióscoro, diácono de Alejandría y candidato del emperador de Bizancio, un nuevo antipapa que vivió tan solo veintidós días después de su nombramiento, lo que permitió que sus partidarios acatasen también la elección de Bonifacio II.

Bien poco se sabe de este Papa, el segundo en la historia del papado que no ha sido elevado a los altares por la Iglesia, salvo su obsesión por evitar que a su muerte volviese a producirse un nuevo cisma; pero recordando que otro tanto había pretendido su antecesor con el edicto que le designaba sucesor, hizo que el clero romano firmase juramento de que no repetiría lo ocurrido con su elección, y designó sucesor suyo al diácono Virgilio.

Sabedor de ello, el Senado romano acusó al Papa de abuso de poder, por lo que Bonifacio quemó ante él y buena parte de los integrantes de la Iglesia el documento con las firmas del clero romano para evitar que se juzgara su propia designación de sucesor.

Tras ello, el Senado romano, en el que había de ser su último decreto, estableció las normas que habían de seguirse para la elección de un nuevo pontífice, y en él se prohibía expresamente la compra de cargos o beneficios eclesiásticos, incluido el papado.

Bonifacio II murió el 17 de octubre de 532.

El Senado romano fue una asamblea a la que se accedía por cooptación y que tuvo un papel relevante durante la República y casi simbólico durante el Imperio, especialmente a partir de las reformas introducidas por Diocleciano a finales del siglo III.

Prácticamente desapareció en el año 532, aunque teóricamente resurgió en el siglo XI.

56. Juan II (533-535)

Nació en Roma hacia el año 470 y su nombre de bautismo fue el de Mercurio, por lo que, cuando fue elegido Papa el 2 de enero de 533, eligió para serlo el nombre de Juan II, siendo así el primero de los papas que cambió su nombre de bautismo por uno elegido para su pontificado.

Apenas elevado al pontificado, el papa Juan II se dirigió al joven rey Atalarico para solicitar de él que confirmase el decreto contra la simonía —la compra o venta de objetos o bienes espirituales administrados por la Iglesia— que había condenado el Senado aduciendo que contaminaba el nombramiento de los obispos e influía en la elección del sumo pontífice. El rey Atalarico confirmó dicho decreto, pero se reservó el derecho a ratificar la elección y destinó una importante suma de dinero para cuando se refutasen algunas elecciones o se apelase a la autoridad de Rávena.

Casi al mismo tiempo, Atalarico publicó un edicto que reconocía al obispo de Roma autoridad sobre todos los obispos del mundo, adelantándose en meses al emperador de Bizancio, Justiniano I el Grande, que reconoció la autoridad del sucesor de Pedro sobre obispos y patriarcas, incluidos los orientales.

Poco después murió el rey Atalarico y casi al mismo tiempo su madre y regente, Amalasunta, degollada en una pequeña isla del lago de Bolsena, a la que su marido, Teodato, la había desterrado.

En ese mismo tiempo, el emperador Justiniano comunicó al papa Juan II que se preparaba para adueñarse de Italia, al tiempo que le enviaba obras de arte con las que embellecer la basílica de San Pedro y, lo que era mucho más importante, una profesión de fe ortodoxa, en la que manifestaba su fe en la maternidad divina de María y en la doctrina de la doble naturaleza, divina y humana, de Jesucristo.

Juan II murió el 8 de mayo de 535.

Justiniano I el Grande, que nació en Iliria en el año 482, era sobrino del emperador bizantino Justino I, quien le nombró administrador de su imperio en el año 518 y a quien sucedió en el año 527. Antes se había casado con una antigua actriz y cortesana, Teodora, hija posiblemente de un guardián del hipódromo.

Apoyándose en el general Belisario, Justiniano se esforzó por restaurar la unidad del Imperio Romano y recuperó importantes territorios del Imperio de Occidente. Pero más importante que sus conquistas fue la creación del llamado «código Justiniano», elaborado por una comisión imperial en el que se recopila y sistematiza todo el derecho romano.

Embelleció Constantinopla e hizo construir las iglesias de Santa Sofía y de San Sergio, en Constantinopla, y la de San Vital, en Rávena.

57. San Agapito I (535-536)

San Agapito nació en Roma y en las iglesias de San Juan y San Pablo desempeñó durante muchos años los trabajos propios de los distintos grados del ejercicio sacerdotal, al tiempo que su fama de santidad se extendía por toda la ciudad de Roma. Ello hizo que al morir el papa Juan II, San Agapito I, que en aquel momento era arcediano, fuese elegido para sucederle en la silla de San Pedro el día 13 de mayo de 535, esforzándose desde el primer momento por cerrar las heridas abiertas por el cisma del antipapa Dióscuro en tiempos del papa Bonifacio II, para lo que ordenó quemar las bulas que había dado dicho Papa condenatorias de Dióscuro.

Pese a ello, para mantener la pureza de la fe heredada, condenó las herejías de acemetas y nestorianos, y se negó a obedecer al emperador Justiniano en su deseo de que los herejes reconvertidos conservasen sus cargos y beneficios. Enfrentándose a la emperatriz Teodora, que era eutiquiana y lo había nombrado, excomulgó al patriarca de Constantinopla, Antimo, por serlo como ella, así como a los monjes acemetas de Constantinopla, muy próximos a la herejía nestoriana.

Aplicando el decreto contra la simonía y en defensa de la Iglesia, prohibió a los obispos de las Galias la venta de los bienes de sus iglesias, sin admitir justificación alguna para ello.

Pese a que su pontificado duró menos de un año, viajó hasta Constantinopla intentando disuadir al emperador Justiniano I de su intención de invadir Italia para anexionarla a su imperio, y fundó en Roma una academia de bellas letras y varias escuelas para adultos y niños pobres.

Murió envenenado por oscuros embrollos de la esposa del emperador, Teodora, el 22 de abril de 536, cuando se disponía a regresar a Roma desde Constantinopla. Su cuerpo fue trasladado a Roma y enterrado en la iglesia de San Pedro el 20 de septiembre del mismo año.

A la venta o compra de bienes espirituales de la Iglesia se le denomina simonía, en alusión al hechicero bíblico Simón el Mago, quien intentó que el apóstol San Pedro le vendiese poderes espirituales.

Simón el Mago, precursor de los valentinianos, predicó en Samaria alrededor del año 40, y ganó un gran número de adeptos practicando la magia y afirmando de sí mismo que tenía un gran poder, «el poder mismo de Dios, el que llaman el Grande». Sus seguidores, magos profesionales, llevaban pendientes y en el cuello hilos de color morado y rosáceo en señal de su pacto con el diablo.

58. San Silverio (536-537)

Al morir San Agapito I, la emperatriz Teodora, protectora de los eutiquianos y resuelta a tener un Papa que le fuese adicto, envió a Roma al diácono Vigilio con órdenes al general Belisario de que le hiciese nombrar obispo de Roma y sucesor de San Agapito, pero el rey Teodato, para impedirlo, obligó al clero de Roma a elegir Papa a Silverio, hijo del papa San Hormisdas, pese a que ni siquiera había alcanzado el diaconado y que, como su padre, había nacido en Frosinone (Italia).

Temiendo un nuevo cisma, el clero romano aceptó la decisión real y, tras ordenar a Silverio diácono y después presbítero, confirmó por unanimidad que fuese ordenado obispo y elevado a la silla de Pedro el día 20 de junio de 536.

San Silverio, tomando conciencia de la trascendencia del pontificado a que había sido elevado, llegó a convertirse en uno de los más grandes sucesores de Pedro en aquellos primeros siglos de la Iglesia.

Apenas elevado San Silverio al pontificado, llegó a Roma Vigilio con ánimo de ser proclamado Papa como pretendía la emperatriz Teodora. Viendo que ya lo era San Silverio, y con general contento, desistió aparentemente de ello, pero fue al encuentro del general Belisario para hacerle entrega de la carta en que la emperatriz le pedía que le hiciese nombrar Papa.

Atemorizados los romanos por las conquistas de Belisario, y muy especialmente por el saqueo de Nápoles por sus tropas, obligaron a salir de la ciudad a los soldados godos que había en ella y llamaron a Belisario para que acudiese a Roma presentándose como liberador. Pero apenas llegó este, lo hizo también el ejército godo, que cercó a la ciudad y mantuvo encerrado en ella a Belisario durante todo un año, aunque no la atacaron, según sus propias palabras, por respeto a San Pedro, pese a ser ellos del culto arriano, lo que los enemigos de San Silverio tradujeron por respeto a este, acusándole a continuación de permanecer en connivencia con ellos.

Enterada la emperatriz Teodora de lo ocurrido por Vigilio, que había regresado a Constantinopla, ella quiso probar si San Silverio se plegaría a sus deseos, por lo que le escribió solicitándole que restableciese a Antimo en la silla de Constantinopla y al resto de los obispos destituidos por San Agapito en las suyas. San Silverio, pese a saber que hacerlo le acarrearía sufrimientos y martirios, mantuvo las condenas dictadas por su predecesor, argumentándolas en la respetuosa carta que escribió a la emperatriz.

Irritada Teodora por la respuesta, ordenó a Belisario que arrojase de la silla de San Pedro a San Silverio y colocase en ella a Vigilio, defensor de los eutiquianos. Belisario, pese a ser un hombre temeroso de Dios, mostró serlo más aún de la emperatriz y cuando el Papa fue acusado de tener acuerdos secretos con los godos, ordenó que quitasen el palio a San Silverio, le despojasen de las vestiduras pontificales, le colocasen una cogulla de monje y que se comunicase a todos que había sido depuesto como Papa y era monje. Al poco tiempo, temiendo Belisario un levantamiento del pueblo de Roma, que clamaba por su pastor, desterró a San Silverio a Patara, una ciudad de Licia (Asia Menor).

Enterado Justiniano de la verdad de lo ocurrido por el obispo de Patara, suspendió el destierro de San Silverio I y ordenó que regresase a Italia, aunque no a Roma, hasta que se demostrase que no era autor de las cartas cruzadas con los godos. Ya en Italia, Belisario, por orden de Teodora, lo desterró a Palmaria —una isla desierta del mar de Toscana— y cuando el ejército bizantino entró en Roma tras derrotar a los godos, a la isla de Ponza, donde fue asesinado el 11 de noviembre de 537.

La esposa del emperador bizantino Justiniano I el Grande, Teodora, vivió entre los años 508 y 548, pero en los cuarenta años que duró su vida ascendió desde la humilde condición de cortesana y actriz a la de poderosísima emperatriz y cogobernadora de recuerdo imborrable en la historia, ya que llegó a salvar el trono de su esposo en el año 532. Teodora defendió siempre a los herejes monofisitas.

59. Vigilio (537-555)

Nació en Roma en el año 500, en el seno de una familia noble, y en el año 536 acompañó al papa San Agapito I a Constantinopla, donde hizo amistad con Teodora, esposa del emperador de Bizancio y adicta a la herejía monofisita. San Agapito I murió cuando inciaba su regreso a Roma y allí fue elegido Papa San Silverio, protegido por el emperador ostrogodo Teodato. Al saberlo, Vigilio planeó con Teodora la deposición del nuevo Papa, por lo que marchó a Roma llevando un escrito de la emperatriz para el general Belisario en el que le ordenaba que depusiese a San Silverio del papado y nombrase en su lugar a Vigilio. Como se ha dicho al contar la vida de San Silverio, este no fue depuesto, sino que, desterrado, fue asesinado el 11 de noviembre del año 537 en la isla de Ponza, tras lo cual Vigilio fue designado Papa el día 29 de aquel mismo mes y año.

Una vez elegido Papa, Vigilio mantuvo una postura indefinida y oscilante ante la herejía monofisita, por lo que se ganó por igual la enemistad de la emperatriz Teodora y de los obispos ortodoxos, originando la que fue denominada «controversia de los tres capítulos».

Vigilio había prometido a la emperatriz Teodora que devolvería al eutiquiano Antimo la sede de Constantinopla cuando fuese nombrado Papa y que levantaría la condena contra los monofisitas lanzada en el Concilio de Calcedonia. Cuando fue a cumplir su promesa, la reacción en su contra de los obispos occidentales y africanos le hizo reconsiderar su posición y retractarse, lo que irritó a la corte imperial bizantina.

En dos ocasiones distintas tuvo que refugiarse en sagrado para escapar de las presiones a que le sometían Teodora y su esposo, Justiniano I, hasta que, detenido mientras decía misa, fue conducido a la fuerza a Constantinopla; el propio emperador le conminó a que levantara la condena a la doctrina eutiquiana y Vigilio, en su debilidad, lo hizo, aprobando lo acordado en el II Concilio de Constantinopla, quinto de los ecuménicos, celebrado en el año 553 y convocado por el emperador, al que asistieron tan solo los obispos orientales y seis obispos africanos, con el patriarca de Constantinopla, Eutiquiano, como presidente.

Aunque inicialmente el papa Vigilio se había negado a condenar la declaración de anatema conocida como «controversia de los tres capítulos» —una declaración de anatema sobre los escritos de Teodoro de Mopsuestia, Ibas de Edesa, San Cirilo de Alejandría y el Concilio de Éfeso—, por lo que se enfrentó al emperador y fue hecho prisionero en Roma el 25 de enero de 547; posteriormente, el 11 de abril de 548, Vigilio condenó «los tres capítulos», con lo que originó un grave descontento entre los cristianos occidentales. Consciente de ello, el papa Vigilio quiso mediar entre los obispos occidentales, el emperador Justiniano y los obispos orientales. Nada consiguió: el emperador publicó, en el año 551, el edicto *Homologia tes pisteos* en el que se condenaba de nuevo «los tres capítulos».

Indignado por la actitud del emperador, el papa Vigilio se refugió en la iglesia de Santa Eufemia, en Calcedonia, y desde allí informó al mundo cristiano de lo ocurrido.

Los obispos orientales, para reconciliarse con él, le invitaron a regresar a Constantinopla, retiraron su oposición a «los tres capítulos» y pidieron la celebración de un nuevo concilio ecuménico bajo la presidencia del Papa, a lo que este accedió con la condición de que se celebrase en Italia o Sicilia para que pudieran asistir los obispos de Occidente. Se negó Justiniano; el papa Vigilio propuso entonces una comisión con igual número de delegados de Oriente y de Occidente, y volvió a oponerse a ello Justiniano, quien directamente abrió el concilio bajo su propia autoridad.

El papa Vigilio se negó a participar y expresó su deseo de dar un juicio independiente sobre las materias propuestas, pero, tras ocho sesiones, el concilio condenó «los tres capítulos» en forma similar a como lo había hecho Justiniano, pese a la oposición del papa Vigilio y otros dieciséis obispos, lo que hizo que, en la séptima sesión, Justiniano hiciese que fuese borrado el nombre de Vigilio de los dípticos en que figuraban los nombres de los obispos, pero respetándole su condición de sumo pontífice y permitiéndole regresar a Roma si Vigilio aceptaba lo acordado en el concilio, lo que finalmente hizo aduciendo para ello razones de oportunidad y conveniencia general. En todo caso, como se han perdido las actas de dicho concilio, aunque no una versión latina de las mismas de improbable exactitud, es difícil conocer con precisión lo que en él ocurrió y se aprobó.

En agradecimiento a ello, Justiniano I dictó la llamada «pragmática sanción», que asociaba al Papa al gobierno bizantino en Italia y se reconocía a los obispos poderes judiciales y civiles, pero su acatamiento a Justiniano llevó a los obispos ortodoxos del norte de Italia y a su propio nuncio, Pelagio, a separarse de su obediencia, en cisma que se prolongaría hasta el año 610.

Vigilio murió en Siracusa (Sicilia), durante el viaje de regreso a Italia, el 7 de junio de 555.

Se denomina «pragmática sanción» a una disposición legal promulgada por un rey y que haga referencia a alguna cuestión fundamental del Estado, como por ejemplo la que el rey español Fernando VII firmó el 29 de marzo de 1830 aboliendo la ley Sálica para garantizar con ello que el hijo que esperaba en aquel momento le sucediese en el trono, aunque fuese mujer, lo que cerró toda posibilidad sucesoria a su hermano Carlos y dio origen al movimiento carlista.

60. Pelagio I (556-561)

Pelagio, Pelayo en castellano, nació en Roma, donde siguió la vocación religiosa y ascendió pronto y mucho en la jerarquía eclesiástica, pues ya en el año 536 acompañó al papa San Agapito I en su viaje a Constantinopla. Regresó a Roma y, en el año 551, se trasladó nuevamente a Constantinopla para ayudar al papa Vigilio a conservar su independencia frente al emperador, lo que le costó ser recluido durante algún tiempo en un convento; pero más tarde, cuando el papa Vigilio cedió a las presiones del emperador Justiniano I y aceptó lo acordado en el II Concilio de Constantinopla del año 553, Pelagio, a la cabeza del clero occidental, se enfrentó al Papa y este le excomulgó —en uno de los actos que desencadenó la controversia de «los tres capítulos», que marcó el pontificado del papa Vigilio—, y en desobediencia que dio origen a la separación de la Iglesia de Roma de diócesis como las de Milán y Rávena.

Cuando el papa Vigilio inició su regreso a Roma, el emperador se reconcilió con Pelagio hasta el punto de enviarle a Roma con cartas en las que se ordenaba que Pelagio fuese consagrado Papa a la muerte de Vigilio.

Tras fallecer este, y casi un año después de su muerte, el 16 de abril de 556 Pelagio I fue designado para sucederle, pero solo los obispos de Ferentino y de Perugia y un sacerdote de Ostia se atrevieron a consagrarlo, ya que se oponían a su nombramiento por el emperador Justiniano tanto el pueblo como el clero romanos. Buena muestra de ello fue que, tras su nominación, los obispos que le habían acompañado en su censura a Vigilio —los del norte de Italia, las Galias y África— siguieron separados de Roma durante su pontificado, pese a que Pelagio I se mostró leal a la doctrina de Calcedonia. Este cisma y la actitud de Justiniano I para con el Papa hicieron que Pelagio I y sus tres sucesores inmediatos no consiguieran que la autoridad papal fuese reconocida fuera de la diócesis de

Roma, pese a que el emperador Justiniano I consideraba que el Papa, como obispo de Roma, era el patriarca de Occidente, de la misma forma que el de Constantinopla lo era de Oriente, aunque como este y el resto de los obispos tenían que someterse a su autoridad imperial.

Esta subordinación del Papa al emperador, no siendo deseable, permitió sin embargo a Pelagio I sanear las finanzas de la Iglesia romana, restablecer la disciplina y cortar los avances de la simonía.

Al margen de estas cuestiones de orden temporal, Pelagio I permaneció fiel a los principios de ortodoxia católica y aprovechó en beneficio de sus diocesanos las prerrogativas que le confería la «pragmática sanción» de Justiniano I.

Hizo construir la iglesia de los Santos Apóstoles, en Roma, y murió en esa misma ciudad el 4 de marzo de 561.

El Concilio de Calcedonia, cuarto de los concilios ecuménicos de la Iglesia y en el que participaron seiscientos obispos, fue convocado en el año 451 por el emperador de Oriente, Marciano, a instancias del papa San León I, para rebatir lo aprobado en el llamado «latrocinio de Éfeso».

En el Concilio de Calcedonia se proclamó la divinidad y humanidad de Cristo, se definió el misterio de la encarnación de Cristo y se condenó el eutiquianismo, el monofisismo y el docetismo, y se prohibió una forma concreta de simonía: la compra de la ordenación sacerdotal.

---

61. Juan III (561-574)

Nació en Roma, en el seno de una familia noble, y fue elegido para suceder al papa Pelagio I el 17 de julio de 561, en un momento en que Italia estaba bajo el dominio del Imperio de Oriente. Pero en el año 568, al general Narsés —que había sucedido a su rival, el general Belisario, en el año 548— el emperador Justino II —que había sucedido a Justiniano I en el año 565— le había ordenado regresar a Bizancio, con lo que Italia había quedado desamparada y protegida por un ejército que quedaba al mando del ineficaz Longinos, y los lombardos, un pueblo germánico que se había asentado a lo largo del bajo Elba, entraron en Italia sembrando el terror y la muerte.

El papa Juan III hizo cuanto estuvo en su mano para salvar a Italia de la barbarie, actuando como un verdadero líder al convocar a todos los italianos a que se uniesen a él para defenderse de la crueldad de los invasores lombardos. Consciente de la inutilidad de Longino, el papa Juan III había solicitado del emperador la vuelta de Narsés, pero el pueblo de Roma se rebeló ante la perspectiva de verse otra vez sometido al imperio de Bizancio y acaso más consciente que el propio Papa de que la entrada de los lombardos iba a liberar al papado de la insoportable dominación de Bizancio.

Mientras tanto, tal vez por miedo a nuevas persecuciones, o quizá movido por su devoción a los incontables mártires enterrados en ellas, el papa Juan III empleó buena parte de su energía y los recursos económicos del papado en restaurar las catacumbas romanas.

Pero, por encima de estos dos casos, su logro más importante fue el de acabar con el cisma iniciado durante el pontificado del papa Vigilio, restableciendo la comunión de Roma con las Iglesias de Milán, Rávena y las africanas, que habían adoptado su misma postura frente al papa Vigilio.

Juan III falleció el 13 de julio de 574, en un momento en que la situación en Roma y en toda Italia se había vuelto desesperada.

> Justino II fue un emperador bizantino que, en el año 565, sucedió a su tío Justiniano I. Estaba casado con una sobrina de la emperatriz Sofía e, influenciado por ella, en cuyas manos dejó las riendas del gobierno, emitió un edicto de tolerancia religiosa que contribuyó a disminuir las tensiones entre las Iglesias oriental y occidental.

62. Benedicto I (575-579)

Era hijo de un romano llamado Bonifacio y los griegos le dan el nombre de Bonosus.

A la muerte del papa Juan III, el dominio de Italia por los lombardos hacía difícil la comunicación de Roma con Constantinopla y al reclamar el emperador el privilegio de confirmar la elección de los papas, se produjo un estado de sede vacante durante cerca de once meses, ya que su predecesor había fallecido el 13 de julio de 574 y el papa Benedicto I fue elevado a la dignidad papal el 2 de junio de 575, cuando los lombardos avanzaban sobre Roma.

Ya Papa, Benedicto I se esforzó, inútilmente, por restablecer el orden en los territorios de Italia y las Galias, invadidas y ensangrentadas por los bárbaros y sus continuas guerras.

El Papa y el pueblo de Roma –el Senado carecía ya de valor– elevaban sus plegarias al cielo y sus mensajeros a Constantinopla en demanda de ayuda, pero el Señor no atendió sus plegarias, sin duda para bien de la Iglesia, que se liberaba así del cesaropapismo bizantino, y las fuerzas imperiales no pudieron impedir que el ejército lombardo acampara a las puertas de Roma en el año 579.

En el orden estrictamente religioso, celebró una ceremonia en la que ordenó a quince sacerdotes y tres diáconos, y consagró a veintiún obispos; y confirmó lo acordado en el Concilio de Constantinopla.

El papa Benedicto I falleció el 30 de julio de 579, tras un pontificado en el que se esforzó por paliar el hambre que, en toda Italia, siguió a la invasión de los lombardos. Fue enterrado en el vestíbulo de la sacristía de la antigua basílica de San Pedro.

Los lombardos eran un pueblo germánico que conquistó el norte y centro de Italia, entre los años 568 y 572, al mando de Alboíno, fundador del reino de Lombardía y de una dinastía que se mantuvo en el poder hasta que, dos siglos más tarde, Carlomagno agregó Lombardía a sus dominios.

---

63. Pelagio II (579-590)

Al parecer, Pelagio II fue hijo del godo Winigildo, aunque nació en Roma, donde fue elegido obispo y sumo pontífice el 26 de noviembre de 579. Como los lombardos impedían toda comunicación con Bizancio, tuvo que prescindir de la aprobación imperial, preceptiva entonces, para acceder al pontificado.

Como al ser nombrado Papa Roma sufría el asedio de los lombardos, quiso solicitar la ayuda de Constantinopla, pero no lo logró, por lo que pidió la ayuda de los francos, escribiendo a su rey:

> «Creemos que un designio especial de la providencia ha querido que vuestros reyes profesen la misma fe ortodoxa que el imperio, ha querido que Roma, centro de esa fe, y toda Italia, tuviese como vecinos a quienes pueden ser sus protectores».

No logró nada, pues los francos no intervinieron a favor de la Iglesia hasta el siglo VIII.

Por fortuna para el papa Pelagio II y para los cristianos de Roma, Teodolinda, esposa del nuevo rey de Italia, Aulario, era católica y ella consiguió que las presiones y las violencias disminuyesen, pese a que los lombardos que dominaban la península Itálica eran arrianos.

En las cuestiones referentes a la disciplina eclesiástica, Pelagio II dispuso que cada día los sacerdotes rezasen el oficio divino y también se negó a reconocer el título de ecuménico que el emperador había otorgado anteriormente al patriarca de Constantinopla.

En defensa de la unidad de la Iglesia, envió cartas a obispos de toda la cristiandad.

En el ejercicio de su labor de padre —Papa—, dedicó sus mejores esfuerzos a aliviar las aflicciones y las angustias de los pobres y de los ancianos, a quienes acogió siempre en el palacio papal.

Pelagio II envió como nuncio suyo en Constantinopla a San Gregorio Magno, el cual sería su sucesor, y allí entabló una amistad para siempre con San Leandro.

En el último año de su papado asoló Italia una epidemia procedente de Egipto que afectaba a hombres y animales y hacía morir a los afectados bostezando y estornudando. El propio Pelagio II falleció víctima de esa epidemia el 7 de febrero de 590.

El papa Pelagio II escribió varias cartas en defensa de la unidad de la Iglesia, especialmente dos a los obispos cismáticos de Istria, en las que, entre otras cosas, les decía:

«… solo por Pedro atestigua el Señor haber rogado, y solo por él quiso que los demás fueran confirmados […]. A él también […] le fue encomendado el cuidado de apacentar las ovejas […] a él también le entregó las llaves del reino de los cielos, le prometió que sobre él edificaría su Iglesia y le atestiguó que las puertas del infierno no prevalecerían contra ella […]. El que no guarda esta unidad de la Iglesia, ¿cree guardar la fe? El que abandona y resiste a la cátedra de Pedro, sobre la que está fundada la Iglesia, ¿confía estar en la Iglesia?».

El poder temporal del papado (590-900)

Entorno histórico

En el año 622, Mahoma se ve obligado a huir de La Meca a Medina junto a sus seguidores y marca el comienzo de la *hégira*, fecha que señala el origen del calendario musulmán. En Medina crea una comunidad decidida a imponer el Islam y, en el año 624, inicia la reconquista de La Meca, que ocupa en 630. Dos años más tarde, en 632, Mahoma muere en Medina, dejando una Arabia unificada política y religiosamente. En los años siguientes, el Islam se extiende por Oriente Medio y los musulmanes llegan en sus conquistas hasta España, que ocupan. Son derrotados en Toulouse en el año 721, pero llegan a Puigcerdá en el 729, y a Burdeos y Dordoña en el 731, donde se enfrentan a las tropas mandadas por Carlos Martel. Muere su caudillo, Abderramán al-Gafiqí, y retroceden hasta el lado español de los Pirineos. Allí, en el año 756, el príncipe omeya Abderramán se proclama emir de Al-Ándalus, un emirato independiente de Damasco. En los siglos VIII y IX comienza a difundirse una rama heterodoxa del Islam, el sufismo, cercana al hinduismo y al panteísmo. Para los sufistas no existe el bien y el mal: todo es Dios.

En estos años ocurre un hecho fundamental para la ciencia: se impone la numeración arábiga, de origen indio, de base decimal y que incluye el cero.

En Italia, en el año 590, el asesinato del rey Aulario permite al duque de Agilulfo coronarse como rey de los lombardos, con capital en Turín. Nacen los Estados Pontificios por cesión del rey franco Pipino III.

El rey visigodo Suintila, que sucede a Recaredo II en el año 621, unifica la Península Ibérica y convierte la monarquía visigoda, que era electiva, en hereditaria al asociar a su corona a su hijo Ricimero. En el año 654, el rey Recesvinto, tras el VIII Concilio de Toledo, promulga el código *Liber judiciorum,* por el que deben regirse godos e hispanorromanos. En el año 672 asciende al trono Wamba, a la muerte de Recesvinto, e inicia una campaña contra los vascones. En mayo del año 722 se inicia la reacción contra la conquista musulmana en Covadonga, en las montañas asturianas. En el siglo IX florece el reino asturiano gracias a la repoblación de tierras abandonadas por los musulmanes en su repliegue hacia el sur. A finales del siglo IX, los Estados cristianos españoles se independizan del emir de Córdoba, unos, y del Imperio de Occidente, otros, e inician su consolidación como reinos independientes.

En el año 751, Pipino el Breve se hace coronar rey por el obispo de Soissons. En el año 779, Roldán, marqués franco del marquesado bretón, muere en Roncesvalles a manos de los vascones tras su fracasado intento de conquistar Zaragoza. En el año 797, los francos establecen la Marca Hispánica con los dominios carolingios próximos a los reinos musulmanes: Tolosa, Septimania y los condados catalanes. En el año 878, el emperador de Occidente nombra a Wifredo el Velloso, que ya era conde de Urgel-Cerdaña, conde de Barcelona, tras derrotar al anterior conde Bernardo de Gotia.

En el año 800, Carlomagno, rey de los francos y de los lombardos, es coronado en Roma emperador de Occidente por el papa San León III. Nace el Sacro Imperio Romano Germánico: en los siglos IX y X recibió el nombre de Imperio de Occidente; en el XI, Imperio Romano, y en el XII, Sacro Imperio Romano Germánico, nombre que, por extensión, se da, pasados los siglos, a todo el período.

En Bizancio, el emperador Heraclio I, llegado al poder en el año 610, consigue restaurar la unidad política del imperio, recobrando los territorios orientales del mismo tras vencer, en el año 627, al rey persa en Nínive. Se inicia el verdadero imperio bizantino.

A finales del siglo VIII y principios del IX nace el primer Estado eslavo, un reino creado por los moravos y que pasaría a ser tributario de los carolingios. En el año 862, un varego, Rurik, domina el norte de Rusia y funda la primera dinastía que reina en aquellas tierras, la de los ruríkidas. Los varegos eran un pueblo de origen sueco dedicado al pillaje y la piratería, a quienes los escritores árabes llamaban russ.

El año 618 marca el fin de·la dinastía Sui en China, al ser derrocado el emperador Yang, lo que da origen a la dinastía Tang. En el año 705 fallece la emperatriz china Wu, a los ochenta años de edad, que había fundado la dinastía Zou autoproclamándose emperatriz en el año 690. En el año 844 se inician una serie de persecuciones a los seguidores de Buda, y al tiempo a cristianos, musulmanes, etc., por causas puramente económicas: el Estado necesita adueñarse de los bienes que enriquecen los monasterios budistas para hacer frente a sus gastos militares. A finales del siglo IX se produce el fin de la dinastía Tang, que había empobrecido al campesinado chino durante un siglo en tal forma que provocó su levantamiento contra ella.

Se vive el esplendor de la cultura maya en las ciudades-estado de Tikal, Copán, Palenque y Chichén Itzá, situadas en la península de Yucatán y norte de Guatemala. Quedan al margen de esta revolución cultural, de estructura política similar a la griega, poblaciones como la huasteca, por ejemplo. En el año 700 se vive el máximo esplendor de la cultura y el poder político de los zapotecas mexicanos, residentes en el altiplano de Oaxaca.

El poder temporal del papado

San Gregorio, llamado Magno o el Grande, que confirmó la autoridad civil del Papa e inauguró su poder temporal, encabeza una relación de cincuenta y tres papas que tuvieron que ocuparse en igual manera de la tarea espiritual que se les había encomendado como obispos de Roma y cabeza de la cristiandad con la que, voluntariamente o impelidos a ello por la turbulencia de los tiempos que les tocó vivir, asumieron como líderes sociales de una sociedad occidental convulsa y en asentamiento.

Por supuesto, entre ese medio centenar largo de papas hubo muchos santos y otros que, aun sin alcanzar ese título, cuidaron de los desprotegidos y se ocuparon activamente del clero y su ordenación, e incluso algún mártir, como San Martín I, que fue exiliado, encarcelado y sometido a tortura; pero como casi todos ellos vieron su pontificado comprometido por el hecho del nacimiento del Islam y su afán conquistador, hubieron de enfrentarse con frecuencia a las pretensiones de dominio del emperador de Bizancio, a los postulados religiosos del patriarca de Constantinopla, a incontables cismas que amenazaban dividir la Iglesia, a intrigas palaciegas que significaron la muerte por envenenamiento de algunos, a nuevas persecuciones —siquiera fuesen por razones políticas más que religiosas—, a los continuos enfrentamientos entre sí y con Roma de los nuevos reinos creados por las tribus bárbaras, al nacimiento del Imperio de Occidente y, sobre todo, al nacimiento de su propio dominio terrenal. un dominio que fortaleció a la Iglesia y al Papa pero fue causa de incontables conflictos, desviaciones y luchas por el poder papal.

Los papas del período

64. San Gregorio I el Grande (590-604)

San Gregorio I nació el año 540 en el palacio familiar que sus padres, el senador San Gordiano y la noble Santa Silvia, de la familia Anicia, tenían en el monte Celio, en Roma, en el seno de un hogar de tan sincero sentimiento cristiano que tanto sus padres como sus tías, santas Tarsila y Emiliana, fueron elevados a los altares por la Iglesia; el papa San Félix III había pertenecido a su familia y él mismo llegó a contarse entre los siete diáconos de Roma en plena juventud.

Como en Roma se daba una gran importancia al derecho, San Gregorio I había profundizado en su estudio durante su adolescencia y tenía solo treinta y cuatro años cuando fue nombrado prefecto de la ciudad. Acababa de desaparecer la magistratura consular y el pueblo de Roma consideró al joven Gregorio su nuevo cónsul en un tiempo en que la ciudad estaba en ruinas, como toda Italia, a causa de los ataques y saqueos de los lombardos.

Años antes de ser prefecto, dos monjes benedictinos que procedían de Montecassino le hablaron de San Benito, y tanto debieron de impresionarle que algunos de sus relatos siguen vivos, como los *Diálogos,* e incluso escribió sobre ello a su amigo San Leandro de Sevilla. Muerto su padre, edificó siete monasterios, uno de los cuales fue en su propio palacio natal, al que dio el nombre de monasterio benedictino de San Andrés, tomando él mismo el hábito monástico bajo la Regla de San Benito cuando había cumplido treinta y cinco años de edad, confirmando así dos de las cualidades que le habían adornado y adornarían toda su vida: la austeridad y la constancia en la oración, y que harían que fuese llamado doctor de la compunción y de la contemplación al ser modelo acabado en la ascética y en la mística; por ello, y por su sabiduría, ha sido considerado por la Iglesia uno de sus patriarcas y el cuarto y último de los cuatro originales Doctores de la Iglesia.

Cuando ya había sido elevado al gobierno de su monasterio, convivió con la idea de evangelizar a los ingleses el día en que un comerciante trató de venderle unos jóvenes de ese país como esclavos. Supo por ellos que su país desconocía aún a Cristo y quiso marchar a ellas para predicar allí el Evangelio. Se lo impidió Pelagio II al enviarlo como nuncio suyo a Constantinopla, donde entabla una duradera amistad con San Leandro de Sevilla, y de donde regresó porque el Papa lo quería a su lado como secretario. Poco después el Papa le ordenó diácono y le envió de nuevo a Constantinopla. Entre ambas estancias San Gregorio pasó ocho años en dicha ciudad.

Cuando regresó a Roma, el Tíber se había desbordado y producido con ello muertes, hambre y peste en la población de Roma. Como una de las víctimas había sido el papa Pelagio II, se reunieron el clero, el Senado y el pueblo de Roma para elegir sucesor; salió elegido, por unanimidad, el diácono Gregorio, aunque hubieron de luchar con ardor contra su humildad para que aceptase ser elevado a la dignidad papal, siendo consagrado el 3 de septiembre de 590.

Recién nombrado Papa, San Gregorio dispuso que los tesoros de la Iglesia y las riquezas de su familia se empleasen en dar de comer al pueblo, y pagó un tributo al rey lombardo Agilulfo para que levantara el asedio de la ciudad e hiciese con ello posible la recuperación de una vida normal. Su iniciativa hizo que el emperador Mauricio le llamase «pésimo diplomático», pero el Papa había conseguido que el largo asedio que los lombardos ejercían sobre Roma cesase durante tres décadas. Cuidó constantemente y con amor a los pobres, con los que solía comer, tanto antes como después de ser elevado al sumo pontificado.

Papa ya San Gregorio, tras adoptar el título de «siervo de los siervos de Dios», y siendo el primer monje que alcanzaba esa dignidad, llevó a la Iglesia el modelo de espiritualidad que él practicaba; publicó la Regla pastoral, que fue el código de todos los obispos durante la Edad Media; restauró la perdida disciplina entre el clero, e introdujo sabias modificaciones en la liturgia durante su pontificado, como el famoso sacramentario y la práctica de las estaciones cuaresmales en las iglesias romanas, para las que compuso cuarenta homilías sobre los Evangelios. Todos esos trabajos le valieron el apelativo de «el Grande» y como tal le conoce la historia.

San Gregorio, conocedor del desinterés que el imperio bizantino sentía hacia Roma, hizo que esta y toda Italia cobrasen plena autonomía frente al imperio y reforzó la autoridad de la Iglesia de Roma sobre la de Constantinopla, y confirmó la autoridad civil del Papa, iniciando así el poder temporal de la Iglesia.

Al parecer, cuando concluyó la peste que asolaba Roma, un ángel se le apareció a San Gregorio en lo alto de una roca, a la que después se llamó castillo de Sant'Angelo.

San Gregorio I creó el llamado canto gregoriano, publicó el Antifonario, formó una gran *schola cantorum*, aunó los cantos dispersos en una sola liturgia, con elementos de los diversos ritos, excepto el ambrosiano y el mozárabe, y puso especial énfasis en recordar que la predicación era tarea primordial del clero.

En el orden disciplinario, expulsó de la corte pontificia a cuantos laicos, del clero o diáconos infestaban la Iglesia con la práctica de la simonía, sustituyendo a muchos de ellos por monjes benedictinos.

Con la colaboración de Santa Teodolinda, a quien hizo entrega de la sagrada corona de hierro que fuera de Constantino, inició una gran labor misional para la conversión de los lombardos al catolicismo; envió monjes benedictinos, con San Agustín de Cantorbery a la cabeza, a evangelizar a los ingleses, y tuvo la dicha de ver, antes de finalizar su pontificado, que los visigodos españoles abjuraban del arrianismo en el III Concilio de Toledo del año 589.

Rigió la cristiandad de un modo firme y eficaz, mientras en su soledad se permitía añorar el retiro del monasterio. Logró un pacto con los lombardos, contuvo el cisma de Constantinopla, mandó por fin misioneros a Inglaterra y ejerció siempre su autoridad con gran moderación.

Aparte de las cuarenta homilías citadas, se conserva su *Epistolario*, ochocientas cincuenta y nueve cartas, otras veintidós homilías sobre Ezequiel, el *Comentario a los libros de Job* y sus obras *Morales*, que tanto leyó Santa Teresa.

Después de una larga enfermedad, que no le impidió dedicar noches y días a su trabajo, murió a los sesenta y cuatro años de edad el 12 de marzo de 604. Su cuerpo yace en la capilla Clementina de la basílica de San Pedro, en el Vaticano.

65. Sabiniano (604-606)

Hijo de Bono, el papa Sabiniano nació en Blera, cerca de Viterbo, en la región de Lazio, a unos setenta kilómetros de Roma.

Cuando ya era diácono, en el año 593 fue enviado por el papa San Gregorio I el Grande como nuncio suyo a Constantinopla, pero descontento el Papa con su torpe gestión ante lo bizantino le hizo regresar a Roma, cosa que Sabiniano consideró una ofensa, la cual demostró no haber perdonado una vez consagrado Papa.

A la muerte de su predecesor, y por influencia de Bizancio, fue elegido obispo de Roma y sumo pontífice, pero como la confirmación imperial de su elección tardó en llegar, la Sede Pontificia estuvo vacante durante seis meses, ya que Sabiniano no fue consagrado obispo hasta el 13 de septiembre de 604.

Una vez en el solio pontificio, ofendido aún por la represión de su predecesor, hizo cuanto estuvo en su mano por desacreditar a San Gregorio I el Grande acusándolo de que solo el afán de ser admirado había inspirado sus indiscutibles buenas obras, así como de haber dilapidado el patrimonio eclesiástico, aunque no pudo negar que el anterior Papa lo había empleado en obras de caridad que salvaron la vida a millares de cristianos durante los difíciles años del hambre y la peste de algunos de los años de su pontificado.

Esa acusación, u odio, a San Gregorio le significó el reproche del pueblo y el clero de Roma, cosa que no le hizo cambiar de actitud, ni siquiera cuando ese reproche se convirtió en franca oposición y enemistad. Esa animadversión la manifestó, a más de en sus palabras, en obras como las de entregar al clero secular todos los puestos que San Gregorio había confiado a los monjes benedictinos.

Parece ser que dictó reglas para normalizar el tañido de las campanas de forma que el pueblo pudiese por ellas, no solo reconocer el comienzo de la misa y santos oficios, sino las horas canónicas que debía dedicar a la oración. Decretó también que, en las iglesias, se mantuviese siempre alguna lámpara encendida.

Heredó de años anteriores el temor a los lombardos y al hambre, pero cuando hubo pasado el peligro lombardo el papa Sabiniano abrió los graneros de la Iglesia para vender el trigo contenido en ellos al precio de un *solidus* —algo así como un euro— los 275 litros, un precio alto para aquel tiempo. El pueblo romano no le perdonó nunca que no hubiese puesto ese trigo al alcance de la población por poco o nada, y ello dio origen a que posteriormente la leyenda hablase del papa Sabiniano como avaro y falto de caridad.

El papa Sabiniano murió el 22 de febrero de 606 y fue enterrado en San Pedro.

Durante el reinado de Constantino I el Grande, emperador a un tiempo de los Imperios oriental y occidental a partir del año 324, el viejo Senado romano recuperó sus poderes, que había perdido el siglo anterior, y emitió una moneda, el *solidus*, el sueldo de oro, que fue la divisa de uso normal en el Imperio hasta la caída del imperio bizantino.

66. Bonifacio III (607)

El papa Bonifacio III nació en Roma y era hijo de Juan Catadioce, de origen griego. Siendo ya diácono de la Iglesia romana, el papa San Gregorio le envió a Constantinopla como legado suyo –*apocrisiarius*– en el año 603; ya allí, su tacto y prudencia le valieron el respeto, y acaso la amistad, del emperador bizantino Focas.

A la muerte del papa Sabiniano, y tras casi un año de interregno, el papa Bonifacio III fue consagrado como obispo de Roma y sumo pontífice el 19 de febrero de 607.

Apenas elevado a la sede papal, logró que el emperador Focas promulgara un decreto contra el obispo de Constantinopla, Cyriacus, ordenándole aceptase que «... la sede de San Pedro Apóstol debía ser la cabeza de todas las Iglesias [...] por lo que el título de obispo universal solo correspondía al obispo de Roma», renovando el decreto del mismo signo dado por el emperador Justiniano casi un siglo antes.

En el año escaso que duró su pontificado, Bonifacio III convocó un concilio en Roma al que asistieron setenta y dos obispos junto al clero romano, en el que se prohibió, bajo pena de excomunión, discutir la legitimidad de los papas y el resto de los obispos mientras viviesen, así como que no debía ni proponerse ni designarse sucesor del Papa hasta tres días después de su inhumación. Hoy un decreto amplía ese tiempo a nueve días, el *novendiali*. No se conservan las actas de dicho concilio, ni qué peligros evidentes en aquel momento pudieron llevar al concilio a promulgar esos decretos.

Como se ve, son muy pocos los datos que se conservan acerca del papa Bonifacio III, pero sí que fue un hombre de fe y carácter probados.

Murió el 25 de noviembre del mismo año de su elección y fue enterrado en la basílica de San Pedro.

Focas fue el último emperador de la considerada primera etapa del Imperio Romano de Oriente, pues sucedió al emperador Mauricio y ostentó el poder entre los años 602 y 610, el de su muerte. Conquistó Roma en el año 609 y, tras hacerlo, regaló al papa Bonifacio IV el panteón romano mandado construir por el cónsul Agripa, que el sumo pontífice consagró a la Virgen María. En ese panteón, los romanos celebraban una fiesta en la que se vestían con un precedente del actual disfraz de Halloween, y no faltaron, después de consagrarse a la Virgen, paganos que siguieron acudiendo a él para honrar, en la misma forma que lo hacían antes, a uno de los espíritus infernales que honraban los paganos romanos para orar por sus muertos.

67. San Bonifacio IV (608-615)

Nació en Valeria, en el Lacio italiano, y era hijo de un médico llamado Juan. Fue un monje benedictino a quien el papa San Gregorio elevó a la dignidad de diácono de Roma y confirió el cargo de *dispensator* (funcionario encargado de la administración de los patrimonios).

Nueve meses después de la muerte del papa Bonifacio III, el 25 de agosto de 608 fue consagrado obispo de Roma y sumo pontífice de la Iglesia.

El emperador Focas hizo entrega al papa San Bonifacio IV del panteón y el templo que había construido el cónsul Agripa en honor de Júpiter Vengador, Venus y Marte para que el Papa lo consagrase a la Virgen María y a todos los mártires el 13 de mayo de 609, siendo así el primer templo pagano que fue transformado al culto cristiano en Roma. Se cuenta que, al hacerlo, ordenó transportar veintiocho carretas llenas de huesos de mártires cristianos desde las catacumbas para colocarlas bajo el altar mayor de la nueva iglesia.

El papa San Bonifacio IV recibió en Roma a Melitón, primer obispo de Londres, que quería consultarle sobre cuestiones relacionadas con la implantación de la Iglesia en Inglaterra. Por él se sabe que, cuando estaba en Roma, participó en un concilio en el que se debatieron cuestiones relativas a la vida y la paz monástica de los monjes, y que, a su partida, llevó a su diócesis los decretos del concilio y cartas del papa San Bonifacio IV a Lorenzo, arzobispo de Canterbury, al clero, al rey Etelberto y a todo el pueblo inglés.

En los últimos años de su pontificado, el rey de los lombardos, Agilulfo, convenció al celta San Columbano, que estaba en Italia, para que escribiera al papa San Bonifacio IV una carta acusándole de herejía por haber aceptado el Concilio de Constantinopla del año 553, exhortándole a convocar un concilio para demostrar su ortodoxia. Pese a ello, las relaciones entre el Papa y San Columbano no sufrieron detrimento alguno, ya que este siguió considerándose dependiente de la autoridad papal y así lo hacía constar en su durísima y mal informada carta.

Durante el pontificado de San Bonifacio IV, Roma volvió a sufrir hambre, peste e inundaciones, y la historia atribuye a este Papa el mérito de haber salvado de la destrucción muchos de los más bellos monumentos de la vieja Roma.

Como San Gregorio el Grande, el papa San Bonifacio IV había convertido su casa en monasterio, y en ella murió en mayo de 615, los días 8 o 25, según distintas fuentes, y fue enterrado en el pórtico de San Pedro, aunque posteriormente sus restos fueron trasladados dos veces antes de hacerlo al nuevo San Pedro el 21 de octubre de 1603.

San Columbano fue un misionero irlandés, nacido en Leinster Laighean hacia el año 543 y que murió en 615. En el año 585 viajó al continente, junto a otros compañeros, para fundar los monasterios de Luxeuil y otros en la región de los Vosgos, en las Galias. Allí, tuvo tantas controversias con los obispos galos que hubo de verse forzado a abandonar las Galias. En el año 612 fundó en la Lombardía el monasterio de Bobbio, y desde él escribió una polémica carta al papa San Bonifacio IV sobre la llamada «controversia de los tres capítulos» y el II Concilio de Constantinopla.

68. San Adeodato I (615-618)

San Adeodato –que lleva el mismo nombre que el hijo que San Agustín tuvo en su juventud y murió a los quince años– nació en Roma, hijo del subdiácono llamado Esteban, y fue sacerdote en Roma durante cuarenta años antes de ser elevado al pontificado el 19 de octubre de 615, cinco meses después de la muerte de su predecesor, San Bonifacio IV.

Como había ocurrido repetidas veces anteriormente, en los tres años del pontificado de San Adeodato I Roma sufrió guerras, desórdenes, pestes y un terremoto, lo que le permitió entregarse de lleno al cuidado de los enfermos y la alimentación de los más humildes, especialmente a partir del momento en que la emperatriz Teodolinda dotó a la Iglesia con nuevos recursos materiales. Fueron tantas y tan frecuentes sus muestras de caridad que, ya en vida, alcanzó fama de santo entre cuantos le conocían, dándose por cierto, incluso, que sanó a un leproso con el acto de besarle las heridas.

Pese a esa ayuda de la emperatriz, el emperador de Bizancio demostró muy poco interés por lo ocurrido en Italia, salvo cuando se vio forzado a enviar al exarca Eleuterio para dominar la revolución que se había levantado en Rávena y en Nápoles. Cuando esto ocurrió, el papa Adeodato I levantó por una vez la vista de las miserias humanas que socorría para dirigirla, en la distancia, al emperador Heraclio –que gustaba ser llamado con el título griego *basilio* en vez del romano, emperador– en petición de ayuda.

Al parecer, San Adeodato I fue el primer Papa que impuso el timbre de plomo, la *bullae*, a los documentos pontificios, siendo el suyo el más antiguo timbre pontificio que se conserva en el Vaticano: la del Buen Pastor, con el símbolo del alfa y omega y el lema *Deus dedit Papa.*

En su testamento estableció una serie de donaciones que habían de ser distribuidas entre el pueblo romano a la muerte de un Papa, por entender que los romanos más humildes se sentían como huérfanos cuando tal acontecimiento ocurría, ya que el Papa era, no solo el obispo de Roma, sino también su supremo magistrado civil, quien formaba, con el emperador, el doble sol que regía la vida de los cristianos, aunque esa doble autoridad paralela no era aceptada como tal en el Imperio de Oriente.

El *Liber pontificalis* afirma que Adeodato defendió al clero romano frente al monástico o regular, privilegiado desde tiempos del papa San Gregorio I el Grande; instituyó la ahora llamada misa vespertina, confirmada en el siglo XX por el papa Pío XII, y confirió a los sacerdotes la facultad de celebrar una segunda misa el mismo día: binación.

Con tan solo tres años de pontificado, San Adeodato I murió el 8 de noviembre de 618, amado, llorado y considerado santo por todos los romanos.

Heraclio I, emperador de Bizancio, fue hijo del exarca de Cartago y nació hacia el año 575, llegando al trono imperial en el 610 al ser derrocado el emperador Focas. Aunque su imperio fue invadido por ávaros y persas a poco de ser coronado emperador, hasta el 622 no pudo expulsar a los persas de Asia Menor, Egipto y Siria, y seis años más tarde destruirlos casi por completo tras derrotar a los sasánidas. En el 630 obligó a los ávaros a regresar a Europa.

Las tropas de Heraclio I recuperaron para la cristiandad la Vera Cruz, que los persas habían arrebatado, y la devolvió en el año 630 a Jerusalén. Casado con Teodolinda, e influido por ella, se ocupó activamente de los temas religiosos y procuró, sin fortuna, devolver a los monofisitas a la Iglesia bizantina.

69. Bonifacio V (619-625)

Nació en Nápoles y cuando a la muerte de San Adeodato I el 8 de noviembre de 618 fue elegido Papa, hubo de esperar más de un año para ser elevado al trono pontificio a la espera de la confirmación del emperador de Bizancio, Heraclio I, por lo que ese hecho se produjo el 23 de diciembre de 619.

El *Liber pontificalis,* reproduciendo lo escrito en su tumba, le describe como «placidísimo, humilde, dulce, misericordioso, generoso, sabio, casto, sincero y justo». Poco más se sabe de él y su pontificado, aunque sí que instituyó el derecho de asilo –la inmunidad de asilo– para los perseguidos que se refugiasen en el interior de una iglesia.

Se sabe también que demostró un gran interés por la consolidación del cristianismo en Inglaterra y se conservan algunos escritos a esas tierras, como cartas a Etelberga, reina de Kent, y a Justo, obispo de Rochester y Canterbury, a quien incrementó los poderes y estuvo a punto de designarlo metropolita de toda Gran Bretaña.

Aunque posiblemente él no tuviese noticia de ello, durante su pontificado, en el año 622, se produjo la hégira, la huida de Mahoma desde La Meca a Medina, y con ella el inicio de las predicaciones de Mahoma.

El papa Bonifacio V murió el 25 de septiembre de 625.

> La huida de Mahoma desde La Meca a Yatrib, la actual Medina, en el año 622 de la era cristiana, recibe el nombre de hégira, del árabe hijra, «huida», y marca el comienzo del calendario musulmán, año de la hégira, desde que el califa Umar I lo decretase así en el año 639.
>
> La hégira marca un punto clave en la vida de Mahoma, ya que tras ella estableció la primera comunidad musulmana en Yatrib, la actual Medina.

70. Honorio I (625-638)

Nació en Capua, al sur de Italia (a orillas del río Volturno, en la Campania), en el seno de una familia consular, y fue elevado a la dignidad de pontificio el día 25 de octubre de 625, proponiéndose, al serlo, imitar en cuanto pudiese a su maestro: el papa San Gregorio I el Grande. Pese a ello, a ningún Papa le ha juzgado la historia tan duramente.

Es evidente que, en el orden positivo, el papa Honorio I logró que se reintegraran en el seno de la Iglesia de Roma quienes se habían separado de ella, en Aquileya y Milán, por discrepancias sobre los famosos «tres capítulos» que, en el Concilio de Calcedonia, condenaban la herejía de Eutiques; pero, en el negativo, ha de anotársele que, por apresuramiento y superficialidad, diese motivos para ser acusado de herejía en el III Concilio de Constantinopla del año 680, después de su muerte, por sus dos epístolas a Sergio, patriarca de Constantinopla, en las que aprobaba el monoenergismo, aunque ninguna de las dos tuviesen carácter dogmático y solo pretendiesen mediar en el conflicto teológico que sostenían Sergio y el monje benedictino Sofronio. Pese a ello, su declaración comprometió, trece siglos más tarde, la declaración del dogma de la infalibilidad del vicario de Cristo e hizo que el papa Honorio fuese formalmente censurado por tres concilios ecuménicos sucesivos y que, durante siglos, todo nuevo Papa tuviese que jurar, en la ceremonia de su entronización, que no incurriría en los errores de Honorio.

Siguiendo con su defensa, diremos que otro de sus indiscutibles méritos fue el de administrar con pulcritud y eficacia los bienes materiales de la sede apostólica, y el de haber realizado, gracias a ello, obras públicas como por ejemplo la recuperación del acueducto de Trajano, la reconstrucción del tejado de la basílica de San Pedro o la construcción en Roma de iglesias y edificios públicos, que procuró decorar suntuosamente, como son los casos de Santa Inés Extramuros o San Pancracio, al tiempo que ordenaba, con rigor, pero con sensibilidad, la disciplina eclesiástica, que ya habían enderezado en parte sus predecesores. Su acertada administración aumentó su prestigio y el del papado, así como su influencia política.

Dejando al margen las polémicas, es indiscutible que, desde el inicio de su pontificado, se esforzó, con éxito, en acabar con los residuos cismáticos y consiguió que reconocieran la primacía de Roma los obispos de España, Cerdeña y la comarca griega de Epiro.

El papa Honorio envió delegaciones a casi todo el mundo y, como sus inmediatos predecesores, cuidó la evangelización de los anglosajones y elevó a la que ahora consideraríamos dignidad cardenalicia: confirió el palio a Honorio, obispo de Canterbury, y a Paulino, obispo de York.

Además de todo lo dicho, instituyó la fiesta de la exaltación de la Santa Cruz y murió el 12 de octubre de 638.

En la cuestión debatida por el patriarca de Constantinopla, Sergio, y el monje Sofronio, en la que intervino con tan escasa fortuna el papa Honorio I, se debatía si en el Señor había una sola voluntad que le empujaba a obrar o había dos voluntades correspondientes a su doble naturaleza: divina y humana. Puede considerarse una forma más de manifestarse las llamadas «cuestiones bizantinas», en las que se ponían a discusión desde los temas más serios a los más baladíes, con resultado de extrema violencia muchas veces.

Por esta «cuestión bizantina», el VI Concilio Ecuménico de Constantinopla anatematizó a los promotores de nuevas herejías, como «… el obispo de Roma, Honorio, quien, en una carta a Sergio, había probado que participaba de sus errores y que confirmaba su impía doctrina». Esa condena fue renovada por los concilios séptimo y octavo, y años y pontificados más tarde el papa San León II, en el año 683, reconoció el error dogmático cometido por el papa Honorio e hizo un juramento papal rechazando la herejía en que, al parecer, había incurrido el papa Honorio.

Tras esa triple condena, la Iglesia romana olvidó prácticamente la existencia del papa Honorio hasta que, en 1420, Juan de Turrecremata salió en su defensa, y en el Concilio Vaticano I de 1870, a cuantos eran contrarios a la proclamación de la infalibilidad del Papa usaron como argumento las cartas del papa Honorio, mientras los partidarios del dogma adujeron que la infalibilidad papal solo era aplicable cuando los papas hablaban *ex cathedra,* lo que no se daba en las dos cartas de Honorio a Sergio. Triunfó la infalibilidad.

71. Severino (640)

El papa Severino fue un sacerdote romano elegido sucesor el mismo día de la muerte de su predecesor, Honorio I (el 12 de octubre de 638), sin respetar, por tanto, el decreto dado por Bonifacio III ordenando que no se propusiese ni designase sucesor del Papa hasta tres días después de su inhumación.

Pese a su temprana elección, el papa Severino tuvo que esperar un año y medio a que el emperador bizantino, Heraclio, autorizase su consagración, cosa a la que se oponía hasta que el recién elegido Papa ratificase un edicto suyo, la *Ethesis*, una profesión de fe redactada por el patriarca de Constantinopla, Sergio, que declaraba ortodoxo al monotelismo.

La larga espera concluyó cuando los enviados de Severino llegaron a Constantinopla y prometieron su aprobación al edicto, pero cuando Severino fue consagrado obispo de Roma y sumo pontífice no solo se negó a hacerlo, sino que convocó un concilio para condenarlo.

La vengativa réplica del emperador Heraclio se concretó en una cruel depredación de los bienes materiales pontificios, usando para ello de testimonios falsos contra el Papa y el papado, y haciendo invadir por sus soldados el palacio y la iglesia de San Juan de Letrán, lo que ocasionó tanto dolor al papa Severino que murió apenas dos meses después de ser elevado al pontificado, el 2 de agosto de 640.

El monotelismo, que fue enunciado por el emperador Heraclio I en el año 624, sostenía que la doble naturaleza de Cristo, la divina y la humana, se manifestaban en una sola voluntad. El emperador pretendía con ello conciliar la doble naturaleza de Jesucristo, que defiende la doctrina ortodoxa, con la creencia monofisista de que tiene solo una, buscando recuperar para la Iglesia los miles de monofisitas excomulgados por serlo.

El monotelismo ni recuperó a los monofisitas, ni mejoró las relaciones entre la Iglesia de Roma y el imperio bizantino, y abrió campo a nuevas discrepancias. El III Concilio de Constantinopla del año 680 zanjó la polémica al confirmar que en Cristo hay dos naturalezas y dos voluntades, aunque subordinada la humana a la divina.

72. Juan IV (640-642)

El papa Juan IV nació en la Dalmacia, en las costas del mar Adriático y sobre la actual Croacia, y fue consagrado obispo de Roma y sumo pontífice el 24 de diciembre de 640.

Su breve pontificado, menos de veintidós meses, estuvo signado por las disputas suscitadas por el monotelismo y la promesa que los enviados de su predecesor habían hecho al emperador Heraclio I de refrendar el edicto imperial que dio cuerpo a esa doctrina. Juan IV, como el papa Severino, condenó claramente el monotelismo en carta que envió al propio emperador. Pese a ello, hizo cuanto estuvo en su mano por reintegrar a la fe ortodoxa a los hermanos separados de la Iglesia de Egipto.

Aunque esas definiciones teológicas ocupasen lo mejor de su actividad, el papa Juan IV tuvo tiempo para hacer trasladar a San Juan de Letrán los cuerpos de los mártires San Venancio, San Anastasio y San Mauro, a los que dedicó una capilla, así como a consagrar veintiocho sacerdotes y dieciocho obispos tras confirmar personalmente la ortodoxia y el convencimiento de su fe.

Igualmente, consciente de la universalidad del papado, mostró un gran interés por los progresos de la Iglesia en Irlanda e Inglaterra, así como por la concordancia de ambas con Roma en la celebración de la Pascua de Resurrección, y dedicó cuantiosos medios económicos al rescate de los cristianos que padecían cautiverio bajo los ávaros.

El papa Juan IV murió el 12 de octubre de 642.

El ávaro era un pueblo mongol que dominó las estepas cercanas al río Volga hasta que, a mediados del siglo VI, fue casi totalmente aniquilado por los turcos. Un grupo de supervivientes se dirigió hacia el río Danubio y se asentó en las actuales tierras de Rumania, la antigua Dacia, desde donde inició una serie de conquistas, llegando a convertirse en el pueblo bárbaro más poderoso de Europa bajo el mano de su kan Baian. Derrotados por Carlomagno, fueron casi exterminados por los moravos y absorbidos por los eslavos, aunque en la actualidad hay unos doscientos mil ávaros que practican la religión musulmana y hablan un dialecto árabe.

73. Teodoro I (642-649)

Al parecer, el papa Teodoro I era hijo de un obispo de origen griego y había nacido en Jerusalén, lo que, junto a sus estudios, le permitió conocer a fondo la teología bizantina, por lo que pudo demostrar, antes y después de ser elevado al trono pontificio, que estaba muy bien preparado para proseguir la labor de sus predecesores, los papas Severino y Juan IV, contra el monotelismo. Apenas un mes después de la muerte del papa Juan IV, Teodoro I fue consagrado Papa el 24 de noviembre de 642.

En esa elección contó con el apoyo del exarca Isaac, gobernador bizantino de Rávena, quien esperó que fuese defensor del monotelismo, pero, como sus predecesores, apenas consagrado obispo de Roma Teodoro I condenó la fórmula propuesta por el emperador Heraclio y, con ella, al patriarca de Constantinopla, Pedro. El antiguo patriarca de Constantinopla, Pirro, depuesto de esa dignidad por el emperador Heraclio, viajó a Roma para solicitar la ayuda del papa Teodoro I, apostatando del monotelismo y declarándose fiel a la ortodoxia.

Profundizando en esa línea, y oponiéndose igualmente al emperador bizantino, acogió en Roma a los monjes orientales que se negaban a aceptar el monotelismo y excomulgó al patriarca de Constantinopla, Pablo II, que se había declarado partidario del monotelismo.

Para confortar a los cristianos que en Palestina sufrían la invasión de los seguidores de Mahona y el desagarro de las discrepancias dogmáticas, envió como legado pontificio al obispo Esteban de Dor.

En el año 649, el emperador Constantino II Pogonatos, sucesor del emperador Heraclio, abolió el documento que daba pie a las discrepancias monotelistas y promulgó un nuevo edicto en el que prohibía las polémicas en torno al monotelismo, y el papa Teodoro I convocó un concilio en Letrán, que debía celebrarse en el mes de noviembre, para fijar la doctrina de la Iglesia sobre la cuestión debatida: la forma en que se manifestaba la doble naturaleza de Cristo: la divina y la humana. La muerte le impidió asistir al concilio que había convocado, ya que falleció el 14 de mayo de 649 víctima, al parecer, de un veneno.

Durante su papado añadió el título de soberano al de pontífice y reorganizó el clero romano.

Pogonatos significa «el barbudo» y durante mucho tiempo fue aplicado por la historia al emperador bizantino Constantino IV, aunque se ha podido demostrar que fue destinado originalmente a su padre, el sucesor del emperador Heraclio, Constantino II, emperador de Bizancio entre los años 641 y 668.

---

74. San Martín I (649-655)

De ascendencia toscana, San Martín I nació en Todi, Umbria (Italia Central). Después de haber sido nuncio en Constantinopla, fue elegido Papa poco después de la muerte de Teodoro I y fue consagrado como obispo de Roma antes de que llegase la aprobación imperial. Durante su papado, se celebró por primera vez la fiesta de la Virgen Inmaculada, el 25 de marzo.

Apenas elegido, el 5 de julio de 649, volvió a convocar el Concilio de Letrán, que no había podido celebrarse por la muerte de su predecesor, y en él se condenó el monotelismo, resultando ser, con ello, una clara manifestación de la independencia del Papa frente al imperio bizantino, el llamado cesaropapismo oriental. A dicho concilio asistieron más de cien obispos y en él, con el monotelismo, fueron confirmadas las condenas lanzadas por el papa Teodoro I contra el *Echtesis* del emperador Heraclio, el *Typos* de Constantino II y los patriarcas Sergio, Pedro y Pirro.

Enterado de ello, el emperador Constantino II Pogonatos ordenó a su exarca, el gobernador Olimpio, que fuese a Roma, detuviese al papa San Martín I y lo llevase a Constantinopla. Olimpio murió antes de poder hacerlo, pero el 17 de junio de 653 el nuevo exarca, Teodoro Calíope, cumplió la orden del emperador con un rigor tan cruel que, durante los catorce meses que duró el viaje, el Papa, enfermo desde antes de iniciarlo, no pudo disponer ni siquiera de agua para lavarse la cara y las manos. En uno de sus escritos, puede leerse: «Me martiriza el frío, sufro hambre y estoy enfermo, pero ofrezco al Señor estos sufrimientos para que conceda a mis perseguidores la conversión y el arrepentimiento después de mi muerte».

Ya en Constantinopla, y expuesto públicamente a la burla del populacho, vejaciones y torturas sin igual, el papa San Martín I siguió defendiendo la ortodoxia, incluso cuando el emperador le condenó a muerte. Tres meses más tarde le fue levantada la pena capital pero fue exiliado al Quersoneso, la actual República de Jutlandia, y depuesto del pontificado.

Amenazado nuevamente de muerte, replicó a quien lo hacía: «Por cruel que sea la muerte que quieran darme, lo será menos que esta vida que me están haciendo sufrir». Y añadió: «Ruego al Señor que tenga misericordia de mí y no prolongue mucho tiempo el que me quede de mi vida».

El 16 de septiembre de 655 el papa San Martín I murió en el Quersoneso –abandonado de todos, incluso de su clero, y considerado mártir, hasta por los miembros de la Iglesia oriental–, fue enterrado en Constantinopla y más tarde trasladado a Roma, donde recibió definitiva sepultura en la iglesia de San Martino.

He aquí un párrafo de la última carta del papa San Martín I:

«Me sorprende el abandono total de quienes fueron mis amigos en este destierro, y me llena de tristeza la forma en que me han abandonado mis hermanos en el apostolado. ¿Carecen acaso de unas pocas monedas que enviar para remediar mi hambre? ¿O es el miedo a los enemigos de la Iglesia lo que les hace olvidar su obligación de dar de comer al hambriento? Pese a ello, sigo rezando a Dios para que conserve en la fe a cuantos pertenecen a la Iglesia».

75. San Eugenio I (654-657)

San Eugenio I nació en Roma y fue elegido Papa, por expreso deseo del emperador Constantino II Pogonatos, el 10 de agosto de 654, un año antes de la muerte del papa San Martín I, que en esos días era llevado prisionero a Constantinopla. Ni el nuevo Papa ni el clero romano se opusieron a la voluntad del emperador temiendo que, de hacerlo, nombrase un Papa monotelista, una actitud que la historia ha juzgado demasiado condescendiente al definir a San Eugenio I como demasiado benévolo, dulce y lleno de mansedumbre en el *Liber pontificalis.*

Pese a ello, y verdadero Papa ya tras la muerte de San Martín I, demostró permanecer en la fe y no temer las represalias del emperador cuando rechazó la carta que le envió Pedro, patriarca de Constantinopla, por contener graves errores monotelistas; cuando se negó explícitamente a aceptar la profesión de fe que había dictado el mismo emperador Pogonatos, y, sobre todo, cuando hizo saber en toda Europa las torturas y persecuciones a que había sido sometido el papa San Martín I por orden del emperador, y su muerte a causa de ellas, por lo cual pudo haber sido tratado como su predecesor de no haber muerto antes de que el emperador hubiese tenido tiempo de dictar dicha orden.

En el orden pastoral, San Eugenio I ordenó que los sacerdotes observasen castidad perpetua y dictó reglamentos muy valiosos para la Iglesia de aquellos azarosos años.

Sus contemporáneos afirmaban que estaba dotado del don de hacer milagros y murió el 2 de junio de 657.

76. San Vitaliano (657-672)

San Vitaliano nació en Segni, en el Lacio romano, y fue consagrado obispo de Roma y sumo pontífice el 30 de julio de 657.

Durante su papado envió nuncios suyos a las Iglesias de Galilea, España e Inglaterra, fue el primer Papa que autorizó el uso del órgano en las ceremonias religiosas y tuvo el privilegio de asistir a la conversión de los lombardos al cristianismo.

En el año 663, el emperador bizantino Constantino II Pogonatos fue a Roma y en ella fue solemnemente recibido por el papa San Vitaliano. El emperador, tras visitar y obsequiar algunas iglesias romanas denotando una gran devoción, mudó su actitud y tomó para sí objetos de valor de muchas iglesias, como el bronce de la cúpula del Panteón, que hizo llevar a Constantinopla. Al salir de Roma, Constantino II autorizó a sus tropas realizar un terrible saqueo de la ciudad y a llevarse consigo un enorme botín.

Impulsado por su creencia en el monotelismo, y para debilitar al papado, el emperador Constantino II trató de separar de ella a la Iglesia de Rávena, apoyando en sus pretensiones a Mauro, su obispo, pese a lo cual, cuando murió el emperador Constantino III —su sucesor— el papa Vitaliano apoyó a su sucesor legítimo y hermano, Constantino IV, frente al usurpador Mesecio, que contaba con el apoyo del ejército, lo que, unido a las conquistas árabes de parte del territorio bizantino, llevó al nuevo emperador a una posición favorable a la Iglesia de Roma.

Pese a ello, el papa San Vitaliano se vio obligado a excomulgar a Mauro, el obispo de Rávena, pero este mantuvo su sede separada de la Iglesia de Roma durante diez años.

Roma y Constantinopla estaban en paz, y en ella murió el papa San Vitaliano el 27 de enero de 672.

El emperador bizantino Constantino IV, hijo de Constantino II *Pogonatos*, llamado Constante II, lo fue durante uno de los períodos más interesantes de la historia del Imperio de Oriente, con incursiones de los ejércitos árabes casi anuales y la toma por ellos de ciudades muy cercanas a Constantinopla, a la que atacaron por tierra durante el verano del año 674 y asediaron por mar en los primeros meses del año 675. Esos ataques y asedios se prolongaron hasta el año 678, en que desistieron de su conquista, y su líder, Muawiya, firmó un tratado de paz con Bizancio para un período de treinta años.

Agradecido al papa San Vitaliano, Constantino IV impuso un cambio en la política religiosa del imperio y convocó un concilio en Constantinopla para acabar con el monotelismo. Acabado este, Constantino IV se vio enfrentado a sus hermanos menores, al Senado y a una sublevación de parte del ejército en Anatolia, que atajó haciendo cortar la nariz a sus hermanos y ejecutando a los líderes del motín.

77. Adeodato II (672-676)

El papa Adeodato II nació en Roma y antes de ser elegido sumo pontífice –el 11 se abril de 672– fue monje en el convento de San Erasmo, en el monte Celio de Roma.

Ya Papa, fue el primero de los herederos de San Pedro que usó en las lecturas la fórmula *Salutem et apostolicam benedictionem* y, como su predecesor, apoyó al emperador bizantino Constantino IV, lo que le valió su apoyo para la causa del papado.

Usando de su poder temporal, concedió a los venecianos el derecho a elegir un príncipe o magistrado bajo el nombre de *dux*.

Durante su pontificado desarrolló una gran labor apostólica al iniciar la conversión a la verdadera ortodoxia de los maronitas, cristianos de origen sirio, que toman su nombre de San Marón, un ermitaño que vivió en el siglo v en la región de Apanema (Siria) y que había recibido del Señor el don de sanar a los enfermos; murió en el año 410.

Mientras tanto, un peligro mayor aún que los anteriores amenazaba a la cristiandad: la llegada de los ejércitos árabes que, al abandonar el asedio a Constantinopla, llegaron a Sicilia en el año 673 y se apoderaron de Siracusa.

El Papa Adeodato II murió el 17 de junio de 676.

La antigua Siracusa, actual capital de la provincia del mismo nombre, en Sicilia, estaba situada sobre la isla de Ortygia, separada de Sicilia por un canal. Hoy es un importante centro turístico, y siempre contó con un puerto pesquero que abastece y se abastece de un mercado de aceite de oliva y cítricos. En Siracusa había un teatro griego para quince mil espectadores, un anfiteatro romano, un templo pagano y una ciudadela construida por Dionisio II el Joven a principios del siglo iv a.C.

78. Dono (676-678)

Nació en Roma y fue consagrado Papa el 2 de septiembre de 676. Durante su breve pontificado, envió nuncios a muchas de las Iglesias de Occidente y animó a los obispos de Treviri, en la ribera del río Mosela, y de Cambridge, en Inglaterra, a cuidar y engrandecer las incipientes escuelas que allí se habían establecido y que tan alto puesto han llegado a ocupar en la historia de la cultura.

Gracias a la paz que la amistad del emperador proporcionaba a la Iglesia de Roma, el papa Dono hizo construir varias iglesias y embellecer la ciudad de Roma.

Los mejores logros de este papado fueron el cese del cisma con la sede de Rávena, que había originado Constantino II en tiempos del papa Vitaliano, y la casi desaparición de la herejía monotelita gracias a la buena voluntad del emperador Constantino IV.

El cisma con Rávena concluyó cuando el papa Dono logró que el nuevo arzobispo de aquella sede, Teodoro, que había sucedido al cismático Mauro, se sometiese a la autoridad del Papa y renunciase a la autonomía que para esa sede había reclamado el obispo Mauro. En ello le fue de gran ayuda el emperador Constantino IV, quien propuso al papa Dono la celebración de una conferencia teológica de obispos orientales y occidentales para resolver las divergencias que aún separaban a dichas Iglesias, al tiempo que le solicitaba el envío de un legado pontificio que restaurase la unidad religiosa de sus súbditos.

El papa Dono ni siquiera llegó a tener noticia de ello, ya que murió poco antes de que llegase a Roma la misiva imperial: el 11 de abril de 678.

La ciudad de Treviri (Alemania) está situada en la ribera del río Mosela, cerca del punto en que confluyen Alemania, Francia, Luxemburgo y Bélgica. Fue mandada levantar por el emperador Augusto pocos años antes del nacimiento de Cristo. Destruida por los normandos en el año 882, Treveri renació cuando su arzobispo fue designado príncipe elector. En Treviri nació San Emidio, primer obispo de Áscoli, mártir y protector de los terremotos, que llegó a la ciudad en tiempos del emperador Diocleciano y, acusado de predicar el cristianismo y de haber bautizado a una hija del prefecto de la ciudad, Policía,

fue decapitado el 5 de agosto de 303. Recogió su propia cabeza y se llegó
con ella hasta el cementerio cristiano, en el que recibió sepultura, un milagro
que sorprendió poco a cuantos le habían visto hacer brotar agua de una roca,
la actual fuente de San Emidio, cuando se le acabó el agua con la que estaba
bautizando a muchos. A San Emidio se le considera protector contra los terremotos porque, en 1793, cuando un seísmo asoló varias ciudades de Italia
Central, Áscoli permaneció intacta.

79. San Agatón (678-681)

Palermo y Reggio Calabria se disputan el honor de haber sido el lugar de nacimiento del papa San Agatón, quien, al parecer, fue consagrado obispo de Roma
y sumo pontífice de la Iglesia cuando había sobrepasado los cien años de edad, el
día 27 de junio de 678.

El emperador bizantino Constantino IV pidió al papa Dono que convocase
una conferencia teológica de obispos orientales y occidentales, pero cuando el
portador de esa solicitud llegó a Roma, el Papa ya había muerto. Elevado al trono
papal San Agatón, acogió la petición imperial y convocó un concilio ecuménico −el sexto de los celebrados hasta el momento− en Constantinopla, donde se
habían celebrado otros dos anteriormente. A dicho concilio, que se celebró en los
últimos meses del año 680 y primeros de 681 bajo la presidencia del emperador y
con asistencia de ciento setenta obispos, el papa San Agatón envió una profesión
de fe en la que reafirmaba que en Cristo hay dos naturalezas a la que corresponden
dos voluntades: una divina y otra humana. El concilio, al que se conoce con el
nombre de Trullano por ser ese el nombre de la sala en forma de cúpula −tru-
llus− en que se celebró la sesión, lo aprobó y condenó con ello el monotelismo
y el resto de las doctrinas heréticas que habían distanciado a la Iglesia oriental de
la de Roma.

Aprovechando las magníficas relaciones que Constantino IV tenía con la
Iglesia de Roma, el papa San Agatón consiguió de él que se eximiera al papado
del impuesto que había fijado el emperador Justiniano para cuando no había llegado la confirmación imperial en cada nueva elección papal.

Como pastor universal, y prosiguiendo la tarea de sus predecesores, mantuvo estrecha relación con los obispos ingleses, a los que envió maestros de canto

que enseñasen a sus cleros la música gregoriana, y cuidó con especial esmero del progreso cultural de Irlanda.

Ya en vida fue conocido como taumaturgo, por sus numerosos milagros, y murió cuando acababa de cumplir la elevada edad de ciento siete años, el día 10 de enero de 681.

Los concilios ecuménicos celebrados por la Iglesia han sido, hasta el momento, los siguientes:

	Años
Nicea I	325
Constantinopla I	381
Éfeso	431
Calcedonia	451
Constantinopla II	553
Constantinopla III	680–681
Nicea II	787
Constantinopla IV	869–870
Letrán I	1123
Letrán II	1139
Letrán III	1179
Letrán IV	1215
Lyon I	1245
Lyon II	1274
Vienne	1311–1312
Constanza	1414–1418
Basilea-Ferrara-Florencia	1431–1445
Letrán V	1512–1517
Trento	1545–1563
Vaticano I	1869–1870
Vaticano II	1962–1965

80. San León II (682-683)

Nació en la isla de Sicilia, posiblemente en Catania, al pie del volcán Etna, y los escritos de sus contemporáneos destacan en él, junto a unas virtudes que le llevaron a figurar en el catálogo de los santos, sus profundos conocimientos culturales.

Fue consagrado Papa el 17 de agosto de 682, es decir, casi veinte meses después de la muerte de su predecesor, el papa San Agatón, y como este había muerto antes de que concluyese el Concilio Ecuménico de Constantinopla que había convocado, fue el papa San León II el que confirmó lo acordado en dicho concilio –sexto de los universales y tercero de los celebrados en Constantinopla–, hizo traducir del griego al latín los textos del mismo, envió a las Iglesias de España, las Galias y África los decretos de este sínodo y subrayó el error del papa Honorio al no haber fijado, como debía, una posición clara frente a la herejía monotelista.

El concilio había condenado y excomulgado al papa Honorio, muerto hacía ya más de cuarenta años, pero San León II, aunque reconoció justo el documento conciliar, justificó al papa Honorio recordando a todos las circunstancias que le llevaron a escribir las confusas cartas que habían dado origen a la condena.

El papa San León II dio fin al ya largo conflicto que separaba a la sede de Rávena del papado cuando solicitó y obtuvo del emperador Constantino IV un decreto con normas para la consagración del obispo de Rávena, entre las que figuraban las de que siempre debía realizarse en Roma y tras un acto de sumisión al Papa.

En el orden litúrgico, dio gran solemnidad a las ceremonias religiosas, explicando al clero que debía hacerse así para que los fieles fuesen más conscientes de la majestad de Dios; introdujo el agua bendita en determinadas ceremonias religiosas; instituyó su aspersión sobre el pueblo, e incluyó en la misa el beso de la paz.

Murió en olor de santidad el día 3 de agosto de 683.

El uso del agua es frecuente en los ritos de muchas religiones, tanto anteriores como posteriores al nacimiento de Cristo, y una de ellas, el judaísmo mosaico, mandaba rociar con agua las manos y la cara de las personas que se considerasen impuras, en rito que, modificado, ha heredado el Islam y del que acaso derive el rito cristiano de introducir dos dedos en agua bendita y hacer con ellos la señal de la cruz. La aspersión del agua bendita, símbolo externo de la pureza interior, introducido por el papa San León II, recuerda al pueblo que fue bautizado con agua y con ella se hizo y se hace cristiano.

81. San Benedicto II (684-685)

Nació en Roma, en el seno de la influyente familia Savelli, y su padre se llamaba Juan. Criado desde su infancia en el servicio de la Iglesia, siendo niño fue enviado a una escuela de canto y muy joven se dedicó al estudio de las Escrituras, por lo que, ya sacerdote, fue conocido, al tiempo que por su humildad y amor a los pobres, por sus conocimientos de la música eclesiástica y de las Santas Escrituras.

Ordenado presbítero, San Benedicto formó parte del clero rector de la Iglesia romana durante los pontificados de San Agatón y San León II, por lo que, a la muerte de este en agosto de 683, fue elegido Papa, aunque hubo de esperar diez meses, hasta el día 26 de junio del año 684, para su consagración, que fue el tiempo que tardó en llegar el consentimiento del emperador bizantino Constantino IV.

Con su consentimiento, el emperador le envió un bucle del cabello de cada uno de sus dos hijos para que pudieran ser adoptados por el nuevo Papa, San Benedicto II.

Para que, en el futuro, se pudiese abreviar la vacante de la Santa Sede tras la muerte de un Papa, San Benedicto II obtuvo del emperador Constantino IV un decreto que eliminaba el trámite de la confirmación imperial y que la sustituía por una −más fácil y cercana− de su exarca en Italia, el gobernador de Rávena, dejando así sin validez el decreto del emperador Justiniano y dando un paso adelante muy importante para desligar a la Iglesia de Roma del poder del emperador de Bizancio-Constantinopla.

El papa San Benedicto II restableció la inmunidad de asilo de las iglesias, ya que las sectas heréticas, al no respetarlo, lo habían convertido en prácticamente inexistente.

Continuando la obra de su predecesor, el papa San León II, y con el fin de suprimir el monotelismo presente aún en algunas Iglesias, ordenó a Macario, antiguo obispo de Antioquía, que los obispos españoles acatasen los decretos del VI Concilio Ecuménico y apoyó la causa de San Wilfredo de York.

Los obispos españoles se reunieron en concilio en Toledo y recibieron y aprobaron los decretos emanados del VI Concilio Ecuménico, III de Constantinopla, enviando al Papa una confesión de fe con sus firmas al pie. El papa San Benedicto II les pidió, pese a ello, algunas aclaraciones y los obispos españoles convocaron el XV Concilio de Toledo, en el que se ajustaron en todo a las definiciones teológicas emanadas de los anteriores concilios ecuménicos.

San Benedicto II restauró numerosas iglesias de Roma; reformó y amplió su clero, y quedó en el recuerdo de los romanos por su entrega a los pobres.

Murió el 7 de mayo de 685 y fue sepultado en la iglesia de San Pedro.

Durante el dominio de los visigodos se celebraron en España una serie de asambleas de carácter eclesiástico, político y jurídico que tuvieron lugar en la ciudad de Toledo desde el año 589 —fecha en que se celebró el III Concilio— hasta el 702 —año del XVIII Concilio y último—. Los dos primeros Concilios de Toledo se habían celebrado antes de la conversión visigoda al catolicismo, el primero en el año 400, para rebatir el priscilianismo, y el segundo en el año 527, cuando los visigodos eran aún arrianos.

A partir del año 633 —IV Concilio de Toledo, presidido por San Isidoro, arzobispo de Sevilla—, cada uno de ellos pasó a ser llamado Concilio General Visigótico.

82. Juan V (685-686)

Nació en Antioquía, una ciudad fundada por Seleuco I, general de Alejandro Magno, que fue capital de la dinastía seléucida de Siria, iniciando así una relación de siete papas que nacieron en Oriente. Siendo diácono, representó al papa San Agatón en el VI Concilio Ecuménico celebrado en Constantinopla.

El decreto obtenido del emperador bizantino Constantino IV por el papa San Benedicto II, que delegaba la confirmación oficial en el gobernador de Rávena, permitió que dicho exarca diese su conformidad a la elección del papa Juan V y este pudo ser consagrado obispo de Roma y sumo pontífice el día 23 de julio de 685, sin que hubiesen transcurrido tres meses desde la muerte de su antecesor.

Sin duda, el clero y el pueblo romano, conscientes de la generosidad demostrada por el emperador al conceder dicho decreto, quisieron corresponderle eligiendo a un oriental como sucesor del difunto Papa. Juan, el obispo elegido, había nacido en Siria y había sido legado del papa San Agatón en el Concilio de Constantinopla.

El emperador Justiniano II, que heredó el trono de Bizancio ese mismo año de 685, supo agradecer a la Iglesia de Roma esa atención, y lo demostró otorgando su ayuda al papa Juan V en lo poco que pudo, dada la brevedad del pontificado de este.

Con la ayuda del emperador Justiniano II, el papa Juan V sometió a los obispos de Cerdeña a la jurisdicción de Roma, tras lo que puso orden en las diócesis de Cerdeña y de Córcega, estableciendo que solo correspondía a la Santa Sede el derecho de nombrar los obispos de dichas islas.

Tras un breve pero activo pontificado, el papa Juan V murió el 2 de agosto de 686.

El emperador Justiniano II sucedió en el trono de Bizancio a su padre, Constantino IV, en septiembre de 685, cuando contaba dieciséis años de edad. Fue un emperador despótico, que quiso imitar a su antepasado, el emperador Justiniano, y no acertó a conquistar el amor de sus súbditos, pese a vivir en un tiempo favorable a los intereses bizantinos.

En el año 695 se produjo una revuelta en Constantinopla que elevó al trono al emperador Leoncio, tras destronar a Justiniano II, enviarle a Querson y cortarle la nariz. Diez años más tarde, Justiniano II, huido de Querson y casado con Teodora, cristiana y hermana del kan, recuperó el trono y depuso al emperador Tiberio II, sucesor de Leoncio, lo que significaron seis años de terror para Constantinopla y Querson, en la que el armenio Filípico Bardano fue proclamado emperador y marchó a Constantinopla, donde fue recibido con las puertas abiertas por la población, y un oficial cortó la cabeza de Justiniano II y la envió primero a Rávena y después a Roma para que fuese exhibida en ellas.

83. Conon (686-687)

A la muerte del papa Juan V, Roma vivía en paz con el imperio de Bizancio, pero la disputa estalló dentro de la ciudad cuando los miembros del clero romano quisieron elegir para el papado al archidiácono Pascual, mientras los soldados preferían para esa dignidad a un sacerdote llamado Teodoro. El nombre de Conon fue una solución de compromiso, ya que su avanzada edad y su quebrantada salud garantizaban para ambos que en breve tiempo habría una nueva elección, y ambos grupos esperaban dedicar ese tiempo a fortalecer sus posiciones.

Conon, que había nacido en Sicilia pero era hijo de un oficial tracio, fue consagrado obispo de Roma y sumo pontífice el 21 de octubre de 686.

Poco pudo hacer en su breve pontificado el papa Conon, salvo asistir a las intrigas de los dos grupos, y muy especialmente del archidiácono Pascual por asegurarse la sucesión.

El papa Conon fue durante toda su vida un sacerdote conocido por su bondad y la caridad que ejercitaba de continuo, por lo que no puede extrañar que, pese a la anarquía que agitaba la Iglesia en aquellos momentos, él se esforzase en ayudar a los monasterios y ordenar al clero, mientras escapaba a los chapuceros atentados que urdieron contra él los seguidores del nuevo emperador de Bizancio, Justiniano II, y se plegaba a las imposiciones del gobernador de Rávena y exarca de Justiniano II, empeñado en restablecer la aprobación imperial en la elección del pontífice.

Murió, al parecer envenenado, el 21 de septiembre de 687, a los once meses de su consagración.

84. San Sergio I (687-701)

A la muerte del papa Conon prosiguieron las disputas entre los partidarios del archidiácono Pascual, el candidato del clero, y las del presbítero Teodoro, preferido por el ejército. El archidiácono había prometido al gobernador de Rávena, Juan Plantina, cien libras de oro a cambio de su apoyo, pero el elegido y consagrado como obispo de Roma, el 15 de diciembre de 687, fue San Sergio I, un sacerdote nacido en Palermo pero de origen sirio; por tanto, oriental.

El exarca de Rávena, que no había recibido el dinero prometido por Pascual, confirmó la elección de San Sergio al tiempo que intentaba recibir de él el dinero que le había prometido el archidiácono.

Mientras tanto, el ejército romano había elegido al arcipreste Teodoro, quien al saber que el exarca había ratificado la elección de Sergio le reconoció como Papa y convenció a sus partidarios de que hiciesen otro tanto. Por el contrario, Pascual prosiguió con sus intrigas hasta el punto de caer en la hechicería, por lo que el Papa le depuso de sus funciones de archidiácono y mandó internarlo en un convento, en el que murió cinco años después.

El sábado santo de la Pascua del año 689 San Sergio I bautizó al rey de los sajones, Cedwala, en la basílica de San Pedro, introdujo el tríplice canto del

Agnus Dei en la misa e instauró las fiestas de la Natividad de María, de la Anunciación, de la Candelaria y de la Invención de la Santa Cruz.

En el año 692 el papa San Sergio tuvo un durísimo enfrentamiento con el emperador Justiniano II porque este, sin el contar con el Papa, había convocado un concilio en Constantinopla. A dicho concilio, que es conocido en la historia como V-VI de Constantinopla, ni siquiera fue invitado el papa Sergio, pero una vez concluido le enviaron las ciento dos propuestas que se habían elaborado en él para que las aprobara. Cuando el papa San Sergio se negó, el emperador Justiniano II ordenó que lo detuviesen.

El mundo cristiano se indignó ante la sacrílega decisión imperial y ello provocó que cuando los enviados de Justiniano II llegaron a Roma fuesen atacados por los soldados y el pueblo de Roma, Rávena, la Pentápolis y todas las provincias lindantes, lo que contribuyó, en gran parte, a acelerar el destronamiento, mutilación y exilio del emperador Justiniano II, y vino a confirmar que el Papa era el verdadero señor de Italia. Se cuenta que el jefe de la misión enviada por el emperador para detener al Papa, asustado por la violencia del ataque, corrió a refugiarse en el palacio del Papa, donde lo hallaron escondido bajo la cama del pontífice.

El Papa demostró una vez más su autoridad, incluso civil, sobre Italia, cuando apoyó a Venecia en su intento de independizarse de Constantinopla.

En el orden teológico, San Sergio I cerró para siempre los debates relativos a la herejía eutiquiana que tanta tinta y enfrentamientos teológicos había originado desde el Concilio de Calcedonia; y en el pastoral reforzó los vínculos con la Iglesia de Inglaterra y con los reinos francos, al mismo tiempo que nombró al obispo de los frisones, Wilibrodo, metropolita de todas las misiones del norte.

Murió, en Roma, el 8 de septiembre de 701.

El concilio convocado por el emperador Justiniano II en el año 692 se celebró en el gran salón de la cúpula del palacio imperial –llamado de la Trulla (cúpula)–, y en él se aprobaron normas disciplinarias y litúrgicas contrarias a las dictadas por la Iglesia de Roma, rechazando, por ejemplo, el celibato eclesiástico, dictada por el papa San Eugenio I casi cuarenta años antes.

85. Juan VI (701-705)

Los últimos papas procedían de Oriente y eran en su mayoría griegos, por lo que nada extraña que el clero romano eligiese para ocupar la silla de San Pedro a un diácono nacido en Éfeso, antigua ciudad griega situada en la costa oeste de Asia Menor, y le consagrasen Papa el 30 de octubre de 701 con el nombre de Juan VI.

Al ser nombrado Papa, Juan VI hubo de enfrentarse al hecho de que los lombardos estaban saqueando la Campania, por lo que recurrió al tesoro de la Iglesia para conseguir que el jefe lombardo, Gisulfo de Benevento, pusiese fin a esas rapiñas abonándole una cuantiosa suma.

Como sus predecesores, se ocupó muy activamente del desarrollo de la Iglesia de Inglaterra y en el año 704, por creerlo dañino para sus intereses, prohibió al arzobispo de Canterbury que dividiese el obispado de York, como pretendía.

Buen conocedor, por su origen, de los asuntos bizantinos, el papa Juan VI opuso toda su influencia y poder al usurpador del trono bizantino, Apsimer, que había adoptado el nombre de Tiberio II, y a su exarca en Italia, Teofilacto, enviando tropas italianas a Rávena para enfrentarse a él.

Ello hizo que se repitiese el error cometido por Justiniano II con el papa San Sergio I, al ordenar el emperador Tiberio que se detuviese al papa Juan VI, pero, como en aquella ocasión, un levantamiento general hizo fracasar por completo los intentos del exarca en cumplimiento de las órdenes imperiales, y ello alejó más aún a las poblaciones italianas de la obediencia al emperador de Bizancio e hizo al pueblo sentirse más ligado y obediente al Papa.

Fuera de Italia, la cristiandad vivía momentos difíciles bajo los ataques de los árabes y otros conversos al Islam, y Juan VI defendió frente a ellos los derechos de la Iglesia y rescató, usando los bienes eclesiásticos, a muchos esclavos. Murió el 11 de enero de 705.

La ciudad de Éfeso, en la antigua Jonia, fue famosa en su tiempo especialmente por el templo de la diosa Artemis, o templo de Diana, una de las maravillas del mundo clásico, aunque en la ciudad había otros muchos santuarios. En ella, el apóstol San Pablo estableció una muy importante Iglesia cristiana. En el año 431 se celebró en Éfeso el III Concilio Ecuménico, en el que se condenó el nestorianismo.

86. Juan VII (705-707)

Nació en Rossano, cerca del golfo de Tarento (mar Jónico), aunque era, como sus predecesores, de origen griego. Fue consagrado Papa el 1 de marzo de 705, antes de que transcurriesen dos meses desde la muerte de su antecesor. Antes de serlo, había conquistado fama de gozar de una gran cultura, brillante capacidad de exposición de sus ideas y refinados gustos estéticos. Papa ya, hizo honor a ello y puso especial interés en embellecer los templos romanos, edificar otros nuevos y hacer montar tan notables mosaicos como el que aún guarda su efigie en las catacumbas romanas.

Apenas consagrado Papa, Juan VII tuvo que hacer frente al hecho de que el depuesto emperador Justiniano II había recuperado el trono e iniciado con ello seis años de terror para Constantinopla y todas las ciudades que dependían de su imperio. El Italia, donde quiso volver a extenderlo, chocó con la firme voluntad de Juan VII y con el deseo de independencia frente a Bizancio, que se había acrecentado en las ciudades italianas en los últimos años, al tiempo que se había reforzado en ellas la autoridad, incluso civil, del Papa, en quien habían aprendido a ver un poder que oponer al de Bizancio.

Pero el culto y esteta Juan VII era al propio tiempo un hábil diplomático y supo ganarse el afecto de los lombardos, cuyo rey, Ariperto II, sucesor de Gisulfo de Benevento, le restituyó los bienes eclesiásticos con los que su antecesor, el papa Juan VI, había obtenido de Gisulfo el cese de los saqueos y desmanes que asolaban Roma y otras ciudades italianas.

Siendo culto, amante de las artes, buen diplomático e inflexible en lo político, los contemporáneos de Juan VII le acusaron de debilidad y cobardía en lo teológico, al no haber dado muestras de la misma integridad cuando Justiniano II le exigió que reconociera los decretos del sínodo Trullano, del año 692, que el papa San Sergio se había negado a ratificar, y Juan VII, excesivamente diplomático esta vez, lo hizo sin formular reserva alguna a tales decretos, ni siquiera a la anulación del celibato sacerdotal.

El papa Juan VII murió el 18 de octubre de 707.

87. Sisinio (708)

Por sexta vez consecutiva, la elección del Papa recayó sobre un diácono oriental, en esta ocasión sobre Sisinio, que había nacido en Siria y fue consagrado el 15 de enero de 708, cuando era muy anciano y estaba enfermo de gota, por lo que no puede extrañar que su pontificado durase tan solo veinte días.

Poco podía hacer en tan breve tiempo y poco hizo: inició la recaudación de fondos para restaurar las murallas de Roma, cuya construcción había iniciado el emperador Aurelio en el año 270, y que habían sido gravemente dañadas y seguían amenazadas por los asedios de lombardos y musulmanes, y consagró un obispo para la isla de Córcega, antes de morir el 4 de febrero de 708, única referencia segura que de él se conserva.

88. Constantino I (708-715)

Nacido en Siria, el papa Constantino I vino a ser el último de los siete papas orientales que se sucedieron desde que el papa Juan V fuese consagrado en el año 685.

Este Papa, no menos hábil diplomático que su predecesor, pero acaso el de mayor firmeza de toda la Edad Media, fue elevado al sumo pontificado el día 25 de marzo de 708, y esa habilidad le permitió que las relaciones entre Roma y Bizancio, tan tensas y comprometidas desde el regreso al trono de Justiniano II, recobrasen la normalidad. Ello fue posible porque, siendo ya Papa, de octubre de 710 a octubre de 711 viajó hasta Constantinopla para rebatir en su lugar de origen los ciento dos cánones aprobados en el año 692 por el IV Concilio de Constantinopla, conocido por los nombres de Quintosexto y Trullano. El emperador Justiniano II le recibió con los honores que le correspondían, le confirmó los privilegios que correspondían a la Iglesia de Roma y obligó al obispo de Rávena, tan poco propenso a ello como sus predecesores, a jurar sumisión al Papa, pero no logró que el pontífice admitiese, a cambio, los postulados monotelistas que él defendía.

A poco de emprender el Papa su regreso a Roma, el emperador Justiniano II fue asesinado por Filipico Bardano, que se proclamó emperador e intentó que el Papa le confirmase como tal, lo que Constantino I no hizo por considerar que el nuevo emperador era un hereje monotelista y, por ello, indigno de su aprobación. El rechazo del Papa tuvo consecuencias casi inmediatas, ya que se produjo en Constantinopla una rebelión contra Filipico, encabezada por uno de sus ministros, que lo depuso y se autoproclamó emperador con el nombre de Anastasio II. En el año 713, el nuevo emperador renunció al monotelismo, se definió ortodoxo, aceptó la primacía espiritual del Papa y, al hacerlo, acató las decisiones del VI Concilio Ecuménico, III de Constantinopla, y rechazó los cánones aprobados en el *Trullano* que generalizaban prácticas y ritos extendidos por la Iglesia oriental pero que chocaban con los de la Iglesia de Roma.

El papa Constantino I, consciente de la amenaza del Islam, envió frecuentes cartas apostólicas a los cristianos de España para animarlos en su lucha contra los musulmanes.

En el orden litúrgico, y como acto de obediencia, fue el primero en iniciar el beso de los pies de la estatua en bronce del apóstol San Pedro.

El papa Constantino I murió el 9 de abril de 715.

Anastasio II, en el año 713, se autoproclamó emperador después de deponer a Filipico Bardano, sucesor y asesino de Justiniano II. Su reinado apenas duró dos años; durante él, además de favorecer a la Iglesia de Roma con su aceptación de la doctrina ortodoxa, envió una enorme flota a la isla de Rodas, pero, cuando se disponía a reorganizar el caótico ejército bizantino, este se amotinó y proclamó emperador a Teodosio III, humilde funcionario de no menos humilde cuna, mientras el depuesto emperador huía a Tesalónica, donde se hizo monje; en el año 720 dirigió una revuelta contra el emperador León III el Isáurico, que había destronado a Teodosio III; capturado por este, el antiguo emperador Anastasio II fue ejecutado en el año 721.

89. San Gregorio II (715-731)

San Gregorio II nació en Roma, en el seno de la familia Savelli, y fue consagrado Papa el 19 de mayo de 715, cuando apenas había transcurrido un mes desde la muerte de su predecesor.

En el año 717 se convirtió en emperador de Oriente León III el Isáurico, quien publicó un edicto prohibiendo el culto de las imágenes sagradas y ordenando su destrucción, a lo que se opusieron San Gregorio II, la totalidad del clero y el pueblo cristiano no sometidos al imperio bizantino, quienes expulsaron de Roma y del resto de las poblaciones de Occidente a los iconoclastas.

La respuesta del emperador no se hizo esperar y el gobernador de Rávena, exarca de León III, marchó al frente de un ejército sobre Roma con el propósito de detener al Papa, afrontando levantamientos populares e insurrecciones militares que se opusieron a su avance, especialmente cuando se corrió la voz de que el emperador había ordenado asesinar al Papa.

El exarca de Rávena llegó a Roma y el Papa, para defenderla, se levantó contra Bizancio, con el apoyo de los lombardos, y pidió ayuda a Carlos Martel, rey de los francos, quienes de esa forma pasaron a ocupar un lugar destacado en la Europa medieval y conquistaron el título de «cristianismo» para los reyes de Francia.

Liutprando, el rey lombardo, apoyaba la sublevación con el propósito de adueñarse de Italia y, cuando conquistó Rávena, marchó sobre Roma con el mismo propósito, pero acudieron en auxilio del Papa fuerzas provenientes de Venecia, Spoleto y Benevento; cuando Liutprando llegó a las puertas de la ciudad le recibió el papa San Gregorio, ante quien el rey lombardo se postró y juró obediencia, tras lo cual cedió a «los beatos Pedro y Pablo» la ciudad de Sutri y otros territorios que habían arrebatado a los bizantinos, agrupándolos bajo el nombre de Ducado de Roma y constituyendo el inicio del poder temporal real de los papas, el núcleo territorial a partir del cual se desarrollaría el Estado Pontificio.

Al propio tiempo, el papa San Gregorio II convocó un concilio en el que se condenó la iconoclastia y se prohibía al emperador legislar en materia de fe, y escribió una serie de cartas al emperador León III que han adquirido una gran importancia histórica porque ponen de relieve el distanciamiento que se había establecido ya entre Roma y Bizancio, tanto en el orden espiritual como en el temporal.

Como la flota musulmana había destruido a la bizantina y se había adueñado prácticamente de todo el Mediterráneo, Roma dirigió toda su fuerza evangelizadora hacia las tierras que habitaban los bárbaros paganos, y el papa San Gregorio acertó al encomendar la cristianización de los germanos a San Bonifacio, que era un misionero benedictino de origen anglosajón que había nacido en el reino de Wessex, bajo el nombre de Wynfrid, y había sido bautizado y educado en el monasterio de Nursling, en Hampshire, del que llegó a ser abad. La Iglesia de Inglaterra comenzaba a devolver, en nombre de la Iglesia de Roma, lo que muchos de sus papas le habían dado: la fe cristiana. En ese mismo orden pastoral, San Gregorio II impulsó el restablecimiento del monacato.

Después de un activo y fructífero papado, San Gregorio II murió el 11 de febrero de 731.

El gran historiador Henri Pirenne ha dejado escrito: «No hay en la historia del mundo un hecho comparable, por universalidad y rotundidad de consecuencias, al de la expansión del Islam en el siglo VII». Y es que en apenas setenta años los árabes, al frente de otros conversos al Islam, llegaron con sus conquistas hasta el Atlántico, derrotaron al imperio persa e hicieron que el imperio bizantino perdiese casi todas sus posesiones no europeas y el dominio de muchas de las que lo eran. Solo se detuvieron ante Constantinopla, en el año 717, y ante las tropas mandadas por Carlos Martel en Poitiers, en el año 732, en una batalla en la que el jefe musulmán, Abd al-Rahman ibn 'Abd Allah al-Gafiqi, el emir del califato andalusí, murió.

90. San Gregorio III (731-741)

Nacido en Siria en el seno de una familia cristiana, su padre, Juan, le envió a Roma para que allí adquiriese una sólida formación, tanto cultural como en las Sagradas Escrituras, al tiempo que perfeccionaba, con el griego, su conocimiento del latín. Elevado al diaconado y admirado por los miembros del clero romano, cuando murió su antecesor, San Gregorio III, fue aclamado como Papa cuando aún no habían concluido los funerales, aunque su consagración se llevó a cabo el día 18 de marzo de 731.

El nuevo Papa se dedicó de lleno, desde un principio, a mantener la pureza de la fe, perfeccionar al clero romano, atender las necesidades de la Iglesia, desterrar de ella todo atisbo de abuso o simonía, mejorar las costumbres del pueblo cristiano, instruir a los fieles y practicar la caridad con pobres, cautivos, viudas, peregrinos y huérfanos.

Cuando San Gregorio III fue elevado al trono pontificio, hacía ya catorce años que León III el Isáurico era emperador de Bizancio y que se esforzaba en imponer sus ideas iconoclastas, prohibiendo el culto a las imágenes y haciendo destruir valiosísimos cuadros y libros con siglos de antigüedad. El papa San Gregorio III quiso atajar dicha herejía enviando al emperador una carta en la que le preguntaba qué o quién podía obligarle a dar ese paso «... tras haber caminado con tan justos pasos en los primeros años de vuestro reinado. Ahora decís que es idolatría honrar a las imágenes y habéis prohibido su culto, sin temer que Dios pueda castigaros...».

San Gregorio III, imitando a su predecesor, convocó un nuevo concilio en San Pedro y en él volvió a condenarse la iconoclastia, lo que el Papa notificó al emperador, al tiempo que le indicaba la forma en que debían discurrir las relaciones entre Iglesia e imperio, en recíproca autonomía, como ya había acordado el concilio convocado por el papa San Gregorio II.

Al propio tiempo, San Gregorio III tuvo que enfrentarse a los lombardos cuando su jefe, Liutprando, disconforme con la política exterior del Papa, quiso arrebatarle los territorios del Ducado de Roma que él mismo había entregado a los «beatos Pedro y Pablo».

San Gregorio III instituyó lo que él llamó «óbolo de San Pedro», un fondo de caridad engrosado por los cristianos de casi toda Europa que el Papa hizo moralmente, aunque no legalmente, obligatorio.

Murió el 29 de noviembre de 741, el mismo día en que lo hizo el emperador León III el Isáurico.

> León III el Isáurico, fundador de la dinastía Isáurica y nacido hacia el año 680, fue emperador de Bizancio desde el 717 al 741, y puso orden y fortaleza en un imperio que sus predecesores habían llevado a la anarquía. Apenas hubo depuesto al emperador Teodosio III, acertó a defender Constantinopla del ataque de las fuerzas del Islam. Su decreto prohibiendo el culto a las imágenes le valió la excomunión, y dos años antes de su muerte promulgó un código legal –Égloga, en griego– que se mantuvo en vigor durante casi doscientos años.

91. San Zacarías (741-752)

El papa San Zacarías nació en Calabria (Italia), hijo de Policronio y en el seno de una familia de origen griego. Como diácono de la Iglesia de Roma fue uno de los firmantes de los decretos emanados por el concilio romano convocado por su predecesor en el año 732.

A la muerte de San Gregorio III, el nuevo Papa fue elegido por unanimidad y, sepultado su predecesor el 29 de noviembre de 741, enseguida fue electo y consagrado obispo de Roma y sumo pontífice el 5 de diciembre de aquel mismo año. Como alguno de sus más inmediatos predecesores, estaba dotado para la diplomacia; además, era afable, conciliador y lleno de caridad.

Esa voluntad conciliadora le hizo comunicar su elevación al papado a los miembros de la Iglesia de Constantinopla, en una carta que significativamente no dirigió al patriarca de Constantinopla, Anastasio, que era iconoclasta, al tiempo que enviaba otra carta de parecido contenido al emperador Constantino V Copronimo, que había sucedido a León III a la muerte de este en junio de aquel año; pero cuando su carta llegó a Constantinopla, el cuñado de Copronimo, Artabasdo, le había derrocado. Los enviados papales no hicieron entrega de la carta papal al usurpador, pese a que este abolió la iconoclastia, sino que se la entregaron a Constantino V cuando recuperó su trono. Agradecido, el emperador Copronimo entregó a la Iglesia de Roma las poblaciones de Nimfa y Norbia, en Italia.

En el orden político, San Zacarías heredó el enfrentamiento del papado con Luitprando, el rey de los lombardos, y tuvo que abandonar la alianza acordada por su predecesor con el duque Trasamundo de Spoleto porque este no respetó su compromiso de ayudar a Roma en la reconquista de las ciudades que habían sido tomadas por los lombardos. El Papa viajó a Terni, donde Luitprando aceptó devolverle las ciudades de Ameria, Horta, Polimartium y Blera, así como los bienes de la Iglesia que los lombardos habían robado durante los últimos treinta años, y firmó una tregua de veinte años con el Ducado de Roma, por lo que el Papa hizo levantar, en nombre de Luitprando, una capilla dedicada al Salvador en la iglesia de San Pedro.

Cuando al año siguiente Luitprando se dispuso para atacar Rávena, su gobernador bizantino y el arzobispo de aquella sede solicitaron la intervención de San Zacarías, lo que obligó a este a viajar a Rávena y a Pavía para entrevistarse con Luitprando. En esta última ciudad, coincidiendo con la fiesta de San Pedro y San Pablo, el Papa logró que el rey lombardo abandonase su propósito. Al poco tiempo murió Luitprando y le sucedió Hildebrando; este fue derrocado por Ratchis, a quien San Zacarías convenció para que, tras ratificar el tratado de paz con el Ducado de Roma, abdicase en el año 749 e hiciese votos de llevar vida monacal.

En el año 743 el papa Zacarías convocó un sínodo en Roma al que asistieron sesenta obispos y en el que se publicaron catorce cánones referentes a la disciplina eclesiástica y dictó normas sobre el impedimento matrimonial cuando hay parentesco en cuarto grado.

Mantuvo frecuente correspondencia con San Bonifacio, misionero en tierras germanas, confirmándole los tres obispados de Würzburgo, Buraburgo y Erfurt, de reciente creación, y enviándole como legado papal a un sínodo convocado por Pipino en las Galias, en el año 745, para ordenar la vida del clero galo, condenar el comportamiento de algunos religiosos indignos y reiterar la condena de los herejes Clemente y Adelberto, que el propio Papa condenó en otro sínodo celebrado en el palacio laterano el 25 de octubre de 745. Tras varias cartas entre el Papa, Pipino y los obispos galos, en el año 747 Carlomán renunció a estar vinculado al trono, peregrinó a Roma e ingresó en un monasterio de la orden benedictina, en el que permaneció unos años.

San Zacarías se ocupó también de la Iglesia de Inglaterra, donde, con su ayuda, se celebró el Sínodo de Cloveshove, en el año 747, para reformar la disciplina eclesiástica.

Además de su intensa y acertada labor pastoral y de gobernante, San Zacarías halló tiempo para cuidar la restauración de aquellos templos de Roma que habían sufrido con los ataques a la ciudad de las últimas décadas, restaurar el palacio laterano, establecer importantes tierras como posesiones de la Iglesia de Roma, trasladar la cabeza del mártir San Jorge —encontrada al reparar el palacio de Letrán— al templo de San Jorge (en Velabro), realizar estudios teológicos y traducir al griego los *Diálogos* de San Gregorio el Grande.

Llevado por la caridad, cuando supo que unos mercaderes venecianos compraban esclavos en Roma para venderlos a los musulmanes africanos el Papa los compró con la intención de que ningún cristiano sufriese esclavitud en manos paganas.

A su muerte, el 22 de marzo de 752, el papa San Zacarías fue enterrado en la basílica de San Pedro.

Nacido hacia el año 714, Pipino el Breve, rey de los francos, era hijo de Carlos Martel y nieto de Pipino de Heristal. En el año 751 depuso a Childerico III, último monarca de la dinastía merovingia, de quien había sido mayordomo de palacio, y fue ungido rey por San Bonifacio, como legado del papa San Zacarías, convirtiéndose así en el primer rey de la dinastía carolingia. Cedió territorios al Papa, que volvió a coronarlo en el año 754, en la llamada «donación de Pipino», y ensanchó su reino con la Aquitania. Tuvo dos hijos, Carlomán y Carlomagno, a quienes asoció a su reino.

92. Esteban II (III) (752-757)

Como sucesor nonagésimo segundo de San Pedro, figuran en la historia de los papas dos: el primero, un sacerdote romano que murió a los dos días de su elección y antes de su consagración, por lo que hasta el año 1961 fue omitido de la lista de papas, pero en cuyo nombre, y a partir de entonces, se añade un segundo dígito al correspondiente a los pontífices llamados Esteban, y el segundo, Esteban II (III), consagrado el 26 de marzo de 752.

Esteban II (III) es el primer Papa que fue, al mismo tiempo, soberano de los Estados Pontificios. Contó con la ayuda de Pipino el Breve, el rey franco –a quien el propio Papa coronó en el año 754–, para enfrentarse a los lombardos, a quienes obligó a ceder Rávena y otros territorios al papado en la llamada «donación de Pipino», al tiempo que implantaba oficialmente el poder temporal de los papas y la Iglesia de Roma quedaba para siempre independiente del imperio bizantino. El Papa, tras coronarlo rey, nombró a Pipino patricio de los romanos, lo que comprometía al rey franco a intervenir en defensa de la Iglesia y permitía a Esteban II (III) fundar un Estado Pontificio de fronteras bien delimitadas y haciendo real lo que, sobre el papel, decretaba el falso *Constitutum Costantini,* un documento que la Iglesia conservaba y que se atribuía al emperador Constantino, por el que este otorgaba al papa San Silvestre y a la Iglesia de Roma un territorio propio y potestad sobre Italia y todo Occidente.

Entusiasmados, los romanos llevaron en triunfo y a hombros al Papa hasta la basílica de San Juan de Letrán, en acto del que nació la costumbre de la silla gestatoria.

Esteban II (III) fue un Papa tan hábil como obstinado, quien lo que no lograba por la persuasión pretendía alcanzarlo con las amenazas. Al propio Pipino el Breve, a quien tantos favores debía y que ya había visitado Roma, le invitó a ir a la Ciudad Eterna una segunda vez amenazándole, de no hacerlo, con la excomunión y las penas del infierno. Murió, lleno de poder, el 26 de abril de 757.

La silla gestatoria forma, con la tiara y la flabella, el trío de objetos básico de la corte pontificia y que los fieles pueden ver en los solemnes cortejos pontificios, como por ejemplo la canonización de los santos.

La silla gestatoria es el trono portátil del Papa, un trono colocado sobre una plataforma para que pueda ser cargado por cuatro sirvientes y que los fieles congregados en muchedumbre puedan ver al Papa. En el respaldo de la silla gestatoria se halla grabado el escudo del Vaticano.

93. San Pablo I (757-767)

Como su predecesor y hermano, San Pablo I nació en Roma, y como él fue educado para el sacerdocio en el palacio laterano. Cuando Esteban fue elevado al pontificado, confió a su hermano muchos asuntos eclesiásticos, como la devolución al Ducado de Roma de las ciudades que le habían sido arrebatadas por los reyes lombardos Astolfo y Desiderio.

Cuando el papa Esteban II (III) yacía moribundo en el palacio laterano, algunos diáconos y un grupo de sacerdotes romanos se reunieron en casa del arcediano Teofilacto para pactar la elección de Pablo, el hermano del Papa que expiraba, como nuevo pontífice de la Iglesia, pero, tras el entierro de Esteban II (III) y sin intervención especial de los reunidos en casa de Teofilacto, San Pablo I fue elegido casi por unanimidad por una gran mayoría y fue consagrado obispo de Roma el 29 de mayo de 757.

San Pablo I, consciente de que le era precisa la ayuda del rey de los francos para lograr que el rey lombardo, Desiderio, devolviese los territorios arrebatadas al Ducado, comunicó su elección a Pipino el Breve como hasta pocos años antes se comunicaba al emperador de Bizancio, continuando así la política de su hermano y predecesor para mantener el dominio del Papa sobre Roma y los territorios de Italia Central que le habían sido confiados frente a las apetencias de los lombardos y el imperio. En su ayuda, el rey Pipino exhortó al pueblo romano a permanecer fiel al trono de San Pedro, y el Senado y el pueblo de Roma urgieron al rey franco para que completase la obra que él mismo había comenzado, ampliando la extensión de la provincia romana que había arrebatado a los bárbaros.

En el 758 le nació una hija al rey Pipino y, tras el bautismo, el rey franco envió al Papa las ropas que habían sido usadas en el bautizo para renovar de esa forma el patrocinio papal. Mientras tanto, Desiderio y el griego Georgios –lombardo y bizantino, respectivamente– se aliaron para defender conjuntamente los territorios arrebatados al Papa y amenazaron a este con la guerra si el rey Pipino no devolvía al rey Desiderio los rehenes lombardos que tenía.

El Papa envió al obispo de Ostia, Jorge; un sacerdote romano llamado Esteban, y un mensajero franco llamado Ruperto, en busca de Pipino con dos cartas: una, que debían permitir leer a los lombardos para garantizarles un viaje seguro, puesto que en ella pedía a Pipino que accediera a los deseos de Desiderio; y otra, secreta, en la que el Papa informaba al rey franco del acuerdo de Desiderio con los bizantinos y solicitaba que viniera en su ayuda y la de Roma.

Un año más tarde, el Papa insistió en su petición a Pipino y, a principios del año 760, el obispo de Ruán y hermano del rey franco, Remigio, y el duque Ansgar visitaron a Desiderio, quien les prometió devolver a la Iglesia de Roma sus territorios el siguiente mes de abril. No cumplió sus promesas y el Papa solicitó una vez más la ayuda de Pipino, especialmente cuando corrió la voz de que una gran flota bizantina navegaba hacia Roma para enfrentarse al reino franco al tiempo que preparaba un ejército para enviarlo a Roma y a Rávena, y el arzobispo de Rávena, Sergio, recibió una carta del emperador bizantino Constantino V Copronico exigiendo la sumisión voluntaria de los habitantes de Rávena, lo que Sergio comunicó al Papa y este al rey de los francos. Pipino, para romper el acuerdo de lombardos y bizantinos, ofreció un tratado de paz al rey lombardo Desiderio, y este respondió visitando al Papa en el año 765, cerrando con él todas las disputas entre los lombardos y el papado, ayudando al Papa a recobrar su patrimonio en las regiones del sur de Italia, que estaban bajo dominio bizantino, y apoyando sus derechos frente a los obispos de las sedes dominadas por Bizancio.

El papa San Pablo I se enfrentó al emperador Constantino V Copronico, por encima de las disputas políticas, porque el emperador defendía la iconoclastia y una doctrina herética contra la Santísima Trinidad. En apoyo del Papa y bajo la protección del rey franco, en el año 767 se celebró un sínodo en Gentilly, cerca de París, en el que se mantuvieron las doctrinas de la Iglesia relativas a la Trinidad y la veneración de las imágenes.

En el orden pastoral, San Pablo I convocó un sínodo en Roma en el año 761, convirtió el palacio paterno en monasterio, hizo construir —muy cerca— la iglesia de San Silvestre in Capite y trasladó a esta y otras iglesias romanas los huesos de numerosos mártires desde las catacumbas, devastadas por los lombardos cinco años antes. San Pablo I construyó también un oratorio dedicado a la Santísima Virgen en San Pedro y una iglesia en honor de los apóstoles en la vía Sacra, más allá del Foro romano. Como fruto inmediato de estas obras, se descubrieron los restos de Santa Petronila, hija, según la leyenda, del apóstol San Pedro.

San Pablo I visitaba con frecuencia las cárceles romanas y rescató a muchos de los que en ellas estaban a causa de sus deudas. Murió el 28 de junio de 767 cerca de la iglesia de San Pablo Extramuros, y fue enterrado en esa iglesia, aunque tres meses más tarde su cuerpo fue trasladado a San Pedro.

Constantino V Copronico fue hijo y heredero del emperador León III el Isáurico, pero en el primer año de su reinado (741) Artabasdo se autoproclamó emperador y enemigo de los iconoclastas, por lo que el patriarca de Constantinopla, Anastasio, le impuso la corona imperial, mientras Constantino V huía a Anatolia. El usurpador fue derrotado en mayo del año 743 y Constantino V recobró la corona imperial e impuso nuevamente la iconoclastia en el Imperio de Oriente, ordenando que las imágenes sagradas fuesen reemplazadas por pinturas profanas. Constantino V murió el 14 de septiembre de 775 en una campaña contra los búlgaros, sucediéndole León IV.

94. Esteban III (IV) (768-772)

A la muerte de San Pablo I, el papado tenía ya un verdadero poder temporal, por lo que era ambicionado incluso por los laicos. Quizá por ello fueron designados dos papas: Felipe, un sacerdote romano que renunció al papado al día siguiente a su elección, y Constantino, un laico impuesto por la fuerza de las armas y que, tras un concilio celebrado en Letrán tras la elección del papa Esteban III (IV), fue encarcelado, roturado y condenado a muerte. Ninguno de los dos figura en la lista de papas, pero algunos historiadores los incluyen entre los antipapas. Sus partidarios pensaron que, para soslayar el obstáculo de no tener órdenes sagradas, solo le era preciso contar con la anuencia de un obispo cómplice o manipulable por la fuerza o el dinero.

Tras ellos fue elegido Esteban, un sacerdote nacido en Siracusa, en la isla de Sicilia, que fue consagrado obispo de Roma el 7 de agosto de 768.

Para que no volviese a producirse una situación como la vivida por la Iglesia a la muerte del papa San Pablo I, se celebró un concilio en Letrán donde se estableció que ningún laico podía ser elegido Papa sin haber sido antes cardenal.

El papa Esteban III (IV) fue, en lo político, titubeante y muy distinto a sus predecesores, oscilando de continuo entre francos y lombardos, aunque terminó inclinándose por el rey franco Pipino el Breve, a quien quiso hacer desistir de su idea de casar a sus dos hijos con las hijas del rey lombardo Desiderio, aunque no fue escuchado.

El mismo año de su consagración –768– murió Pipino el Breve, quien dividió el reino entre sus hijos, Carlomán y Carlomagno, pero en el año 771 murió Carlomán y Carlomagno de adueñó de sus territorios.

Algunos historiadores atribuyen a este papa dotes proféticas. Murió el 24 de enero de 772.

Carlomagno nació el 2 abril de 742; era hijo del rey franco Pipino el Breve y nieto de Carlos Martel. Cuando Pipino murió en el año 768, dividió el reino entre sus hijos, Carlomán y Carlomagno; ambos contaban con la ayuda de los lombardos por su matrimonio con las hijas del rey lombardo Desiderio. Cuando Carlomán murió en el año 771, Carlomagno se apoderó de sus territorios, pero los herederos de Carlomán pidieron ayuda a Desiderio, ya que Carlomagno había repudiado a su esposa y había perdido con ello su alianza con el rey lombardo. Carlomagno invadió Italia, derrocó a Desiderio y se proclamó rey. Ya en Roma, confirmó al Papa las promesas de protección que había hecho su padre y regresó a su territorio para combatir las incursiones sajonas y, en el año 775, conquistarles y cristianizarles, en una larga campaña que se prolongó durante treinta años. En el año 778 combatió en España, donde la emboscada sufrida por Roland y las tropas que mandaba en la retaguardia dio origen a la célebre *Canción de Roland*. Carlomagno se había convertido en emperador. El título se lo concedió el papa León III, el día de Navidad del año 800, al imponerle la corona imperial y ser aclamado por todos como emperador de los romanos. Murió en el año 814.

95. Adrián I (772-795)

Nacido en Roma, en el seno de la familia Colonna, fue consagrado obispo de Roma el 9 de febrero de 772.

En el año 787 convocó el VII Concilio Ecuménico, segundo de los celebrados en Nicea, en el que se defendió el uso de las imágenes religiosas frente a los iconoclastas bizantinos, explicando, entre otras muchas cosas, que «... el honor de la imagen se dirige al original [San Basilio], y el que venera una imagen lo hace, en realidad, a la persona representada en ella».

Durante su pontificado surgió y se afirmó el astro de Carlomagno, a quien pidió el Papa que fuese a Italia para enfrentarse al rey lombardo Desiderio, cosa que hizo, derrotando al rey, deteniendo a su familia y acabando con el dominio lombardo en Italia. Fue entonces cuando Carlomagno recibió y añadió el título de «magno» a su Carlos primitivo; también el de patricio de Roma, lo que ponía bajo su protección los dominios de la Iglesia, que el propio Carlomagno enriqueció con otros territorios. Para asentar su dominio de Italia, Carlomagno encomendó el gobierno de aquellas tierras a su hijo Pipino, quien fue coronado por el papa Adrián I.

Adrián I fue un buen gobernante de la Iglesia durante un período de veintitrés años, destacando sus éxitos políticos, pues fue tan buen diplomático como algunos de sus predecesores, lo que le llevó a mantener, al tiempo que con Carlomagno, magníficas relaciones con la emperatriz bizantina Irene, quien le ayudó a restablecer el culto de las sagradas imágenes en las tierras del imperio.

Pero Adrián I es conocido, sobre todo, por su ingente labor en el campo de la construcción y de la ordenación agraria —con lo que el bienestar de los ciudadanos al crear incontables puestos de trabajo promovió la vuelta al cultivo de los campos cercanos a Roma, abandonados por la dominación lombarda–, reconstruyó y puso en funcionamiento muchos de los antiguos acueductos imperiales, reforzó las murallas de Roma y otras ciudades, fundó el hospital del Santo Espíritu, hizo poner una estatua de oro en la tumba de San Pedro y enlosar de plata una zona ante el altar de la Confesión. Con razón se ha hablado de una Roma de Adrián, aunque no falten detractores que le hayan acusado de un excesivo apego al dinero, necesario para tan magnas obras.

Adrián I murió el 25 de diciembre de 795.

Los dos hijos de Pipino, Carlomagno y Carlomán, se habían casado con las hijas de Desiderio, Ermengarda y Gerberga. Cuando murió Carlomán, su viuda, Gerberga, fue destronada y poco antes Carlomagno había repudiado a Ermengarda, cosas ambas que dieron pretexto a Desiderio para invadir parte de los territorios papales, la Pentápolis y parte de Rávena aduciendo que el Papa ni se había opuesto al repudio de Ermengarda ni había defendido los derechos de Gerberga.

96. San León III (795-816)

Nació en Roma y cuando fue elegido se opusieron dos sobrinos del papa Adrián I, que deseaban el pontificado para sí hasta el punto de que, cuando fue designado, le hicieron encarcelar; al saberlo, el pueblo lo liberó y fue consagrado obispo de Roma el 27 de diciembre de 795.

No sintiéndose seguro, apenas consagrado el nuevo Papa marchó a las Galias, donde pidió ayuda a Carlomagno, rey de los francos; contando con su protección, regresó a Roma para iniciar su pontificado con todas las garantías.

En la Navidad del año 800, y para cerrar su impresionante serie de victorias, Carlomagno fue a Roma y allí el papa León III, en la basílica de San Pedro, le coronó emperador, con palabras que se hicieron célebres: «A Carlo, piísimo y augusto coronado por Dios, grande y pacífico emperador, vida y victoria»: nacía el Sacro Imperio Romano Germánico, cuya capital fue Aquisgrán. En el nuevo imperio se instituyeron condados y marcas, gobernadas por *missi dominici*, que dependían directamente del emperador y que, en la mayor parte de los casos, eran los obispos del lugar.

El nuevo emperador dedicó ingentes sumas a mejorar las condiciones de vida del clero al tiempo que, para hacer posible la preservación de la cultura, hizo crear escuelas en los monasterios y fundó en Aquisgrán la famosa Escuela Palatina, origen de la Universidad de París.

Carlomagno se había convertido en protector y garante del Papa y de la Iglesia, y, como los antiguos emperadores romanos y bizantinos, se reservó el derecho de dar su consentimiento a la elección de los nuevos pontífices. Correspondiendo a ello, el Papa otorgó a Francia el título de «Hija primogénita de la Iglesia», dando así un nuevo pretexto a Constantinopla para oponerse a Roma política y doctrinalmente.

San León III murió el 12 de junio de 816, dos años más tarde que el emperador Carlomagno. Fue enterrado en la basílica de San Pedro.

Aquisgrán fue, desde el año 794, la capital del reino de Carlomagno y, desde el año 800, la capital de su imperio, el Sacro Imperio Romano Germánico. Allí hizo construir una iglesia y un palacio bajo las normas arquitectónicas que había admirado en Roma y Rávena; en ese palacio reunió a eruditos de toda Europa para formar la llamada Escuela Palatina, a cuyo frente puso al sacerdote inglés Alcuino de York. Los manuscritos merovingios que allí se originaron, escritos en papel de Bagdad y Damasco, son famosos por su belleza y el cuidado de sus textos.

97. Esteban IV (V) (816-817)

Nació en Roma, en el seno de una noble familia, y fue consagrado obispo de Roma el 22 de junio de 816, diez días después de la muerte de su predecesor, San León III.

Elegido pontífice, para mostrar más claramente que el poder espiritual recaía en el papado y el político en el emperador, cuando Esteban IV (V) fue consagrado no comunicó su elección el heredero de Carlomagno, Ludovico Pío, pero se trasladó personalmente a Reims para coronarle allí emperador, así como emperatriz a su esposa, Ermingarda, y para evitar posibles discrepancias instituyó que el Papa prestase juramento al emperador siempre que este hubiese manifestado su fe en la Iglesia de Roma y su fidelidad al Papa.

Para mostrar su aceptación a la decisión del Papa, el emperador Ludovico se postró tres veces ante él durante la ceremonia; una vez acabada esta, confirmó los privilegios concedidos a la Iglesia por sus antecesores –su abuelo Pipino el Breve y su padre, Carlomagno– y le garantizó su protección.

El papa Esteban IV (V), sabedor de la importancia de la paz social, medió entre las facciones que dividían Roma, perdonó y reintegró en sus puestos a quienes se habían opuesto a la elección del papa San León III, y poco más pudo hacer en su papado, pues murió el 24 de enero de 817, a los siete meses de su consagración.

Ludovico Pío significa Luis el Piadoso, y es conocido como Luis I el Piadoso. Hijo de Carlomagno y nieto de Pipino el Breve, fue nombrado rey de Aquitania en el 781 y heredó la corona del imperio cuando tenía treinta y seis años, en el 814, siendo emperador del Sacro Imperio Romano Germánico y rey de Aquitania hasta el 840. Aunque en el 818 intentó ordenar su sucesión, los conflictos entre sus hijos hicieron que a su muerte, y tras el Tratado de Verdún, su imperio se repartiese entre sus tres hijos vivos: Lotario I, Ludovico II y Carlos II.

98. San Pascual I (817-824)

Hijo de un romano llamado Bonosus, perteneciente a la noble familia de los Máximo, San Pascual I nació en Roma, ingresó muy joven en el clero romano y fue internado en el palacio laterano, donde estudió las Sagradas Escrituras y el servicio divino. El papa San León III le designó superior del monasterio de San Esteban, cercano a la basílica de San Pedro, y allí se dedicó con tanto fervor a la caridad, especialmente para con los peregrinos que llegaban a Roma, que alcanzó fama de santo antes de su elección, por lo que no puede extrañar que, al morir el papa Esteban IV (V) el 24 de enero de 817, San Pascual I fuese elegido por unanimidad como su sucesor y consagrado obispo de Roma al día siguiente de la muerte de su predecesor: el 25 de enero.

Apenas entronizado, San Pascual I recibió un doble e importante regalo del emperador Ludovico II Pío: las islas de Córcega y Cerdeña, que de esa forma quedaban unidas a los territorios de la Iglesia, el Ducado de Roma, fundamento del Estado Vaticano. El Papa se lo agradeció coronando rey de Italia a Lotario, hijo de Ludovico, con lo que le reconocía una autoridad sobre los romanos igual a la que habían tenido en el pasado los emperadores bizantinos.

En el año 817, el Papa recibió del emperador el documento *Pactum Ludovicianum*, que confirmaba los derechos y posesiones de la Santa Sede, un documento que, con las modificaciones que ha ido dictando la historia, está aún vigente. Como muestra de la estrecha relación entre la Iglesia y los francos, San Pascual I envió una delegación a la boda del rey Lotario I, hijo del emperador Ludovico, con ricos presentes para los contrayentes y cuando, en el año 823, Lotario viajó a Roma, Pascual le coronó emperador como corregente con su padre, el emperador Ludovico II.

En Oriente, el emperador León V había reanudado la persecución del culto de las imágenes, recayendo en la iconoclastia, por lo que el papa San Pascual I lo excomulgó. Los numerosos monjes que habían sido expulsados de Grecia por el emperador León V llegaron a Roma, y allí el Papa los acogió en los monasterios recientemente erigidos de San Práxedes, Santa Cecilia, Santos Sergio y Baco, cerca del palacio laterano.

Como sus predecesores, mostró una enorme actividad constructora: las basílicas de San Práxedes, Santa Cecilia y Santa María in Dominica fueron totalmente reconstruidas; erigió en San Pedro capillas y altares donde se colocaron reliquias de mártires de las catacumbas romanas, especialmente las de los santos Proceso y Mariano, así como en la iglesia de San Práxedes, ya que hizo exhumar reliquias de unos dos mil trescientos mártires y trasladarlas a las iglesias. Haciendo esto, descubrió los restos de Santa Cecilia en las catacumbas de San Calixto y los hizo trasladar a la iglesia que dicha santa tenía dedicada.

San Pascual I hizo cuanto estuvo en su mano por ayudar material y espiritualmente a los cristianos que en España, Palestina y otros lugares sufrían el acoso de los musulmanes. San Pascual I murió el 11 de febrero de 824 y fue enterrado en la iglesia de San Práxedes.

Aunque los reyes francos guardaban para con el Papa una relación de amistad, respeto y protección, San Pascual I siempre se opuso a que los emperadores francos tuviesen soberanía sobre Roma y sus territorios. No obstante, algunos funcionarios del palacio papal, encabezados por el diácono Teodoro y su yerno abogaban por la supremacía del emperador sobre el Papa en materia civil. Quizá por ello, cuando el rey Lotario fue coronado por el Papa en el 823 y partió de Roma, esos dos funcionarios fueron asesinados por sirvientes del Papa y el mismo San Pascual I fue acusado de haberlo instigado, aunque su juramento de inocencia le dejó libre de sospechas y los enviados del emperador Ludovico II a Roma para investigar la cuestión declararon culpables de traición a los funcionarios asesinados.

99. Eugenio II (824-827)

Nació en Roma y fue consagrado obispo de Roma y entronizado el 11 de mayo de 824, pero su nombramiento como Papa fue tan mal acogido por parte del pueblo romano que se produjeron en la ciudad numerosos disturbios, encabezados sobre todo por el sacerdote Licinio, que se había propuesto a sí mismo para la elección.

Tan pronto tomó posesión del trono de San Pedro, el nuevo Papa envió mensajeros al emperador Ludovico Pío informándole de su elección y de los disturbios que estaban agitando Roma. Por su parte, el emperador envió a su hijo y corregente, Lotario, a restablecer la paz en Roma; y Lotario, de acuerdo con el papa Eugenio II, redactó e hizo pública una «Constitución romana» en la que se establecían los principios sobre los que debería solucionarse cualquier posible controversia y se fijaban las normas acerca de cómo debían ser las relaciones entre el papado y el imperio, así como las de estos con sus súbditos, estableciendo un claro equilibrio de poderes entre Iglesia e imperio, aunque con cierta preeminencia de este.

De la comisión de control que creó Eugenio II para vigilar el cumplimiento de dicha Constitución y de las leyes nacería, en el futuro, la curia romana.

Muy preocupado por la educación del pueblo, esa misma preocupación le llevó a la creación de los seminarios para la formación de sacerdotes.

Murió el 27 de agosto de 827, cuando sus relaciones con el emperador Ludovico II Pío se habían deteriorado.

Para el ejercicio de su poder sobre la Iglesia, el romano pontífice se sirve de los dicasterios de la curia romana, que realizan su labor en su nombre y bajo su autoridad, y está firmada por la Secretaría de Estado, Consejos Pontificios, Congregaciones, Comisiones y Comités, Tribunales y otros organismos.

Desde el Concilio Vaticano II se han producido modificaciones en la estructura de la curia romana, con oficinas que se han consolidado, que han sido suprimidas y otras nuevas que han sido establecidas. Las principales congregaciones de la curia son normalmente presididas por un cardenal que responde directamente ante el Papa.

---

100. Valentín (827)

Al parecer, el papa Valentín nació en Roma, en la zona de la vía Lata, y fue consagrado y entronizado el 1 de septiembre de 827.

Bien poco se sabe de él, porque bien corto fue su pontificado, ya que murió el 16 del mismo mes en que fue consagrado obispo de Roma.

Sí se sabe que prestó el juramento prescrito por el emperador Lotario en la Constitución romana y que fue amado por el pueblo, nobleza y clero por su virtud, la bondad de sus maneras y la pureza de que siempre dio muestra.

Fue enterrado en las grutas del Vaticano.

101. Gregorio IV (827-844)

Nació en Roma, en el seno de una familia noble y, siendo ya cardenal, fue consagrado y entronizado el 20 de septiembre de 827, a los cuatro días de la muerte de su predecesor.

Al parecer, viendo los graves problemas que vivía la cristiandad enfrentada en muchos puntos a los musulmanes y desgarrada por las luchas internas en el Sacro Imperio Romano Germánico, intentó renunciar a su elección para el pontificado.

En el año 832 consagró obispo de Hamburgo a San Ansgar, monje benedictino franco, para que pudiera proseguir su labor apostólica en Escandinavia, Noruega, Dinamarca, Alemania y Suecia, ya que, en su tiempo, el cristianismo siguió extendiéndose por el norte y el este de Europa: Dinamarca, Suecia y Hungría (antigua Panonia).

Los piratas musulmanes constituían un verdadero peligro, ya que con frecuencia desembarcaban en Ostia y amenazaban Roma, por lo que el Papa hizo construir cerca del mar una fortaleza y un burgo al que se le dio el nombre de Gregoriópolis.

En su anhelo de combatir la amenaza musulmana, organizó una poderosa armada que puso al mando del duque de Toscana y derrotó en cinco ocasiones a las fuerzas del Islam en las costas de África, por lo que estos se dirigieron hacia Italia, desembarcaron en ella, destruyeron Civitavecchia y Ostia, y amenazaron Roma, en la que el Papa, para defenderla, hizo levantar un burgo fortificado.

Por desgracia para Gregorio IV, la rápida descomposición del imperio carolingio en el tiempo de su papado impidió a los francos ayudar al Papa en su lucha contra los musulmanes.

Antes de su muerte, el emperador Ludovico Pío había dividido el imperio entre sus tres hijos: Lotario, Ludovico y Pipino. El Papa tomó partido por Lotario, pero dejó de apoyarlo cuando vio cómo este trataba sin piedad filial a su padre, rebelándose contra su autoridad.

Gregorio IV viajó a Francia, donde también el clero se hallaba dividido entre los herederos del imperio. Nada consiguió. Más tarde, tras la muerte del emperador Ludovico Pío (840) y del papa Gregorio IV (844), el Tratado de Verdún puso fin a las discordias y dividió para siempre el imperio.

El papa Gregorio IV determinó que el día 1 de noviembre la Iglesia debía festejar la fiesta de Todos los Santos y antes de su muerte, el 11 de enero de 844, tuvo la dicha de ver concluida en Bizancio la lucha iconoclasta, tras más de un siglo de enfrentamientos, concilios y excomuniones.

En la actualidad, los cardenales son los más altos dignatarios de la Iglesia católica tras el Papa, del que son electores y consejeros. Tras los Concilios de Nicea, años 325 y 787, se llamó cardenal al clérigo dirigente de una catedral, aunque más tarde hubo sacerdotes cardenales, diáconos cardenales y obispos cardenales, especialmente de Roma, aunque también de sedes importantes como Constantinopla, Rávena, Nápoles y Milán. Los cardenales son elegidos por el Papa y forman el Sacro Colegio Cardenalicio, en número fijado por el papa Sixto V, en 1586, en setenta, hasta que el papa Juan XXIII, en 1958, abolió esta limitación, incrementándose progresivamente dicha cifra hasta nuestros días. En 2025 hay doscientos cincuenta y dos cardenales, de los cuales ciento treinta y cinco, menores de ochenta años, son electores.

102. Sergio II (844-847)

Sergio II nació en Roma y, tras la muerte de Gregorio IV, un importante grupo del clero romano se opuso a su elección enfrentándole al diácono Juan, quien fue considerado antipapa por sus seguidores. Pese a ello, la consagración de Sergio como obispo de Roma y su entronización como Papa se produjo dentro del mismo mes de enero en que había muerto su predecesor, ya que fue elevado al pontificado el 25 de enero de 844. El antipapa Juan llevó tan lejos su decisión de ser consagrado Papa que agredió a Sergio II en el interior de la basílica de Letrán.

Durante el pontificado de Sergio II, en el año 846 las fuerzas musulmanas desembarcaron en Ostia, donde se asentaron, y se dirigieron a Roma sin encontrar resistencia alguna en el camino. Ya en Roma, saquearon las basílicas de San Pedro y San Pablo. De nada había servido el burgo fortificado mandado construir por el papa Gregorio IV. Tras el saqueo y el terror, la hambruna se adueñó de la ciudad y el papa Sergio II se entregó de lleno en el alivio de los sufrimientos del pueblo, destinando a ello buena parte de los recursos económicos de la Iglesia y, lo que es más importante, toda su capacidad. Por fin, las tropas turcas fueron derrotadas en Gaeta.

Mientras tanto, el Papa mantuvo excelentes relaciones con el fraccionado imperio carolingio, lo que fortaleció la autonomía del papado, y, en prueba de ello, coronó rey de Italia a Ludovico II, hijo de Lotario, que ya se había convertido en rey de los francos.

El papa Sergio II hizo colocar en el *Pretorium,* frente a la basílica de San Juan de Letrán, la Escalera Santa que, según la tradición, Santa Elena había mandado transportar desde Palestina.

Sergio II murió el 27 de enero de 847.

La llamada Escalera Santa, que se halla frente a San Juan de Letrán, es, según la tradición, la misma por la que Jesucristo subió y bajó en el palacio de Pilatos, en Jerusalén, en el Viernes Santo. Santa Elena la hizo llevar a Roma en el siglo IV.

En el momento actual, a ambos lados de la escalera se encuentran dos impresionantes estatuas que representan: una, a Jesús ante Pilatos y, la otra, el beso de Judas. Es costumbre de muchos peregrinos subirla de rodillas y en oración, en recuerdo de la Pasión de Nuestro Señor.

---

103. San León IV (847-855)

Nacido en Roma, pero de origen lombardo, fue consagrado el día 10 de abril de 847. Su nombre, León, dio origen a la denominación de «Ciudad leonina», una fortificación que hizo construir rodeando la colina Vaticana e incluyendo la basílica de San Pedro, los palacios papales y el burgo que había sido construido alrededor del castillo de Sant'Angelo. La obra, ideada por el papa Sergio y el emperador Lotario, venía a defender Roma de los continuos ataques de las fuerzas musulmanas.

Por indicación del Papa, y para luchar contra los piratas que infestaban el Mediterráneo, se formó una liga con Amalfi, Gaeta y Nápoles, a la que se unieron el rey Ludovico II y el propio Papa, quien llegó a tomar las armas y salir en defensa de Italia. Los piratas musulmanes fueron derrotados y el papa San León IV, en prueba de gratitud, coronó emperador al rey Ludovico II.

Se atribuye al papa San León IV un hecho milagroso ocurrido durante las incursiones musulmanas: se había producido en el burgo un pavoroso incendio que lo estaba destruyendo; al percatarse de ello, San León IV se asomó a una ventana del palacio mostrando una imagen de Nuestra Señora la Virgen María y el fuego se apagó. Un cuadro del genial Rafael ha inmortalizado este milagro en un fresco situado en la tercera sala del palacio del Vaticano, titulado *El incendio del burgo*, y pintado entre 1514 y 1517.

El Papa, en sus ocho años de pontificado, además de enfrentarse a piratas y asaltantes, tuvo tiempo de rebatir con energía cismas y errores doctrinales, y de confirmar a los venetos, un antiguo pueblo indoeuropeo asentado en el este de Europa dos mil años antes de Cristo, su derecho a elegir su *dodge*, su líder.

San León fue el primer pontífice que dató los documentos oficiales. Murió el 17 de julio de 855.

Rafael Sanzio de Urbino, *Rafael* (1483-1520), fue uno de los más grandes pintores de la historia y quizá el mejor del Renacimiento italiano. Entre sus obras, destacan: *Apolo y Marsias* (1501), *El sueño del caballero* (1501), *Los desposorios de la Virgen* (1504), *Crucifixión con dos ángeles, la Virgen y los santos Jerónimo, Magdalena y Juan Evangelista* (1503), *Madonna del Granduca* (1504), *La bella jardinera* (1507), *La Virgen del jilguero* (1505), *Madonna del baldaquino* (1508), *Stanza della Signatura* (1509), *Retrato de Julio II* (1511), *Stanza d'Heliodoro* (1512), *Triunfo de Galatea* (1513), *Incendio del burgo* (1514), *Madonna Sextina* (1514) o la *Transfiguración* (1517).

104. Benedicto III (855-858)

A la muerte de San León IV, fue elegido Benedicto, un romano erudito hijo de un cristiano bien acomodado llamado Pedro, y se enviaron legados al emperador Lotario para que ratificase la elección, pero estos decidieron apoyar al cardenal Anastasio el Bibliotecario, hombre ambicioso e iracundo que no aceptó la elección y se autoproclamó Papa (antipapa) y, con el apoyo del emperador, hizo encarcelar a Benedicto. Por fortuna, la mayor parte del clero permaneció fiel a Benedicto y, con el apoyo del pueblo, hizo que Anastasio cediese en sus pretensiones en menos de un mes y que Benedicto fuese consagrado obispo de Roma y entronizado sumo pontífice el 29 de septiembre de 855, al tiempo que un sínodo condenaba con la excomunión al antipapa Anastasio.

En el orden religioso, Benedicto III fue un Papa sumamente caritativo que dedicó buena parte de su tiempo y de los recursos del papado a cuidar de los pobres y los enfermos, al tiempo que, en su labor pastoral, se esforzaba por despertar en el pueblo cristiano el sentido moral que había perdido.

En el orden político, Benedicto III tuvo que vivir una época en la que los francos vivían un verdadero caos, por lo que la Iglesia, perdida su principal protección, veía acosados sus territorios tanto por francos como por orientales. El Papa mandó cartas a los obispos francos para hacerles ver que buena parte de los sufrimientos de la Iglesia se debían a que ellos guardaban silencio ante las autoridades galas, al tiempo que hacía frente al ambicioso y poderoso subdiácono Hubert, cuñado de Lotario II, rey de Lorena, culpable de la mayor parte de las revueltas internas –asesinado en el año 864–, y procuró mediar entre San Ignacio, patriarca de Constantinopla, y Gregorio, obispo de Siracusa, para mantenerse equidistantes en los conflictos de la Iglesia de Oriente.

Benedicto III completó la restauración de la Schola Anglorum, destruida por un incendio en el año 847, y prosiguió la reparación de las iglesias de Roma emprendidas por su predecesor.

Murió el 17 de abril de 858 y está enterrado en las grutas Vaticanas.

Entre los papados de San León IV y Benedicto III una falsa leyenda sitúa a la papisa Juana, una mujer que ocupó el trono papal y que unos hacen nacer en Inglaterra y otros en Alemania, aunque de padres ingleses. Tras huir a Atenas disfrazada de hombre, ingresó en el sacerdocio, fue nombrada cardenal y elegida Papa como Juan VIII, tras la muerte del papa San León IV. En el segundo año de su pontificado se descubrió que era mujer al dar a luz un hijo y morir en el parto.

El verdadero papa Juan VIII fue consagrado y entronizado en diciembre de 872, y ya se ha visto que entre la muerte del papa San León IV (17 de julio de 855) y la consagración de Benedicto III, pese al mes perdido con el antipapa Anastasio (29 de septiembre de 855), transcurrieron poco más de dos meses.

---

105. San Nicolás I (858-867)

Nació en Roma y fue consagrado sumo pontífice el 24 de abril de 858, apenas una semana después de la muerte de su predecesor.

Como varios de los papas medievales, fue un hábil diplomático que fortaleció la sede de San Pedro aprovechando los años de debilidad que atravesaban los imperios franco y bizantino, lo que le permitió afirmar que ninguna potestad humana era superior a la de la Iglesia, dar validez a la recopilación de leyes eclesiásticas –llamada *Decretali pseudoisidoriane* y redactada unos años antes– y sentar las bases de una idea teocrática del poder que alcanzaría plena vigencia unas décadas más tarde.

Conquistó el sobrenombre de Magno que le dieron sus contemporáneos y respeta la historia, San Nicolás I Magno, actuando, en el gobierno de la Iglesia, como poder absoluto que da órdenes y dicta leyes incuestionables a obispos, cardenales, reyes y emperadores. Ello le distancia del emperador franco Ludovico II pero, pasado un tiempo, el Papa logró su apoyo para armar una flota para luchar contra la armada musulmana.

Solo se atrevió a enfrentársele el patriarca de Constantinopla, Focio, quien provocaría un cisma entre las Iglesias de Roma y de Oriente que duraría más de un siglo.

Llevado por su caridad, San Nicolás I abolió el uso de la tortura en los procesos judiciales e, impulsado por su espíritu apostólico, envió misioneros a cristianizar a los búlgaros y a su rey, Boris.

Hizo trasladar de Crimea a Roma el cuerpo de San Clemente, haciendo que fuese enterrado en la iglesia que lleva su nombre y fue edificada en el mismo sitio en que lo estuviera su casa.

San Nicolás I Magno fijó la fiesta de la Virgen de la Asunción el día 15 de agosto. Murió el 13 de noviembre de 867.

Focio, uno de los mayores eruditos bizantinos de la Edad Media, ocupó la sede de Constantinopla en el año 858 al ser depuesto el patriarca Ignacio por haber negado la comunión al tío del emperador Miguel III. En la disputa entablada entre los seguidores de Focio y los de Ignacio intervino el papa San Nicolás I, pero sus legados le traicionaron y, en el concilio a que les envió, votaron a favor de Focio, por lo que el Papa los destituyó y privó a Focio de toda dignidad eclesiástica, quien no hizo caso alguno apoyándose en la autoridad del emperador.

Muerto San Nicolás I, el papa Adrián II convocó el VIII Concilio Ecuménico de Constantinopla que, en el año 870, condenó y excomulgó a Focio y a sus partidarios. En el año 877, Focio regresó a Constantinopla como patriarca, segundo patriarcado, y dos años después se reunió un sínodo en Constantinopla, el sínodo fociano, en el que se levantaron las condenas contra Focio y aceptó la autoridad del papa Juan VIII.

A su muerte, Focio fue considerado santo por la Iglesia oriental y arma fundamental en los enfrentamientos de esta Iglesia con la romana. Durante sus dos patriarcados la Iglesia oriental tuvo una gran expansión y escribió e hizo escribir importantes obras en defensa de esa Iglesia para el mejor conocimiento de la cultura griega clásica.

106. Adrián II (867-872)

Nació en Roma, y estuvo casado antes de ordenarse sacerdote. Fue consagrado obispo de Roma el 14 de diciembre de 867 cuando contaba ochenta años de edad, por lo que se negó en dos ocasiones a aceptar la elección; pese a ello, cuando lo hizo, fue un Papa de extraordinaria actividad durante los cinco años que duró su pontificado.

Se esforzó cuanto pudo por acabar con las discordias que dividían a las Iglesias y los pueblos cristianos, y pensando en ello, en el año 870, convocó en Constantinopla el VIII Concilio Ecuménico, en el que el patriarca Focio fue condenado y excomulgado, al tiempo que se estipulaba que el propio Papa podía ser juzgado por los obispos en concilio y ser condenado si se le consideraba culpable de herejía.

En uso de su autoridad en cuestiones de moral y buenas costumbres, reconvino al emperador franco Ludovico II forzándole a abandonar a su amante, Gualdrada, y regresar junto a su legítima esposa, Teutberga, a la que había repudiado; en un acto de singular magnificencia, coronó al rey de Inglaterra Alfredo el Grande.

Su activo y eficaz papado se vio ensombrecido por una cuestión familiar que degeneró en asesinato: un sobrino del arrepentido antipapa Anastasio, Eleuterio, hizo raptar y dar muerte a una hija del Papa y a su madre. Adrián, en gesto contrario a su carácter, excomulgó e hizo exiliar a Anastasio y pidió al emperador que hiciese pagar su doble crimen a Eleuterio, cosa que Ludovico II hizo ordenando darle muerte.

El papa Adrián II murió el 14 de diciembre de 872.

Alfredo el Grande (849-899) fue proclamado rey de Wessex en el año 871, a la muerte de su hermano Ethelred I, durante una de las invasiones danesas. En el año 878, ante el continuo éxito de los ataques daneses, el rey Alfredo se refugió en Athelney y reunió un ejército con el que derrotó a los daneses, reinando en paz durante los catorce años siguientes. En el año 886 fue reconocido rey de Inglaterra. De los años 893 a 897 hubo de enfrentarse nuevamente a los daneses, con victoria final del rey Alfredo, quien sentó con ellos las bases de la unificación de Inglaterra. La legislación del rey Alfredo fue la primera que no estableció distinción alguna entre los ingleses y los galeses.

107. Juan VIII (872-882)

Nació en Roma y fue elegido el mismo día de la muerte de Adrián II, el 14 de diciembre de 872, y consagrado apenas tres días más tarde.

A diferencia de sus predecesores, Juan VIII no tuvo acierto en el terreno político, especialmente en sus relaciones con los herederos del emperador Ludovico II, hijo de Lotario I, nieto de Ludovico Pío y biznieto de Carlomagno, ya que el papa Juan VIII osciló en sus apoyos entre los dos pretendientes al trono: Carlos el Calvo y Ludovico el Germánico. Pese a que la aristocracia romana apoyaba a Ludovico, el Papa coronó a Carlos el Calvo, y fue tal la indignación que provocó su decisión que se vio forzado a salir de Roma y aposentarse en Francia, de donde no regresó hasta el año 881, cuando los ánimos se habían calmado. A la muerte de Carlos el Calvo coronó a Carlos el Gordo, pactando con él una coalición para luchar contra las fuerzas árabes, pero apenas coronado olvidó su promesa, por lo que las fuerzas del Papa fueron derrotadas por la armada musulmana, aunque posteriormente pudieron derrotarlos en Terracita, en las costas del mar Tirreno.

En su defensa de Roma frente a los piratas que habían desembarcando en Ostia y amenazaban saquear Roma, Juan VIII fortificó el entorno de la basílica de San Pablo con un burgo que recibió el nombre de Juanpolis y que le valió el título de «defensor de la ciudad», título que fue heredado en el futuro por los pontífices.

En el orden religioso quiso ser, en principio, transigente con Focio, el depuesto y vuelto a entronizar patriarca de Constantinopla, atendiendo a la petición del emperador bizantino Basilio, pese a que había sido condenado y depuesto por dos papas y un concilio, pero tuvo que volver a excomulgarlo cuando Focio se negó a aceptar la doctrina del *Filioque* que el Papa le imponía como condición a su perdón.

Como un error más, y acaso el más grave, cabe destacar que acusó y depuso injustamente al obispo de Porto, Formoso, quien, casi nueve años más tarde, ya rehabilitado, sería elegido y consagrado Papa.

Al parecer, el papa Juan VIII murió asesinado el 16 de diciembre de 882, aunque las crónicas discrepan sobre si fue envenenado o apuñalado.

108. Marino I (882-884)

Este Papa, que apenas lo fue durante año y medio, nació en Galese (Roma) pero era de origen inglés. Fue enviado a Constantinopla como legado pontificio y allí el emperador Basilio le hizo prisionero para forzarle a escribir al papa Juan VIII pidiéndole la rehabilitación del patriarca Focio.

Consagrado el 26 de diciembre de 882, procuró arreglar los problemas que habían provocado la impericia y poca reflexión de su predecesor, devolviendo la sede episcopal de Porto a Formoso, y renovó la excomunión a Focio, pese a la oposición del emperador bizantino Basilio, a quien, pese a ello, reclamó le ayudase en sus esfuerzos para acabar con el cisma que separaba a las Iglesias oriental y occidental.

En su tiempo, y con gran dolor para Marino I, fue incendiado y destruido por segunda vez Montecassino.

Pese a ser un buen Papa y un político apaciguador, tuvo al parecer el mismo fin que su predecesor: murió envenenado el 15 de mayo de 884.

Basilio I, llamado el Macedonio, fue un emperador bizantino que gobernó el Imperio de Oriente desde el año 867 hasta el 886; había nacido en el seno de una familia campesina de Macedonia y trabajó como palafrenero en los establos imperiales de Constantinopla. El emperador Miguel III le nombró su chambelán y en el año 866 cogobernante junto a él, a quien asesinó un año después. Restableció en el patriarcado de Constantinopla a Focio y fue sucedido por su hijo León VI.

109. San Adrián III (884-885)

Nació en Roma y de él se cuenta que, siendo diácono y muy cercano al papa Juan VIII, hizo que dejasen ciego a un tal Jorge, acérrimo enemigo del Papa, su amigo.

Sin duda no es cierta esa acusación, porque a la muerte del papa Marino I fue elegido Papa y consagrado el 19 de mayo de 884, cuatro días después de la muerte de su predecesor.

A diferencia de Juan VIII y en la línea de Marino I, resistió y desestimó las presiones y peticiones de Basilio, emperador de Bizancio, a favor del excomulgado patriarca Focio.

Tampoco fue blando en sus relaciones con el otro imperio, el Sacro Imperio Romano Germánico, afirmando, frente al parecer de Carlos el Gordo, que no era preciso el consentimiento del emperador o sus legados para la consagración del Papa.

Con todo, aceptó la invitación a la dieta que el emperador Carlos el Gordo había convocado en Works para resolver la sucesión al trono imperial, ya que carecía de herederos directos. El Papa salió hacia Francia y en Nonantola, cerca de Módena, murió el 7 de septiembre de 885 y fue enterrado en el monasterio de la localidad.

No mucho después de su muerte fue proclamado santo y su tumba visitada por incontables peregrinos, pero su canonización fue impugnada hasta que, el 2 de diciembre de 1891, su culto fue oficialmente reconocido y el papa León XIII dictó un decreto ordenando que todos los 7 de septiembre se celebrase en su honor una misa y oficio de rito doble por el clérigo de Roma y Módena.

En esencia, la dieta es el nombre que se aplica al Parlamento de ciertas naciones y tiene su origen en el órgano de gobierno de las tribus francas. Durante el Sacro Imperio Romano Germánico, los príncipes, nobles, electores y delegados del pueblo se reunían en una dieta llamada *Reichstag* que se celebraba en distintas ciudades. Ante otra dieta celebrada en 1521 en esta ciudad de Worms —a la que precisamente viajaba el papa San Adrián III cuando murió— compareció Martín Lutero para defender sus opiniones, y dicha dieta fue la que le condenó al destierro.

110. Esteban V (VI) (885-891)

Nació en Roma y, al parecer, fue elegido Papa viviendo aún San Adrián III, pero él rechazó el nombramiento y se encerró en su casa. A la muerte de San Adrián, ocurrida a los dos días, el clero de Roma, que lo había elegido, fue a buscarlo, abrió por la fuerza las puertas de su casa y lo llevó a la basílica de San Pedro, donde fue consagrado el 14 de septiembre de 885.

Esteban V (VI) mantuvo excelentes relaciones con el nuevo emperador bizantino León VI cuando este sucedió a Basilio I, especialmente porque el joven emperador se mostró contrario a las ideas del patriarca Focio, le depuso, respetando lo ordenado por los últimos papas, y le encerró en un monasterio, en el que murió. De acuerdo con el Papa, el emperador bizantino designó como nuevo patriarca de Constantinopla a su hermano Esteban, un muchacho de quince años, pese a lo cual las diferencias entre Roma y Constantinopla se prolongaron durante muchos años.

En tiempos del papa Esteban V (VI) desapareció el Sacro Imperio Romano Germánico al ser depuesto Carlos el Gordo y quedar divididas las tierras del imperio en tres grandes Estados: Francia, Italia y Alemania, y se otorgó el título de emperador al duque de Spoleto, Guido, premiándole así la ayuda que había prestado a la Iglesia de Roma en la lucha contra el Islam, ya que el Papa conservó el derecho, puramente formal, de coronar al emperador en Roma.

La desaparición del Sacro Imperio y la paz con el Imperio de Oriente fraccionó Europa en múltiples poderes feudales e incrementó enormemente el poder y la riqueza de algunas sedes obispales.

Amante de las artes, el papa Esteban V (VI) dio un fuerte impulso a las tareas artísticas de sus súbditos y abolió las pruebas del fuego y del agua porque con ellas, en su opinión, se tentaba a Dios.

Murió el 14 de septiembre de 891, a los seis años de su entronización.

A la muerte, en un accidente de caza, del emperador Basilio I el 29 de agosto de 886, le sucedió su hijo León VI, ya que su hermano mayor y primogénito había muerto y su otro hermano, Alejandro, no aceptó compartir el trono con él. Por su cultura recibió el sobrenombre de El Sabio. Completó la labor legisladora de su padre y reformó el sistema administrativo del imperio. Tuvo enfrentamientos con los búlgaros, y no pudo impedir que la flota musulmana dominara el Mediterráneo. Para evitar conflictos con la Iglesia de Roma, y con su dispensa frente al parecer de la Iglesia de Oriente, contrajo matrimonio con su amante Zoe Carbonopsina, madre de su hijo, Constantino VII, a quien bautizó el 6 de enero de 906.

111. Formoso (891-896)

Al parecer, el papa Formoso nació en Ostia, aunque algunos historiadores fijan Roma como su lugar de nacimiento. Lo que sí se sabe con certeza es que, en el año 864, en tiempos del papa San Nicolás I, fue consagrado obispo de Porto y poco después enviado como legado pontificio a las tierras de los francos, los germanos y los búlgaros, de cuya conversión fue principal artífice.

Tras los papas Nicolás I y Adrián II, fue coronado sumo pontífice Juan VIII, de ingrato recuerdo, y este obligó a Formoso, que era cardenal obispo, a abandonar su diócesis de Porto, a desterrarse de las tierras de que era obispo y sufrir la pena de excomunión por haber coronado rey de Italia, contra los intereses de Juan VIII, a Arnulfo. A la muerte de Juan VIII el papa Marino I, tras levantarle la excomunión, en el año 883, le restituyó su sede y le confirmó como cardenal obispo, dignidad que ocupaba cuando fue elegido Papa a la muerte de Esteban V (VI) y entronizado el 6 de octubre de 891.

Si difícil había sido su vida de obispo, no lo fue menos la que tuvo como Papa, pues su elección coincidió con un período en el que Roma, como el resto de Europa, estaba dividida en facciones que guerreaban entre sí.

En esta situación, el papa Formoso coronó emperadores a Guido de Spoleto y a su hijo Lamberto, designados ya por su predecesor, Esteban V (VI), pero ello enfureció del tal modo a la nobleza romana que el Papa se vio forzado a solicitar la ayuda del rey germano Arnulfo de Baviera, a quien, en agradecimiento, coronó también emperador en el año 896, enfrentándose así a los partidarios de los antes coronados, y muy especialmente al propio Lamberto de Spoleto, con lo que el odio y las revueltas crecieron tanto en Roma que, poco después de la muerte del papa Formoso el 4 de abril de aquel mismo año (896), el papa Esteban VI (VII), obligado por Lamberto de Spoleto, exhumó su cadáver en enero o febrero del año 897 y lo sometió a juicio del llamado «Concilio cadavérico», que lo condenó por haber cambiado su obispado de Porto por el de Roma, anuló cuanto el papa Formoso había dispuesto en su pontificado, incluidas las ordenaciones sacerdotales y consagraciones episcopales, y decretó que su cuerpo fuera mutilado y arrojado a las aguas del río Tíber.

Los papas Teodoro II, en 897, y Juan IX, en 898, lo rehabilitaron, y el primero de ellos dio cristiana sepultura a su cuerpo, recuperado del Tíber y enterrado secretamente, tras su condena, por unos fieles.

Arnulfo de Baviera, rey de los francos del Este (Alemania) desde el año 887 y emperador del Sacro Imperio desde el 896, fue un hijo ilegítimo de Carlomán, rey de los francos del Este, y, tras la forzada abdicación de Carlos III el Gordo, Arnulfo fue elegido rey de Alemania; tras expulsar a los vikingos, hizo varias incursiones sobre Italia, tomó Roma en el año 896, fue coronado emperador y murió en 899.

---

112. Bonifacio VI (896)

Se ignora si el papa Bonifacio VI nació en Roma o en la Toscana, y tampoco se sabe mucho de su breve pontificado, ya que fue consagrado el 10 de abril del año 896 y murió el 25 de abril de ese mismo año.

Su elección fue posible gracias al apoyo de los numerosísimos enemigos del papa Formoso, entre los que se encontraba el poderosísimo duque de Spoleto, y al hecho de que Roma, como toda Europa, había quedado dividida y en manos de los grandes señores feudales.

113. Esteban VI (VII) (896-897)

Nació en Roma, fue consagrado Papa y entronizado como sumo pontífice el 22 de mayo de 896 por imposición del duque de Spoleto, verdadero dueño de Roma en aquellos momentos.

Durante un breve período de tiempo, la ciudad pareció recobrar la calma tras la elección del nuevo pontífice, pero, como se vio antes de concluir el año, ello no se debía a sus discutibles cualidades para el papado, sino que su protector impuso el orden en la ciudad con puño de hierro y la fuerza de sus numerosos partidarios.

Como ya ha quedado dicho al hablar del papa Formoso, el duque de Spoleto y su madre, la violenta Agiltrudis, obligaron a Esteban VI (VII) a desenterrar el cadáver de aquel Papa y convocar un concilio para entablar un proceso *post-mortem* contra Formoso, culpable, a ojos del duque, de haber solicitado la ayuda de Arnulfo de Baviera para defenderse de las imposiciones del duque Guido de Spoleto, y coronarle emperador. Al exhumado cadáver del papa Formoso, tras un juicio ignominioso, le cortaron los tres dedos con los que había dado la bendición papal, le arrojaron al río Tíber y le aplicaron una *damnatio memoriae,* por medio de la cual su reinado fue oficialmente borrado de los anales.

En febrero o marzo del año 897, un grupo de conjurados entró en el palacio laterano y, profanando la tumba del papa Formoso, sacó su cuerpo en avanzado estado de putrefacción, ya que había muerto nueve o diez meses antes; según se relata en el Concilio de Roma del año 898, «Esteban hizo colocar el cuerpo de Formoso ante un tribunal». Se le llevó, pues, ante el tribunal, revestido de sus ornamentos sagrados, y lo ataron sobre un sillón para dar inicio al que se llamó «Concilio cadavérico» o «Concilio de la muerte»: un diácono hablaba en nombre del difunto, al que se acusaba de «... por una ambición culpable, Formoso había cambiado su sede episcopal de Porto por la de Roma». También salieron a la luz sus disputas con el papa Juan VIII siendo obispo de Porto y se le tachó de perjuro. Y se dictó sentencia:

> «Se considera y proclama que el acusado había sido indigno servidor de la Iglesia, que había llegado a la silla papal en forma irregular y que, por tanto [...] era un Papa ilegítimo y que [...] todo cuanto había hecho, decretado y ordenado durante su papado era nulo de toda nulidad, incluidas las ordenaciones que había llevado a cabo».

Se debía destruir cuanto había escrito o dictado, revocar sus decretos y borrarle de la historia. Como en la vieja Roma, se aplicaba la *damnatio memoriae:* se despojó al cadáver de todas sus vestiduras y símbolos salvo el cilicio que el Papa llevó siempre en vida; se le cortaron los tres dedos con que había impartido tantas bendiciones, que se quemaron, y un grupo de soldados arrojó el cadáver a la fosa de los condenados y los desconocidos, pero otro grupo de seguidores del duque de Spoleto cogieron el cadáver y lo arrojaron al río Tíber.

Tal atrocidad conmovió al pueblo de Roma y algunos exaltados, instigados por aquellos sacerdotes que habían sido ordenados por el papa Formoso, sacaron a Esteban VI (VII) del palacio laterano, lo encarcelaron y, tras estrangularlo en prisión el 14 de agosto de 897, profanaron su cuerpo, aunque cuando la cordura se impuso recibió sepultura en las grutas Vaticanas.

La *damnatio memoriae* tuvo su origen en la antigua Roma y recayó, por ejemplo, sobre Nerón, Juliano, Máximo y Cómodo. Nerón fue el primer emperador borrado oficialmente de los anales de la historia de Roma. En el siglo XX se han aplicado estas condenas *post-mortem* a Stalin y otros dirigentes de la URSS. Stalin borró de la historia de Rusia a Trotsky: nunca había existido, no se le podía mencionar en ningún libro y debía ser asesinado –lo fue en México–, pero años después la *damnatio memoriae* le fue aplicada a Stalin.

114. Romano (897)

El papa Romano también tuvo un pontificado, como varios de los papas de este período, extremadamente corto: fue elegido a finales de agosto del año 897 y murió a mediados de noviembre de ese mismo año.

Había nacido en Galese (Roma), era de origen inglés y muy amigo del papa Formoso. Siendo cardenal diácono de San Pedro in Vincoli, fue entronizado sumo pontífice e intentó rehabilitar la memoria del papa Formoso, pero la muerte no le dio tiempo a ello.

Sí lo halló para confirmar a la sede de Gerona su dominio sobre las islas de Mallorca y Menorca.

Son muchos los historiadores que, quizás a falta de datos con los que engordar su crónica, aseguran que murió envenenado, como otros papas de este negro período; aunque otros, quizá por la misma razón, aseguran que fue obligado a abandonar el papado y a recluirse en un monasterio como monje.

115. Teodoro II (897)

Nació en Roma, aunque de familia griega. Elegido en diciembre del año 897, gobernó la Iglesia tan solo veinte días, pero tuvo tiempo de completar la rehabilitación del papa Formoso que intentó su predecesor. Convocó un sínodo que devolvió sus derechos a los eclesiásticos ordenados por Formoso, destruyó las cartas de renuncia obtenidas bajo amenaza por el papa Esteban VI (VII), rehabilitó a Formoso e hizo quemar las actas del llamado, con razón, «Concilio cadavérico», y, enterado de que un grupo de cristianos había recuperado el cadáver del Papa en el río Tíber y sepultado secretamente, organizó una procesión que recogió el cuerpo del papa Formoso, al que se revistió de los ornamentos propios del papado, se le dispuso en un féretro acorde con su dignidad y se le dio solemne sepultura en el Vaticano, en el atrio de San Pedro, entre las tumbas de otros papas, como le correspondía.

El papa Teodoro II murió en el mismo mes de diciembre en que había sido consagrado, y, al parecer, víctima también del veneno.

116. Juan IX (898-900)

Nació en Tívoli y fue entronizado el 18 de enero de 898. Apenas llegado al papado, confirmó la rehabilitación del papa Formoso y, para completar lo acordado en el sínodo convocado por el papa Teodoro II, reunió un concilio, que se celebró en Rávena, con asistencia de setenta y cuatro obispos y en el que fueron excomulgados y exiliados los cardenales cómplices de Esteban VI (VII) en el «Concilio cadavérico», al tiempo que fueron reintegrados en sus puestos los obispos y sacerdotes depuestos en dicho concilio por haber sido consagrados u ordenados por el papa Formoso.

En ese mismo concilio, y atendiendo una petición casi unánime del patriciado y el pueblo romanos, se estableció que un representante del emperador debería estar presente en la elección del Papa para que esta tuviese plena validez. Y para que la paz así alcanzada pudiese tener continuidad, fue coronado emperador y rey de Italia Lamberto de Spoleto, a quien se encomendó la misión de proteger a la Iglesia y al Papa.

Un buen propósito que sin embargo no obtuvo el fin que se proponía, porque el coronado Lamberto murió a los pocos meses y por tanto Italia volvió a verse agitada por revueltas y ciertas desuniones, situación que además vino a agravarse porque, ese mismo año 898, el norte de Italia fue saqueado por los húngaros, quienes destruyeron a su paso abadías y monasterios junto a incontables villas civiles.

El papa Juan IX murió el 5 de enero de 900 y fue enterrado en el atrio de San Pedro.

Desórdenes
y corrupción (900-1130)

Entorno histórico

En este momento solo la Iglesia es capaz de conservar la unidad de Europa, dividida en reinos y feudos, pero en el año 962 Otón I de Alemania reinstaura el Sacro Imperio Romano Germánico y quince años más tarde se enfrenta al papa Gregorio VII porque este se niega a que sean los reyes los que nombren a los obispos. Otro Papa, Urbano II, da inicio a las Cruzadas en 1095 y, cuatro años más tarde, los cruzados conquistan Jerusalén. A su regreso a Europa los cruzados popularizan un juego indio que ya había llegado a ella con las fuerzas árabes: el ajedrez. Al iniciarse el siglo XI se cuentan por millares los europeos que peregrinan a Tierra Santa, unos movidos por la fe y otros por el afán aventurero. Unos siete mil de ellos, en 1060, se encaminan hacia Jerusalén guiados por Sigfrido, arzobispo de Maguncia, e Ingulfo, abad de Croyland. La mayoría de ellos mueren antes de llegar, en 1065. En 1118, veintitrés años después de la Primera Cruzada, Balduino II, heredero de Balduino I, que lo había sido del comandante de la cruzada Godofredo de Buillon, es coronado rey de Jerusalén, al tiempo que unos caballeros franceses fundan la Orden del Temple (los templarios), con votos de pobreza, castidad y obediencia, para que se dediquen a proteger a los peregrinos que viajen a Jerusalén.

En la segunda mitad del siglo X, el terror al final del milenio, para el que se anuncian grandes catástrofes e incluso el fin del mundo, inunda Europa por una falsa interpretación del *Apocalipsis*.

En Córdoba, el emir Abderramán III adopta el título de califa, con lo que rompe la supuesta unidad religiosa del Islam. A finales del siglo X, Almanzor alcanza una altísima dignidad en el califato e inicia un período de poder absoluto y grandes conquistas. Muere en 1002. Desde ese momento, comienza el desmoronamiento del califato.

Mientras tanto, el conde de Castilla, Fernán González, consigue –con los matrimonios de sus hijas y, sobre todo, con la ayuda de la reina Toda de Pamplona– fuerza suficiente para enfrentarse al rey Ramiro II, quien lo hace encarcelar en el año 944, pero la muerte del rey le permite asentar la independencia del condado de Castilla. En 1017, el rey leonés Alfonso V promulga el Fuero de León, que recoge las primeras leyes territoriales de la Península Ibérica. A comienzos del siglo XI, la muerte de Sancho III el Mayor, en 1035, señala el comienzo del declive de Navarra sobre el resto de los reinos cristianos de la Península. Estos dos siglos y medio son de enorme importancia para la llamada Reconquista, con los reinos cristianos dominando más y más ciudades y territorios en la Península. En 1072, en la iglesia de Santa Gadea, en Burgos, Rodrigo Díaz de Vivar, el Cid, hace jurar al rey Alfonso VI que no tuvo nada que ver en el asesinato de su hermano, el rey Sancho II de Castilla, por el traidor Bellido Dolfos. Cerrando el siglo XI, en 1099, muere el Cid, tras conquistar Valencia cinco años antes.

En el año 987, tras la muerte del último rey carolingio, Luis V, hereda el trono e inicia la dinastía capeta Hugo Capeto, cuyo padre había sido el verdadero monarca durante el reinado de Luis IV.

En 1016, Canuto II el Grande, hijo del rey de Dinamarca, derrota a los anglosajones y se convierte en rey de Dinamarca, Noruega e Inglaterra; muere en el año 1035, y con ella marca el fin del imperio que él mismo había creado. En 1040, Macbeth se hace coronar rey de Escocia tras acabar con la vida del rey Duncan I, su primo, en la batalla de Elgin. La coronación de Eduardo III, en 1042, acaba con el desastroso período en el que la dinastía danesa domina Inglaterra.

En Rusia, Vladimiro I de Kiev se convierte al cristianismo en el año 988 y se adopta el alfabeto cirílico para traducir los Evangelios al ruso, una lengua basada en el antiguo eslavo.

En Bulgaria y en el año 918, el kan Simeón I adopta el título de zar de los búlgaros y autócrata de los griegos, mostrando así su deseo de dominar a un tiempo los imperios oriental y occidental.

China, tras la época de los Tang, vive un período caótico denominado de las Cinco Dinastías. La dinastía Sung unifica el país y compra la paz a los bárbaros del norte a cambio de un tributo. La imprenta incrementa la difusión de la cultura.

En Japón, el budismo acaba con la corriente sintoísta.

En México hay un renacer de la cultura maya en torno a Chichén Itzá, incorporando influencias toltecas e identificando a su dios Kukulcán con Quetzalcóalt. A principios del siglo x, los guerreros de lengua náhualt que incendiaron y saquearon Teotihuacán ocupan la zona central de México y crean un imperio en torno a la antigua ciudad de Tula.

En Perú, los incas se imponen a las culturas locales gracias a su avanzada organización política, y en el año 1000 fundan Cuzco.

Al parecer, el vikingo noruego Eric el Rojo arriba a Groenlandia a finales del siglo x, en el año 982, aunque se cree que al iniciarse el siglo otro vikingo, Gunnbjörn, había avistado sus costas.

En el Pacífico, navegantes polinesios de origen malayo se adentran en el océano, saltando de isla en isla y de archipiélago en archipiélago, hasta llegar a Hawái, Nueva Zelanda, Pascua y América Meridional.

En África, el reino de Ghana se extiende desde el Atlántico hasta cerca de Tombuctú, pero en 1075 es conquistado por los almorávides musulmanes. En África Oriental, por Abisinia, comienza a consumirse una infusión que acabará conquistando el mundo: el café, que se obtiene del fruto de un arbusto silvestre de flores blancas y encarnadas.

Al iniciarse este período, año 900, comienza a utilizarse un elemento fundamental para incrementar la vida y eficacia de las caballerías: la herradura de clavos, pero su uso no se generalizará hasta la segunda mitad del siglo xı. A lo largo de ese siglo se introducen nuevas técnicas en la agricultura europea, especialmente el arado con ruedas y vertedera y la collera. Al propio tiempo, emigrantes bantúes penetran en la cuenca central del Congo, poblada por pigmeos, quienes organizan la explotación de yacimientos de oro, estaño y cobre. No se sabe con certeza en qué momento los chinos inventaron un elemento fundamental para la navegación, la brújula, pero la primera referencia a ella data de 1125.

Desórdenes, corrupción y primeras reformas

Este tiempo de desórdenes y corrupción culmina con la compra del papado por Gregorio VI frente a Benedicto IX, máxima manifestación de la simonía que corrompe a buena parte del clero y su jerarquía.

Al margen de ello, en este período se consuma el cisma de Oriente, que venía gestándose desde el siglo IV, cuando el papa León IX abandona Constantinopla tras excomulgar al patriarca de la ciudad, Miguel Cerulario.

Por si ello fuera poco para explicar el título dado a este período, la ruptura del imperio carolingio deja a la Iglesia de Roma en manos de la corrupta aristocracia romana, que pasa a decidir la elección papal. Los nombres de Teodora, esposa del duque Teofilato y amante al parecer del papa Sergio III, y de Marozia, su hija, quien hizo encarcelar y asesinar a varios papas y fue, al tiempo que esposa, sucesivamente, de tres nobles, madre del papa Juan XI, encabezan una larga lista de matronas romanas que dominan de tal forma al papado que hacen que un cronista de la época afirme que toda ella estuvo dominada por las rameras, y un cardenal, en el siglo XVI, llegó a llamar al sistema de gobierno imperante durante el pontificado de varios papas, «pornocracia».

En los años finales de este largo período, hay unos papas –desde San León X y con su mejor expresión en San Gregorio VII y los beatos Víctor III y Urbano II– que inician una tímida reforma de la Iglesia para liberarla del poder civil y erradicar de ella males como la simonía, la concupiscencia desordenada y la corrupción del clero que la degradaban.

Que la Iglesia de Roma haya podido superar con bien ese terrible período, como otros de los que la han sometido a la horrible prueba de ser conducida por pastores indignos, solo se explica por las palabras de Cristo a San Pedro:

> «... tú eres Pedro y sobre esta piedra edificaré mi Iglesia, y las puertas del infierno no prevalecerán contra ella».

Los papas del período

117. Benedicto IV (900-903)

Nacido en Roma, era hijo de un noble romano llamado Mammalus, y su generosidad y celo por el bien público fueron alabados por Frodoardo, un historiador de su tiempo, que llega a darle, con evidente injusticia, el título de Grande.

Fue consagrado Papa el 1 de febrero de 900 y, aunque supo conservar su integridad, generosidad y virtud en medio de la corrupción que degradaba a toda Europa, no acertó a ser el pontífice fuerte e imaginativo que el momento histórico parecía requerir: con los húngaros acosando en las tierras del norte; los musulmanes, haciéndolo por el este y por el sur, e Italia entera, con Roma como paradigma, sometida a la rapacidad de familias más llenas de ambición que de señorío, de arrogancia que de ética.

Benedicto IV quiso remediar tan caótica situación confiriendo el título y la corona de emperador del Sacro Imperio Romano Germánico a Luis III el Ciego, rey de Pavía e hijo del rey de Borgoña, pero Luis, apenas coronado en Roma, fue traicionado por sus partidarios, que le entregaron a Berengario I, rey de Italia, quien le hizo sacar los ojos –de ahí el apodo de Ciego– y lo desterró a Provenza para el resto de su vida. Por su parte, Berengario también abandonó al Papa, con lo que este quedó inerme ante unos nuevos y avariciosos personajes: Teofilacto; su esposa, Teodora, y su hija Marozia. Es difícil hallar, en la complicada historia de Roma, un momento de mayor corrupción y degradación que la que vivió la ciudad sometida a esos tres personajes y con la única protección de un Papa débil que, amargado e incapaz ante tantas adversidades, murió en julio de 903. Fue enterrado frente a San Pedro, cerca de la puerta de Guido.

Ordenado presbítero por el papa Formoso, durante su pontificado siguió defendiendo siempre sus conflictivas decisiones, como la de ayudar a Argrim en su disputa por la sede de Sangres, apoyó la causa de Esteban para el obispado de Nápoles, excomulgó a los asesinos de Fulk, arzobispo de Reims, y dio ayuda a Malacenus, obispo de Amasia, que había sido expulsado de su sede por el avance de los musulmanes.

Luis III el Ciego, rey de Pavía desde el año 890, fue nombrado rey de los lombardos en el 900 y emperador del Sacro Imperio Romano Germánico en el año 901. En el 905, Berengario I le hizo sacar los ojos, fue destituido del imperio y del reino de Lombardía, y exiliado a Provenza, donde fue rey hasta su muerte, en el año 928.

---

118. León V (903)

Nació en Ardea, cerca de Roma. De débil y enfermiza constitución, carecía de fuerzas, física y moralmente, para cargar con el peso del papado en un momento en el que parecían haberse dado cita la violencia, la corrupción y el desorden en el mundo cristiano. Coronado en julio de 903, antes de que se cumpliera el mes de su elección el cardenal Cristóbal, que era su director espiritual, lo depuso del papado e hizo recluir en un monasterio en el que, en el mes de septiembre de ese mismo año, murió, al parecer asesinado, y su cuerpo, incinerado.

Tras su deposición, el cardenal y antipapa Cristóbal ejerció ilícitamente la autoridad papal durante cuatro meses, al cabo de los cuales fue encarcelado y mandado estrangular, al parecer, por orden de Sergio III.

Sin embargo, es digno de reseñar aquí que el antipapa Cristóbal figura como Papa, y no como antipapa, en todos los catálogos oficiales de la historia del pontificado.

119. Sergio III (904-911)

Con este Papa, amigo y de costumbres al estilo de Esteban VI (VII), abre una etapa negra del pontificado a la que el cardenal César Baronio, de principios del siglo XVI, designó como «pornocracia», por la influencia que en esa época tuvieron las amantes de los Papas.

Conde Túsculo había nacido en Roma, en el seno de una familia noble, y fue nombrado obispo de Cerveteri por el papa Formoso, pese a lo cual fue uno de los que profanaron su cuerpo y denigraron su memoria. A la muerte de Teodoro II, en el año 897, fue elegido Papa por la facción que había sido enemiga del papa Formoso, pero, forzado por Lamberto de Spoleto, se vio obligado a ceder la sede pontificia a Juan IX, quien le excomulgó y exilió a Toscana, donde vivió bajo la protección del marqués Adalberto hasta su regreso a Roma en el año 903, cuando fue elegido León V, que le levantó la excomunión y le permitió regresar a Roma.

Ya en ella, y contando con la protección del marqués Adalberto, de los duques de Spoleto, de Alberico I y del senador y autoproclamado juez de Roma Teofilacto, su esposa, Teodora la Mayor —amante al parecer de Sergio III—, y su hija Marozia —quien tuvo un hijo, el futuro papa Juan XI, a quien su propia madre hizo encarcelar más tarde—, recuperó su poder e hizo encarcelar al antipapa Cristóbal, lo depuso y, tras un simulacro de juicio a ambos, le hizo estrangular junto a León V. Tras la muerte del Papa y el antipapa, sus poderosos protectores le hicieron elegir pontífice el 29 de enero de 904. Cinco días más tarde, fue entronizado con el nombre de Sergio III.

Su primera decisión como Papa fue la de abolir las decisiones de los sínodos y concilios que, en el año 898, habían rehabilitado al papa Formoso; declarar nulas las ordenaciones y consagraciones realizadas por dicho Papa, y obligar a los destituidos a pagar un alto precio por la restitución a sus cargos y dignidades. En el mismo acto, condenó la memoria de todos sus antecesores en el papado a partir de su amigo Esteban VI (VII), y los declaró antipapas, incluido su predecesor, León V, que le había levantado la excomunión.

Ante la catadura moral y corrompidas costumbres que dibujan su odio al papa Formoso; los asesinatos del papa León V y el antipapa Cristóbal; la venta de cargos y dignidades; su vida marital con Teodora la Mayor, y otras mujeres que la sucedieron en el lecho, el emperador de Oriente, León VI, le tuvo que recordar el respeto que debía a la dignidad del pontificado, la ordenación sacerdotal y la consagración episcopal de que había sido investido, pero Sergio III no siguió su consejo. Su única respuesta fue autorizarle a que se casara por cuarta vez, en un tiempo en que tanto el derecho civil como el eclesiástico prohibían un tercer matrimonio, para que pudiese legitimar a su hijo, futuro heredero del trono.

En el lado positivo de su episcopado, se recuerdan dos hechos: la reconstrucción de la basílica de San Juan de Letrán, que había sido asolada por un temblor de tierra, y la fundación de la abadía de Cluny, que habría de convertirse en punto clave para la vida de la Iglesia al dar nuevo vigor al monacato benedictino.

En las medallas conmemorativas de Sergio III figura por vez primera la tiara, el gorro papal con forma de cono. Murió el 14 de abril de 911.

León VI sucedió en el trono de Constantinopla, como emperador bizantino, a Basilio I, muerto en un accidente de caza tras la muerte de su primogénito, Constantino. Recibió el sobrenombre de El Sabio por su amplia cultura, especialmente en temas teológicos y de literatura antigua. Magnífico legislador, es considerado por muchos el verdadero continuador de Justiniano. Obligado por Basilio I se casó con Teófano.

Al enviudar, lo hizo con su amante Zoe Zautzina, quien falleció sin darle un heredero masculino al trono. Volvió a casarse con la frigia Eudocia Baiana, que murió en el año 901, y León VI tuvo una amante, Zoe Carbonopsina, que le dio un hijo en el año 905, el que sería Constantino VII, bautizado el mismo día de la boda de su madre con el emperador, es decir, el 6 de enero del año 906.

120. Anastasio III (911-913)

Nació en Roma y era hijo de un hombre virtuoso llamado Luciano, quien le educó en la integridad, la virtud y la moderación, pese a lo cual su pontificado ha pasado a la historia sin otra cosa que destacar que su determinación en la división eclesiástica de Alemania.

Fue consagrado Papa en abril de 911, quizás esperando que su carácter apacible y bondadoso sirviese de freno a una Iglesia sumida en luchas internas. Nada supo o pudo hacer, aunque tuvo la fortuna de que, durante su pontificado, se convirtiesen al cristianismo una expedición de normandos que se había asentado en la parte de Francia que hoy conocemos como Normandía.

Las presiones de Berengario I, rey y tirano del norte de Italia, junto a Adalberto, le forzaron a conceder excesivos privilegios al obispo de Pavía.

Al parecer, como tantos de sus predecesores, murió envenenado en junio de 913. Se atribuye su muerte a Teofilacto, esposo de Teodora la Mayor, la que fuera amante de Sergio III.

121. Landon (913-914)

Nacido en la Sabina romana, era hijo, al parecer, de un plebeyo adinerado llamado Taino. En su juventud, destacó por la brillantez intelectual demostrada en sus estudios, tan deslumbrantes que, a lo largo de su carrera eclesiástica, especialmente desde el momento en que fue designado cardenal presbítero, sedimentó en un amor por el conocimiento que le hizo menos dado que sus predecesores a los placeres del dinero y de la carne. A la muerte de Anastasio III, y tras cuatro meses de agrias disputas entre las distintas facciones que aspiraban a designar al Papa, fue elegido y entronizado el 7 agosto de 913 por imposición de Teodora la Mayor, la que fuera amante del papa Sergio III, y murió, tras seis meses de pontificado, el 5 febrero de 914, sin que se pudiera aclarar la causa de su muerte, aunque se tiene por probable que fue asesinado.

Aparte de su fama de hombre culto y de clara inteligencia, solo cuatro cosas se conocen de su breve pontificado: su docilidad a los deseos de Teodora; que nombró arzobispo de Rávena a uno de sus protegidos, que era obispo de Bolonia y más tarde sería su heredero en el papado con el nombre de Juan X; que otorgó un privilegio a la iglesia de su población natal –ni siquiera se sabe su nombre, solo que pertenecía a la comarca de la Sabina–, y que, en una disputa teológica, llegó a declarar, según recogen cartas de la época:

> «... afirmar que el Papa es infalible solo demuestra el desconocimiento que tiene de los hechos quien lo hace, o que está dominado por un fanatismo religioso que insulta la inteligencia de quien lo escucha y ciega la razón de quien lo afirma».

122. Juan X (914-928)

Los historiadores discrepan sobre su lugar de nacimiento, ya que unos lo sitúan en Tossignano y otros en Imola, pequeñas localidades situadas en la Romaña italiana.

Como su predecesor, fue elegido por imposición de Teodora la Mayor y coronado en marzo de 914, pero, a diferencia del papa Landon, tuvo un largo pontificado, para la época, ya que no murió hasta mayo de 928, encarcelado y asesinado, como parecía ya costumbre, por orden de Marozia, la hija que Teodora había tenido de Sergio III.

El antiguo arzobispo de Rávena, y antes obispo de Bolonia, fue un Papa enérgico en cuanto no topase con la voluntad de Teodora, pese a lo cual su elección no fue bien acogida por el clero romano hasta pasado su primer año de pontificado. Los romanos empezaron a valorar sus esfuerzos cuando coronó al tiránico rey de Italia Berengario I como emperador del Sacro Imperio Romano Germánico a cambio de que encabezase una coalición contra los musulmanes. Berengario prometió hacerlo, pero una vez coronado olvidó su promesa.

Pese a ello, los romanos pudieron ver que Juan X seguía dedicando sus mejores esfuerzos a conseguir que todos los príncipes italianos del centro y sur de la Península se integrasen en la coalición contra los musulmanes que había propuesto encabezar a Berengario I.

Viendo la traición de este, el Papa obtuvo el apoyo del duque de Spoleto, Alberico I, que estaba casado con Marozia, hija de Teodora; del duque de Nápoles, y del emperador de Bizancio. El propio Papa formó parte de las fuerzas cristianas que derrotaron a las musulmanas junto al río Garillano, el año 915, y las alejaron de Italia.

Mientras tanto, Roma vivía sumida en la intriga y el crimen, y el Papa, que intentó luchar contra ello, se vio derrotado en sus dignos intentos por los caprichos y la falta de moral de las mujeres que se habían adueñado de Roma y de sus hombres, tras el declive de Teodora: Marozia —hija de esta—, Berta de Toscana y Ermengarda de Ivrea. Ellas le forzaron a coronar emperador a Hugo de Provenza, hermanastro de Ermengarda y esposo de Marozia desde hacía poco.

A pesar de ello, como Juan X no podía, o quería, ocultar el desagrado que la conducta de esas mujeres le producía, se vio encarcelado por orden de Marozia y asesinado en la cárcel asfixiándole entre dos almohadas.

Esta Marozia, que llegó a ser llamada «la senadora de Roma», era hija al parecer del papa Sergio III y de su amante, Teodora la Mayor. Tuvo una intervención decisiva en la vida de, al menos, los siguientes papas: Sergio III, a quien se considera su padre; Juan X, a quien posiblemente hiciera asesinar, como antes había hecho con su hermano; Esteban VII (VIII), elegido por orden suya y asesinado también por su mandato; Juan XI, hijo suyo y designado Papa por su voluntad, y León VII, hermanastro del anterior y hecho elegir por Alberico el Joven, hijo del primer matrimonio de Marozia, a la que hizo encarcelar hasta su muerte para escapar de su despotismo.

123. León VI (928)

Nacido en Roma y cardenal presbítero de la iglesia de Santa Susana, León VI fue elegido a finales de mayo de 928, por imposición de Teofilacto, esposo de Teodora la Mayor, pero fue la hija de esta, Marozia, quien dominó Roma y la curia papal durante este y otros pontificados, ya que, cuando León VI fue elegido, ya había visto morir asesinado a un hermano suyo por orden de Marozia, y sabía lo que podía costarle, incluso al Papa, contrariar la voluntad de la amoral hija del papa Sergio III.

El pontificado de León VI fue breve, pues murió en diciembre del mismo año de su elección, pero hizo cuanto le fue posible por llevar la paz a una Roma convulsionada por las luchas de poder entre las familias nobles de la ciudad, la degradación moral, el paro y una hambruna casi endémica. Con el mismo ímpetu y la misma escasa eficacia luchó contra los musulmanes y las incursiones de los feroces húngaros, al tiempo que, con mayor fortuna, impulsó las artes, el comercio y la industria.

Se conserva de él una carta enviada a los obispos de Dalmacia en la que les exhorta a obedecer al arzobispo Juan de Split. Y se sabe que, en un tiempo de corrupción y desórdenes, acertó a llevar una vida ordenada, modesta y dedicada al culto divino.

Ni la santidad de su vida, ni sus buenos deseos de paz, ni incluso su acatación a la voluntad de Marozia impidieron que esta le hiciese asesinar, asfixiado en su lecho, en diciembre de 928, cuando «la senadora de Roma» tuvo el capricho de desear un nuevo Papa.

124. Esteban VII (VIII) (928-931)

Nació en Roma y era hijo de un caballero romano llamado Teodomundo, amigo de los condes de Túsculo; fue cardenal presbítero de San Anastasio y elegido Papa a finales de diciembre de 928, por deseo expreso de quien actuaba como dueña de Roma, Marozia, marquesa de Tuscia y llamada por todos «la senadora de Roma».

Como todos los papas elegidos por voluntad de Marozia o de su madre, Teodora la Mayor, era de índole pacífico, débil de carácter y buenas costumbres. Y, como todos ellos, tuvo un pontificado breve, ya que cuando la naturaleza no lo acortaba Marozia daba orden de que fuesen asesinados cuando se cansaba de verlos en el trono papal o la contradecían en algo, siquiera fuese con el gesto. El papa Esteban VII (VIII) fue de los segundos, por lo que fue asesinado en febrero de 931, tras poco más de dos años de pontificado. Durante él, favoreció algunos monasterios de Italia y Francia.

Está enterrado en las grutas del Vaticano.

125. Juan XI (931-935)

En marzo de 931, Marozia, «la senadora de Roma», decidió que fuese elegido Papa su propio hijo Juan y, en efecto, no se había cumplido aún un mes desde el asesinato de Esteban VII (VIII) cuando fue elegido y coronado Papa el jovencísimo Juan XI, que contaba veinticinco años de edad. Como sus predecesores, mostró una enorme docilidad para con los deseos de su madre y valedora, y, como ellos, tuvo una muerte pronta.

En el año 932, tras la muerte de su segundo esposo, Marozia se casó con Hugo, rey de Provenza y de Italia, en quien Juan X había esperado encontrar un rival contra la omnipotente «senadora», bajo la promesa, cumplida, de hacerle coronar emperador por el jovencísimo Juan XI.

Juan XI, inmaduro, falto de experiencia, débil y manipulable, era un buen hombre que quiso poner paz en Roma y cortar los abusos que en ella cometía su propia familia y, muy especialmente, quien acababa de convertirse en su padrastro: el emperador Hugo de Provenza.

Su hermanastro Alberico II, viendo que Juan XI no podía con los abusos de Hugo de Provenza porque estaba sometido en todo a la voluntad de la madre de ambos, movilizó al pueblo contra el recién coronado emperador e hizo que tuviese que abandonar la ciudad, tras lo que se hizo aclamar príncipe y senador de Roma; mandó encarcelar a su propia madre, Marozia, y desesperado por la inmadurez y cobardía de su hermanastro el Papa, le hizo recluir, quitándole toda autoridad temporal, y él mismo gobernó la Iglesia, aunque permitió que Juan XI encomendase a San Odón, abad de Cluny, la reforma del monacato.

Juan XI murió en diciembre de 935, cuando acababa de cumplir treinta años, y está enterrado en San Juan de Letrán. Se desconoce la suerte que corrió su madre, aunque, quizá por la inercia de lo ocurrido con los anteriores papas, la mayor parte de los historiadores, sin un solo documento de la época que lo atestigüe, afirman que ambos, madre e hijo, fueron asesinados en prisión. Lo cierto es que, con su muerte, concluye el que acaso haya sido el período más triste de la historia de la Iglesia: el que el cardenal César Baronio llamó «pornocracia» en el siglo XVI.

San Odón, nacido en el último cuarto de siglo IX, pertenecía a la nobleza militar de Francia pero, a los diecinueve años, decidió entregarse al sacerdocio y, poco después, fue nombrado canónigo de San Martín de Tours. Diez años más tarde, en el año 908, fue ordenado sacerdote; en 924, abad de Baume-les-Messieurs, y en 927 abad de Cluny. En el año 931, tras ser consejero de Esteban VII (VIII) y de León VII, el jovencísimo papa Juan XI acogió la abadía de Cluny bajo su protección y autoridad directa y, cuando fue encarcelado por orden de su hermanastro, Juan XI encomendó a San Odón la reforma del monacato de Cluny y su extensión a otras abadías. Murió en el año 942.

126. León VII (936-939)

Nacido en Roma, fue monje benedictino antes de ser elegido Papa el 3 de enero de 936 por deseo del autoproclamado príncipe y senador de Roma Alberico II, a quien estimaba y con quien llegó a un acuerdo: Alberico administraría el poder civil y el Papa ejercería el religioso. En la práctica, se repetía la situación de sus antecesores respecto a Marozia: supeditación absoluta del Papa a la voluntad de quien le había impuesto; en este caso, Alberico II.

Como León VII había sido monje benedictino, su mayor preocupación fue la de reformar los monasterios, por lo que encomendó esa tarea —como había hecho su predecesor— a San Odón, abad de Cluny, cuya reforma traspasaba ya los límites de Borgoña y, en Roma, conquistó para la reforma a León VII y a Alberico II, arrancando de ellos órdenes a obispos y autoridades para que impulsasen el movimiento cluniacense.

En la misma línea nombró, en Alemania, vicario apostólico y legado pontificio al arzobispo de Maguncia, Federico, y, en Roma, reformó y reorganizó el monaquismo, haciendo reedificar el antiguo cenobio cerca de la iglesia de San Pablo, fuera de las murallas de Roma, y advirtió en repetidas ocasiones a los obispos y al clero del peligro de la brujería, que estaba alcanzando una gran difusión, especialmente en Francia y Alemania, al tiempo que excomulgaba a magos, brujas y hechiceros.

León VII murió en Roma el 13 de julio de 939.

La basílica de San Pablo Extramuros, en Roma, se levantó en el siglo IV y, tras un incendio que la destruyó en 1823, fue reconstruida. El 18 de enero de 2000, durante la XXXIII Semana de Oración por la Unidad de los Cristianos, el papa Juan Pablo II abrió la puerta santa de la basílica de San Pablo Extramuros junto al metropolitano Atanasio, delegado del patriarca ecuménico de Constantinopla y jefe de la Iglesia ortodoxa, y del arzobispo de Canterbury, George Carey; a continuación, la cruzaron representantes de otras veintidós Iglesias cristianas.

127. Esteban VIII (IX) (939-942)

Se desconoce si nació en Roma o en Alemania, pero se sabe que fue elegido el mismo día en que enterraron a León VII, el 14 de julio de 939, y que lo fue por deseo del dueño de la ciudad, el autoproclamado príncipe y senador de Roma Alberico II, a quien estuvo sometido durante todo su pontificado y soportó los desafueros a que sometía a la ciudad.

Por estos mismos años, tras la expulsión por Alberico II de Hugo de Provenza, fue aclamado rey de Italia Berengario II, marqués de Ivrea, y el papa Esteban VII (VIII) medió, con éxito, en la disputa que enfrentaba a Luis IV de Oltremare con los príncipes franceses que se negaban a reconocerle como rey.

En el orden pastoral, se esforzó por inculcar la doctrina evangélica a los poderosos de Oriente y Occidente.

Murió en octubre de 942.

128. Marino II (942-946)

En muchas historias se le conoce como Marino III, ya que ese nombre les fueron asignados a los papas con posterioridad a sus vidas, pero en la relación actual figura como Marino II el Papa que rigió los destinos de la Iglesia desde su elección, el 30 de octubre de 942, hasta el 1 de mayo de 946.

Al parecer, fue un buen Papa, que dio ejemplo de vida cristiana en un período de desgarradora inmoralidad: fue hombre lleno de espíritu y humanidad, cuidó de los necesitados, prosiguió la obra de León VII en la reorganización de los monasterios, impulsó las artes, reorganizó las asociaciones, devolvió a Roma parte de su autoridad como capital moral y modificó las reglas de algunas órdenes eclesiásticas, pero no se recuerda de su pontificado ningún hecho de relevante importancia y sí, en cambio, que no supo oponerse a la voluntad del tiránico Alberico II.

Durante su pontificado, Hugo de Provenza abdicó en favor de su hijo Lotario, a quien pusieron bajo la tutela del rey Berengario II de Italia.

129. Agapito II (946-955)

Nacido en Roma, fue elegido la misma semana de la muerte de Marino II y entronizado el 10 de mayo de 946 con el nombre de Agapito II. Muy probablemente debió la elección a Alberico II, pero la autoridad de este autoproclamado rey y senador de Roma se fue debilitando y ello le concedió una cierta autonomía, disminuida por el hecho de que, sobre el cielo de Roma y de Italia, se alzaba una nueva autoridad: la de Otón I, que había de ser coronado emperador y fundador del Sacro Imperio Romano Germánico por el papa Juan XII.

El papa Agapito II se encontró en medio de las luchas por el poder que desencadenaba la política imperial y, además, sin poder intervenir en ellas: el joven Lotario, puesto bajo la tutela de Berengario II, murió envenenado, acaso por orden de su tutor, puesto que Berengario quería que Adelaida, viuda de Lotario, se casase con su hijo; Adelaida acudió en petición de ayuda a Otón I de Sajonia y se casó con él; Otón I fue coronado rey de Italia, y a Berengario II no le quedó otro remedio que someterse a Otón I, aunque en el puesto a que aspiraba: el de gobernador de toda Italia en calidad de vasallo del imperio, del que Italia pasaba a ser un feudo pacificado.

Si poco, o nada, pudo hacer en el orden civil, Agapito II se esforzó por mejorar las condiciones morales del clero, con la ayuda de Otón I, y logró que Haroldo, rey de Dinamarca, abrazase la doctrina cristiana.

Cuando en el año 954 murió Alberico II, dejó al Papa una Roma libre y apta; por ello, de ser sabiamente gobernada. Pero un año más tarde, cuando apenas había iniciado en libertad su pontificado, murió el papa Agapito II, en octubre de 955.

Otón I el Grande, nacido en el año 912, fue rey de Alemania desde el 962; de Italia desde el 951, y emperador y fundador del Sacro Imperio Romano Germánico desde el 962. Era hijo de Enrique I, rey de Germania, y tras reprimir una sublevación encabezada por su hermano, consolidó su reino, apoyándose en la Iglesia de Roma y concediendo ducados a gentes a quienes sabía leales. Cuando en el año 951 fue a Italia en auxilio de la reina Adelaida, viuda de Lotario de Lombardía, se casó con ella y se convirtió en gobernante del norte de Italia. De vuelta a Alemania, y tras aplastar Germania, sofocó otra rebelión de nobles, dirigida por su hijo Liudolfo; frenó una invasión húngara, y se convirtió en paladín de la cristiandad. En el año 962 fue coronado emperador del Sacro Imperio por el papa Juan XII, a quien depuso al año siguiente para colocar en su lugar a León VIII, en un intento de someter a la Iglesia a la autoridad del imperio. Firmó una alianza con el emperador bizantino Nicéforo II Focas, sellado con el matrimonio de Otón II con Teófano, hija del emperador de Bizancio, Romano II.

130. Juan XII (955-964)

Nacido posiblemente en Roma, pertenecía a la familia de los condes de Túsculo, ya que era hijo de Alberico II, razón por la cual fue elegido Papa el 16 de diciembre de 955, cuando contaba tan solo dieciocho años de edad. Se llamaba Octaviano, y tomó el nombre de Juan XII cuando ascendió al papado en un momento en que Italia estaba gobernada por Berengario por delegación del emperador de Otón I, rey de Alemania y de Italia.

Quizá por su juventud, se mostró audaz en sus decisiones y reivindicó los derechos temporales de la Iglesia al conseguir del emperador Otón la creación de los obispos-condes, con doble poder sobre sus sedes —el eclesiástico y el civil—, que les liberaba del poder de la nobleza germana.

Esa misma impetuosa juventud le llevó al intento de ampliar los territorios de la Iglesia a costa de Berengario, por lo que, ante las amenazas de este, el joven Papa tuvo que llamar en su ayuda a Otón I y este bajó a Italia para poner orden. Para agradecerlo, porque el fortalecimiento del imperio ayudaría a reimplantar la paz en Europa y consecuentemente en la Iglesia, y porque se vio obligado a ello, Juan XII coronó a Otón I como emperador del Sacro Imperio Romano Germánico.

Cuando el recién coronado emperador salió de Roma, Juan XII volvió a reanudar su «amistad» con los enemigos Berengario y Lamberto, por lo que Otón regresó nuevamente a Roma, pero esta vez enfadado con el Papa. Por ello, con el pretexto de la vida libertina que llevaba Juan XII, convocó un concilio, hizo que en él se depusiera a Juan XII y que se eligiera Papa a su secretario León, León VIII.

Al propio tiempo, hizo que el concilio confiriera al emperador del Sacro Imperio el derecho que en el pasado había pertenecido al emperador de Oriente, con una modificación importante: la elección del Papa no solo tenía que contar con la aprobación del emperador, sino que el elegido tenía que jurarle fidelidad.

El papa Juan tuvo que huir de Roma para, fuera de ella, formar un ejército con el que regresó a la ciudad. Una vez en Roma convocó un sínodo que depuso a León VIII, quien ya se había refugiado en la corte de Otón I y se dedicaba a urdir venganzas contra Juan XII. El emperador Otón I tuvo que regresar a Roma por tercera vez, pero cuando llegó a ella el papa Juan XII había muerto ya el 14 de mayo de 964, cuando tan solo contaba veintisiete años de edad.

131. León VIII (963-965)

León era romano e hijo de un caballero, Juan, bien conocido en Roma, especialmente en el *Clivus Argentarii*. Cuando el emperador Otón I depuso ilegalmente a Juan XII, en noviembre de 963, impuso como heredero a un laico, León, que fue elegido Papa el 4 de diciembre y consagrado obispo de Roma el 6 de diciembre, por lo que en solo dos días Sico, obispo de Ostia, le confirió todas las órdenes menores, en clara violación del derecho canónico.

Poco después de su consagración, los romanos intentaron evadirse de la autoridad del emperador, que estaba en Roma, y fueron gravemente castigados por ello, y aunque León VIII consiguió que Otón I les devolviese los rehenes que había recibido de ellos, apenas el emperador dejó Roma el pueblo expulsó del papado a León VIII, en febrero de 964, y recibió en la ciudad al depuesto Juan XII, quien convocó un concilio, condenó a León, «... uno de los empleados de la curia, que ha quebrantado la fidelidad que nos debía», y degradó a los clérigos que habían sido ordenados por él.

Cuando murió el papa Juan XII el 14 de mayo del año 964, y los romanos eligieron para sucederle al cardenal diácono Benedicto, el emperador Otón I regresó nuevamente a Roma y, en julio de 964, tomó preso al nuevo papa Benedicto V, reponiendo en su cargo a León VIII y, tras conseguir la aprobación de sus sedicentes jueces, Benedicto V fue degradado al rango de diácono y desterrado a Hamburgo, siendo el propio León VIII quien le arrancó el palio de los hombros.

Un escrito contemporáneo afirma que Benedicto V consintió en su deposición y posteriormente nadie reclamó contra la dignidad papal de León VIII, por lo que figura en la lista de papas como tal hasta su muerte, el 1 de marzo de 965, pero queda en duda si debe ser considerado Papa desde el 6 de diciembre de 963, fecha de su primera consagración episcopal, o desde su reposición en julio de 964.

Aunque no se ha dado a conocer todavía ningún escrito que nos aporte información de lo realizado por León VIII durante el tiempo en que puede ser considerado, sin duda alguna, Papa, parece que confirmó a Otón I aquellos privilegios que habían sido obtenidos por este en el mismo concilio que depuso al papa Juan XII y le devolvió las tierras que sus predecesores habían otorgado al papado, aunque los documentos en que se recogen estos hechos parecen en realidad falsificaciones imperiales que fueron llevadas a cabo durante la llamada «querella de las investiduras».

En el breve tiempo de su pontificado, León VIII, quizá para castigar al pueblo por los enfrentamientos que había tenido que sostener con su predecesor, Juan XII, y su sucesor, Benedicto V, prohibió a los laicos, bajo pena de excomunión, entrar en el presbiterio durante las funciones solemnes. En todo caso, fue siempre un Papa que no contó con el amor de los romanos, quizá por haber sido impuesto por un emperador extranjero.

Aunque se da como fecha de su muerte el 1 de marzo de 965, solo es seguro que falleció entre el 20 de febrero y el 13 de abril de ese año.

La «querella de las investiduras» hace referencia al grave enfrentamiento que hubo entre la Iglesia y el Estado, en los siglos XI y XII, que se disputaban sus derechos respectivos en las ceremonias en las que obispos y abades eran nombrados y consagrados en sus cargos, como la de que el príncipe otorgase al prelado el anillo y el báculo, símbolos de su autoridad espiritual.

Esa participación de los laicos en la investidura había surgido en la Edad Media como consecuencia del sistema feudal, en el que los prelados eran a un tiempo gobernantes seculares y suma autoridad religiosa.

El enfrentamiento más duro lo tuvieron el papa Gregorio VII (1073-1085) y el emperador Enrique IV, que concluyó con el asedio al castillo de Sant'Angelo, donde se refugió el Papa, y la conquista de Roma por las tropas imperiales. Un tiempo en que estaba en pleno apogeo un movimiento para reformar la Iglesia en algunas zonas de Francia y Alemania y que, desafortunadamente no se desarrolló lo suficiente como para evitar la gran reforma luterana del futuro.

---

132. Benedicto V (964-966)

Como su predecesor, fue elegido y entronizado Papa en dos ocasiones. Nacido en Roma y conocido en la ciudad por su erudición y saber como gramático, era cardenal diácono cuando fue elegido Papa por los romanos en mayo de 964, a la muerte de Juan XII, pese a que el emperador Otón I había depuesto a este y nombrado en su lugar a León VIII.

Al enterarse de su nombramiento, el emperador Otón I regresó a Roma, arrestó y depuso a Benedicto, y le exilió a Hamburgo, donde le puso al cuidado del arzobispo de Bremen-Hamburgo, que lo trató con tanta consideración que fue uno de los alemanes que siempre le reconocieron como Papa legítimo.

Al morir León VIII, Otón I le autorizó a regresar a Roma, ante la insistente petición no solo de los romanos, sino de la mayor parte de sus súbditos, pero Benedicto V murió en Hamburgo, antes de iniciar el viaje y con fama de santidad, el 4 de julio de 966. Aunque fue enterrado en aquella ciudad alemana, el emperador Otón III mandó trasladarle a Roma, donde su cuerpo yace en las grutas Vaticanas.

Como en el caso de León VIII, figura en la lista de los papas aprobada por la Iglesia porque la elección de ambos fue válida de acuerdo a lo dispuesto en el derecho canónico.

133. Juan XIII (965-972)

Nació en Roma, en la familia de los Crescencios, y era hijo de Teodora la Joven, hermana de Marozia, y de Juan, obispo de Nardi.

Impuesto por el emperador Otón I, fue elegido después de la muerte de León VIII, el 1 de octubre de 965, pero nueve meses antes de que muriera Benedicto V, el 4 de julio de 966.

Como el papa León VIII no fue aceptado por el pueblo romano, se vio obligado a buscar amparo junto a Pandolfo, príncipe de Capua y de Benevento, y acosado por una facción que le consideraba instrumento de los extranjeros. Pese a ello, al saber que el emperador se disponía a partir hacia Italia para reponerle en su trono, los romanos reclamaron el regreso de Juan XIII e hicieron prisioneros a quienes habían dirigido la rebelión contra el Papa, e incluso dieron muerte a Pedro, prefecto de Roma, al parecer por orden del emperador Otón. En cualquier caso, el emperador llegó a Roma, permaneció en ella durante seis años, hizo que el Papa bendijese su matrimonio con Teófano, princesa de Bizancio, y coronase a su hijo y sucesor Otón II.

En el orden religioso, Juan XIII introdujo el uso de bendecir y dar un nombre a las campanas; se recuerda el afán pastoral que le llevó a promover misiones entre los húngaros y los polacos; la protección al monacato, y el hecho de que convocase varios concilios buscando ordenar y organizar la estructura eclesiástica.

Con la boda del emperador Otón I con la princesa Teófano, los imperios de Occidente y Oriente volvieron a entenderse, y el apoyo a la Iglesia del emperador del Sacro Imperio Romano Germánico se manifestó en importantes donaciones a la Iglesia y el incremento del *patrimonium Petri*.

Juan XIII falleció cuando se estaba celebrando un importante concilio en Ingelheim para reorganizar la Iglesia alemana. Murió el 6 de septiembre de 972 y el emperador Otón I le siguió a la tumba unos meses más tarde, en mayo del año 973.

134. Benedicto VI (973-974)

Benedicto nació en Roma y era hijo de Hildebrando; era cardenal diácono de San Teodoro cuando fue elegido para suceder a Juan XIII a poco de su muerte, pero la necesidad de conseguir la ratificación de Otón I, emperador del Sacro Imperio Romano Germánico, retrasó su consagración hasta el 19 de enero de 973.

Su pontificado, de apenas dieciocho meses, fue poco afortunado, pese a deber su elección al apoyo de Otón II y sus partidarios, ya que cuando este subió al trono, a la muerte de su padre, se desencadenó en Italia una fuerte reacción contra los alemanes capitaneada por Juan Crescencio, quien, desde el castillo de Sant'Angelo, donde se refugiaba, acosaba constantemente las posiciones alemanas. En una de esas acciones encarceló al papa Benedicto VI, que se esforzaba en lograr la paz pero, a ojos de Crescencio, representaba el poder del imperio que le había designado.

Liberado por los alemanes y encarcelado nuevamente en el castillo de Sant'Angelo por sus rivales, fue depuesto por un tal Francone, que usurpó el solio pontificio y adoptó el nombre de Bonifacio VII. Un nuevo antipapa que huyó de Roma un mes más tarde por miedo a los condes de Túsculo, fervientes partidarios del emperador y, por serlo, del papa Benedicto VI.

Repuesto Benedicto VI en el trono papal, en nada se rebajó la violencia que ensangrentaba las calles de Roma. El partido antigermánico siguió luchando y, entre los que sufrieron las dramáticas consecuencias se encontró, una vez más, Benedicto VI, quien fue estrangulado y arrojado al Tíber en junio de 974, poco antes de que llegaran en su ayuda tropas imperiales del legado imperial al mando de Sicono. Su cuerpo, rescatado de las aguas, fue enterrado en las grutas Vaticanas.

De su labor apostólica se recuerda que convirtió al cristianismo a los húngaros y que confirmó los privilegios otorgados por sus predecesores a algunas iglesias y monasterios.

135. Benedicto VII (974-983)

Nacido en Roma e hijo de un noble llamado David, era miembro de la familia condal de Túsculo, los Conti, y por ello amigo de la dinastía otónida, que regía el Sacro Imperio Romano Germánico. Tras ser nombrado obispo de Sutri, fue elegido Papa en octubre de 974 con el apoyo de Sicono, legado del emperador Otón II el Sanguinario, quien antes había expulsado de Roma al antipapa Bonifacio VII, Francone, elevado al solio pontificio por la facción romana que había encarcelado a Benedicto VI.

De sus actuaciones pontificales cabe destacar los dos concilios en los que participó Otón II: el celebrado para excomulgar a Francone y el que condenó la simonía, práctica que se había generalizado en la Iglesia. Dedicó también tiempo y esfuerzos a favorecer al monacato, guardián y exponente máximo de la cultura en aquellos tiempos, y, en respuesta a una solicitud llegada desde Cartago, consagró obispo al presbítero Jaime, portador de la misma, «para ayudar a la maltratada provincia de África».

Por lo demás, y pese a que su pontificado se prolongó nueve años, apenas se sabe de él, salvo que era hombre con fama de muy inteligente, que trató de reprimir la ignorancia que enseñoreaba Italia, luchar contra los abusos que la corrompían y mejorar las técnicas agrícolas para paliar las hambrunas que diezmaban la población europea.

Benedicto VII falleció en Roma, el 10 de julio de 983, y fue enterrado en Santa Cruz (Jerusalén).

El mismo año que el papa Benedicto VII, murió el emperador Otón II, que contaba solo veintiocho años de edad y dejaba como heredero a Otón III, nacido un año antes. Ello facilitó que estallaran muchas revueltas en Italia provocadas por el partido nacionalista antigermánico, al mando de sucesivos representantes de la familia de los Crescencios, que pretendía liberar Italia de la autoridad germánica y restaurar la república romana.

136. Juan XIV (983-984)

Nacido en Pavía, se llamaba Pedro de Cane de Panova y era vicecanciller del emperador en Italia y obispo de Pavía cuando fue elegido Papa en diciembre de

983, tomando el nombre de Juan XIV por considerarse indigno de llevar, en el papado, el mismo que el apóstol San Pedro. Era, al parecer, hombre enérgico y dotado de buenas cualidades, y se proponía, como su predecesor, abordar la reforma de la Iglesia sin que ello ocasionase graves conflictos.

Nada pudo hacer porque, cuando fue elegido Papa, acababa de morir su protector, el emperador Otón II, que lo hizo el 7 de diciembre de 983, y esa era una muerte que esperaba Francone, el antipapa Bonifacio VII, desde que diez años antes había sido exiliado de Roma a Constantinopla. En abril, Francone estaba ya en Roma y, con la complicidad de Crescencio II, recluyó al papa Juan XIV en el castillo de Sant'Angelo y volvió a usurpar la dignidad pontificia con el nombre de Bonifacio VII.

Juan XIV murió, de hambre, el 20 de agosto de 984.

Tras la muerte de Juan XIV, Francone continuó siendo dueño de Roma durante casi un año, al cabo del cual fue asesinado.

Francone, ex cardenal diácono e inductor del asesinato de dos papas, Benedicto VI y Juan XIV, usurpó él mismo el papado en el año 973 con el nombre de Bonifacio VII, tras deponer y detener al Papa legítimo, Benedicto VI. Huyó de Roma un mes más tarde, ante las amenazas de los condes de Túsculo, y se refugió en Constantinopla, de donde regresó en el año 983 para sentarse nuevamente en la silla de Pedro y mantenerse en ella durante un año. Fue asesinado en julio de 985 y su cadáver, desnudo y mutilado, fue arrastrado por las calles de Roma y abandonado ante la iglesia de San Juan de Letrán, de donde unos sacerdotes lo recogieron y dieron sepultura.

137. Juan XV (985-996)

Nació en Roma y era hijo de un sacerdote llamado León. Su elección, aconsejada por Crescencio II, se produjo en julio de 985, quince días después de la muerte del antipapa Bonifacio VII y once meses después de que lo hiciera su legítimo predecesor, Juan XIV.

Como quiera que no murió hasta marzo de 996, fue el suyo un pontificado muy largo para aquellos tiempos, quizá porque acertó a mantener buenas relaciones, tanto con la familia de los Crescencios como con la corte del Sacro Imperio.

Ese largo pontificado y sus buenas relaciones con los poderosos le permitió actuar en bien de la paz en Europa y obtener buenos resultados para la Iglesia. Su prestigio personal, ya que el del papado estaba por los suelos, le permitió avanzar en la reforma cluniacense e imponer su autoridad en conflictos como el que estalló con el arzobispo de Reims y que solventó enviando a Francia, a petición de Hugo Capeto, al abad Bonifacio, o el que enfrentaba a Ricardo de Normandía con Etelredo II de Inglaterra.

Por el contrario, no logró ganarse sino el desprecio del clero por su inmensa codicia y descarado nepotismo, que le llevaron a enfrentarse a Crescencio, quien, por su parte, saqueaba sin miramientos los bienes de la Iglesia. Ante las amenazas de este, Juan XV salió de Roma y se refugió en Toscana, desde donde llamó a Otón III para que acudiera en su ayuda a cambio de ofrecerle la corona imperial. Crescencio, que no deseaba la presencia de Otón en Roma, se reconcilió con el Papa y le rogó que regresase a Roma. Pero Juan XV no lo hizo sino para morir, en marzo de 996.

Había sido el primer Papa que emitió formalmente un decreto de canonización: el que elevó a los altares a San Ulderico.

Otón II, padre del nuevo emperador Otón III, había muerto en diciembre de 983 y su esposa, Teófano, asumió la regencia durante la minoría de edad de su hijo, de un año de edad, a la muerte de su padre.

Crescencio fue cómplice de Francone —Bonifacio VII— en su primera usurpación del trono papal y en el asesinato de Benedicto VI. Reconciliado con Otón II, tomó el hábito y, monje penitente ya, construyó el convento de San Alejo, en el Aventino, donde murió el 7 julio de 984.

Su hijo, Juan Crescencio Nomentano, siguió el mismo camino que su padre en los principios y distinto en el final: facilitó el regreso de Bonifacio VII y dejó morir en la cárcel a Juan XIV, pero, lejos de arrepentirse de ello, llegó a ser en Roma más poderoso que lo había sido su padre, hasta el punto de detentar el título de «patricio de los romanos» que solo correspondía al emperador.

138. Gregorio V (996-999)

El emperador Otón III viajaba camino de Roma, llamado por Juan XV para reprimir las revueltas capitaneadas por Crescencio, cuando la muerte de este le sorprendió estando en Rávena. Allí mismo designó Papa a quien era capellán de su corte, Bruno, nacido en Sajonia, hijo del duque Otón de Carintia y nieto de Otón el Grande.

Desde hacía más de doscientos años, desde el año 772, Roma no había tenido un Papa extranjero, pese a lo cual fue aceptado sin objeción alguna aquel alemán de veinticuatro años, que fue consagrado el 3 de mayo de 996 tomando el nombre de Gregorio V. Veinte días más tarde, Otón III era coronado emperador del Sacro Imperio Romano Germánico por Gregorio V, quien consiguió poner fin a las luchas: Crescencio obtuvo el perdón imperial y Otón III regresó a Alemania.

La paz duró poco tiempo. El joven Papa, culto, severo y seguro de sí mismo, quiso mostrar su independencia frente a las facciones independentistas romanas, y el líder de estas, Crescencio II, solo esperaba que Otón saliera de Roma para demostrar quién era el verdadero amo de la ciudad. Cuando el emperador lo hizo, Crescencio reanudó sus acciones subversivas, el Papa tuvo que huir de Pavía y fue nombrado un antipapa, Juan XVII, el griego Juan Filagato, obispo de Piacenza, lo que obligó a Otón a bajar nuevamente a Italia, devolver el solio pontificio a Gregorio V y hacer decapitar a Crescencio II en lo alto de Sant'Angelo, al tiempo que el antipapa Juan XVII, mutilado –le sacaron los ojos, le tajaron las orejas y le cortaron la nariz–, fue llevado ante Gregorio V, quien le despojó de sus atributos papales, exhibido por las calles de Roma montado en un asno y encerrado en un convento en el que murió quince años más tarde, pese a haber sido capellán de la emperatriz Teófano, madre de Otón III.

Cuando pudo ocuparse de su magisterio, Gregorio V tomó partido por Arnulfo en la cuestión del arzobispo de Reims, suspendiendo a los prelados que se habían opuesto, salvo a Gerberto de Aurillac, futuro papa Silvestre II, con quien se mostró amable y condescendiente pese a estar también implicado en el conflicto, quizá porque en ese tiempo Gerberto había sido designado arzobispo de Rávena por el emperador. No tuvo la misma comprensión para con Roberto II el Piadoso y sus desgracias conyugales, ya que lo excomulgó.

Gregorio V murió de malaria, cuando tenía veintisiete años, el 18 de febrero de 999. Había instituido la conmemoración de los difuntos y mandado trasladar el cuerpo de Santa Lucila a Santa María la Nueva, de Roma.

Juan XVII fue un antipapa que reinó entre los años 997 y 998 por imposición de Crescencio II; pese a ello, el Papa siguiente que llevó dicho nombre tomó también el nombre de Juan XVII, en la misma forma que, tras el antipapa Juan XXIII (1410-1415), el papa Roncalli tomó ese mismo nombre.

139. Silvestre II (999-1003)

Este primer Papa francés, nacido en la Alvernia, se llamaba Gerberto y era monje benedictino y preceptor del joven Otón III, quien le hizo nombrar Papa a la muerte de Gregorio V. Consagrado el 2 de abril de 999, tomó el nombre de Silvestre II.

Amante del estudio, introdujo en el mundo cristiano el uso de los números árabes, y tuvo que enfrentarse, con bastante acierto, a la avalancha de supersticiones y falsas creencias que agobiaron al mundo en las vísperas del año 1000 de nuestra era, pero que prepararon con rezos, penitencias y peregrinaciones a Tierra Santa.

Celoso guardador de la regla de su orden, quiso frenar las malas costumbres que corrompían la cristiandad, para lo que contó con la ayuda del emperador, pero logró muy poco: el enriquecimiento de las clases eclesiásticas y la creciente fuerza de los obispos-condes habían llevado al clero a un proceso de laicización que implicaba un considerable declive de los niveles morales y religiosos; sobre todo en el caso de los obispos-condes, ya que ellos mismos se consideraban antes súbditos del emperador que obispos de la Iglesia, por lo que solían resolver todas las discrepancias de intereses primando el orden temporal sobre el religioso.

De otra parte, el partido nacionalista autónomo, que dirigiera el difunto Crescencio II, se esforzaba por devolver la república a Roma y se había reunido en Tívoli para oponerse a la autoridad pontificia, respaldado por algunos feudatarios italianos. Aunque Otón III logró dominar su rebelión, su pronta muerte dejó a Silvestre II sin el apoyo necesario para afrontar la peligrosa situación. Ello le hizo abandonar todo proyecto de reforma religiosa, limitarse a despachar burocráticamente las cuestiones religiosas y respetar la autoridad del nuevo señor de Roma: Juan Crescencio. Silvestre II murió de malaria, o tal vez asesinado, el 12 de mayo de 1003. La tradición habla de que el papa Silvestre II fue castigado por Dios porque practicaba la astrología y era nigromante y brujo. Por eso, dicen, no goza en su tumba del justo reposo y emite una especie de sudor (*sudans*) cada vez que un Papa está a punto de morir.

La numeración arábiga es el sistema habitualmente utilizado hoy en casi todo el mundo. Fue desarrollado por los hindúes hacia el siglo III a.C., y la numeración hindú pasó al mundo árabe alrededor de los siglos VII u VIII d.C. En el año 976 se encuentran ya las primeras referencias escritas con numeración arábiga en Europa. Sus incorporaciones más importantes fueron la notación posicional, en la que los símbolos individuales modifican su valor según su posición, y la incorporación de un símbolo para el cero, que hace posible escribir cualquier número con solo diez guarismos.

---

140. Juan XVII (1003)

Nació en Roma, en el seno de una familia acomodada de nombre Secchi, y él mismo se llamaba Sicone; había estado casado y tenía tres hijos cuando fue elevado al pontificado en junio de 1003.

La muerte del emperador Otón III del Sacro Imperio, origen de graves disturbios en Alemania, fue también fatal para Italia, a la que devolvió a la anarquía de que le había salvado su autoridad. El hecho de que Enrique II el Santo fuese ungido rey de Alemania en el año 1002, y dos años después, coronado rey de Italia, su presencia en la Península no impidió que Juan Crescencio hiciese elegir Papa a Juan XVII, un hombre que le era favorable y a la vez, se declaraba enemigo del emperador.

Ya hemos visto que Juan Filagato había llevado, como antipapa nombrado por Crescencio II, el nombre de Juan XVII, sin que hubiera existido previamente un Juan XVI. Pese a ello, Sicone Secchi adoptó también el nombre de Juan XVII, aunque alguna crónica medieval le atribuye el XVIII, considerando Papa legítimo a Filagato o dando por cierto que haya habido un papa Juan XVI del que no se guarda memoria.

De los seis meses del breve pontificado de este Papa no se guarda memoria de ningún hecho relevante. Se sabe, sí, que murió en diciembre de 1003 y que está enterrado en San Juan de Letrán.

141. Juan XVIII (1004-1009)

El cardenal presbítero Fasano había nacido en Roma y desarrollado toda su carrera eclesiástica cerca o dentro de la corte papal, a tenor con los vaivenes que la sacudían. Quizá por ello, y por su espíritu apacible y bondadoso con todos, aunque manifiestamente débil, fue elegido a poco de la muerte de su predecesor, ya que fue consagrado en enero de 1004.

Al poco tiempo de ascender al pontificado coronó rey de Italia a quien lo era de Baviera, Enrique II el Santo, en solemne oficio que celebró en Pavía. Allí, la ciudad, cansada de las fechorías alemanas, se rebeló contra el nuevo rey, pero las tropas de este la conquistaron y saquearon sin que el Papa impidiese su casi total destrucción.

En el orden pastoral, se esforzó en difundir el cristianismo por tierras bárbaras, enviando misioneros entre los paganos; instituyó el obispado de Bramberga, ocupándose especialmente de las cuestiones relativas a la Iglesia germánica, e intentó reanudar, con poco éxito, la unión de las Iglesias griega y latina.

Murió en julio de 1909 y fue enterrado en la basílica de San Pablo Extramuros, a cuyo monasterio se había retirado como monje y en el que residió los últimos meses de su vida.

142. Sergio IV (1009-1012)

Pedro Bocca di Porco nació en Roma y fue elegido Papa gracias al apoyo de los Crescencio, y en su consagración, el 31 de julio de 1009, tomó el nombre de Sergio IV, no queriendo llevar el mismo que el primero de los obispos de Roma. Después de él, todos los elegidos, exceptuando a Adriano VI y a Marcelo II, han seguido su ejemplo y han elegido un nuevo nombre para su papado.

De su carácter da buena prueba el hecho de que no estuvo sometido, durante su pontificado, a sus valedores para alcanzarlo, los Crescencio, sino que actuó con absoluta libertad, incluso en el orden político, ya que acertó a mantener a la Iglesia en buenas relaciones, tanto con el imperio oriental como con el occidental, pese a que intervino con autoridad en las disputas y controversias surgidas en sus relaciones con ellos.

Quiso organizar una cruzada que reuniese a todos los pueblos cristianos para rescatar del dominio musulmán los santos lugares. Aunque no lo logró plenamente, sí acertó a reunir a los príncipes italianos en una alianza contra el poder musulmán con el objeto de salvar el santo sepulcro de la destrucción, que estos pretendían.

Preocupado por el bien de la Iglesia intentó, aunque con poca fortuna, moralizar las costumbres del clero, especialmente entre los obispos y los abades, excesivamente preocupados por acumular poder y riqueza, con frecuente abandono de sus obligaciones pastorales e incluso sus propios comportamientos morales.

Reconoció la Orden de los Camaldulenses de San Romualdo.

Murió el 12 de mayo de 1012 y fue enterrado en San Juan de Letrán.

143. Benedicto VIII (1012-1024)

Teofilacto, natural de la ciudad italiana de Túsculo, hijo de Gregorio y María, condes de Túsculo, y hermano de quien sería su sucesor en la silla de San Pedro, Juan XIX, era seglar en el momento de ser elegido Papa el 18 de mayo de 1012, a los seis días de la muerte de su predecesor. Había sido impuesto en la elección por su poderosa familia, que en esos momentos disputaba a los Crescencio la supremacía sobre Roma.

Apenas nombrado, fue expulsado de Roma por los Crescencio, que pusieron en el trono de San Pedro al antipapa Gregorio VI. Año y medio más tarde, Benedicto VIII fue repuesto en el papado con la ayuda de Enrique II de Sajonia, a quien coronó emperador del Sacro Imperio Romano Germánico ese mismo año (1014) al tiempo que a su esposa, la emperatriz Santa Cunigunda. En ese acto, y por primera vez en Occidente, el emperador recibió del Papa no solo la corona, sino también el globo con la cruz como símbolo del poder universal.

Una vez repuesto en el papado, Benedicto VIII fue un fuerte y buen gobernante que, tras coronar emperador a Enrique II, mantuvo una firme amistad con él, aseguró la paz en Italia dominando a los Crescencio, derrotó a las fuerzas musulmanas y pactó una alianza con los normandos que, procedentes de Escandinavia y tras llegar a Jerusalén en defensa de Tierra Santa, se habían asentado en el sur de Italia a su regreso a Europa y en el futuro estuvieron siempre al lado de la Iglesia romana en su enfrentamiento con el imperio.

En su viaje a Alemania para coronar a Enrique II, consagró la catedral de Bamberg, visitó el monasterio de Fulda y obtuvo de Enrique II un decreto que confirmaba las donaciones hechas a la Iglesia por los emperadores Carlomagno y Otón I. Al tiempo, para consolidar la paz entre los príncipes cristianos, dictó y alentó la llamada «tregua de Dios» y aprobó los avances eclesiásticos de Gauzlin, hermano natural de Roberto II el Piadoso, rey de Francia.

Preocupado por los vicios que corrompían al clero y la práctica de la simonía, que ya era común, convocó, con el apoyo del emperador Enrique II, un sínodo en Pavía, en 1022, en el que se decretaron severas condenas contra los sacerdotes que practicaban la simonía y los que no respetaban el celibato sacerdotal, así como contra el duelo.

Como tantos otros papas, Benedicto VIII intervino en la interminable disputa por la supremacía que sostenían los patriarcas de Grado y de Aquilea. Además, recibió a Ethelnoth de Canterbury, a quien consagró arzobispo en 1022; restituyó al frente de la abadía de Ely a Leofwine, y fue amigo y protector de San Odilo, abad de Cluny, cuyas reformas monacales apoyó firmemente.

Benedicto VIII murió el 9 de abril de 1024, tras ser uno de los pocos papas de la Edad Media que acertó a ser, a un tiempo, poderoso en Roma e importante fuera de ella. Combatió contra los sarracenos, que habían avanzado hasta Pisa, y derrotó, con la ayuda de Nápoles, Génova y Pisa, a los bizantinos, que amenazaban las regiones meridionales; incorporó el credo de Nicea a la misa y, teniendo en cuenta las reformas que patrocinó, aparece hoy como un claro precursor de Gregorio VII.

Se conoce con el nombre de «tregua de Dios» un decreto de Benedicto VIII en el que se regulaba la guerra entre príncipes cristianos. Tuvo su origen en un decreto de la Iglesia para defender a los humildes frente a los señores feudales, la llamada «paz de Dios». La «tregua de Dios» se basaba en un principio canónico que prohibía las hostilidades entre el sábado por la noche hasta el lunes por la mañana. Durante el pontificado de Juan XIX se aplicó a todo tipo de guerra privada y durante el de Benedicto IX se amplió al tiempo transcurrido entre la puesta del sol del viernes y su salida del lunes, incluyéndose en pontificados posteriores los tiempos de Adviento, Navidad, Cuaresma y Pascua, bajo pena de excomunión contra quien la quebrantase. Aunque inicialmente fue acogida por Francia, Italia y Alemania, el III Concilio Ecuménico de Letrán, celebrado en 1179, la hizo obligatoria para toda la cristiandad de Occidente y prohibía el uso de la ballesta contra los cristianos, aunque no contra los infieles.

144. Juan XIX (1024-1032)

Hijo –como Benedicto VIII, su predecesor– de los condes de Túsculo, nació en Roma y también, como su hermano, era laico y recibió todas las órdenes sagradas de una vez, en mayo de 1024, tras ser elegido Papa; pero, a diferencia de Benedicto, se opuso a las reformas del clero emprendidas –o intentadas al menos– por los dos papas que le precedieron en el pontificado.

Una vez consagrado, encomendó a su hermano Alberico el cuidado de los asuntos civiles, reservándose para sí los eclesiásticos. En ambos casos, acostumbrado desde niño a ejercer la autoridad, acertó a gobernar la Iglesia apoyándose en el monacato, y supo conquistar y mantener el respeto y la obediencia de muchos poderosos de su época, pese a lo cual su pontificado está signado por el notable incremento de los abusos cometidos por esos poderosos que, en teoría al menos, respetaban al Papa.

Cuando murió el emperador Enrique II, Juan XIX fue visitado en Roma por Conrado II el Sálico, a quien coronó emperador y de quien obtuvo que, como su predecesor en el Sacro Imperio, apoyase en todo al clero y a los obispos-condes, lo que incrementó el poder y la autoridad de los obispos sobre sus vasallos laicos, pero también las discordias y luchas entre ellos.

Contando con la protección del emperador Conrado II, se mantuvo firme e intransigente frente a Constantinopla, y ello hizo que, al negarse a conceder el título de ecuménico al patriarca de Constantinopla, provocase un cisma entre las Iglesias oriental y occidental.

En su tiempo, y contando con el apoyo del Papa, Guido d'Arezzo, continuando un proceso de siglos, fijó, dio nombre y popularizó el uso de las notas musicales, a las que puso nombre usando las siete primeras sílabas de un salmo.

Se desconoce la fecha de la muerte de Juan XIX, ocurrida en 1032.

Nacido en la última década del siglo x, Conrado II el Sálico fue rey de Germania desde 1024; rey de los lombardos desde 1026, y emperador del Sacro Imperio Romano Germánico desde 1027 hasta su muerte, en 1039, reprimiendo una rebelión en el norte de Italia. Pertenecía a la familia de Otón I el Grande y antes de ser elegido emperador fue duque de Franconia. Sus sucesores, la dinastía Salia, rigieron el Sacro Imperio hasta 1125.

145. Benedicto IX, primer período (1032-1044)

Aunque de origen griego, Teofilacto nació en la ciudad de Roma, dentro de la familia de los Túsculo, y era sobrino de Benedicto VIII y de Juan XIX. Ingresó siendo aún un niño en un monasterio benedictino y fue elegido, en agosto de 1032, para sentarse en el trono papal cuando tenía entre doce y quince años de edad por imposición de su padre, Alberico, que era el verdadero dueño de Roma, siendo el último de los tusculanos que se sentaron en el trono de Pedro hasta el momento.

Benedicto IX, que ese fue el nombre que Teofilacto tomó como Papa, ocupó el trono pontificio en tres ocasiones: de 1032 a 1044, en 1045 y de 1047 a 1048.

Es difícil creer que todos los horrores y miserias que cuentan los cronistas acerca de este papado respondan a la verdad, pero algo tiene que haber de cierto. Es seguro que no contaba quince años de edad y que su padre, Alberico, pagó lo necesario para que el joven Teofilacto, conde de Túsculo, sucediera a sus tíos. Lo cierto es que Benedicto IX descendió sin esfuerzo aparente a los niveles de sus antepasados más despreciables, el de la «pornocracia» de las Marozia y Teodora, tomando ejemplo en la execrable conducta de su lejano predecesor, Juan XII. Un cronista benedictino que llegaría a ser Papa con el nombre de Víctor III, Desiderio de Fausi, confiesa sentirse avergonzado al relatar las bajezas a que sometió su vida Benedicto IX.

Además, como en tiempos de ese Juan XII de triste memoria, fue un instrumento en manos del emperador y el rey de Bohemia le forzó a trasladar a Praga las reliquias de San Adalberto. Esclavo de sus pasiones, Bonifacio IX sigue siendo un juguete en manos del emperador, en cuya corte residiría algunos años, hacia 1037 o 1039.

De vuelta a Roma, su vida libertina constituye un verdadero escándalo para todos, pese a lo cual fue aceptado al principio por el clero y los fieles para evitar nuevos tumultos y derramamientos de sangre; pero los Crescencio, enemigos históricos de los condes de Túsculo, hicieron que el escándalo de su vida provocase un verdadero levantamiento popular, por lo que estalló una guerra cruenta entre las dos familias. Para calmar los ánimos y asegurar su posición en el trono, Benedicto IX convocó varios sínodos —en Spello, Roma y Marsella—, pero no logró sus propósitos y, tras un levantamiento popular, fue depuesto por primera vez en 1044 y entronizado en su lugar Silvestre III, mientras él se refugiaba en el monasterio de Grottaferrata.

El escudo pontificio, con las llaves de Pedro, fue creado bajo su pontificado. Quedó entre las costumbres del papado la tradición de que cada Papa elija su propio escudo, sus propios blasones.

En medio de tanta degradación en la cabeza de la Iglesia, no deja de ser admirable que la santidad florezca en todas partes, y muy especialmente tras los muros de los monasterios. Es el tiempo de San Esteban de Hungría, muerto en 1038; de San Canuto de Dinamarca, muerto en 1035; de San Eduardo de Inglaterra, muerto en 1066, y de San Enrique II de Alemania, de Santa Cunegunda y un largo y afortunado etcétera.

146. Silvestre III (1045)

El obispo de la Sabina, llamado Juan, compró la tiara y los Crescencio le instalaron por la fuerza en el Vaticano bajo el nombre de Silvestre III, pero el papa Benedicto IX le declaró antipapa y le excomulgó, pese a lo cual la Iglesia le reconoce como legítimo en la lista de los papas.

Juan había nacido en Roma y, tras la primera deposición de Benedicto IX, fue elegido el 20 de enero de 1045, para morir, según unos, apenas veinte días más tarde, el 10 de febrero siguiente, aunque muchos historiadores afirman que no murió en esa fecha, sino que fue depuesto el 10 de marzo siguiente por orden de los condes de Túsculo, quienes habían llevado nuevamente a Roma a su familiar Benedicto IX, mientras Silvestre III se refugiaba en la Sabina, donde siguió ejerciendo como obispo.

En todo caso, parece más justo que sea considerado antipapa, pues su elección fue el resultado de una imposición por la fuerza y su deposición ordenada por el Sínodo de Sutri, celebrado en 1046, con asistencia del rey Enrique III.

147. Benedicto IX, segundo período (1045)

Los condes de Túsculo hacen regresar a Roma a Benedicto IX y, tras deponer y exiliar —o asesinar— a Silvestre III, le sientan nuevamente en el trono de Pedro el 10 de abril de 1045, pero su corazón y su cabeza siguen lejos de Roma —y sus obligaciones—, convencido ya de que el trono de San Pedro no era un lugar de diversión, por lo que, a las tres semanas de ser repuesto en el papado vendió su puesto por mil quinientas libras de oro a su propio primo y padrino, el arcipreste Juan Graciano, que tomó el nombre de Gregorio VI.

148. Gregorio VI (1045-1046)

Por mil quinientas libras de oro, el arcipreste de Letrán, Juan Giovanni Gracia-no, perteneciente a la familia de los Pierleoini y nacido en Roma, compró a su primo y ahijado Benedicto IX el trono de San Pedro, al que ascendió, tomando el nombre de Gregorio VI, el 5 de mayo de 1045. Pese a tan irregular forma de llegar al pontificado, ha dejado fama de piedad y de honestidad, pues al parecer era un digno y virtuoso eclesiástico que usó de ese sistema para apartar del papado a quien era manifiestamente indigno de él.

Retirado nuevamente Benedicto IX, el pueblo aceptó, eligió y estableció a Juan Graciano como Gregorio VI, por lo que la sucesión se llevó a cabo con el beneplácito del clero y el pueblo romanos, que veían en ella una posibilidad de cancelar el escándalo y los estragos que Benedicto IX había llevado a la sede de San Pedro.

Desde el primer momento, Gregorio VI se comprometió a reformar las costumbres del clero y a poner orden en Roma. A él se debe el primer ejército pontificio instituido con el objetivo de liberar y defender los territorios de la Iglesia, algo que, por su coste económico, molestó profundamente a Enrique III quien, valiéndose de los poderes que le atribuía el *Privilegium Othonis*, con-vocó un sínodo en Sutri, en 1046, que sancionó oficialmente la deposición de Benedicto IX y del antipapa Silvestre III, y se acogió a la espontánea renuncia de Gregorio VI, que se retiró como monje en Cluny, donde acabó sus días el 20 de diciembre de 1046, asistido hasta el final de ellos por el monje Hildebrando de Soano, futuro Gregorio VII.

Pudo ser un buen Papa, pero las ilusiones que su ascensión al trono de San Pedro hicieron brotar en San Pedro Damiano y en los clunacenses de que él iba a reformar la Iglesia, resultaron vanas, pues Gregorio VI no respondió nunca a ellas.

149. Clemente II (1046-1047)

Suitger, o Sindegro, perteneciente a la familia de los señores de Morsleben y Hornburg, nació en Sajonia, era conde de Morsleben y fue obispo de Bamberg antes de ser elegido por el Sínodo de Sutri, tras deponer al papa Benedicto IX y al antipapa Silvestre III, y aceptar la dimisión de Gregorio VI. Fue consagrado Papa el 25 de diciembre de 1046, y el rey Enrique III, para establecer sin duda alguna sus derechos como Papa, despojó oficialmente a Benedicto IX de todos sus títulos y prerrogativas.

El Sínodo de Sutri había sido convocado por Enrique III ante el desgobierno, la inmoralidad y el escándalo que parecían ya propias de la elección de los pontífices, por lo que quiso deponer a cuantos, en manifiesta contradicción, se consideraban elegidos y elevar a la dignidad pontificia a un hombre digno y válido, un prelado de probada moralidad y de su confianza: Clemente II, que fue aceptado por el clero y el pueblo romanos.

El primer acto público del nuevo Papa fue la coronación como emperador de Enrique III, en la que declaró que cada nueva elección papal debía contar con una previa autorización –cuando no designación– imperial. A cambio de la recuperación del control imperial, la elección escapaba de la influencia de las familias patricias romanas, a quienes solo preocupaban sus intereses materiales.

En su breve pontificado, Clemente II cumplió en parte las esperanzas de San Pedro Damiano, ya que, con el apoyo del emperador Enrique III, trató de reformar la vida del clero y poner fin a la simonía, convocando un concilio que la condenó, y preocupado por el poder alcanzado por los obispos-condes, procuró limitarlo, venciendo la resistencia del obispo-conde Ariberto de Milán.

Viajó a Alemania con el séquito de Enrique III y allí canonizó a Santa Viborata, mártir. En su camino de regreso, víctima de una fiebre muy fuerte, murió el 9 de octubre de 1047 y fue enterrado en Bamberg, de donde había sido obispo.

150. Benedicto IX, tercer período (1047-1048)

La muerte de Clemente II proporcionó a Benedicto IX, con la secreta ayuda del poderoso Bonifacio, margrave de Toscana, y bien visible de los condes de Túsculo, la ocasión de acceder nuevamente al pontificado, en el que permaneció hasta que Bonifacio de Toscana, respaldado por el emperador Enrique III, lo depuso el 16 de julio de 1048 para nombrar un nuevo Papa en la persona del obispo de Brixen.

Pese a ello, insistió en reivindicar un papado que tan frívolamente había vendido diez años antes hasta que, ocho meses más tarde, siguió el consejo de San Bartolomeo y, arrepentido de su agitada vida, renunció al pontificado y se hizo monje de San Basilio, en Grottaferrata, donde murió en diciembre de 1055 y está enterrado.

151. Dámaso II (1048)

Poppo fue obispo de Brixen y el tercer alemán nombrado sucesor de la silla de San Pedro.

En diciembre de 1047, el emperador Enrique III recibió en Sajonia a una embajada del pueblo romano que le comunicó la muerte de Clemente II y le suplicó que, como *patricius* de los romanos, nombrase un sucesor digno para la sede de San Pedro. Los enviados sugirieron el nombre de Halinard, arzobispo de Lyon, muy popular en Roma y con perfecto dominio de la lengua italiana, pero el emperador designó a Poppo, de la familia Curagnoni, nacido en Baviera y obispo de Brixen (en el Tirol), al tiempo que ordenaba al margrave Bonifacio que condujese al Papa designado hasta Roma.

Bonifacio quiso negarse alegando los derechos de Benedicto IX, pero Enrique III le obligó, por lo que, tras la deposición del papa Benedicto IX en su tercer período, el 16 de julio de 1048, el obispo de Brixen entró en Roma y fue entronizado, en Letrán, como Dámaso II al día siguiente, 17 de julio.

Tras un pontificado que solo duró veintitrés días, murió, víctima de la malaria, el 9 de agosto de ese mismo año en Palestina, adonde había marchado escapando del calor de Roma. Fue enterrado en la basílica de San Lorenzo Extramuros.

152. San León IX (1048-1054)

Fue uno de los grandes pontífices de la Iglesia, pese a vivir una época tan cargada de múltiples conflictos e inclinada hacia la corrupción como la que le tocó en suerte dirigir. Se llamaba Bruno, ostentaba el título de conde de Egisheim-Dagsburg, había nacido en Alsacia, era también obispo de Tula y estaba emparentado con el emperador Enrique III, quien le designó Papa en un congreso de príncipes y obispos celebrado en Worms, hasta donde fueron a buscarle los delegados de Roma.

Después de haber conseguido que su elección fuese aceptada unánimemente por el clero y el pueblo de Roma, entró descalzo en la ciudad en señal de humildad, acompañado por el duque de Lorena y el monje Hildebrando, futuro papa San Gregorio VII, a quien quiso a su lado como colaborador e hizo cardenal. Fue consagrado obispo de Roma el 12 de marzo de 1049, meses después de su elección.

En 1050 viajó a Roma en peregrinación el rey Macbeth de Escocia, consciente de que, tras decenios de decadencia, la Iglesia volvía a ser una potencia espiritual, independiente y universal.

Dotado de fuerte personalidad y un carácter muy enérgico, se propuso moralizar el clero y la curia papal, infestados por el concubinato y la simonía. Incansable viajero, recorrió Europa convocando sínodos y llamando a todos a la disciplina y la moralidad, e incluso empuñó las armas para, al frente del ejército que él mismo había organizado, luchar contra los normandos, que se estaban adueñando en el sur de Italia de los territorios de la Iglesia, saqueando iglesias y monasterios. Por desgracia para él, cuando se enfrentó a ellos en la ciudad de Benevento, en 1053, fue derrotado y hecho prisionero, no recobrando la libertad tras varios meses de arresto y a cambio de muchas concesiones.

Pero gran fue su dolor cuando, durante su pontificado, en 1054, se consumó la definitiva ruptura entre las Iglesias de Roma y Oriente a causa, especialmente, del patriarca de Constantinopla, Miguel Cerulario, que sometió a persecución a los católicos acusándoles de herejía, por lo que los legados de San León IX excomulgaron a Miguel Cerulario y este pronunció un anatema contra el Papa. Se consumaba una ruptura basada en discrepancias y desacuerdos que se habían iniciado dos siglos antes, en el año 858.

San León IX murió al poco tiempo de haber sido liberado por los normandos, el 18 de abril de 1054, y fue enterrado en la basílica de San Pedro. Supo iniciar la reforma de la Iglesia, ayudado por el monje benedictino Hildebrando, futuro San Gregorio VII, y por San Pedro Damiano, ambos reformistas de Cluny; nombró cardenales de varias naciones, internacionalizando el Colegio Cardenalicio, y convocó el Concilio de Letrán y los Sínodos de Pavía, Reims y Maguncia, que consolidaron la estructura interior y el prestigio de la Iglesia.

Nacido en el año 1000, Miguel Cerulario era el patriarca de Constantinopla cuando se consumó el cisma de 1054 que separó a las Iglesias ortodoxa oriental de la católica occidental. Había sido nombrado patriarca por el emperador bizantino Constantino IX Monómaco, en 1043, cuando hacía tres años que se había hecho monje. Fue un enemigo declarado de la Iglesia de Roma, cuya autoridad rechazaba, y escribió una encíclica en defensa de la independencia de la Iglesia bizantina frente a la occidental, al tiempo que afirmaba la primacía de la Iglesia sobre el Estado, lo que le valió su destitución y exilio.

153. Víctor II (1055-1057)

Los romanos querían tener un Papa italiano, por lo que el cardenal Hildebrando intervino ante el emperador Enrique III para que renunciase a su derecho de nombrar pontífice, cosa que el emperador hizo a cambio de que se eligiese un Papa alemán. Gracias a ello, Gebhard, hijo de los condes de Dollnstein-Hirschberg, nacido en Baviera y obispo de Franconia, fue consagrado obispo de Roma el 16 de abril de 1055, un año después de la muerte de su predecesor, pariente, como él, del emperador Enrique III el Negro, a quien bendijo en su lecho de muerte en 1056.

Al ser elegido, dijo al emperador: «Me entrego en cuerpo y alma a San Pedro y me inclino ante vos, pero a condición de que devolváis a Pedro lo que le pertenece».

El papa León IX había condenado las tesis de Berengario de Tours y fue Víctor II quien recibió su abjuración.

Mantuvo como consejero al cardenal Hildebrando, futuro Gregorio VII, y con su ayuda dio a la Iglesia un período de prosperidad: convocó varios concilios para ahondar en la reforma de instituciones, conventos y clero: trató de acabar con la simonía y el concubinato, e intentó limitar la influencia del emperador en la Iglesia, pero no pudo más que iniciar su programa de reformas porque le sorprendió la muerte el 28 de junio de 1057, a causa de la malaria y durante uno de sus viajes apostólicos. La muerte, con pocos meses de diferencia del emperador Enrique III el Negro y del papa Víctor II, a quien había nombrado tutor de su hijo y heredero, Enrique IV, dejó el trono alemán a merced de los señores feudales, que se alzaron contra el poder imperial.

Berengario de Tours, nacido en el año 1000 y muerto cuando estaba a punto de cumplir los noventa años, fue un teólogo y filósofo francés que dirigió el colegio catedralicio de San Martín en su ciudad natal, Tours, desde donde alcanzó prestigio universal por la multiplicidad de sus saberes y la independencia de su pensamiento. Precisamente fue esta independencia fue la que le llevó a criticar la doctrina de la transubstanciación, afirmando que el cuerpo y la sangre de Cristo están presentes solo de forma simbólica en la eucaristía.

154. Esteban IX (X) (1057-1058)

Federico de Lorena, miembro de los duques de Lorena y abad de Montecassino, estaba emparentado con la familia de Toscana, que había combatido al emperador. Fue consagrado obispo de Roma el 3 de agosto de 1057.

Prosiguió la obra de reforma y moralización de los papas San León IX y Víctor II: prohibió el matrimonio consanguíneo y de los clérigos, y envió a Alemania al cardenal Hildebrando para que lograse del emperador Enrique IV que pusiese término a la simonía que convertía en comercio los nombramientos de dignidades y cargos eclesiásticos.

Desilusionado por la aparente inutilidad de su lucha, se retiró al monasterio de Montecassino, pero pronto regresó a Roma, de donde salió para Florencia a fin de preparar, con su hermano Godofredo, una acción militar contra los normandos. Allí, como a su predecesor, la malaria le ocasionó la muerte el 29 de marzo de 1058, aunque no sin antes hacer jurar a Hugo, abad de Cluny, y a todos los cardenales presentes que no elegirían nuevo Papa hasta que el cardenal Hildebrando regresase de Alemania. Fue enterrado en el Duomo, la catedral de Florencia, pero los cardenales presentes en su muerte y los nobles romanos no cumplieron el juramento que le habían hecho y eligieron Papa a Juan Mincio, quien tomó el nombre de Benedicto X, aunque no fue legítimamente consagrado y debe ser considerado antipapa.

Juan Mincio, de la familia de los condes de Túsculo y obispo de Velletri, fue elegido Papa a la muerte de Esteban IX (X) quebrantando el juramento que muchos de los electores le habían hecho en su lecho de muerte. Enterado el cardenal Hildebrando, convocó en Siena a los cardenales y, con el apoyo de San Pedro Damiano, la corte imperial, los duques de Lorena y Toscana, y el clero partidario de la reforma eclesiástica, se depuso al antipapa Benedicto X, quien falleció en 1072 y fue enterrado con los honores propios de un pontífice.

155. Nicolás II (1059-1061)

Gerhard de Burgundia, obispo de Florencia, había nacido en Chevron (Borgoña francesa) y fue elegido en Siena, donde el cardenal Hildebrando había convocado a los restantes cardenales, nueve meses después de la muerte de Esteban IX (X), tras deponer al antipapa Benedicto X, designado por imposición de sus familiares, los condes de Túsculo.

Nicolás II mantuvo la lucha contra la corrupción del clero que habían iniciado sus predecesores, y contra la avidez de dinero y poder que regía el comportamiento de los poderosos. Para ahondar en ello, convocó un sínodo en Roma en el que se prohibió la simonía y el matrimonio a los sacerdotes, ordenando a quien tuviese esposa que se separase de ella.

En ese mismo sínodo se prohibió la investidura de los obispos sin autorización del Papa y se decretó que el clero y el pueblo no podían elegir más que a los cardenales, y era a ellos, cardenales obispos y cardenales presbíteros, a quienes correspondía la elección del pontífice. La elección debía celebrarse en Roma y el pontífice debía pertenecer al clero romano siempre que fuera posible. El emperador tenía derecho a confirmar la elección, pero solo cuando la Santa Sede le otorgase dicho derecho. La reacción fue violenta y la desobediencia se generalizó, e incluso en Alemania se convocó otro concilio que declaró nulas las decisiones tomadas en el Sínodo de Roma.

En el orden político, Nicolás II llegó a una alianza con los normandos cuando este concedió el título de duque a Roberto Guiscardo, jefe de los normandos que se habían establecido en el sur de Italia, y este prestó juramento de fidelidad al Papa.

Entretanto, el emperador anuló lo acordado en el Sínodo de Roma, pero Nicolás II, ya en su lecho de muerte, volvió a confirmar lo decidido, buscó en los normandos un aliado capaz de proteger a la Iglesia, incluso con las armas, y dictó un testamento nombrando al cardenal Hildebrando «cardenal archidiácono de la Iglesia de Roma», es decir, único representante autorizado para tratar en nombre de la Iglesia.

Nicolás II murió en Florencia, el 27 de julio de 1061, y fue enterrado en el Duomo de aquella ciudad.

Roberto Guiscardo fue un aventurero normando que quiso remediar su pobreza marchando a Italia hacia 1046. Allí, tras diversas experiencias militares, organizó un ejército con el que se adueñó de diversas posesiones en Calabria. Cuando Roberto se convirtió en líder de los normandos establecidos en Italia, Nicolás II, que buscaba liberarse del dominio del Sacro Imperio Romano Germánico, decidió aliarse a los normandos y le nombró duque de Apulia y Calabria, para que más adelante lo fuese de Sicilia.

156. Alejandro II (1061-1073)

Tras los papados anteriores, la curia y el clero romanos se hallaban divididos en dos tendencias: los partidarios de proseguir la reforma cluniacense y quienes se oponían a ella. Entre los primeros se encontraba el principal consejero de los últimos papas, el cardenal Hildebrando, quien, apoyándose en los normandos –bárbaros pero buenos católicos–, defendió una reforma llamada a garantizar la pureza, la fuerza, y la independencia de la Iglesia. Frente a esa facción se hallaban el emperador, sus obispos-condes y los señores feudales romanos, que preferían una Iglesia débil y corrompida sometida al imperio y a la aristocracia romana.

El cardenal Hildebrando hizo elegir Papa a Anselmo da Baggio, nacido en Milán y obispo de Lucca: hombre piadoso, de gran talento diplomático y partidario de la reforma. El nuevo Papa, Alejandro II, fue entronizado el 1 de octubre de 1061.

Alejandro II no fue reconocido por la corte alemana ni por los Crescencio, los condes de Túsculo y la emperatriz Inés, regente en nombre de su hijo Enrique IV, y designaron en Basilea a Cataldo, obispo de Parma, antiguo canciller de Enrique III, como antipapa Honorio II, que reinó durante once años, uno menos que Alejandro II.

Tras un largo período de guerras y tumultos, Alemania retiró su apoyo al antipapa Honorio II, ya que el arzobispo de Colonia, Annón, sustituyó a Inés como regente y un sínodo italo-alemán celebrado en Mantua, en 1064, depuso a Honorio, quien regresó a su diócesis de Parma y reconoció como Papa a Alejandro II.

Aunque la actividad de Alejandro II fue más religiosa que política, actuando sobre todo en la reforma del clero, y muy especialmente en Francia e Italia, su autoridad se impuso al resto de los soberanos europeos, obligando a Enrique IV a no romper su matrimonio con Berta de Saboya y excomulgando a los consejeros eclesiásticos del joven soberano por haber consagrado, en Milán, un arzobispo designado por el emperador. Fue el primer episodio de la que se conocería como la «querella de las investiduras».

Alejandro II murió el 21 de abril de 1073.

La «querella de las investiduras» fue una disputa que enfrentó gravemente al papado con el imperio –la Iglesia con el Estado– durante los siglos XI y XII, a propósito de los derechos de los príncipes laicos en la elección y ceremonias eclesiásticas en que eran consagrados obispos y abades. El desacuerdo se inició por la costumbre establecida de que el señor seglar otorgaba al prelado a quien se consagraba el anillo y el báculo, símbolos de su autoridad espiritual; con ese acto el prelado o abad que lo recibía quedaba designado como tal.

157. San Gregorio VII (1073-1085)

Desde los lejanos tiempos del papa Gregorio VI, el cardenal Hildebrando Aldobrandeschi, nacido en Soano (Toscana italiana), parecía destinado al papado y, lo que es más importante, a ser un gran Papa. Quien haya leído en estas mismas páginas la historia de quienes le precedieron en la silla de San Pedro habrá podido comprobar que fue la mano fuerte de la Iglesia en todo ese período, una mano fuerte empeñada en reformarla siguiendo las normas de Cluny.

Fue elegido al día siguiente de la muerte de Alejandro II, el 22 de abril de 1073, y abandonó el nombre de Hildebrando, que significa «espada del batallador», para tomar el de Gregorio VII, «el que vigila», y ciertamente lo hizo desde la posición de pastor de la Iglesia en que le situó el Espíritu.

Había nacido de padres muy humildes y desde muy joven fue llevado a Roma por un tío suyo que era superior de uno de los conventos de la ciudad. Le costeó sus estudios y uno de sus profesores, el padre Juan Giovanni Graciano, afirmó que nunca había conocido una inteligencia tan aguda como la suya y cuando fue elevado al pontificado con el nombre de Gregorio VI designó a Hildebrando su secretario.

Tras la muerte de Gregorio VI, Hildebrando ingresó como monje en el monasterio de Cluny, en el que tuvo como maestros espirituales a dos santos: San Odilón y San Hugo, y donde pensaba permanecer el resto de su vida; pero al ser elegido papa San León IX, le llamó y le nombró ecónomo del Vaticano y tesorero del pontífice.

A partir de ese momento fue consejero de cinco papas y principal colaborador en la tarea de reformar la Iglesia y a un clero alejado de la santidad.

Durante todo ese tiempo, veinticinco años, se negó a ser elegido Papa, pero cuando murió Alejandro II y el cardenal Hildebrando dirigía los funerales, el pueblo y el clero presentes comenzaron a gritar: «¡Hildebrando, Papa; Hildebrando, Papa!» Para rehusar la elección una vez más, inició la subida a una tarima desde la que dirigirse a los asistentes, pero se le anticipó un obispo que, en nombre de todos, explicó que no había en la Iglesia quien estuviera mejor preparado que él para regir su destino en aquellos momentos. Casi por la fuerza, el pueblo lo aupó en brazos y lo entronizó en la silla de San Pedro; los cardenales confirmaron su nombramiento, afirmando: «San Pedro ha escogido a Hildebrando para que sea Papa», y un arzobispo, ausente, le escribió: «En ti están puestos los ojos de todo el pueblo. El pueblo cristiano sabe los grandes combates que has sostenido para hacer que la Iglesia vuelva a ser santa y ahora espera oír de ti grandes cosas». Esa esperanza no se vio frustrada.

San Gregorio VII se enfrentó con denuedo a los graves desórdenes que corrompían a la Iglesia: reyes y gobernantes nombraban obispos, párrocos y superiores de conventos, no eligiendo a los más santos sino a los que mejor pagaban y más fielmente prometían obedecerles, por lo que muchos de los elegidos eran hombres indignos que vivían en el escándalo, no observaban el celibato, e incluso vivían en ilícito matrimonio, y practicaban de continuo la simonía.

Con mano fuerte, San Gregorio VII destituyó al arzobispo de Milán, llegado a dicho cargo por simonía, y convocó un concilio en Roma que aprobó y promulgó el famoso *Dictatus papae,* su obra maestra, síntesis clarísima de su idea sobre el poder, tanto espiritual como temporal, que, emanando de Dios, obra en el mundo a través de la Iglesia, por lo que el natural depositario de ese poder es el Papa, situado por encima del emperador, a quien habilita para gobernar, y no a la inversa.

Como consecuencia de esas ideas, en ese concilio se privó a todos los gobernantes civiles del derecho a la investidura, se decretó que solo el Papa podía nombrar a los obispos y solo los obispos a los párrocos, e igualmente que todo el que nombrase a un obispo sin permiso del sumo pontífice quedara excomulgado y que la misma pena recayese para quien designase a un párroco sin ser obispo.

Dichos decretos conmocionaron tanto a los obispos, abades y párrocos nombrados por gobernantes civiles como a estos, porque todos perdían la ocasión de enriquecerse con la simoníaca venta de privilegios eclesiásticos. Y declararon que no obedecerían al pontífice.

El primero en hacerlo fue el emperador alemán Enrique IV, por lo que San Gregorio VII lo excomulgó y liberó de su obediencia a los alemanes, lo que hizo que inmediatamente se tramase una revolución en el imperio que amenazaba su poder. Enrique IV se sintió perdido y fue como humilde peregrino a visitar al Papa, que estaba en el castillo de Canossa; allí, vestido de penitente, permaneció por tres días y tres noches ante las puertas y entre la nieve, suplicando al Papa que lo recibiera y perdonara. Más que su actitud, evidentemente interesada, los ruegos de sus amigos y vecinos hicieron que San Gregorio VII lo recibiese, le oyese en confesión y le levantase la excomunión.

Grave error: apenas levantada la excomunión, Enrique IV regresó a Alemania y reunió un gran ejército para luchar contra el Papa, por lo que este le excomulgó por segunda vez. El emperador replicó convocando un concilio en Maguncia que destituyó a Gregorio y designando al antipapa Clemente III. Tras ello se dirigió —al frente de su ejército— a Italia, sitió Roma y, tras tres años de asedio, el pueblo le abrió las puertas, obligando al Papa a refugiarse en el castillo de Sant'Angelo hasta que, a los pocos días, un ejército al mando de Roberto Guiscardo pudo sacarlo de la ciudad para que se refugiase en el castillo de Salerno, donde murió, el 25 de mayo de 1085, y fue enterrado.

Su pontificado fue uno de los más conflictivos y controvertidos de la historia de la Iglesia católica, ya que la puesta en práctica de sus ideas le valió tan leales admiradores como implacables enemigos; abrió las puertas para la reforma de la Iglesia, pero destruyó el poder del imperio y dio origen a la actitud contraria a Roma que, desde entonces, se vivió en Alemania y otras zonas del Sacro Imperio.

En su momento de mayor desolación le llegó la muerte. Las últimas palabras de San Gregorio VII se han hecho famosas: «He amado la justicia y odiado la iniquidad. Por eso muero en el destierro». Parecía que sus enemigos habían quedado vencedores cuando él murió, pero sus ideas se fueron imponiendo lentamente y sus reformas, poco a poco, se impusieron en toda la Iglesia católica; ha sido considerado como uno de los papas más digno de admiración de la historia. Ahora vemos a San Gregorio VII como el gran Papa de la Edad Media, uno de los pontífices más santos de la Iglesia, un Papa que supo liberar a la Iglesia de la esclavitud a que la sometían los gobernantes civiles y de sus propios gobernantes indignos, y aunque no todos ni en todos los tiempos, son muchos, por fortuna para la Iglesia, los papas que han acertado a seguir su ejemplo. Fue canonizado en 1606.

158. Beato Víctor III (1086-1087)

Desiderio o Dauferio de Fausi, que había nacido en Montecassino en el seno de la familia de los príncipes Epifanios, era monje benedictino cuando fue designado por San Gregorio VII, a quien asistió en la muerte, como su mejor sucesor; pero Desiderio era un hombre apacible, de aficiones místicas, a quien no interesaba el poder temporal y menos cuando la lucha entre el papado y el emperador estaba en pleno auge, por lo que, cuatro días después de la muerte de Gregorio VII, renunció a una elección-herencia que no deseaba y regresó al monasterio de Montecassino. Tras un año de dudas y presiones de los cardenales que le visitaban en su retiro, regresó a Roma dispuesto a aceptar el papado, confirmado por un concilio que él mismo convocó en Capua. Tras su consagración, el 24 de mayo de 1086, fijó su residencia en la isla Tiberina, que estaba fortificada.

Víctor convocó un nuevo concilio, en Benevento, que confirmó la excomunión al antipapa Clemente III y legisló en materia de disciplina eclesiástica. Al ascender al papado, Clemente III ocupaba el palacio de Letrán, aunque pocos obispos alemanes le reconocían como jefe de la Iglesia, pese a la voluntad del emperador, que le había designado. La condesa Matilde, con la ayuda de los normandos, depusieron y expulsaron al antipapa Clemente, y Víctor III, siguiendo la línea trazada por San Gregorio VII, renovó la excomunión de Enrique IV y organizó una expedición contra las fuerzas musulmanas, en las que obtuvo una importante victoria en el norte de África, pero cuando la noticia de esa victoria llegó a Roma el beato Víctor III, que había regresado a Montecassino, había muerto el 16 de septiembre de 1087. Fue beatificado ochocientos años más tarde.

159. Beato Urbano II (1088-1099)

Odón de Chatillon nació en Francia, cerca de Reims, y aunque fue elegido el 12 de marzo de 1088, no pudo entrar en Roma porque la sede estaba ocupada por el antipapa Clemente III, quien se había apoderado nuevamente del palacio de Letrán con el apoyo del emperador Enrique IV, que se encontraba guerreando en Italia. Pero, una vez más, la condesa Matilde, en esta ocasión ayudada por el príncipe Conrado, hijo del emperador Enrique IV, le obligó a abandonar la Península y el beato Urbano II pudo regresar a Roma y recuperar su palacio, tras vencer y expulsar al antipapa Clemente, quien seguiría intrigando hasta iniciarse el siguiente pontificado.

El nombre de este Papa, Urbano II, trae a la memoria la Primera Cruzada cristiana a los santos lugares, pero no debe olvidarse que intervino también en España, donde ayudó a Alfonso VI en la toma de Toledo, en 1085, y aprobó el nombramiento del arzobispo de la ciudad como primado de una España que vivía los heroicos días del Cid.

También con la ayuda del beato Urbano II fue reconquistada Sicilia, que había caído en poder de los musulmanes, y se impuso el rito latino al oriental que seguían los cristianos de la isla. Excomulgó a Felipe I, rey de Francia, porque había repudiado a su esposa, Berta de Holanda, para contraer matrimonio con Bertrade de Montfort, esposa del conde de Anjou. Felipe I se reconcilió con la Iglesia bajo el pontificado de Pascual II.

En Inglaterra, Urbano II consagró a San Anselmo arzobispo de Canterbury y se enfrentó a Guillermo II, que se estaba apoderando de los bienes de la Iglesia, y solo la intervención de San Anselmo impidió al Papa que excomulgara al soberano inglés. Con San Anselmo la teología escolástica trataba de poner de acuerdo las enseñanzas cristianas con las aristotélicas, anticipándose así a la ingente obra de San Alberto Magno y Santo Tomás de Aquino, en el siglo XIII.

Durante el pontificado de Urbano II se fundaron los conventos de Fontévrault, por el beato Roberto de Arbrissel, y el de Cîteaux, por San Roberto de Molesmes, fundador de la orden cisterciense, que un siglo más tarde refundó San Bernardo.

Siguiendo el camino iniciado por sus predecesores, renovó la excomunión a Enrique IV y al antipapa Clemente III, e inició una relación cordial con el emperador bizantino Alejo Comneno, quien le solicitó la intervención de un ejército cristiano contra los infieles que ocupaban Tierra Santa.

Por todo ello pasaría a la historia: por organizar la Primera Cruzada para liberar el santo sepulcro y el conjunto de Tierra Santa de la dominación musulmana. El beato Urbano II dio oficialidad a la cruzada convocando un concilio en Clermont, en el que se declaró la guerra a los infieles y se prometió la remisión de sus pecados a quienes tomaran parte en esta Primera Cruzada, la única que de verdad tuvo éxito de entre todas las promovidas posteriormente. Un ermitaño francés, Pedro de Amiens, fue el mejor pregonero del llamamiento del Papa.

Dos semanas después de la entrada victoriosa de Godofredo de Bouillon en Jerusalén, el beato Urbano II fallecía en Roma, el 29 de julio de 1099, tal vez sin tener noticias de la victoria de la cruzada que él había promovido.

Pedro de Amiens el Ermitaño, nacido a mediados del siglo XI y muerto en 1115, es conocido en la historia como el apóstol de la Primera Cruzada.

Había sido soldado antes de convertirse en ermitaño y en 1093 peregrinó a Palestina, pero no pudo llegar a Jerusalén. Dos años más tarde, siguiendo el llamamiento de Urbano II, comenzó la predicación de la cruzada por buena parte de Francia y en 1096 condujo a un grupo de campesinos y otras gentes sin ninguna preparación militar hasta a Constantinopla y Asia Menor, desde donde, tras ser diezmados por los turcos, se unió al grupo de cruzados que mandaba el noble francés Godofredo de Bouillon, que conquistó Jerusalén en el año 1099.

160. Pascual II (1099-1118)

Rainiero de Bieda nació en la región de Emilia-Romaña, posiblemente en Rávena; fue monje en un monasterio de Toscana y cardenal antes de ser elegido Papa, a los quince días de la muerte del beato Urbano II, el 14 de agosto del año 1099.

El antipapa Clemente III aprovechó la sede vacante y volvió a establecerse en Roma, por lo que el nuevo Papa, Pascual II, convocó un concilio en Letrán en el que se renovó la excomunión a Enrique IV y a Clemente III y se decretó la expulsión de este, lo que se logró con la ayuda de Rogelio de Sicilia.

Este acto mostraba ya, en el arranque mismo de su pontificado, que el nuevo Papa iba a proseguir la política antiimperial iniciada por sus dos predecesores, y en consecuencia la «querella de las investiduras», por lo que los partidarios del emperador designaron un antipapa, Teodorico, que fue hecho prisionero por los partidarios de Pascual II y encerrado en la abadía de Cava, donde murió al poco tiempo.

El pontificado de Pascual II estuvo teñido por un clima de confusión que ensombreció la vida de Roma y por su enfrentamiento con el emperador Enrique IV, quien una vez depuesto Conrado nombró rey a su hijo Enrique V y quiso reconciliarse con el Papa cuando los obispos prometieron obediencia absoluta a la Santa Sede durante el Concilio de Letrán (1102). Aprendiendo de sus predecesores, Pascual II no se dejó engañar y Enrique V destronó a su padre, Enrique IV, quien murió abandonado por todos.

Desdichadamente, el nuevo emperador era como su padre y marchó sobre Roma al frente de un ejército, hizo prisionero al Papa y le exilió a la Sabina, poniendo en su lugar un nuevo antipapa, Alberto, por quien se hizo coronar.

Pero al antipapa Alberto murió pronto, por lo que Enrique V quiso reconciliarse con Pascual II. Al no poder hacerlo, porque el Papa había marchado a Francia buscando la protección de Felipe I, el emperador Enrique V nombró un nuevo antipapa, Maginulfo, que adoptó el nombre de Silvestre IV, aunque todos sabían que el emperador obraba así para provocar una reconciliación con Pascual II.

En el fondo de todas estas disputas estaba la «querella de las investiduras» y comprobar cuál de los dos poderes –el eclesiástico o el civil– prevalecía sobre el otro. La continua e ineficaz lucha acabó con las fuerzas de Pascual II, quien murió el 21 de enero de 1118 y fue enterrado en Letrán.

Había cuidado con esmero los aspectos urbanísticos de Roma; construyó y restauró numerosos templos y edificios sagrados, e instituyó varias e importantes órdenes de caballería a las que asignó la misión de proteger Tierra Santa y a los peregrinos que allí se desplazaban: las Órdenes de los Templarios, de los Teutónicos y de los Caballeros de San Juan. Estableció relaciones con casi todas las cortes europeas para incitarles a la lucha contra los musulmanes y durante su pontificado surgieron en Italia dos grupos que se harían famosos por las contiendas que mantuvieron durante décadas: los güelfos, partidarios del Papa, y los gibelinos, que lo eran del emperador.

161. Gelasio II (1118-1119)

Juan Coniolo, posiblemente nacido en Gaeta, era monje en Montecassino, canciller de la Iglesia durante cuarenta años y cardenal de Santa María, en Cosmedín, cuando fue elegido Papa –en secreto, para impedir la intervención del emperador Enrique V– el 10 de marzo de 1118; pero Cencio Frangipani, representante del emperador y miembro de una poderosa familia romana, la de los Frangipani, le raptó y encerró en una torre, en la que le sometió a horribles torturas. Conmovido alguno de sus guardianes, hizo que el pueblo tuviese noticias de ello y cuando Roma se rebeló, Frangipani tuvo que liberar al Papa, que huyó a Gaeta, en la costa occidental de Italia, donde fue consagrado y tomó el nombre de Gelasio II.

Cuando el emperador Enrique V regresó a Roma, con Gelasio huido en Gaeta, le dio por desposeído y nombró a Gregorio VIII, un nuevo antipapa. Al saberlo, Gelasio II, disfrazado de peregrino, volvió a Roma para buscar ayuda entre sus antiguos partidarios, pero fue descubierto mientras oficiaba misa y tuvo que escapar nuevamente de Roma huyendo de los esbirros enviados por Frangipani. Sobrevivió gracias a unas mujeres que le encontraron desfallecido y solitario en un campo fuera de la ciudad.

Restablecido, marchó a Pisa, donde consagró la catedral que acababa de ser construida y, acompañado de algunos cardenales que le eran fieles, buscó refugio en Francia, en la corte de Luis VI, y presidió un concilio en Viena. Al poco tiempo, el 28 de enero de 1119, falleció en la abadía de Cluny, donde le enterraron vestido con el sayo de monje.

Gregorovius, en su historia de la ciudad de Roma, dice de Gelasio II que fue una de las figuras más conmovedoras en la historia de los Papas.

162. Calixto II (1119-1124)

Guido de Borgoña nació en Francia y fue elegido Papa, en la abadía de Cluny, el 8 de febrero de 1119, donde diez días antes había muerto Gelasio II. Guido puso como condición para su aceptación la conformidad de los cardenales que se habían quedado en Roma y la del propio pueblo romano. Cuando llegó dicha conformidad, fue consagrado y entronizado en Roma.

Fue un buen Papa y gracias a su habilidad política y a la ayuda del cardenal Lamberto Scannabecchi, el futuro Honorio II, puso fin a la ya larga «querella de las investiduras».

Previamente, el Papa y el emperador Enrique V se habían encontrado en Alemania, donde firmaron la llamada «paz del imperio», pero dicho acuerdo nunca fue respetado, por lo que Calixto II convocó un sínodo en Reims, excomulgó a Enrique V y regresó a Roma, donde aún se mantenía en la silla de San Pedro el antipapa Gregorio VIII. Los normandos que acompañaban a Calixto II hicieron prisionero al antipapa y, por orden del Papa, lo encerraron en el convento de Cava.

Por fin, en 1122, el emperador se dio cuenta de que tanto el pueblo como los príncipes electores estaban a favor del Papa. Calixto II le escribió proponiéndole la reunión de una dieta en la que participaran obispos y príncipes. Dicha dieta se reunió en Worms y el concordato, firmado el 23 de septiembre de 1122, puso fin, tras cincuenta años de disputas, a la «querella de las investiduras»: el emperador renunciaba al derecho de investidura y la Iglesia quedaba en libertad para el nombramiento de obispos y abades; mientras, el Papa reconocía que el emperador tenía derecho a asistir a dichos nombramientos y otorgar después la investidura entregando el cetro. Este de Worms fue el primer concordato firmado por la Iglesia con una potencia laica. Quedaba aún pendiente otro conflicto entre los dos poderes: el del *dominium mundi* –la dominación universal– a la que el emperador no podía renunciar, pero que ostentaban los papas desde que Urbano II la ejerció durante la Primera Cruzada.

Poco después, el 18 de marzo de 1123, fue convocado el I Concilio Ecuménico de Occidente, en Letrán. En dicho concilio no fue promulgado ningún nuevo dogma, pero fueron confirmados y sancionados todos los aprobados por la Iglesia durante los últimos dos siglos. En él fue leído y rectificado el Concordato de Worms y se publicaron veintidós cánones que condenaban la simonía, el concubinato de los clérigos, la intromisión de los laicos en los asuntos eclesiásticos, la falsificación de moneda, los atentados contra los peregrinos y la violación del juramento de tomar armas contra los infieles, entre otros. Y en él, por deseo de Calixto II, se promovió la Segunda Cruzada.

Las costumbres establecidas en la Edad Media por la decadencia de Roma y la llegada de los pueblos bárbaros comenzaban a modificarse y, en medio de tanta corrupción, algunos papas habían contribuido a ello con su santidad, sabiduría o valor; como San León IX, San Gregorio VII, los beatos Víctor III y Urbano II, Nicolás II, Pascual II o este Calixto II que logró, además del Concordato de Worms y junto a sus inmediatos predecesores, la reforma de la caballería en una especie de milicia puesta al servicio de los pobres y del derecho.

Calixto II murió repentinamente el 13 de diciembre de 1124 y fue enterrado en Letrán. Poco después lo hizo el emperador Enrique V, que tenía tan solo cuarenta y cuatro años de edad.

163. Honorio II (1124-1130)

A la muerte de Calixto II, Roma estaba dominada por las familias Pierleoni y Frangipani, mientras en Alemania los príncipes electores no sabían a quién elegir como Papa. En la duda, se designó a uno de los cardenales, que tomó el nombre de Celestino II, pero este, ante la oposición de los Frangipani, renunció al día siguiente al de su elección. Ante su renuncia fue elegido, en Roma, el cardenal Lamberto Scannabecchi, obispo de Ostia, que fue coronado el 21 de diciembre de 1124 y tomó el nombre de Honorio II.

Honorio II había nacido en Fiagnano (Imola) y su candidatura fue impuesta por la familia Frangipani, autora de las agresiones a Gelasio II, causa por la que los Pierleoni nombraron Papa —antipapa— a Tebaldo Buccapecus, quien tomó el nombre de Celestino II. Como ninguno de los dos estaba dispuesto a renunciar al papado y sí a llevar su disputa al terreno de las armas, llevaron su querella ante el Sacro Colegio Cardenalicio, que confirmó a Honorio II como legítimo Papa.

Honorio II, como cardenal Lamberto Scannabecchi, había negociado en nombre de Calixto II para que se aprobase el Concordato de Worms y como Papa prosiguió su política: la de afirmar la supremacía del papado sobre el imperio, sabiendo que con las muertes de Calixto II y el emperador Enrique V se había desatado una lucha encarnizada por el poder y por la sucesión en el imperio.

En todo caso, la decadencia del Sacro Imperio Romano Germánico se estaba iniciando, a los pocos días del nombramiento de Honorio II, con la muerte del emperador Enrique V, y ello elevaba a la Iglesia a la cima de su poder, ya que durante los siglos XII y XIII los papas tratarían de ser los árbitros del poder temporal en Europa y apoyarían a los reyes de las distintas naciones frente a las pretensiones cesaropapistas del emperador de turno.

Ya de entrada, en la lucha establecida entre Lotario de Sajonia y Conrado de Suecia por la sucesión del emperador Enrique V, Honorio II apoyó al primero, con el que estableció un pacto de mutua colaboración que garantizaba el respeto a lo acordado en el Concordato de Worms. Inmediatamente después, confirmó a Rogelio de Sicilia el ducado de Apulia y Calabria y los derechos que revindicaba sobre Benevento, pese a que no confiaba en su doblez y ansias de expansión. Honorio II intervino también en el conflicto que había estallado en Inglaterra entre la Iglesia y la corte por el arzobispado de York, y en Francia reconcilió al rey con el obispo de París, de puntos de vista divergentes en lo relativo a la reforma eclesiástica, aunque el verdadero artífice del acuerdo fue el abad de Claraval, San Bernardo, quien supo defender los derechos de la Iglesia con tanto acierto que convenció a la corona francesa y a sus consejeros.

En Roma, Honorio II tuvo que sufrir la violencia de una ciudad que vivía sacudida por las sangrientas luchas entre las familias de los Frangipani y los Pierleoni, que peleaban por su dominio. Honorio II quiso combatir la creciente herejía de los albigenses e incluso convocó un concilio para que se manifestase en la cuestión; pero, sintiéndose enfermo y queriendo huir de una situación que desbordaba sus capacidades, nombró una comisión de ocho cardenales con poderes para elegir al nuevo Papa y se retiró a vivir en el convento de San Gregorio, en el Celio, donde murió el 13 de febrero de 1130, siendo enterrado en la basílica lateranense.

Exilio papal de Roma (1130-1187)

Entorno histórico

En el inicio de este breve período histórico, en el año 1130 el antipapa Cleto II corona rey de Sicilia, en septiembre de ese año, al duque normando Roger II como consecuencia de las luchas por el papado que habían sostenido Inocencio II y Cleto II, que había tenido el apoyo de los normandos frente a Lotario III, emperador del Sacro Imperio Romano Germánico que defendía la candidatura de Inocencio II.

En Al-Ándalus inicia su decadencia el imperio almorávide, en 1131, atacado en el norte por los reinos cristianos y en el sur por el movimiento almohade que surge en el norte de África y que conquista Marraquech, la capital almorávide, en 1147, un año después de haber cruzado el estrecho de Gibraltar y penetrado en la Península Ibérica, destruyendo así el imperio almorávide.

El matrimonio, en 1137, de una hija de Ramiro II de Aragón, Petronila, con Ramón Berenguer IV, conde de Barcelona, señala la unión del reino de Aragón con los condados catalanes, apenas tres años después de que Navarra se separara de Aragón tras el desacuerdo originado por el conflictivo testamento de Alfonso I el Batallador. En 1180, el Concilio de Tarragona impone en los condados de Cataluña el uso del calendario de la Iglesia romana en sustitución del calendario hispánico que se venía empleando; tras Cataluña, aunque dos siglos más tarde, lo hacen Aragón, Valencia, Castilla, León y Portugal. El calendario hispánico, nacido en los siglos III y IV y con muchas reformas posteriores, divergía del de la Iglesia de Roma en numerosas celebraciones litúrgicas y buena parte del santoral.

El conde de Portugal, Alfonso I, vence a los musulmanes en Ourique en julio de 1139 y es proclamado rey de Portugal, con lo que este condado se independiza de Castilla, en la que reina, en ese momento, Alfonso VII, pese a que, al ser proclamado emperador este último, el nuevo rey de Portugal le debe, siquiera sea en el plano teórico, vasallaje.

En Inglaterra, cuatro caballeros del rey Enrique II asesinan a Santo Tomás Becket, arzobispo y canciller del reino, que defiende los derechos de la Iglesia frente a las injerencias de la monarquía, y en ella llega a excomulgar a quien fue su amigo y protector el rey Enrique II, a quien muchos historiadores presentan como ignorante de la trama urdida para matar al arzobispo de Canterbury. Se funda en Oxford, a cien kilómetros de Londres y sede episcopal, la primera universidad inglesa en 1163.

El imperio bizantino sufre continuados ataques de los normandos durante un período de veinte años, hasta que el imperio firma la paz con Guillermo II, rey de Sicilia, en 1158.

En Roma, apenas coronado emperador Federico I Barbarroja, en el año 1155, debe enfrentarse a un doble problema: la ocupación normanda de Sicilia y la lucha que enfrenta en Alemania a güelfos y gibelinos, una disputa que se prolongará hasta 1331.

En 1148 abandonan su prolongado asedio de Damasco las fuerzas de la Segunda Cruzada, mandadas por el emperador germano Conrado III y el rey de Francia Luis VII. En su viaje a Tierra Santa, una flota que formaba parte de esta Segunda Cruzada promovida por Bernardo de Claraval reconquistó para los cristianos Lisboa, que se convirtió en capital del reino portugués.

El sultán de Egipto, Saladino, conquista Jerusalén en octubre de 1187, tras infligir una cruel derrota a los cruzados en la batalla de Hattin, con lo que da origen a la Tercera Cruzada, que se forma en 1189.

La poesía épica surge y se adueña de Europa durante los siglos XI y XII: el *Poema del mio Cid,* el *Cantar de los Nibelungos* y la *Canción de Roldán* son las indiscutibles obras de esa corriente poética que brilla, especialmente, en España, Francia y Alemania. De ese mismo período, hacia 1160, data la más antigua pieza teatral escrita en castellano que se conserva, *El auto de los Reyes Magos,* que inicia una serie de obras escénicas inspiradas en el nacimiento de Jesús.

Exilio papal de Roma

El poder temporal que los papas habían adquirido a partir del papa San Gregorio Magno a finales del siglo VI, y los desórdenes y corrupción que reinaron en la sede de Roma desde el año 900, desembocaron, casi inevitablemente, en este período en el que casi todos los papas se vieron forzados a vivir todo o buena parte de sus pontificados fuera de Roma, como ya le había ocurrido pocos años antes, en 1118, al papa Gelasio II, forzado a refugiarse en Francia. No son razones religiosas ni pugnas teológicas las que fuerzan al obispo de Roma a salir fuera de su sede, ni ellas las que explican –los antipapas que se dan en esta luctuosa etapa– que ni uno solo de los papas alcanzó la gloria de ser canonizado, prolongando así una situación que, con las excepciones de los papas San León IX y San Gregorio VII, venía prolongándose desde la muerte del papa San Adrián III en el año 885, y que aún se prolongaría hasta el papa San Celestino V, consagrado en diciembre de 1294.

Los papas del período

164. Inocencio II (1130-1143)

Gregorio Papareschi, nacido en Roma, fue nombrado cardenal de Santo Ángel en Pescheria por Pascual II y acompañó al papa Gelasio II durante su exilio en Francia junto a quien se convertiría en su mayor rival, el cardenal Pierleoni, quien fue antipapa, bajo el nombre de Anacleto II, al ser elegido apenas horas después de que fuera consagrado como obispo de Roma y papa Inocencio II.

El nuevo pontífice perdió pronto el favor de la familia Frangipani, que lo había aupado a la sede papal, y se encontró desterrado, primero en Francia y luego en Génova y Pisa, donde buscó el apoyo de reyes y obispos. Pronto conquistó el favor del rey Luis VI de Francia, y en Estampes, Cluny y Clemont le fueron jurando lealtad muchos obispos. Por último, en Würzburg, el rey alemán y sus príncipes le prometieron lealtad después de que el Papa personalmente coronara al rey Lotario de Sajonia y a su esposa en la iglesia de San Lambert.

En Francia celebró la Pascua de 1131 y coronó al joven rey Luis VII. Durante su estancia en París aprovechó también para convocar el Sínodo de Reims, gracias al cual obtuvo los apoyos de Inglaterra, Castilla y Aragón. Con todos ellos logró entrar al año siguiente en Roma, donde coronó a Lotario de Sajonia como emperador del Sacro Imperio Germano Romano.

Cuando el emperador dejó Roma, Inocencio II huyó a Pisa, ya que el antipapa Anacleto II todavía tenía una gran influencia en la ciudad pontificia. Apoyado por San Bernardo, convocó otro sínodo al que acudieron los obispos de Castilla, Aragón, Francia, Inglaterra y Hungría y en el que excomulgó al antipapa. Permaneció allí hasta que Lotario, respondiendo a sus súplicas, marchó sobre Roma conduciendo nuevamente al pontífice a la ciudad. Mientras tanto, la contienda con Anacleto II, que ya duraba ocho años, finalizaba con su muerte el 20 de enero de 1138. Anacleto II tuvo en Víctor IV un antipapa sucesor, pero este renunció a los dos meses, lo que allanó el camino de Inocencio II en Roma.

El Papa, para borrar los restos del cisma, convocó el X Concilio Ecuménico, que comenzó sus sesiones el 4 de abril de 1139 y al que acudieron más de mil obispos. Entre otras resoluciones tomadas en este concilio, se anularon los decretos de Anacleto II y fueron depuestos los obispos y sacerdotes ordenados por él.

Inocencio II confirmó los cánones contra la simonía y a favor de la tregua de Dios establecidos por el concilio precedente, y excomulgó al rey Roger de Sicilia, que había apoyado abiertamente la elección del antipapa Víctor IV. Más tarde, excomulgó al rey Luis VII de Francia por simpatizar con el hereje Abelardo.

Mientras tanto, le había surgido al Papa un nuevo adversario contra el que la muerte le impidió luchar, Arnaldo de Brescia, orador elocuente, promotor de un movimiento republicano cuyo fin era la transformación de Roma en un Estado libre y completamente separado de la autoridad papal.

Murió el 24 de septiembre de 1143.

> Anacleto II fue nombrado Papa tan solo tres horas después de que se hiciera lo propio con Inocencio II, enfrentándose a este durante ocho años. Contaba con el apoyo de buena parte de la sociedad romana, así como del rey Roger de Sicilia, y permaneció en Roma mientras su contrincante buscaba aliados en el exilio entre los obispos y reyes. Fue excomulgado en 1137, en el Concilio de Pisa. Murió, en 1138, poco antes de que Inocencio II lograra entrar en Roma con las tropas aliadas del rey Lotario de Sajonia.

165. Celestino II (1143-1144)

Guido di Castello, cardenal de San Marcos, fue elegido Papa unánimemente por el Cónclave Cardenalicio en la primera elección pacífica que se había dado en mucho tiempo, a pesar de lo cual y debido a su gran edad falleció al poco tiempo. Fue consagrado el 3 de octubre de 1143.

Había nacido en Umbría y fue legado pontificio en Francia durante la época de Honorio II. Allí conoció a Pedro Abelardo, de quien parece haber sido discípulo y a quien admiraba por su gran elocuencia. Esto le originó una fuerte reprimenda de San Bernardo, sobre todo después de que siguiera manteniendo relaciones con el filósofo tras la excomunión de Anacleto II. Sin embargo, una vez nombrado Papa se alejó definitivamente de sus enseñanzas y le condenó severamente.

El mayor éxito de su pontificado fue la reconciliación con el rey Luis VII de Francia, que había sido excomulgado por su predecesor y quien le había hecho público su arrepentimiento.

Murió el 8 de marzo de 1144.

Abelardo fue el primer gran aristotélico de la Edad Media. Para él, la dialéctica era un método de análisis y discernimiento esencial para el conocimiento de la verdad. Sin embargo, es más conocido por sus amores con Eloísa, con quien estuvo envuelto en una historia de amor muy conocida.

A los treinta y seis años, Abelardo fue nombrado preceptor de la joven Eloísa, sobrina del canónigo de la catedral de París, con quien mantuvo relaciones. Descubiertos por el canónigo, la joven fue enviada a Bretaña, donde dio a luz a un hijo al que llamaron Astrolabio. El canónigo insistió en que Abelardo reparara por medio del matrimonio la falta cometida. Contrajeron matrimonio secretamente en París, pero su tío lo divulgó. Como consecuencia, Abelardo se vio obligado a enviar a su esposa a un convento. Sin embargo, el tío, creyendo que Abelardo quería librarse de su sobrina, le mandó castrar, tras lo cual este se hizo fraile mientras que Eloísa se hacía monja. Cuando Abelardo falleció, Eloísa le mandó enterrar en el Paráclito, donde ambos cuerpos yacieron juntos hasta la Revolución Francesa cuando los cuerpos fueron trasladados al cementerio del Padre Lachaise, en París, donde se hallan actualmente.

166. Lucio II (1144-1145)

Gerardo Caccianemici ascendió rápidamente en la burocracia eclesiástica. Comenzó como canónigo en su ciudad natal, Bolonia, y rápidamente fue nombrado cardenal por Honorio II, de quien fue tesorero y delegado en Alemania y a quien deben atribuirse los mayores esfuerzos para lograr que el rey Lotario de Sajonia apoyara a Inocencio II contra el antipapa Anacleto II.

Consagrado Papa el 12 de marzo de 1144, su política exterior fue un éxito, y recibió embajadores y delegados de todos los reinos de Europa. Cabe mencionarse la delegación que el rey portugués Alfonso Henríquez envió para asegurarse con este gesto la independencia de su reino de la corona de Castilla.

Sin embargo, durante su pontificado tuvo serios problemas en Roma debido al movimiento encabezado por Arnaldo de Brescia, quien pretendía terminar con el poder temporal del papado sobre la ciudad.

Aunque en un principio los romanos aceptaron con gusto al nuevo Papa por su amistad personal con el rey Roger de Sicilia, las desavenencias comenzaron con el Concilio de Ceprano, con el que se pretendía que el rey siciliano se reconociera nuevamente vasallo del Papa, pero la curia romana se negó a aceptar las peticiones del rey y la buenas relaciones entre el rey y el Papa terminaron.

Lucio II decidió disolver el Senado romano establecido por su predecesor y que, en la práctica, había arrebatado el poder temporal del Papa. Animado por el rey Roger, la fracción republicana eligió a Pierleoni, hermano del antipapa Anacleto II, como patricio de la ciudad, y pidió al Papa que dejara todos los asuntos temporales en sus manos. Ante esto, el Papa decidió pedir ayuda a sus antiguos aliados normandos, pero el emperador Conrado hizo oídos sordos a las peticiones de ayuda, por lo que se vio obligado a marchar hacia la ciudad con un pequeño ejército. Sufrió una derrota en la que fue herido de una pedrada que le ocasionaría la muerte pocos días después, el 13 de febrero de 1145.

Arnaldo de Brescia luchaba contra del poder temporal de la Iglesia, ya que pensaba que era incompatible con la vida espiritual y, por tanto, austera en lo material, que debía llevar el clero. Sus seguidores organizaron revueltas en Roma para hacer de la ciudad una república independiente del clero.

Arrestado por orden del emperador del Sacro Imperio Romano Germánico, Federico I, fue enviado de nuevo a Roma, condenado a muerte y, finalmente, ahorcado.

167. Beato Eugenio III (1145-1153)

Tras la violenta muerte de Lucio II, el Sacro Colegio se apresuró a enterrar al difunto Papa en el lateranense y se retiró al claustro de San Caesareo para elegir un nuevo pontífice, ante el temor de que los romanos tratasen de forzar al nuevo Papa a abdicar de su poder temporal y cederlo al Senado.

Al parecer, Bernardo Pignatelli, abad del monasterio cisterciense de San Vicente y San Atanasio, resultó elegido por unanimidad debido a que nadie estaba interesado en el puesto en un momento tan peligroso y, sobre todo, a que era un discípulo protegido de San Bernardo, que seguía teniendo una gran influencia sobre la curia romana. Sin embargo, la elección parece que no fue en principio del gusto del santo, quien acusaba al nuevo pontífice de ser «inocente y sencillo», aunque posteriormente consideró estas como sus dos grandes cualidades.

Tras su elección, rechazó la petición de los senadores romanos de que renunciara al poder temporal, por lo que se vio obligado a huir de la ciudad y ser consagrado en el monasterio de Farfa, a unos cuarenta kilómetros de Roma, el 18 de febrero de 1145.

Mientras tanto, en Roma, los ciudadanos todavía influenciados por Arnaldo de Brescia restauraron la antigua Constitución y nombraron un nuevo patricio. El papa Eugenio III pidió ayuda a Tívoli y a otras ciudades enfrentadas a Roma, lo que le permitió regresar por un breve tiempo a la ciudad, a la que tuvo que abandonar definitivamente en marzo de 1146.

Se exilió en Viterbo, mientras el pueblo romano quemaba y saqueaba las iglesias; desde allí, partió a Siena, y finalmente se estableció en Francia, donde mandó a San Bernardo predicar una nueva cruzada después de la toma del principado de Edesa por los turcos en diciembre de 1145.

Para esa cruzada consiguió rápidamente el apoyo del rey Luis VII de Francia y posteriormente de la reina Leonor de Aquitania y un gran número de caballeros, pero el emperador germano Conrado III se opuso inicialmente a ella, aunque finalmente accedió. A pesar de todos los esfuerzos papales, la Segunda Cruzada fue finalmente un rotundo fracaso en su fallido asalto a Constantinopla.

En su afán de propagación de la fe, de la corrección de errores y abusos, y en el mantenimiento de la disciplina, el beato Eugenio III convocó varios sínodos durante sus tres años de exilio en Francia, envió al cardenal Breakspeare —el futuro Adrián IV— como legado a Escandinavia, entró en relaciones con la

Iglesia de Oriente buscando la reunificación religiosa, actuó contra las herejías maniqueas, y aplicó cánones sobre la conducta y la vestimenta del clero en el gran Sínodo de Reims, celebrado en 1148.

De otra parte, este Papa impulsó el movimiento intelectual de Pedro Lombardo, ayudó al restablecimiento de la Universidad de Oxford y reformó la enseñanza en las escuelas de filosofía y teología. A él se deben varias y útiles regulaciones relativas a los grados académicos, así como la aprobación de la Orden de los Caballeros de Malta.

En 1148 regresó a Italia, y en Cremona excomulgó a Arnaldo de Brescia y, con la ayuda de Luis VII y de Roger de Sicilia, pudo entrar a Roma al año siguiente, aunque también por poco tiempo. En ese nuevo exilio buscó el apoyo de Conrado III de Alemania a cambio de la corona imperial, y cuando el rey germano decidió apoyar al Papa la muerte le sorprendió, por lo que fue su sobrino y heredero Federico de Suavia, Federico I Barbarroja, quien concluyó la tarea e hizo posible que el Papa Eugenio III regresara a Roma, en 1153, para morir en ella el 8 de julio de ese mismo año. Fue beatificado por Pío IX el 28 de diciembre de 1872.

Tras la primera gran victoria de las tropas musulmanas lideradas por Zangi en el principado de Edesa, el papa Eugenio III decidió proclamar la Segunda Cruzada a finales de 1145, que fue predicada por San Bernardo de Claraval.

Para San Bernardo era crucial la defensa de los santos lugares. Comenzó con Luis VII, rey de Francia, que había tenido problemas con Eugenio III debido al nombramiento de un arzobispo. Por tanto, deseaba hacer algo que le reconciliase con el pontífice y una cruzada se veía como una buena solución. Al poco tiempo, los sermones de San Bernardo lograron también convencer al emperador del Sacro Imperio Romano Germánico, Conrado III, y ambos ejércitos marcharon rumbo a Tierra Santa.

Los alemanes sufrieron cerca de Dorylaeum una humillante derrota en la que Conrado perdió prácticamente a todo su ejército. Los franceses, a quienes se les había unido el rey Conrado tras su derrota, fueron vencidos cerca de la ciudad de Atalia y pocos lograron llegar a Antioquía y a Jerusalén.

En Jerusalén, la reina Leonor aguardaba a su esposo, Luis VII, esperando ver una batalla contra los musulmanes. El rey, queriendo complacer a su amada, que le amenazaba con el divorcio, decidió atacar Damasco, ignorante de que era el único aliado musulmán que les quedaba. Este hecho causó gran indignación entre su tropa y muchos le abandonaron. Los damasquinos, viéndose atacados, solicitaron ayuda al hijo de Zendi, así que el rey Luis VII, midiendo lo desigual de las fuerzas, optó por retirarse definitivamente regresando de nuevo a Europa.

168. Anastasio IV (1153-1154)

Originario de Roma, Conrado di Suburra tuvo una larga carrera eclesial antes de ser nombrado Papa: Pascual II le nombró cardenal abad de Santa Pudencia y Honorio II, obispo cardenal de Sabina. Apoyó incondicionalmente al papa Inocencio II sirviendo como vicario de Roma durante la contienda con el antipapa Anacleto II.

Aunque era un hombre de gran prestigio dentro de la Iglesia, su mala salud y su avanzada edad hicieron que su pontificado fuera muy breve cuando fue coronado Papa el 12 de julio de 1153.

Su gran interés por la arqueología hizo que ordenara reparar el Panteón y que se llevaran a cabo importantes excavaciones debajo de la catedral de Roma, en la que se encontraron los cuerpos de los mártires San Cipriano y Santa Justina.

Su pontificado, sin embargo, es recordado por haber aplacado las ansias de conquista del emperador germano Federico Barbarroja. Federico había trasladado a Wichmann, obispo de Naumburg, sin el consentimiento papal a la ciudad de Magdeburgo, en los tiempos del beato Eugenio III; el papa Anastasio envió una delegación para hablar con el emperador Federico sobre el asunto y este hizo que regresasen con sus propias instrucciones, pero el delegado murió en el camino de vuelta, por lo que Federico Barbarroja mandó una delegación a Roma con sus propuestas sobre el conflicto. Esa embajada estaba encabezada por Wichmann, causante del problema, pese a lo cual el Papa los recibió y aprobó su cambio de obispado: una victoria de Barbarroja que tendría repercusiones en el futuro.

Al saber la resolución del Papa, tan conforme a sus intereses, el emperador germano decidió ir personalmente a Roma para sellar allí la paz con el pontífice, pero Anastasio IV murió el 3 de diciembre de 1154 antes de que Barbarroja llegara a Roma, por lo que el emperador no tuvo más remedio que negociar con su sucesor, Adrián IV.

Al parecer, el papa Anastasio IV fue enterrado en la misma sencilla urna que contuvo los restos de Santa Elena, la madre del emperador Constantino.

169. Adrián IV (1154-1159)

Nicolás Breakspeare es el único pontífice inglés de la historia. Se sabe poco acerca de sus orígenes, pero sí que procedía de una familia humilde y que, en la infancia, abandonó su país y su familia para seguir sus estudios en Francia. Allí ingresó en el monasterio de San Rufus, cerca de Aviñón, del que, después de un tiempo, fue elegido abad. Siendo prior, tuvo que viajar a Roma para arreglar asuntos del monasterio y allí fue retenido por el papa Eugenio III, quien le nombró cardenal obispo de Albano en 1146.

En 1152 fue nombrado delegado papal en Escandinavia, con la delicada misión de reorganizar la jerarquía eclesial en aquellas tierras: estableció un arzobispado independiente para Noruega, en Trondheim, elegida como sede en honor de San Olaf; terminó con los abusos en que había caído el clero local, y ayudó a mejorar las instituciones civiles del país; en Suecia estableció una sede arzobispal, dio fin a algunos abusos y estableció una ofrenda conocida como el «penique de San Pedro».

Su éxito en los países nórdicos le hizo tan popular que, cuando llegó a Roma, fue aclamado como el apóstol del norte y, tras la muerte de Anastasio IV, fue elegido por unanimidad como obispo de Roma y sumo pontífice de la Iglesia, y consagrado el 18 de junio de 1155, en un momento en que la ciudad estaba sufriendo, una vez más, revueltas y agitaciones de todo tipo: los aristócratas luchaban entre ellos y contra el Papa, y sus servidores asaltaban a los campesinos cerca de la ciudad y robaban a los caminantes que peregrinaban a las tumbas de los apóstoles. El más poderoso de esos nobles y cabecilla de muchos era Arnaldo de Brescia, empeñado en terminar con el poder temporal del papado, empresa en el que era apoyado por el rey Guillermo de Sicilia, a quien no reconocía el Papa esa dignidad.

La situación se hacía insostenible y Adrián IV tuvo que refugiarse en Viterbo, no sin antes prohibir la celebración de los santos oficios en Roma hasta que el Senado se le sometiese. Lograda esa sumisión, el Papa levantó la prohibición y regresó a Roma, de la que Arnaldo escapó, aunque fue detenido por

Federico Barbarroja, que se encontraba en Lombardía camino de Roma, donde esperaba recibir la corona papal.

El encuentro entre el Papa y Federico Barbarroja tuvo lugar en Sutri, pero el pontífice se negó a coronar emperador a Federico por una cuestión protocolaria: la tradición ordenaba que los reyes sujetasen el estribo del caballo del Papa como muestra de sumisión, pero Barbarroja se negó a hacerlo y Adrián IV, en represalia, le negó el beso del perdón y la coronación. Unos días más tarde se iniciaron nuevas conversaciones y Federico Barbarroja fue coronado en San Pedro emperador del Sacro Imperio Romano Germánico en la forma dictada por la tradición. A petición del Papa, el coronado emperador arrestó a Arnaldo de Brescia y le entregó a la curia para procesarle como rebelde político. El mismo día de la coronación imperial, Arnaldo de Brescia, el monje y reformador italiano que se oponía al poder temporal del papado, murió ahorcado. La rebelión estalló en Roma. Centenares de soldados alemanes fueron aniquilados y el pueblo se apoderó del barrio papal, tomó el puente de Sant'Angelo. que protegía la ciudad, y ello desencadenó una violenta batalla entre las fuerzas del emperador y los republicanos romanos. Cuando estos fueron derrotados, los germanos del emperador tomaron más de doscientos prisioneros entre los dirigentes y asesinaron y ahogaron en el Tíber a más de un millar de romanos, por lo que los ciudadanos de Roma negaron provisiones y ayuda al ejército del emperador; cuando el hambre y la malaria se adueñaron de las tropas, el emperador se vio forzado a abandonar la ciudad.

Tras la marcha del emperador Federico, Adrián IV reunió a sus vasallos y, al frente de algunos de ellos, marchó a Beeventum, un dominio papal en el que permaneció hasta junio de 1156. Allí le visitó John de Salisbury para solicitarle que decretase que Irlanda pasase al dominio del rey Enrique II de Inglaterra.

Entretanto, el rey Guillermo de Sicilia, excomulgado por el pontífice, continuaba su lucha contra él, por lo que este, buscando la paz, accedió a investirle con las coronas de Sicilia y Apulia, de Nápoles, de Salerno y Amalfia, de Áncora y de otras posesiones de Guillermo de Sicilia, quien, por su parte, juró obediencia al Papa, protección para las posesiones de la Iglesia y un tributo anual. Todo ello provocó un nuevo enfrentamiento con el Papa del emperador Federico Barbarroja, quien reclamaba algunos de los territorios de los que había hecho rey a Guillermo.

Poco después, el 1 de septiembre de 1159, el papa Adrián IV murió en Anagni, tras haber defendido con entrega e inflexibilidad el poder temporal del papado.

Federico I Barbarroja fue emperador del Sacro Imperio, rey de Italia y duque de Suavia. Su mayor deseo era restaurar la gloria del antiguo Imperio Romano, pero sus desavenencias con el papado ocasionaron una alianza en su contra viendo frustradas sus ambiciones. Impuso a varios antipapas que llegaron a gobernar en Roma durante el mandato de Alejandro III, quien le excomulgó.

170. Alejandro III (1159-1181)

Rolando Bandinelli nació en Siena, en el seno de una familia acomodada, y ejerció su magisterio en la Universidad de Bolonia, en la que enseñó derecho canónigo hasta que el papa Eugenio III le nombró cardenal diácono de San Cosme y San Damián y luego cardenal presbítero de San Marcos, para ser nombrado posteriormente canciller papal. Fue consejero de Adrián IV y líder del grupo de cardenales que pretendían liberar a la Iglesia de la autoridad germana impuesta por Federico I Barbarroja por medio de una alianza con los normandos de Nápoles.

Su elección, el 7 de septiembre de 1159, fue tan poco unánime que una minoría de cardenales eligió a un antipapa, el cardenal presbítero Octavio, quien escogió el nombre de Víctor IV. Al conocer esto, el emperador Federico I Barbarroja convocó un sínodo en Pavía para resolver el pleito, y dicho sínodo se decantó por el antipapa y pidió que se excomulgase al papa Alejandro III, a lo que este respondió anulando las conclusiones del sínodo y excomulgando al emperador y al antipapa.

El doble papado y la triple excomunión dividieron Europa: Luis VII de Francia y Enrique II de Inglaterra apoyaron a Alejandro III en el Sínodo de Tolosa y lograron, con ello, que otros monarcas occidentales hiciesen otro tanto; mientras el antipapa Víctor IV contaba con el favor del emperador alemán y los Estados que controlaba, con la excepción del arzobispo de Salzburgo y algunos otros obispos. La pronta muerte del antipapa agudizó el problema, ya que sus partidarios designaron para sucederle a Guido de Cremona, quien adoptó el nombre de Pascual III y coronó nuevamente a Federico como emperador.

El Papa se exilió por un tiempo, contando con el favor y la protección de Luis VII de Francia, y a su vuelta a Roma confirmó el derecho de Alfonso I de Portugal a su trono.

Las fuerzas parecían equilibradas, pero una epidemia diezmó a las tropas imperiales y ello debilitó su posición en Italia, pese a lo cual, y tras la muerte del antipapa Pascual III, Federico I Barbarroja reconoció a otro antipapa, Calixto III, e inició un nuevo avance sobre Roma, siendo derrotado, obligado a firmar la paz en Venecia, a reconocer a Alejandro III como sumo pontífice y a devolver a la Santa Sede los territorios italianos. Al saberlo, Calixto III renunció al papado, pero la rebelde aristocracia romana eligió otro antipapa, Inocencio III, el cuarto que se le oponía al Papa.

Mientras tanto, Alejandro III perdía a uno de sus más firmes aliados, el rey Enrique II de Inglaterra, quien se enfrentó a Santo Tomás Becket, arzobispo de Canterbury, y este fue desterrado y asesinado por oponerse a los deseos reales de controlar la Iglesia de Inglaterra. Como respuesta a lo ocurrido y siguiendo el parecer de los cristianos ingleses, el Papa canonizó a Tomás Becket y excomulgó a Enrique II, aunque más tarde esa excomunión le fue levantada cuando el rey peregrinó a la tumba del nuevo santo y antiguo amigo en señal de respeto.

Para evitar nuevos conflictos como los que estaban agitando su papado, especialmente en lo relativo a la elección papal, Alejandro III convocó un concilio ecuménico en Letrán en el que se estableció la obligación de que el elegido contase al menos con dos tercios de los votos emitidos por los cardenales.

A pesar del aparente éxito del concilio, los romanos le forzaron a abandonar Roma y algunos nobles nombraron a Inocencio III como antipapa.

Murió el 20 de agosto de 1181.

El III Concilio Ecuménico de San Juan de Letrán tenía como finalidad sanar las heridas del cisma que se habían producido entre el emperador y el papa Alejandro III. Históricamente continúa siendo importante, ya que se estableció que para que un Papa fuera electo era necesario contar con dos tercios de los votos del Colegio Cardenalicio. Además, el concilio llamó a los poderes laicos a luchar contra la herejía extendiendo la indulgencia de la cruzada a quienes la combatieran.

Santo Tomás Becket fue nombrado arzobispo de Canterbury, por el rey Enrique II de Inglaterra, en 1162. Becket impidió al rey hacerse con el control de los asuntos eclesiásticos y sus disputas se recrudecieron con el tiempo. La Iglesia católica le canonizó poco después.

171. Lucio III (1181-1185)

Ubaldo Allucinoli, que ese fue el nombre natal del papa Lucio III, nació en Lucca y fue nombrado cardenal presbítero de Santa Praseda por el papa Inocencio II en 1142. Tras ser delegado papal en Francia, el beato Eugenio III lo envió a Sicilia y posteriormente al Lacio con el cargo de obispo de Ostia y Velletri. El papa Alejandro III le hizo participar en las conversaciones de paz de Venecia con el emperador Federico I Barbarroja.

Fue consagrado, en Velletri, el 6 de septiembre de 1181, a las dos semanas de la muerte de su predecesor, y residió durante casi todo su pontificado en Verona, con una muy breve y amenazada estancia en Roma, ya que se había negado a conceder a los rebeldes aristócratas los privilegios de que habían gozado con sus predecesores y ello dio origen a nuevas revueltas y a su obligada marcha de la ciudad. Sus intentos de regresar chocaron con la voluntad de los dirigentes romanos, que se lo impidieron.

En Verona, contando con el apoyo del emperador Federico I Barbarroja, convocó un sínodo en el que promulgó la constitución *Ad abolenda*, que contenía normas para reprimir las continuas herejías, como la de los valdenses, que brotaban en la época, un instrumento rápido y eficaz para localizar y condenar cualquier forma de alejamiento de la ortodoxia, y embrión del futuro Tribunal de la Inquisición, ya que confiaba al «brazo secular» la tarea de castigar físicamente a los herejes. En ese mismo sínodo, el emperador prometió iniciar una nueva cruzada a Tierra Santa para atender así la petición del rey Balduino IV de Jerusalén.

El emperador apoyaba a la Iglesia, pero las relaciones entre Papa y emperador continuaban siendo poco amistosas porque el pontífice se negaba a ceder ante algunas demandas de este relativas a la consagración de los obispos alemanes nombrados por los antipapas en la época de Alejandro III. Fueron estas discrepancias las que llevaron al Papa a negarse a coronar emperador a Enrique IV, hijo de Federico, y a que este le negara el apoyo para enfrentarse a los barones romanos que le impedían regresar a Roma.

El papa Lucio III murió el 25 de septiembre de 1185.

Los valdenses eran seguidores de Pedro Valdo, un próspero mercader francés que decidió repartir sus riquezas entre los pobres y predicar el Evangelio. Su movimiento fue permitido por el papa Alejandro III, aunque no le gustara la idea de que permitieran que cualquier laico pudiera predicar. Sin embargo, el movimiento se fue radicalizando, ya que acusaban a la Iglesia por tener propiedades y ponían en duda la existencia del purgatorio. Según pensaban, además, los sacramentos que administraban quienes ellos consideraban como indignos eran inválidos. Fueron excomulgados por Lucio III en el Concilio de Verona.

172. Urbano III (1185-1187)

Uberto Crivelli, de origen noble, nació en Milán y fue nombrado cardenal por Lucio III, quien luego le hizo arzobispo de su ciudad natal. Fue consagrado Papa el mismo día de su elección, el 1 de diciembre de 1885, probablemente porque se temía la injerencia del emperador germano, con quien el nuevo obispo de Roma se hallaba enfrentado porque, cuando ocurrió el saqueo de Milán en 1162, el emperador ordenó encarcelar y mutilar a varios familiares del entonces arzobispo de Milán y ahora nuevo pontífice.

Se sabe que las disputas entre Lucio III y el emperador germano Federico I Barbarroja se acentuaron en 1185 con la llegada al norte de Italia de Constanza, la heredera del reino de Silicia, comprometida en matrimonio con Enrique, el hijo del emperador. El matrimonio, que tuvo lugar seis semanas después de la consagración de Urbano III, constituyó para el papado un gran revés, ya que con él se arruinaban la mayor parte de los logros que se habían obtenido en los dos siglos anteriores para frenar el poder del imperio germánico en Italia y asegurar la independencia de los Estados Pontificios.

De otra parte, el emperador Federico I se apropió de la herencia de Matilda de Toscana, se adueñó de los ingresos de los obispados y los conventos germanos que habían quedado vacantes y suprimió, sin el consentimiento papal, la mayor parte de los conventos del territorio bajo su poder.

Enfrentados por tantas razones el Papa y el emperador, no es extraño que Urbano III mantuviese la negativa de su antecesor, el papa Lucio III, a coronar a Enrique como emperador, por lo que Federico I convenció al patriarca de Aquilea para que llevase a cabo la ceremonia de coronación. Cuando este lo hizo, el Papa le excomulgó, así como a los obispos que le habían asistido en la coronación; elevó al rango de cardenal al obispo auxiliar Folmar, a quien consagró como arzobispo de Trier, pese a haber prometido al emperador que no lo haría, por lo que, en represalia, este cerró el paso de los Alpes a los mensajeros papales y envió a su hijo Enrique a conquistar y devastar los Estados Pontificios.

Urbano III recurrió en vano a la ayuda de los obispos alemanes, quienes, por el contrario, le instaron a atender al emperador en los asuntos que pedía y eran de justicia. El Papa emplazó al emperador a presentarse ante su tribunal en Verona y, como lo hizo, le amenazó de excomunión, aunque no la llevó a cabo porque los veroneses, fieles al emperador, no se lo permitieron. Contrariado, Urbano III salió entonces rumbo a Venecia con la intención de decretar allí la excomunión del emperador, pero la muerte le alcanzó por el camino en la madrugada del día 20 de octubre de 1187, afectado, al parecer, por las noticias que le llegaron de la derrota sufrida por los cruzados en la batalla de Hattin y la caída de Jerusalén, ocurridas apenas tres meses antes.

> La batalla de Hattin se dio el 4 de julio de 1187 y fue una de las mayores derrotas de los cruzados al permitir que un imponente ejército dirigido por Saladino invadiera el reino de Jerusalén derrotando de forma definitiva al ejército cristiano. Aunque el rey y algunos de sus nobles sobrevivieron, todos los caballeros templarios y los hospitalarios de San Juan de Jerusalén fueron degollados en el campo de batalla o en sus proximidades.

173. Gregorio VIII (1187)

Alberto di Morra nació en la ciudad de Benevento y fue elegido Papa en Ferrara el 21 de octubre de 1187, consagrado cuatro días más tarde y murió apenas mes y medio después, el 17 de diciembre de aquel mismo año, en Pisa. Nombrado cardenal por el papa Adrián IV, el papa Alejandro III le nombró canciller y le envió a Inglaterra para investigar la muerte de Santo Tomás Becket, y en su nombre coronó a Alfonso II como rey de Portugal.

En su pontificado, Gregorio VIII proclamó la Tercera Cruzada, tras la derrota de los cruzados en la batalla de Hattin y la pérdida del reino de Jerusalén, al tiempo que envió epístolas a todas las sedes para que los fieles elevasen al Señor oraciones y le ofreciesen ayunos por la intención papal.

Cuando murió, se encontraba en Pisa buscando que se firmase la paz entre esta ciudad y Génova, esencial para el transporte de tropas y provisiones a Tierra Santa.

El 29 de octubre de 1187, Gregorio VIII proclamó la Tercera Cruzada para recuperar Jerusalén de los infieles musulmanes. El éxito de su convocatoria fue enorme, ya que a las filas cristianas se sumaron el emperador germano Federico I Barbarroja y los reyes Felipe II Augusto (francés) y Ricardo I Corazón de León (inglés), lo que reunió un número de tropas superior al de las dos anteriores cruzadas, pese a lo cual fueron pocos sus logros: Federico I Barbarroja murió durante el viaje, en Anatolia, por lo que la mayor parte de su ejército regresó a Alemania, y aunque los reyes francés e inglés llegaron a Palestina con sus ejércitos intactos, fueron incapaces de reconquistar la ciudad de Jerusalén.

«Pax et auctoritas» (1187-1305)

Entorno histórico

El ejército de la Tercera Cruzada, tras conquistar Acre en 1190, firma un acuerdo con el sultán de Egipto y Siria, Saladino, por el que este autoriza a los cristianos a efectuar peregrinaciones a Jerusalén. Ese mismo año muere el emperador Federico I Barbarroja; tres años más tarde lo hace el emperador Saladino, en Damasco. En 1212, ocho años después de la Cuarta Cruzada, se forma la llamada «cruzada de los niños», ya que más de siete mil de ellos llegan al puerto de Génova con la intención de embarcar para Jerusalén, pero la mayor parte de ellos son vendidos como esclavos por los comerciantes genoveses.

En agosto de 1244, la conquista de Jerusalén por los tártaros pone fin al reino latino de Tierra Santa. Es el fin: los cruzados han fracasado en Tierra Santa y los cristianos europeos pierden interés por esa empresa, pese a que al iniciarse el siglo XIII los cruzados conquistan y saquean Constantinopla y fundan un imperio que se prolongará hasta 1261, poco más de cincuenta años.

Son tiempos en los que prima el pensamiento cristiano: San Alberto Magno sienta las bases de la escolástica en Europa; Santo Tomás de Aquino, seguidor de Aristóteles, reconcilia la razón con la fe y publica su monumental *Suma Teológica*, y Francisco de Asís crea la orden franciscana y retoma el tema central del mensaje cristiano: el amor; al tiempo que se inicia la construcción de las grandes catedrales góticas, y en toda Europa Occidental los peregrinos recorren el Camino de Santiago en no menor número que los que lo hacen hasta Roma o Tierra Santa. En 1231 el papa Gregorio IX ratifica la ley dada por el emperador Federico II en 1224, mediante la cual se impone la pena de muerte a los herejes, y crea el Tribunal de la Inquisición, que encomienda a los dominicos. Ya en décadas anteriores, Luis VII de Francia y Enrique II de Inglaterra, en 1179 (Concilio de Letrán), y Pedro II de Aragón (1197), condenan a los herejes como enemigos del Estado.

De otra parte, Roger Bacon sienta las bases de la ciencia moderna; Marco Polo trae noticias de China; se fundan las universidades de París, Salamanca, Valladolid, Cambridge, Nápoles y Praga, y aumenta el número e importancia de los artesanos en la vida civil, apuntando al nacimiento de la clase media.

En 1188 nace en el reino de León el primer Parlamento europeo —las Cortes— al incorporarse a la curia del reino ciudadanos procedentes del estamento popular. Esas cortes están formadas por representantes de tres estamentos: clero, aristocracia y representantes de las ciudades. El modelo es imitado a los pocos años en Castilla y Cataluña.

Se inicia en la Península Ibérica una fuerte ofensiva contra Al-Ándalus en 1191, iniciada por el arzobispo de Toledo y la Orden de Calatrava, y encabezada después, en 1193, por Alfonso VIII de Castilla. Al año siguiente, este rey firma con el de León, Alfonso IX, el Tratado de Tordehumos, que abre la puerta a la anexión del reino de León al de Castilla en el caso de que Alfonso IX muera sin sucesión. En 1206 se predica una cruzada contra los almohades a petición de Alfonso VIII de Castilla, pero los cruzados, que participan en algunas batallas y victorias, abandonan la empresa antes de que, en julio de 1212, se produzca la principal de todas ellas, la de las Navas de Tolosa. Fernando III el Santo conquista Sevilla en noviembre de 1248, y al final del período el dominio musulmán en la Península Ibérica se limita al reino de Granada.

Las Cortes catalanas, en 1228, apoyan a Jaime I el Conquistador para la toma de Mallorca. Medio siglo más tarde, en 1285, el rey francés Felipe III el Atrevido promueve una cruzada contra Cataluña para defender los intereses de la Iglesia de Roma, gravemente dañados por la conquista de Sicilia por Pedro III el Grande, rey de Aragón. Los cruzados toman Gerona, pero en el mar son derrotados por Roger de Lauria y las tropas de tierra se ven obligadas a retirarse al no ser abastecidas.

En Navarra, con la muerte sin descendencia de Sancho VII desaparece la dinastía Jimena, que había dominado desde mediados del siglo IX.

En el último año del siglo, el 6 de abril de 1199, muere Ricardo I Corazón de León, rey de Inglaterra, cuando tenía cuarenta y un años de edad, después de una vida llena de heroísmos y aventuras que le mantuvieron la mayor parte de su vida fuera de Inglaterra, pero que le permitieron entrar en la leyenda como prototipo de caballero medieval.

El 31 de marzo de 1282, lunes de Pascua, se inicia en Palermo el levantamiento popular que ha quedado en la historia con el nombre de «Vísperas sicilianas».

En 1291 nace, en el centro de Europa, la Confederación Helvética, en la que se asocian tres cantones.

A lo largo del siglo XIII, los ejércitos comienzan a emplear la pólvora para lanzar objetos, naciendo la artillería.

Los ejércitos nómadas del conquistador mongol Gengis Kan (1167-1227) crean un inmenso imperio, especialmente a partir del momento en que une las fuerzas mongoles a las tártaras, conquistando buena parte de China, Turquestán, norte de India, Pakistán, algunas zonas de Rusia y la región comprendida entre los ríos Volga y Dniéper, desde el golfo Pérsico hasta casi el océano Ártico. En Persia, sus ejércitos acaban con la vida de las dos terceras partes de la población, y sus descendientes, musulmanes, la dominan hasta 1335. Bagdad cae el 10 de febrero de 1258.

En tierras de la actual Guatemala florecen los pueblos quiché y cakchiquel, especialmente en las tierras altas, con una cultura heredada de la maya con influencias toltecas.

En Perú, los chimúes crean un sistema político bien organizado, al tiempo que levantan templos y fortalezas, y trazan caminos entre las ciudades.

Y al concluir el siglo XIII e iniciarse el XIV, entra en escena una nueva fuerza que habrá de influir decisivamente en Asia, Europa y África del Norte: los otomanos, un imperio fundado a finales del siglo XIII por Osmán I Gazi, en el noroeste de Anatolia.

«Pax et auctoritas»

Europa es cristiana, el cristianismo se extiende por Oriente y el papado, de vuelta a Roma, vive un largo tiempo de paz, aunque el resto del mundo esté revuelto y la propia Roma sufra la ocupación de tropas extranjeras, como en tiempos del papa Clemente IV. Nace y crece el inmenso imperio de Gengis Kan, lo que trastoca la ordenación política de inmensas áreas de Oriente. Prosiguen y concluyen las cruzadas a Tierra Santa, pero los peregrinos cruzan Europa camino de Santiago y Roma, como al principio de este período lo hicieron a Jerusalén. Se asienta la autoridad de los Estados Pontificios, se desarrollan órdenes religiosas dedicadas a la protección de esos peregrinos y la defensa de la Iglesia, y se dictan leyes que condenan a muerte a los herejes, con lo que nace la Santa Inquisición, tan difícil de juzgar desde nuestro tiempo que, inevitablemente, la ve nefasta y contraria al verdadero motor de la Iglesia de Cristo: el amor. En este tiempo, los papas fueron, por lo general, amantes de las artes y amigos del poder civil, por lo que se produjo la renuncia al papado, apenas designado, de San Celestino V, el primer Papa elevado a los altares desde San Gregorio VII, en 1085, quien estableció que un pontífice podía renunciar a la elección. Él lo hizo porque entendió que no era sino un instrumento en manos de los poderosos, lo que, en el caso de buena parte de sus predecesores, había sido verdad y continuaría siéndolo durante décadas.

Los papas del período

174. Clemente III (1187-1191)

Paolo Scolari, originario de Roma, era un miembro distinguido del clero romano. Fue arcipreste de la basílica de Santa María la Mayor y obispo cardenal de Palestrina.

Considerado un eterno candidato al trono de San Pedro, sus problemas de salud —padecía del corazón— le habían impedido ser designado. De hecho, no fue la primera opción tras la muerte de Gregorio VIII, ya que el Colegio Cardenalicio seleccionó a Teobaldo, obispo cardenal de Ostia, quien rehusó el cargo. Pese a ello, la elección de Clemente III, el 20 de diciembre de 1187, fue especialmente celebrada por los romanos, puesto que era el primer pontífice nacido en la ciudad desde antes de la rebelión de Arnaldo de Brescia.

El nuevo Papa firmó un tratado de paz que garantizaba el equilibrio entre la soberanía papal, las libertades municipales y el poder del Senado —fundado cuarenta y cuatro años antes—, y ello le permitió entrar en Roma en medio del entusiasmo general en febrero del año siguiente.

Una vez solventados los problemas con los romanos, Clemente III dedicó sus esfuerzos a continuar la política de su predecesor Gregorio VIII en su intento de reunir a toda la cristiandad en su lucha contra los musulmanes y a recuperar Jerusalén.

En su afán por conseguir una paz entre los pueblos cristianos que le permitiría armar una Tercera Cruzada, se esforzó en reconciliar a la Iglesia con el emperador germano Federico I Barbarroja, y trató, sin éxito, de conseguir que Enrique II de Inglaterra y Felipe Augusto de Francia hicieran las paces. Cuando el rey inglés fue derrotado y murió, su heredero, Ricardo Corazón de León, dio fin a la larga lucha. Gracias a todo ello, el viejo emperador Federico I Barbarroja partió hacia

Tierra Santa al frente de un gran ejército y, junto a él, Ricardo Corazón de León y Felipe Augusto de Francia.

La muerte de Guillermo II de Sicilia, trascendental aliado de la Santa Sede contra el imperio occidental, precipitó una nueva crisis: Enrique VI de Alemania, hijo y sucesor de Barbarroja, reclamó el reino, alegando derechos de su esposa, hija legítima del rey Roger. El Papa, cuya independencia se veía seriamente amenazada si los germanos se adueñaban de Sicilia, apoyó a los sicilianos invistiendo a Tancredo, hijo bastardo de Roger, como rey de Sicilia. El emperador Enrique VI entró en Italia al frente de un poderoso ejército con la intención de lograr que Clemente III reconociera sus derechos a Sicilia. No pudo entrevistarse con el Papa, pues este falleció antes, en marzo de 1191, y con anterioridad también de la derrota de los cruzados en la batalla de Acre, cuando, pese a la muerte del emperador Federico I Barbarroja y el regreso de su ejército a Alemania, la victoria parecía aún posible.

Aunque los sarracenos eran, originariamente, una tribu del norte de Arabia, durante el Medievo los cristianos designaron con ese nombre a todos los pueblos musulmanes de Oriente Medio, y así los denominan los escritos de la época.

El emperador del Sacro Imperio Romano Germánico Federico I, el rey francés Felipe II Augusto y el monarca de Inglaterra Ricardo I Corazón de León participaron en la Tercera Cruzada que fue un rotundo fracaso, a pesar de haber juntado al ejército más numeroso de la época. Federico I murió en Anatolia mientras viajaba a Tierra Santa, y la mayor parte de su ejército regresó a Alemania. Felipe II y Ricardo I Corazón de León llegaron a Palestina, pero fueron incapaces de reconquistar ni el reino ni la ciudad de Jerusalén.

175. Celestino III (1191-1198)

Giacinto Bobone pertenecía a la noble familia de los Orsini y llevaba cuarenta y siete años siendo cardenal cuando, a los ochenta y cinco años, fue nombrado Papa el 14 de abril de 1191. Pretendió renunciar a la elección, pero las tensiones entre el papado y el germánico emperador de Occidente le forzó a aceptarla para que, cuando el emperador llegase a la ciudad, en esta hubiese un Papa.

Así fue, y el nuevo Papa dio la bienvenida a Enrique VI, a quién ungió y coronó como emperador y rey de Alemania, pese a lo cual, y al juramento que el emperador hizo de ser leal a la Iglesia de Roma, la situación entre Papa y emperador no mejoró porque este seguía pretendiendo el trono de Sicilia y ello dejaría al papado completamente rodeado por los dominios del emperador Enrique VI.

Además, los romanos, contrarios al emperador, no quisieron consentir su coronación en la ciudad hasta que ambos, Papa y emperador, les hubieran ayudado contra Tusculum: la ciudad enemiga, abandonada a la venganza de los romanos, fue arrasada.

Tras su coronación, y desoyendo al Papa, el emperador Enrique VI prosiguió su marcha hacia Sicilia, pero hubo de abandonar y retirarse hacia el norte porque sus tropas, diezmadas por la enfermedad, eran presa fácil de sus enemigos. Constancia, su esposa, fue capturada por las tropas napolitanas y llevada ante su hermano Tancredo, y mal lo hubiera pasado si el Papa no hubiese logrado su liberación, amenazando a las tropas con la excomunión. Liberada la reina, y retirado el ejército del emperador, el papado dejó de estar amenazado por el riesgo de quedar rodeado por los dominios germanos.

Menor fue el éxito de Celestino III cuando quiso proteger de la enemiga del rey Enrique VI a Ricardo Corazón de León, capturado a su regreso de la Tercera Cruzada por Leopoldo V, duque de Austria, violando así los derechos de los cruzados. Aunque el Papa amenazó a su captor y al emperador con la excomunión, el rey inglés no fue liberado hasta que pagó un elevado rescate.

Viendo la debilidad de un Papa viejo y enfermo, el emperador Enrique VI quiso aprovechar la muerte del rey Tancredo de Sicilia e invadió el sur de Italia, consiguiendo así aislar y rodear los Estados Pontificios.

Para calmar al anciano pontífice, que anhelaba una nueva cruzada y había dado su aprobación a la nueva Orden de los Caballeros Teutónicos, y para esconder su propósito de engrandecer un ejército con el que conquistar nuevas tierras para su imperio, el emperador prometió al Papa promover una nueva cruzada. No pudo llevar a cabo ni sus propósitos públicos ni los ocultos porque, enfermo de malaria, un levantamiento popular que agitó el sur de Italia le llevó a la ciudad de Mesina, donde murió cuando contaba treinta y seis años. Poco después, el 8 de enero de 1198, murió el papa Celestino III, que tenía noventa y dos años, al parecer porque se le recrudecieron los problemas que venía arrastrando desde muchos años antes a causa de la sífilis.

En el orden eclesiástico, Celestino III se esforzó en defender la indisolubilidad del matrimonio, por lo que obligó al rey Alfonso IX de León a abandonar su proyecto de contraer nuevas nupcias con una princesa portuguesa, y negó al rey Felipe Augusto II de Francia el divorcio que pretendía de la reina Ingeborg.

La Orden de los Caballeros Teutónicos fue fundada por cruzados alemanes y sometió a los eslavos paganos de Prusia, donde edificaron diversas ciudades y fortalezas. Continuó existiendo en el sur de Alemania hasta que fue disuelta por Napoleón en 1809. Renació en Austria en el año 1834 y mantuvo su identidad a lo largo de todo el siglo XIX, pero su actividad quedó restringida al ejercicio de la caridad.

---

176. Inocencio III (1198-1216)

Lotario di Conti, sin duda el pontífice más importante de la Edad Media en el orden temporal, era sobrino de Clemente III; nació en Anagni (Italia) y pertenecía a la familia de los Conti, que daría nueve papas a la Iglesia. Recibió la mejor educación posible en la época, con estudios de teología en París y de jurisprudencia en Bolonia, que le convirtieron en uno de los hombres más preparados de su tiempo.

Tras la muerte de Alejandro III en 1181, regresó a Roma, y allí desempeñó varios oficios eclesiásticos con los papas Lucio III, Urbano III, Gregorio VIII y Clemente III; obtuvo el rango de cardenal diácono y, más tarde, el de cardenal presbítero de Santa Prudencia, aunque no fue ordenado sacerdote y consagrado obispo hasta que fue elegido Papa el 22 de febrero de 1198.

A partir de 1140, el papado admitía la doble potestad de la Iglesia y el imperio, en el que el poder político recaía en los Estados, pero la Iglesia se reservaba poder actuar sobre el poder político cuando este hiciese algo contrario a la fe o al papado. Apoyándose en esa doctrina, Inocencio III logró imponer su poder político sobre Roma y los Estados Pontificios, y sobrepuso su autoridad a la de los poderes políticos de los distintos reinos siempre que lo juzgó necesario.

En Francia e Inglaterra Inocencio III intervino para poner fin a la guerra que enfrentaba a los reyes Felipe Augusto, de Francia, y Ricardo Corazón de León, de Inglaterra. Apenas entronizado Papa, envió legados a ambos reyes amenazándoles con un interdicto si no ponían fin a sus hostilidades, lo que hizo que firmasen un armisticio que duró cinco años, y con otra amenaza de interdicción a Felipe Augusto de Francia si no se reconciliaba con su esposa, Ingeburga de Dinamarca. A causa de la cuestión de las investiduras que enfrentaba al papado con el poder laico, excomulgó en 1209 al rey inglés Juan Sin Tierra y consiguió que le entregase el trono en 1212, aunque el Papa se lo devolvió al año siguiente en calidad de feudo.

En Italia, la muerte del emperador germano Enrique VI, poco antes de su propia entronización como Papa, fue aprovechada por Inocencio III para restablecer el poder temporal del papado sobre Roma y los Estados Pontificios, al lograr que tanto el hasta entonces representante del emperador —el prefecto de Roma— como el Senado de la ciudad le jurasen fidelidad. Restablecida su autoridad en Roma, Inocencio III aprovechó que toda Italia se mostraba cansada de la autoridad del imperio germano para extender su poder político a toda la Península: exigió, excomulgó y expulsó del poder a Marcos de Anweiler para lograr la devolución a la Iglesia de las regiones de Romaña y Marcas; recuperó la autoridad del Papa sobre el ducado de Spoleto y los distritos de Asís y Sora; ratificó la autoridad de la liga que se había formado en la Toscana a cambio de que esta reconociese la autoridad temporal del Papa, y aprovechó que los barones normandos no reconocían como rey a Federico II, de cuatro años de edad, y que su madre y regenta, Constanza, viuda de Enrique VI, solicitó su ayuda para hacer valer la autoridad del Papa sobre Sicilia, reconociendo a Federico II como rey solo cuando le fueron devueltos al papado los privilegios que le habían sustraído al papa Adrián IV, y coronándole como tal cuando, muerta Constanza, el propio Papa asumió él mismo la regencia del niño rey.

De otra parte, en el imperio germánico, a la muerte del emperador Enrique VI, güelfos y gibelinos habían elegido dos sucesores distintos: Felipe de Suavia los primeros y Otto de Brunswick los gibelinos. En 1201, Inocencio III apoyó a Otto IV, aceptándolo como rey de Roma y amenazando con la excomunión a cuantos se negaran a reconocerle como tal, por lo que la mayor parte de los príncipes alemanes siguieron la elección papal, pero, en 1207, el despótico carácter de Otto IV le hizo perder aliados y que el Papa le retirase su apoyo y enviase a dos cardenales para que le obligasen a renunciar al trono y aupasen en él a Felipe de Suavia. Antes de que pudiesen hacerlo, en junio de 1208 fue asesinado Felipe de Suavia, por lo que los príncipes volvieron junto a Otto IV y el Papa, aceptándolo, le invitó a viajar hasta

Roma para coronarlo como emperador. Ya en Roma, y antes de su coronación, Otto prometió al Papa colocar Spoleto y Ancona bajo el poder de la Iglesia y renunciar a su injerencia en las elecciones eclesiásticas. Apenas coronado, olvidó sus promesas y conquistó Ancona, Spoleto y otras posesiones de la Iglesia e invadió Sicilia, por lo que el Papa le excomulgó, en 1210, y pidió a Felipe Augusto de Francia y a los príncipes alemanes que depusiesen al excomulgado emperador y eligieran para tal cargo al hijo de Enrique VI, Federico II, quien fue coronado emperador tras jurar ante el Papa las mismas promesas que su predecesor, más la de que nunca integraría Sicilia en el imperio.

No hubo país en Europa que se librara de las injerencias de Inocencio III: excomulgó a Alfonso IX de León por casarse con su sobrina Berengaria, de quien le obligó a separarse; anuló el matrimonio entre Alfonso de Portugal y doña Urraca, hija de Alfonso de Castilla; recibió el reino de Aragón en vasallaje cuando coronó a Pedro II como rey; protegió a los noruegos del tiránico rey Sverri y, a su muerte, actuó como árbitro entre los pretendientes al trono; otro tanto hizo entre los contendientes al trono de Suecia. Y ya en terreno más propio de su misión apostólica, preparó una cruzada contra los musulmanes en España, a los que vio derrotados en la batalla de las Navas de Tolosa; restauró la disciplina eclesiástica en Polonia; trató de conseguir que la Iglesia oriental aceptase la autoridad de Roma; llamó a la Cuarta Cruzada, y excomulgó a los comerciantes venecianos cuando estos desviaron a los cruzados para que tomasen Constantinopla en vez de dirigirse a Tierra Santa.

Dentro de su misión religiosa, convocó del IV Concilio de Letrán, el más importante del Medievo, y apoyó la fundación de dos grandes órdenes mendicantes –la de los dominicos y la de los franciscanos– como defensa contra los vicios que se estaban adueñando del pueblo, del clero y de la jerarquía eclesiástica.

Inocencio III murió repentinamente en Perugia, el 16 de julio de 1216, cuando viajaba por Italia en busca de aliados para la Cuarta Cruzada.

En el IV Concilio de Letrán (1215) participaron dos patriarcas orientales, representantes de casi todas las monarquías europeas y más de mil doscientos obispos y abades. Se condenaron las doctrinas heréticas de los albigenses y los cátaros; se definió por primera vez el dogma teológico de la transubstanciación; se obligaba a los fieles a confesarse y comulgar al menos una vez al año, y se preparó una nueva cruzada a Tierra Santa.

Los venecianos se ofrecieron a transportar a las tropas cristianas y sus provisiones por ochenta y cinco mil marcos, pero los cruzados no disponían de tanto dinero. Así que los mercaderes venecianos les ofrecieron el transporte gratis a cambio de que les ayudaran en la conquista de Zara. Los cruzados aceptaron y la flota comenzó a bajar por el mar Adriático. Zara acababa de ser conquistada cuando Alexius Comnenus les rogó que ayudasen a su padre, Isaac Ángelus, a recuperar el trono de Constantinopla, del cual había sido depuesto por su cruel hermano Alexius. A cambio les prometió reunificar la Iglesia griega con la latina, sumar diez mil soldados a la cruzada y contribuir con dinero y provisiones a esta causa.

Los cruzados lograron devolver el trono a Isaac Ángelus, pero fue nuevamente depuesto. En una segunda ocasión, los cruzados tomaron Constantinopla y después de un horrible pillaje el duque de Flandes fue proclamado emperador y la Iglesia griega se unió a la latina. Esta unificación, sin embargo, solo duró dos generaciones.

177. Honorio III (1216-1227)

Cencio Savelli nació en Roma. Fue durante un tiempo canónigo en la iglesia de Santa María la Mayor; más tarde, chambelán papal; posteriormente, cardenal diácono de Santa Lucía, y el papa Inocencio III le nombró cardenal presbítero y tutor del futuro emperador Federico II, bajo su tutela.

El 18 de julio de 1216, a los dos días de la muerte de Inocencio III en Perugia, se reunieron diecinueve cardenales en aquella ciudad para elegir un sucesor que no agravase la situación en Italia, amenazada por los tártaros y el miedo a un nuevo cisma, y que resultase grato a los ciudadanos romanos.

Cencio Savelli contaba ya muchos años cuando fue consagrado el 24 de julio de 1216, pero desplegó gran actividad en su pontificado al servicio de dos obsesiones: la recuperación de Tierra Santa y la reforma espiritual de la Iglesia, aunque carecía de la fortaleza y severidad de su predecesor.

Nada más ser entronizado envió cartas a quienes regían Europa, en lo espiritual y en lo temporal, para exhortarles a que preparasen la cruzada pedida en el IV Concilio de Letrán. El Papa y los cardenales contribuyeron a ella con la décima parte de sus ingresos durante tres años y el resto del clero, con la vigésima. Los obispos, supervisados por delegados papales, fueron los encargados de recaudar el dinero y el Papa ordenó que la cruzada fuese predicada en todas las iglesias de la cristiandad. Recolectaron bastante dinero, pero insuficiente para la empresa, y muchos de los que se ofrecieron a participar en la cruzada –lisiados, ancianos, mujeres e incluso ladrones– no eran aptos para ello, y, lo que fue peor, su inadecuación no se detectó, en muchos casos, hasta después de ser llevados a puertos distantes a costa del dinero recaudado.

Pese a ello, y aunque la mayoría de los gobernantes europeos estaban ocupados en guerras internas, el Papa no logró que se embarcase en ella su antiguo pupilo Federico II; el rey Andrés II de Hungría y algunos soldados de la región del Bajo Rhin partieron hacia Tierra Santa y conquistaron el valle regado por el Damieta y otros lugares de Egipto, pero la rivalidad entre los líderes y el delegado papal, junto a la incompetencia de los soldados, precipitaron la derrota.

Pese a que Federico II retrasaba *sine die* el cumplimiento de su promesa de unirse a la cruzada, el papa Honorio III aprobó la elección de su hijo Enrique como rey de los romanos, perjudicial para el papado, pues dejaba bajo una sola persona al reino de Sicilia y al imperio, porque esperaba que la coronación del hijo aceleraría la marcha del padre a Tierra Santa. Celebró la coronación de Enrique en 1220, pero el padre siguió sin cumplir su promesa, lo que, unido a su continua intromisión en la elección de obispos y el indigno tratamiento que dio al rey Juan de Jerusalén, acrecentaron la tensión entre el Papa y el emperador Federico II, aunque la ruptura definitiva entre este y el papado no se dio hasta después de que Honorio III muriese el 18 de marzo de 1227.

Honorio III fue un gran pacificador de su época porque sabía que era necesaria la paz entre los reinos cristianos para poder vencer a los musulmanes.

La actividad de Honorio III se reflejó positivamente en el incremento de la paz entre los reinos y las ciudades-estado de la cristiandad; salvaguardó los derechos de la Iglesia contra los abusos del rey Otto en Bohemia; protegió a Andrés II contra la rebelión de su hijo Bela IV en Hungría; llevó a cabo la liberación del rey Waldemar en Dinamarca; protegió los derechos de la Iglesia contra la intrusión del rey Juan en Suecia; coronó a Pedro de Courtenay como emperador de Constantinopla y protegió a su sucesor, Roberto, y al rey Demetrio de Tesalónica contra Teodoro; consiguió la paz entre Fernando III y Alfonso IX de León en España, donde emprendió una cruzada contra los musulmanes, entre 1218 y 1219; protegió a Jaime de Aragón de los condes Sancho y Fernando; defendió al arzobispo Esteban Suárez del excomulgado rey Alfonso II en Portugal, y en Francia indujo a Luis VIII a iniciar una cruzada contra los albigenses.

El papa Honorio III, gran protector de las dos grandes órdenes mendicantes, aprobó la Regla de Santo Domingo en su bula *Religiosam vitam*, de 22 de diciembre de 1216; la de San Francisco, en su bula *Solet annuere*, de 23 de noviembre del año 1223, y la orden carmelita, en su bula *Ut vivendi normam* de 7 enero de 1226.

Las órdenes mendicantes, del latín *mendicare*, «pedir limosna», hacen voto de pobreza, por el que renuncian a todo tipo de propiedades o bienes, ya sean personales o comunales, viviendo solo de la caridad. Las más importantes fueron aprobadas en el siglo XIII, después de superar la oposición que sufrieron por parte del clero secular. Entre estas órdenes mendicantes cabe señalar la de los frailes menores o franciscanos, la de los frailes predicadores o dominicos, la de los carmelitas y la de los agustinos. Hubo una quinta orden, la de los servitas, que fue fundada en 1233 y reconocida en 1424.

178. Gregorio IX (1227-1241)

Gregorio IX, conde de Segni, estudió en las universidades de París y Bolonia y era sobrino del papa Inocencio III, quien le fue nombrando, sucesivamente, capellán, arcipreste de San Pedro, cardenal diácono de San Eustaquio y cardenal obispo de Ostia y Velletri. Le envió como legado papal a Alemania para que mediase entre Felipe de Suavia y Otto de Brunswick, cuando ambos reclamaban el trono imperial a la muerte de Enrique VI. El papa Honorio III le nombró delegado plenipotenciario para Lombardía y Toscana; le mandó predicar la Santa Cruzada en esos territorios, y le encargó mediar en las disputas entre Pisa y Génova, Milán y Cremona, y Bolonia y Pistoia

A la muerte del papa Honorio III, los cardenales habían convenido una elección de compromiso en la que eligieron a Conrado de Urach, pero, al rechazar este la tiara pontificia, el 21 de marzo de 1227 eligieron Papa al conde de Segni, que contaba ochenta y seis años y tomó el nombre de Gregorio IX.

Como el emperador germano Federico II seguía sin cumplir sus promesas de unirse a la cruzada, el nuevo Papa le ordenó que embarcase rumbo a Tierra Santa bajo pena de excomunión. Federico II embarcó y partió, pero al tercer día regresó con la excusa de que estaba a punto de morir Landgrave de Turingia, que le acompañaba, y él mismo se hallaba gravemente enfermo.

Gregorio IX, cansado de sus mentiras, le excomulgó y justificó la severidad del castigo en un documento que envió a todos los príncipes cristianos, por lo que el emperador les hizo llegar otro condenando la actitud papal. Ese documento imperial se leyó públicamente en los escalones del Capitolio, en Roma, por lo que los partidarios del emperador se levantaron contra el Papa y, cuando el pontífice hizo pública la excomunión al emperador en la basílica de San Pedro, tuvo que abandonar la ciudad ante los insultos y amenazas a que fue sometido. Federico II quiso probar la injusticia cometida por el Papa y partió para Tierra Santa al frente de una pequeña armada, con la que conquistó la isla de Chipre y algunas tierras de Palestina, pero el Papa declaró que un emperador excomulgado no tenía derecho a llevar a cabo una guerra santa y, tras negarse a levantarle la excomunión, liberó a los cruzados del voto de obediencia hacia el emperador, por lo que Federico II decidió regresar. Cuando lo hizo, Gregorio IX había enviado una armada a invadir Sicilia y las fuerzas que traía consigo el emperador la derrotaron. Demostrada su fuerza, Federico II firmó con el papa Gregorio IX el Tratado de San Germano, en julio de 1230, por el que restituía a la Iglesia todos sus bienes y el Papa le retiraba la excomunión. Tampoco en esta ocasión Federico II cumplió su compromiso, pues organizó Sicilia sin tener en cuenta los derechos papales, y después fue hasta Rávena, donde reunió una dieta que suprimió las libertades municipales. El Papa volvió a excomulgar al emperador, convencido de que, mientras Federico II fuera emperador, no habría paz entre ellos: el emperador quería imponer un poder temporal que escapase de la autoridad papal y el Papa, un poder temporal absoluto en Italia y una autoridad espiritual en todo el mundo cristiano que le situase por encima del emperador.

Para intentarlo, Gregorio IX ordenó una cruzada contra el emperador y urgió la elección en Alemania de un nuevo rey entre los príncipes germanos, amenazando con la excomunión a cuantos se pusiesen de parte del emperador, pese a lo cual muchos obispos y príncipes le siguieron siendo fieles. Por su parte, el emperador, para humillar al Papa, se apropió de los Estados Pontificios. Gregorio IX convocó a todos los obispos en Roma para celebrar un concilio, pero el emperador impidió a los obispos iniciar ese viaje e hizo capturar a quienes estaban ya en camino, tras lo que él mismo marchó sobre Roma y acampó a las puertas de la ciudad. Al día siguiente, 22 de agosto de 1241, el anciano Papa, que había cumplido cien años, expiró.

A pesar de sus disputas por el poder temporal, Gregorio IX tuvo tiempo de mostrarse muy severo con los movimientos heréticos, ayudando al rey Luis IX de Francia en su cruzada contra los albigenses y de apoyar a las órdenes mendicantes en su esfuerzo por contrarrestar, mediante la pobreza voluntaria, el desorden en que vivían muchos de los miembros del clero. El Papa halló en ellas un arma extraordinaria para combatir la herejía y los misioneros que necesitaba para que fuesen a predicar el Evangelio a tierras paganas, en Asia y África, incluso a riesgo de sus vidas.

Gregorio IX estableció la llamada «Inquisición monástica» en sus bulas de los días 13, 20 y 22 de abril de 1233, nombrando a los monjes dominicos inquisidores en todas las diócesis de Francia, al tiempo que decretaba que los herejes y sus cómplices fuesen entregados al brazo secular para su castigo, que solía ser la muerte en la hoguera para los obstinados y la cárcel de por vida para quienes se arrepentían.

En sus esfuerzos por reunificar las Iglesias latina y griega, cuando un grupo de franciscanos dialogó con el patriarca de Constantinopla sobre sus diferencias teológicas y este envió al Papa una carta reconociendo su autoridad, Gregorio IX le envió cuatro monjes —dos franciscanos y dos dominicos— para que acordasen una reunión entre ellos y tratar de la unión de las Iglesias. Esos mensajeros papales fueron bien recibidos, pero los patriarcas orientales celebraron un sínodo tras el que se hizo imposible la pretendida reunificación.

Gregorio IX defendió las enseñanzas de Aristóteles y otorgó muchos privilegios a la Universidad de París, en la que había estudiado, pero la hizo observar muy de cerca por los inquisidores dominicos porque desconfiaba de su tendencia a subordinar la teología a la filosofía.

Los orígenes de la Inquisición se encuentran en la cruzada que el papa Inocencio III ordenó contra los albigenses en el sur de Francia. Sin embargo, fue Gregorio IX su formal constitutor. Con ellos, el Papa redujo la responsabilidad de los obispos en materia de ortodoxia, sometió a los inquisidores bajo la jurisdicción del pontificado y estableció severos castigos contra los herejes. Al principio, el cargo de inquisidor se encomendó exclusivamente a los dominicos, pero posteriormente también a los franciscanos. Al poner bajo la dirección pontificia la persecución de los herejes, Gregorio IX actuaba en parte movido por el miedo a que Federico II, emperador del Sacro Imperio Romano Germánico, tomara la iniciativa y la utilizara con objetivos políticos. Restringida en principio a Alemania y Aragón, la nueva institución entró enseguida en vigor en el conjunto de la Iglesia, aunque no funcionara por entero o lo hiciera de forma muy limitada en muchas regiones de Europa. Dos inquisidores con la misma autoridad –nombrados directamente por el Papa– eran los responsables de cada tribunal, con la ayuda de asistentes, notarios, policía y asesores. Los inquisidores fueron figuras que disponían de imponentes potestades, porque podían excomulgar incluso a príncipes.

179. Celestino IV (1241)

Godfredo Castiglioni, nativo de Milán, era sobrino de Urbano III. Llegó a ser canciller de la Iglesia de Milán, pero renunció a su cargo para entrar en un monasterio cisterciense donde, al parecer, escribió una historia del reino de Escocia. Cuatro años después fue nombrado cardenal presbítero de San Marcos por el papa Gregorio IX y, más tarde, cardenal obispo de Sabina.

Su predecesor murió cuando el emperador Federico II ponía sitio a Roma, por lo que el senador Mateo Orsini, padre del futuro papa Nicolás III, confinó a los cardenales electores y les apremió para que eligiesen Papa en el menor tiempo posible. Al parecer, este fue el primer cónclave en el que los cardenales electores permanecieron recluidos hasta el final de la elección.

Ante el rumor de que iba a ser elegido un Papa no romano los ciudadanos de Roma, para ganar tiempo, amenazaron con desenterrar el cuerpo de Gregorio IX y sentarlo en el trono pontificio si los cardenales no elegían a uno de ellos. Además, para facilitar la elección, Federico II replegó su ejército hasta Abulia. Pese a ello, los cardenales deliberaron durante dos meses, hasta que Godofredo Castiglioni, de muy avanzada edad y enfermo, obtuvo los dos tercios necesarios para resultar electo. Fue consagrado el 28 de octubre de 1241 y murió el 10 de noviembre del mismo año: trece días tan solo duró su pontificado. A su muerte, la mayor parte de los cardenales huyó de Roma: no querían volver a vivir un cónclave como el anterior.

Su formación teológica y su caridad para con los pobres hubieran permitido a Celestino IV ser un buen Papa.

180. Inocencio IV (1243-1254)

Sinibaldo de Fieschi era conde de Lavagna y había nacido en Génova. Tras estudiar en Parma y Bolonia, enseñó derecho canónico en Bolonia hasta que fue nombrado canónigo en la sede de Parma. En 1226 fue designado auditor de la curia romana; en 1227 cardenal presbítero de San Lorenzo, en Lucina; más tarde, vicecanciller, y, finalmente, obispo de Albenga y legado papal en el norte de Italia.

Cuando su predecesor falleció, el excomulgado emperador Federico II se había adueñado de los Estados Pontificios e intentaba intimidar a los cardenales en la elección papal. Por eso, los cardenales que habían huido de Roma a la muerte de Celestino IV se reunieron en Anagni y, tras un interregno de un año, siete meses y diez días, eligieron a Sinibaldo de Fieschi, que fue entronizado con el nombre de Inocencio IV el 20 de junio de 1243.

La primera medida tomada por Inocencio IV, que había sido amigo del emperador Federico II y recibió de él una calurosa felicitación cuando resultó elegido, fue la de proponerle la paz. Al recibir su propuesta, el emperador comentó: «He perdido la amistad de un cardenal y ganado la enemistad de un Papa». Y ciertamente, aunque San Luis, rey de Francia, pedía al Papa que se esforzase en lograr la paz, cuando Federico II quiso invitar al Papa a un encuentro en Narmi, Inocencio IV se negó a recibir a los embajadores del emperador porque, como él, estaban excomulgados.

Dos meses después, el Papa envió legados ante el emperador para preguntarle si liberaría a los obispos que había detenido cuando se dirigían al concilio que pretendía celebrar en Roma el papa Gregorio IX. Aunque el emperador negó haber ordenado esas detenciones, el 31 de marzo de 1244 llegó a un acuerdo con Inocencio IV en el que prometía devolver los Estados Pontificios a la Iglesia, liberar a los prelados y amnistiar a los aliados papales. Reincidiendo en su falta de sinceridad, poco después se negó a liberar a los prelados e incitó a sus partidarios para que promoviesen revueltas en Roma, por lo que el Papa, sintiéndose nuevamente coaccionado por el emperador y temiendo por su vida, abandonó Italia.

Ya fuera de ella y del imperio germano, convocó un concilio general con la finalidad de tomar medidas contra el emperador. En ese I Concilio de Lyon, Federico II fue representado por Tadeo de Sueña, quien ofreció nuevas concesiones si se levantaba la excomunión a su señor, pero Inocencio IV se negó a hacerlo y amenazó incluso con deponerle, ordenando a los príncipes de Alemania que procediesen a una nueva elección y enviando a ella a Felipe de Ferrara para que consiguiese que Enrique Raspe sustituyese al depuesto emperador. Pese a que el candidato papal fue elegido el 22 de mayo de 1246, como la mayoría de los príncipes se habían abstenido en la votación, nunca llegó a ser reconocido como emperador, como tampoco lo fue Guillermo de Holanda cuando, a la muerte de

Enrique Raspe el 1 de febrero de 1247, el Papa le propuso como sucesor en el cargo.

Empeñado en destruir no solo a Federico II, sino a sus herederos, el papa Inocencio IV, en 1249, intentó, sin éxito, una cruzada para luchar contra él. El 13 de diciembre de 1250 Federico II, tras ser levantada su excomunión por el obispo de Palermo, murió víctima de la disentería y fue inhumado en la catedral de la capital siciliana. Tras su muerte, Inocencio IV prosiguió su lucha contra su hijo y heredero Conrado IV, al tiempo que ofrecía la corona de Sicilia, que pretendía Manfredo, hijo bastardo de Federico II, a Ricardo de Cornwall, hermano de Enrique III de Inglaterra, que la rechazó, y a Carlos de Anjou y Edmundo, hijos de Enrique III, que también la rechazaron. Tras la muerte de Conrado IV, el 20 de mayo de 1264, Inocencio IV reconoció los derechos del nieto de Federico II, el niño Conradino.

Es indudable que la lucha de Inocencio IV contra Federico II le llevó a descuidar los asuntos internos de la Iglesia y haciendo efectiva en los Estados Pontificios —y consintiendo en el resto de los reinos cristianos— subidas de impuestos que le hicieron impopular en toda Europa.

Quizá su filosofía del papado quedó resumida en unas frases que escribió cuando era profesor en Bolonia: «Los papas, sucediendo a Jesucristo, verdadero rey y verdadero sacerdote, en el orden de Melquisedec, han recibido de Él la monarquía temporal al mismo tiempo que la monarquía pontifical, el imperio terrestre y el imperio celestial».

Murió, tal vez del disgusto al enterarse de la derrota de sus tropas, el 7 de diciembre de 1254.

Inocencio IV convocó el I Concilio Ecuménico de Lyon (1245) para deponer a Federico II, que había invadido territorios eclesiásticos y quien se había negado a ir a las cruzadas. Con él trataba, además, de unir las Iglesias griega y latina. En ese concilio se concretaron declaraciones rituales y doctrinales para los griegos sobre los sacramentos, la legitimidad de las segundas nupcias, y la existencia del purgatorio. Pero cuando los obispos griegos regresaron a sus comunidades, autoridades, monjes, clero y pueblo les tomaron por traidores, aunque algunos grupos aislados quedaron unidos a Roma. Esos que aún hoy mantienen lazos de fidelidad a la Iglesia católica son llamados «uniatas».

181. Alejandro IV (1254-1261)

Ricardo Conti era sobrino de Gregorio IX, que le nombró cardenal diácono y, cuatro años más tarde, cardenal obispo de Ostia. A los cinco días del fallecimiento de su predecesor, el 12 de diciembre de 1254, fue consagrado Papa, tras ser elegido por unanimidad.

Matías de París, que le conoció, le describe como «amable y religioso, asiduo a la oración y estricto en la abstinencia, pero manejable por los aduladores y dado a escuchar las sugerencias de los avariciosos». Tal vez por ser tan fácilmente influenciable, gentes interesadas le llevaron a continuar la guerra contra los descendientes del emperador Federico II, reducidos en ese momento a su nieto, el niño Conradino, en Alemania, y a su hijo bastardo Manfredo, en Apulia, en el sudoeste de Italia. Ese encono inducido le llevó a excomulgar a Manfredo el 25 de marzo de 1255, y unos días más tarde a llegar a un acuerdo con Enrique III de Inglaterra por el cual el reino de Dos Sicilias se convertía en vasallo de Edmundo de Lancaster, segundo hijo de Enrique III. Pese a ello, en 1258, Manfredo hizo correr el rumor de que Conradino había muerto y fue coronado rey en Palermo. Pese a ello, la guerra del papado contra él prosiguió hasta que Manfredo fue derrotado por Carlos de Anjou, quien fue coronado rey de Dos Sicilias por el papa Clemente IV, tras ser proclamado rey por su predecesor, Urbano IV.

Aunque en Roma la autoridad papal no podía resistir a los partidarios de Manfredo, Alejandro IV pudo ver el triunfo de uno de los suyos, Montaperti, en el centro y sur de Italia, y el de sus cruzados en el norte, donde derrotaron al tirano Ezzelino. De una u otra forma, la unidad de los reinos cristianos bajo el papado pertenecía al pasado y ni siquiera era capaz de aunar fuerzas para enfrentarse a la amenazante invasión de los tártaros, pese a que Alejandro IV comenzó los preparativos para reunir una cruzada contra ellos.

Mejor fortuna tuvo Alejandro IV como pastor de la Iglesia, a la que gobernó con bastante prudencia: continuó apoyando a los franciscanos; canonizó a Santa Clara; llamó a su lado a Santo Tomás de Aquino, al que mantuvo como consejero y profesor en la curia papal; intervino con acierto en las violentas controversias que agitaban a la Universidad de París; hizo cuanto pudo por reunir las Iglesias ortodoxa y romana, e implantó la Inquisición en Francia.

Murió el 25 de mayo de 1261.

Los tártaros eran un pueblo de origen turco que invadió territorios de Asia y Europa en el siglo XIII. Tras las conquistas de Gengis Kan, mongoles y turcos se fusionaron y empezaron a ser llamados tártaros por los europeos. Dominaron casi toda Rusia hasta el siglo XV, desgranándose en kanatos independientes como los de Kazán, Astracán, Siberia y Crimea. Los tres primeros fueron conquistados por el zar ruso Iván IV en el siglo XVI, y el último, Crimea, fue anexionado a Rusia en 1783.

182. Urbano IV (1261-1264)

Jacques Pantaleón era hijo de un zapatero francés y nacido en Troyes a finales del siglo XII; estudió artes liberales en París y después derecho canónico y teología antes de ser canónigo en Lyon y más tarde archidiácono en Lieja. Durante el I Concilio de Laón atrajo la atención de Inocencio IV, quien lo envió a Alemania para restaurar la disciplina eclesiástica y reconciliar a los reyes teutónicos con sus vasallos prusianos. Regresó a Laón, donde fue consagrado obispo, y marchó de nuevo a Alemania para buscar aliados contra la causa de Guillermo de Holanda, el candidato del Papa al trono imperial. En 1252 fue nombrado obispo de Vedún y en 1255, patriarca de Jerusalén.

A la muerte del papa Alejandro IV, Jacques Pantaleón se encontraba en Viterbo, cerca de Roma, buscando ayuda contra los musulmanes que asediaban Jerusalén, por lo que tuvo que participar en el cónclave que debía elegir a su sucesor. Tras tres meses de deliberaciones, fue elegido Papa y entronizado el 4 de septiembre de 1261. Su predecesor le había dejado dos tareas: recuperar Sicilia, en poder de Manfredo, de la familia imperial germana, y restaurar la autoridad papal en Italia, por lo que su breve pontificado lo dedicó a resolver la cuestión del reino de Dos Sicilias; residió en Viterbo, más tarde en Orvieto y después en Perusa, por lo que, siendo Papa, jamás pisó Roma.

Pese a ello, su educación, carácter y capacidad de trabajo le hacían el hombre ideal para cuidar de la Iglesia. Un embajador de la época dijo de él:

> «El Papa hace lo que quiere; no ha habido un Papa tan enérgico y voluntarioso desde Alejandro III. No hay obstáculos para él. Hace todo él mismo sin recibir consejos».

Haciéndolo, y antes de cumplirse un mes desde su elección, creó catorce nuevos cardenales, casi todos franceses; de ellos, seis parientes de los ocho que le habían elegido a él y otros siete franceses, incluyendo a su propio sobrino y a otros tres que habían sido consejeros de San Luis IX. Urbano IV quería contar así con mayoría en el Sacro Colegio, pero originó el nacimiento, dentro de él, de un partido francés que dirigió la política eclesiástica durante el resto del siglo XIII y fue el principal culpable del cisma de Occidente. Entre los cardenales que Urbano IV nombró se encontraban otros tres futuros papas: Clemente IV, Martín IV y Honorio IV.

Para restaurar el poder papal en Italia, poner las finanzas en orden y pagar las deudas de su predecesor, Urbano IV empleó a un nuevo grupo de banqueros en la curia; usó el poder que tenía la Santa Sede para declarar nulas las deudas y obligaciones con las personas excomulgadas, y recibió la ayuda económica de Carlos de Anjou.

Nombró nuevos funcionarios en los Estados Pontificios, fortificó y restauró el sistema defensivo creado por Inocencio III y obtuvo, en Roma, el reconocimiento de su soberanía, aunque nunca se arriesgó a visitar la ciudad. En 1263 los frutos de su política eran bien visibles: había restaurado el orden en casi todos los Estados Pontificios y había debilitado las alianzas de Manfredo en Lombardía.

El Papa, para oponerse a Manfredo, ofreció la corona de Dos Sicilias a Carlos de Anjou, conde de Provenza y hermano de San Luis IX, rey de Francia, con la condición de que el propio Carlos de Anjou fuese a Italia a conquistar el reino y, una vez tomado, se declarase vasallo de la Santa Sede, con renuncia expresa al imperio y a la hegemonía de Italia. La empresa se retrasó más de lo que deseaba y dio origen a graves conflictos y guerras posteriores, sobre todo por la intervención de Pedro III de Aragón, casado con Constanza, hija de Manfredo, y porque Carlos de Anjou intervino en Lombardía, pero también en Roma, donde se hizo elegir senador para asegurarse una fuerte posición ante el Papa.

Al propio tiempo, la suerte continuaba favoreciendo a los gibelinos en el resto de Italia: un ejército güelfo era derrotado en el Patrimonio y Lucca se había pasado al enemigo. Por todo ello, la seguridad del Papa se vio amenazaba, por lo que huyó a Perugia, donde falleció poco después, el 2 de diciembre de 1264, y fue enterrado en su catedral. Unos días antes había instituido la fiesta del Corpus Christi como reacción a la herejía de Berengario de Tours sobre la transustanciación eucarística.

Güelfos y gibelinos fueron dos facciones políticas del norte y centro de Italia entre los siglos XII y XV. Surgieron en Alemania para apoyar a sus pretendientes al trono del Sacro Imperio Romano Germánico, pero, en el siglo XIII, los güelfos se convirtieron en un partido nacionalista contrario a la autoridad de los emperadores del Sacro Imperio Romano Germánico en Italia, frente a los gibelinos, que defendían la autoridad imperial.

San Luis IX de Francia (1214-1270) vivió sus últimos años en Tierra Santa como miembro de la Séptima Cruzada. Tras su derrota, fue hecho prisionero en Egipto, en 1250, y liberado a costa de un cuantioso rescate. Tras el pago, permaneció en Palestina cuatro años más antes de regresar a Francia, donde se embarcó en otra nueva cruzada en 1270, y falleció camino de Tierra Santa, en Túnez, víctima de la peste. En 1297 fue canonizado por Bonifacio VIII.

183. Clemente IV (1265-1268)

Guido le Gros era francés, como su predecesor, y miembro de una familia noble. Había estado casado, tenía dos hijas, fue soldado durante algún tiempo, se dedicó al estudio de las leyes y conquistó tan gran reputación como abogado que San Luis IX, rey de Francia, le hizo uno de sus consejeros. A la muerte de su esposa ingresó en un monasterio franciscano, pero hasta allí fueron a buscarlo para nombrarle obispo de Puy, primero; arzobispo de Narbonne, más tarde, y el primero de los cardenales designados por Urbano IV al poco tiempo.

Estaba en Francia, de regreso de una misión en Inglaterra, cuando fue requerido para presentarse urgentemente en Perugia, donde los cardenales se habían reunido en cónclave para discutir si la Iglesia debía continuar la guerra contra los germanos. Se había enterado ya de la muerte de Urbano IV y, cuando llegó a Perugia y entró en el cónclave, supo que el Colegio Cardenalicio le había elegido obispo de Roma y sucesor de San Pedro en el papado. Fue consagrado el 15 de febrero de 1265.

Como tenía una gran aversión al nepotismo, su primer acto como pontífice fue el de prohibir a todos sus parientes ir a la curia o intentar alcanzar alguna ventaja por su parentesco. A los prometidos de sus dos hijas les recordó que ellas eran hijas de Guido le Gros, no del Papa, y fijó para ellas unas dotes tan modestas que ambas prefirieron recluirse en un convento.

Como el poder de Manfredo había ido creciendo y con él la inseguridad de la Santa Sede, hizo que delegados papales y frailes mendicantes predicasen una cruzada con amplias indulgencias y abundantes promesas para oponerse a él. Se consiguieron soldados entre los franceses, pero no dinero para mantenerlos, por lo que el Papa tuvo que pedir a los usureros, gracias al cual alcanzó un gran éxito militar y pudo coronar a Carlos de Anjou, el 6 de enero de 1266, en San Pedro por los cardenales designados por el pontífice. Poco después, en la batalla de Benevento, cerca de Nápoles, Carlos resultó victorioso y Manfredo murió.

Clemente IV siguió protegiendo y defendiendo a Carlos de Anjou incluso cuando pudo comprobar que se parecía muy poco a su santo hermano, pues era cruel, ambicioso y tiránico, e incluso cuando su sobrino, el infante Conradino, fue decapitado públicamente en la plaza de Nápoles el 29 de octubre de 1268. Poco después, el papa Clemente IV falleció el 29 de noviembre de aquel mismo año. Al margen de su defensa del poder del papado, la historia debe agradecerle haber sido un gran protector de Roger Bacon, a quien le encargó la publicación de la obra que le haría famoso: el *Opus Maius*.

Roger Bacon fue una figura fundamental para el saber de su época y, a finales de la década de 1260, por petición del papa Clemente IV escribió *Opus Maius*. En esta obra habla de la necesidad de reformar las ciencias por medio del estudio de las lenguas y de la naturaleza, con la ayuda de diferentes métodos. Las ideas revolucionarias de Bacon hicieron que fuera condenado por los franciscanos. Tras diez años de cárcel, regresó a Oxford. Escribió el *Compendium studii theologiae* poco antes de su muerte. A pesar de su elevado conocimiento aceptaba algunas de las creencias de su época, como la existencia de la piedra filosofal y la eficacia de la astrología. Sus escritos aportaron una nueva visión sobre la óptica, en concreto de fenómenos como la refracción, el tamaño aparente de los objetos y el aparente aumento de tamaño experimentado por el Sol y la Luna en el horizonte. También descubrió que con azufre, salitre y carbón vegetal se podía producir una sustancia explosiva, a la que hoy llamamos pólvora, que ya había sido utilizada ya por chinos y árabes. Bacon pensaba que las matemáticas y la experimentación eran los únicos medios de llegar al conocimiento de la naturaleza.

184. Beato Gregorio X (1272-1276)

Clemente IV había muerto en noviembre de 1268, pero la silla de San Pedro permaneció vacante hasta el 27 de marzo de 1272 porque los cardenales reunidos en Viterbo se hallaban divididos en dos fracciones, franceses e italianos, y ninguna de ellas podía alcanzar los dos tercios de votos necesarios para cerrar la elección.

En el verano de 1270, los ciudadanos de Viterbo, para forzar el fin del cónclave, confinaron a los cardenales en el palacio episcopal con los alimentos racionados e incluso rompiendo el techo del edificio en que deliberaban para incrementar su incomodidad. Nada lograron hasta que los quince cardenales reunidos en cónclave delegaron en seis de ellos para que eligieran un Papa, que vino a ser el archidiácono de Lieja Tebaldo Visconti, quien se encontraba en aquellos momentos en Tierra Santa.

Tebaldo Visconti era un hombre de natural retraído, especialista en derecho canónico, que había nacido en Piacenza, en el norte de Italia, hacia 1210. Estudió en Francia, y fue nombrado diácono de la catedral de Lyon y más tarde archidiácono de la catedral de Lieja, pero rechazó el obispado de su ciudad natal que le ofreció Inocencio IV. Estuvo destinado en Francia, Alemania e Inglaterra; acudió al I Concilio de Lyon, en 1245, y cuando la Santa Sede le encomendó la predicación de una nueva cruzada para recuperar los santos lugares para la cristiandad, partió con ella; ya en Tierra Santa, fue amigo del rey San Luis y compañero del príncipe Eduardo. Teniendo ya más de sesenta años, recibió en Palestina, donde predicaba la cruzada, la noticia de su designación como Papa. Emprendió el viaje a Roma el 19 de noviembre de 1271 y llegó a ella el 13 de marzo de 1272; el 19 del mismo mes fue ordenado sacerdote, y el día 27 fue consagrado obispo de Roma y tomó el nombre de Gregorio X. La Iglesia le recuerda como beato Gregorio X.

Para su fortuna, y también gracias a su buen juicio, estuvo asesorado en su pontificado por dos sapientísimos santos: San Buenaventura y Santo Tomás de Aquino. Sin duda por ello, y a diferencia de sus predecesores, dedicó todas sus energías a la restauración de la paz entre los pueblos cristianos, a llegar a ella con el imperio germano, a la reforma de la filosofía de vida del clero, a intentar una vez más la unión de las Iglesias ortodoxa y romana, y a la liberación de Jerusalén y de toda Tierra Santa. En estos esfuerzos se vio forzado a excomulgar a los aristócratas florentinos, ya que se opusieron a la firma de paz entre güelfos y gibelinos.

A la muerte de Ricardo de Cornwall en 1272, aconsejó a los príncipes alemanes que eligieran un nuevo soberano, desoyendo las pretensiones del rey Alfonso X el Sabio de Castilla de que se le reconociera emperador. Atendiendo su sugerencia, los príncipes germanos eligieron a Rodolfo de Habsburgo en septiembre de 1273, el Papa le reconoció como rey y le invitó a Roma para coronarle emperador, con lo que cerró el largo interregno que se había producido en el Sacro Imperio Romano Germánico. Apenas coronado, convocó un concilio, que se celebró en Lyon en mayo de 1274, al que asistieron cerca de quinientos obispos y que buscaba, ante todo, la reconciliación entre las Iglesias de Oriente y Occidente, lo que solo logró de una manera efímera, pero en el que se establecieron nuevas normas para que los papas fuesen elegidos siempre por un cónclave cardenalicio.

La preocupación del beato Gregorio X por Tierra Santa le llevó a recolectar grandes cantidades de dinero en Francia e Inglaterra para una nueva cruzada, sobre todo cuando, en el Concilio de Lyon, se acordó que las iglesias entregarían un diezmo durante seis años para una cruzada que no se llevó a cabo.

En ese mismo concilio, los embajadores griegos juraron que su emperador había renunciado al cisma y aceptaba la unión con la Santa Sede. No era verdad: lo decían solo porque el emperador Miguel Paleologus, alarmado por la actitud de Carlos de Anjou, quería garantizarse un tiempo de paz con la Iglesia.

El beato Gregorio X fue un buen Papa y un gobernante eficaz de los Estados Pontificios. La brevedad de su pontificado le impidió concluir los trabajos de reparación de la basílica de San Pedro que la hubieran salvado de su lamentable estado. Ni siquiera pudo ver el comienzo de las obras, ya que murió el 10 de enero de 1276, cuando regresaba del Concilio de Lyon.

Santo Tomás de Aquino buscó reconciliar la filosofía aristotélica con la teología agustiniana. Utilizó tanto la razón como la fe en el estudio de la metafísica, filosofía moral y religión. Aunque aceptaba la existencia de Dios como una cuestión de fe, propuso cinco pruebas de la existencia de Dios para apoyar tal convicción. Organizó el conocimiento de su tiempo y lo puso al servicio de su fe. En su esfuerzo por reconciliar la fe con el intelecto, creó una síntesis filosófica de las obras y enseñanzas de Aristóteles y otros sabios clásicos: de San Agustín y otros Padres de la Iglesia; de Averroes, Avicena y otros eruditos islámicos; de pensadores judíos como Maimónides y Solomón ben Yehuda ibn Gabirol, y de sus predecesores en la tradición escolástica. Consiguió integrar en un sistema ordenado el pensamiento de estos autores con las enseñanzas de la Biblia y la doctrina católica. Fue canonizado por Juan XXII en 1323 y proclamado Doctor de la Iglesia por Pío V en 1567. Su fiesta se celebra el 28 de enero.

San Buenaventura es célebre por sus escritos espirituales, que le convirtieron en uno de los más destacados teólogos medievales. Trabajó para integrar la visión aristotélica en la tradición de San Agustín. Aceptó gran parte de la filosofía científica de Aristóteles, pero rechazó lo que conocía de su metafísica por insuficiente, ya que, según San Buenaventura, al filósofo griego no le guiaba la luz de la fe cristiana. La doctrina de la iluminación de la mente humana (el alma) por el Divino —una forma de identificar la verdad o falsedad del juicio— la tomó de las doctrinas de San Agustín. Su *Itinerario de la mente hacia Dios* (1259), obra clave de la literatura mística, y otros tratados semejantes reflejan su preocupación por cómo el alma reconoce y se une a Dios. Famoso por el rigor de sus estudios y su buen juicio, Buenaventura fue elegido general de los franciscanos. El papa Gregorio X le nombró cardenal obispo de Albano en mayo de 1273 y colaboró en los preparativos del II Concilio de Lyon, convocado para solventar el cisma con la Iglesia oriental. Fue canonizado por Sixto IV en 1482. Sixto V le proclamó Doctor de la Iglesia en 1588. Su festividad se conmemora el 15 de julio.

185. Beato Inocencio V (1276)

Pedro de Tarantaise nació en Saboya, hacia 1225, en el seno de una familia noble y acomodada. Siendo todavía un adolescente se hizo fraile dominico. Completó su educación en la Universidad de París, con San Alberto Magno como maestro. Se graduó en teología y ganó reputación en esa universidad, en la que fue conocido como *doctor famosissimus*. Sus escritos fueron considerados polémicos, pero Santo Tomás de Aquino defendió su ortodoxia. Durante algún tiempo, fue provincial de los dominicos en Francia y luego fue nombrado arzobispo de Lyon y obispo cardenal de Ostia. En el II Concilio Ecuménico de Lyon, celebrado en 1274, tuvo un papel destacado: participó en su preparación y leyó en él dos discursos.

A la muerte del beato Gregorio X fue elegido en la primera votación que se efectuó en el cónclave cardenalicio, el 22 de febrero de 1276, y murió cuatro meses más tarde, el 22 de junio de aquel mismo año. Fue el primer pontífice dominico de la historia y tomó el nombre de Inocencio V.

Su breve pontificado se caracterizó por su afán pacificador: se empeñó en consolidar la unión entre las Iglesias ortodoxa y la romana, que se había producido en el Concilio de Lyon; trató de reconciliar a güelfos y gibelinos en Italia; de restaurar la paz entre Pisa y Lucca; medió entre Rodolfo de Habsburgo y Carlos de Anjou, y quitó el interdicto que pesaba sobre Florencia.

Pese a ser hombre de paz, pidió la unión de los monarcas cristianos para enfrentarse al Islam; solicitó que ayudasen al reino de Castilla en su lucha contra los musulmanes, y urgió a Felipe de Francia a liderar una armada a Tierra Santa.

Fue autor de numerosos escritos sobre filosofía, teología y derecho canónico, el principal de los cuales es *Comentarios a las sentencias de Pedro Lombardo*.

El alemán San Alberto Magno (1200-1280) fue el religioso, teólogo, filósofo y doctor de la Iglesia que introdujo la ciencia y filosofía griegas y árabes en Europa durante la Edad Media. Está considerado un personaje clave en el proceso de asimilación de la filosofía aristotélica por la escolástica medieval y en el resurgimiento de la ciencia natural que la inspiraba. Trató de conciliar el aristotelismo y las enseñanzas cristianas: sostenía que la razón humana no podía contradecir la revelación, pero defendía el derecho del filósofo a investigar los misterios divinos. Fue beatificado en 1622 y canonizado y proclamado Doctor de la Iglesia, en 1931, por Pío XI.

186. Adrián V (1276)

La tradición afirma que Ottobuono Fieschi pertenecía a la familia genovesa de los Fieschi, condes de Lavagna; que nació en Trigoso entre 1210 y 1215; que era sobrino del papa Inocencio IV, quien le nombró cardenal diácono, y que viajó a Inglaterra como delegado papal con la misión de procurar la paz entre Enrique III y los barones rebeldes.

Fue elegido sucesor de Inocencio V el 11 de julio de 1276 y murió, en Viterbo, el 18 de agosto del mismo año, antes de cumplirse cuarenta días desde su elección. Algunas historias afirman, incluso, que murió antes de haber sido ordenado sacerdote, lo que no parece probable, pues, sin haberlo sido, no habría podido ser obispo de Roma y no figuraría en la relación de los papas.

Su elección se efectuó en presencia de Carlos de Anjou, que se encontraba en Roma, y las violencias que se produjeron en la ciudad durante el cónclave fueron parecidas a las que ocurrieron con la elección de Gregorio X. Pese a ello, en el breve tiempo de su pontificado anuló muchas de las severas normas dictadas por aquel Papa para la elección de pontífice.

Dante le dedica unos célebres versos en el XIX cántico del «Purgatorio» de su *Divina Comedia*. Parece ser que fue riquísimo, como Dante afirma, pero ningún documento prueba que fuese avaro, sino todo lo contrario, pues mandó edificar la abadía de San Adriano e hizo préstamos y donaciones de mucho dinero a la Iglesia.

El rey Enrique III de Inglaterra (1216-1272) ascendió al trono a los nueve años y, al alcanzar la mayoría de edad, enojó a los barones ingleses al situar en los puestos de gobierno y cargos eclesiásticos a sus favoritos extranjeros, y por derrochar enormes cantidades de dinero en las guerras que asolaban Europa. Para asegurar el trono de Sicilia para uno de sus hijos, pagó al Papa una fuerte suma de dinero, pero cuando requirió de sus barones la contribución necesaria para enjugar la deuda, estos rehusaron y le recordaron que, en las Provisiones de Oxford, se había comprometido a compartir su autoridad con una asamblea de barones. Enrique III repudió su juramento, con la aprobación de la Santa Sede, y ello originó un breve período de guerras que le llevaron incluso a prisión, pero que, finalmente, se saldaron con su hijo Eduardo como rey de Inglaterra.

187. Juan XXI (1276-1277)

Un error en la lista de papas y antipapas hizo que Pedro Julián, el único pontífice portugués de la historia, adoptase el nombre de Juan XXI cuando debió ser Juan XX. El error parte del hecho de que tres papas llamados Juan fueron situados entre Benedicto VII y Gregorio V, en lugar de los dos que fueron papas con ese nombre, Juan IV y Juan V, ya que se incluyó en la lista de papas a un antipapa con el nombre de Juan XVI.

Pese a ese error numeral, Juan XXI fue el más letrado de los papas habidos hasta entonces: tras estudiar en la escuela catedralicia de Lisboa, ingresó en la Universidad de París, en la que recibió clases de dialéctica, lógica, física aristotélica y metafísica, teniendo como principal maestro a San Alberto Magno. Se sabe que estudió, además, medicina y teología, pues, concluidos sus estudios, fue profesor de medicina en la Universidad de Siena, lo que simultaneó con la redacción de su *Simmulae logicales*, que fue durante trescientos años el libro fundamental para el estudio de la lógica y fue traducido a numerosos idiomas.

Su carrera eclesiástica se inicia en 1261 cuando fue nombrado diácono de la catedral de Lisboa, de donde pasó a ser archidiácono de Vermuy, en la diócesis de Braga. Siéndolo, conoció al cardenal Tebaldo Visconti, quien le hizo su médico de cabecera cuando fue elevado al pontificado como Gregorio X. En ese tiempo escribió *Thesaurus pauperum*, un importante libro de medicina y muy consultado en su tiempo.

Su reputación intelectual le hizo ser nombrado arzobispo de Braga en 1273 y, dos años después, Gregorio X le nombró cardenal obispo de Tusculum.

Tras la muerte de Adrián V, el cónclave cardenalicio se reunió en Viterbo y le eligió Papa el 20 de septiembre de 1276.

El nuevo pontífice se propuso, ante todo, fijar las reglas por las que debía regirse el cónclave y, en su bula *Licet felicis recordationis*, ratificó las decisiones de su predecesor, suspendió los decretos aprobados en Lyon y declaró su intención de publicar en un futuro próximo nuevas reglas para la elección papal.

Hecho esto, el Papa se centró en las cuestiones políticas y buscó la paz entre el emperador germano y el rey de Sicilia, para lo que invitó a Rodolfo de Habsburgo y a Carlos de Anjou a enviar embajadores plenipotenciarios a la curia para que negociasen un acuerdo de paz. Con el emperador Rodolfo negoció la devolución al papado de los Estados Pontificios.

Con los diezmos recaudados por las iglesias cumpliendo lo ordenado en el Concilio de Lyon, ordenó preparar una nueva cruzada. Felipe III de Francia declaró que guiaría personalmente un ejército en ella, pero en aquellos momentos disputaba con Castilla el reino de Navarra y, con la mediación en la disputa del propio Papa, Felipe III disolvió el gran ejército que había reunido y se logró un acuerdo entre ambos reinos que se rompió en la primavera de 1277.

Como buen portugués, Juan XXI quiso conseguir mejores condiciones para la Iglesia en el reino de Portugal, pero la brevedad de su pontificado no le permitió alcanzar su propósito.

Recibió embajadores del Lejano Oriente, en nombre del gran kan tártaro, quien manifestaba su deseo de entablar alianza con los cruzados y apoyarles en sus empresas, así como de que le fueran enviados misioneros para evangelizar a su pueblo. El Papa envió delegados suyos a Carlos de Sicilia, Pedro de Aragón, Felipe de Francia y Eduardo de Inglaterra para comunicarles esas noticias y animarles a la cruzada, pero ninguno de ellos quería enrolarse. El Papa falleció antes de que salieran de Roma sus enviados a Tartar.

En abril de 1277 se celebró un sínodo en Constantinopla bajo la presidencia del patriarca John Beccus, fervientemente partidario de la unión de las Iglesias. En dicho sínodo, el emperador bizantino y su hijo se acogieron a la fe católica y, como los obispos asistentes en Constantinopla, ratificaron las promesas que habían hecho los obispos bizantinos en el Concilio de Lyon, por lo que enviaron un mensaje a Roma, redactado por el emperador, con las conclusiones del sínodo. No llegó hasta después de la muerte de Juan XXI, ocurrida el 20 de mayo de 1277.

Gran enamorado de la ciencia, Juan XXI quiso lograr el silencio que requerían sus estudios añadiendo una estancia al palacio papal en Viterbo, a la que se retiraba a trabajar. Allí estaba cuando el techo de la estancia cedió, el día 14 de mayo, y el Papa fue encontrado entre las ruinas gravemente herido. Murió seis días más tarde.

188. Nicolás III (1277-1280)

Giovanni Gaetani Orsini, el primero de los papas de la familia Orsini, nació en Roma. Su padre, que fue amigo de San Francisco de Asís y perteneció a la tercera orden, había sido senador en Roma y defendido a la ciudad y al papado frente al emperador germánico Federico II. El futuro Papa fue nombrado cardenal diácono de San Nicolás por Inocencio IV, a quien acompañó en su viaje a Génova y Lyon; fue delegado papal en una infructuosa misión de paz entre güelfos y gibelinos, y durante el pontificado de Juan XXI, ya cardenal arcipreste de San Pedro, ejerció una gran influencia en el gobierno de la Iglesia, aunque anteriormente ya era tal su peso en el Sacro Colegio que su intervención fue decisiva en la elección de Urbano IV, quien le nombró inquisidor general y protector de los franciscanos; el Papa Clemente IV le hizo formar parte de la delegación que invistió a Carlos de Anjou con el reino de Nápoles, y Gregorio X recibió la tiara de sus manos.

En su pontificado trató de liberar a Roma de toda influencia extranjera, no solo la autoridad imperial, sino también la de Carlos de Anjou, a quien obligó a dimitir de la regencia de la Toscana y de su dignidad de senador romano. En esa misma línea, ordenó que los senadores y funcionarios municipales fueran todos ciudadanos romanos, y se excluyese de ellos al emperador, al rey y otros potentados. Y para mantener una relación más armoniosa con la corte bizantina, Nicolás III intentó reducir el poder del rey de Nápoles en Oriente.

Llevando al terreno familiar esa política, Rodolfo de Habsburgo renunció, a petición suya, a todos los derechos sobre la Romaña, y Nicolás III se posesionó de ella por medio de un sobrino suyo a quien poco antes había hecho cardenal, al tiempo que nombraba conde de Romaña a otro sobrino suyo, Berthold, y entregaba el cuidado de los bienes de la Iglesia a otros familiares.

Algunos historiadores afirman que Nicolás III fue el artífice de un plan para fraccionar en cuatro el Sacro Imperio Romano Germánico, en el que Alemania quedaría, como monarquía hereditaria, en manos del Rodolfo; el reino de Arlés se le devolvería a su yerno Carlos de Anjou, y los reinos de Lombardía y Toscana se otorgarían a familiares del pontífice.

Preocupado por los conflictos internos que en Hungría ponían en riesgo al cristianismo, envió al obispo Felipe de Fermo como nuncio suyo a dicho país para presidir un sínodo que se celebró en la ciudad de Buda, aunque sin frutos positivos por la violencia exterior. Nicolás III también tuvo que amenazar al rey Ladislao IV con penas espirituales y temporales si la necesaria reforma no se llevaba a cabo por su culpa.

Un año antes de su muerte, en agosto de 1279, publicó la constitución *Exiit qui seminat*, fundamental para interpretar la Regla de San Francisco y porque el Papa aprobó en ella la estricta observancia de la pobreza.

Fue el primer Papa que fijó su residencia en el Vaticano e inició sus famosos jardines, pese a lo cual murió el 22 de agosto de 1280 en su residencia de Soriano, en el Cimino.

189. Martín IV (1281-1285)

El francés Simón de Brie se llamó Martín IV porque dos papas que se llamaron Marino a principios del siglo XIII, Marino I y II, fueron incluidos en la lista de los papas con el nombre de Martín.

Simón de Brie nació en Francia y estuvo destinado como sacerdote en Rouen durante un breve período, tras el que fue nombrado canónigo con el cargo de tesorero de la iglesia de San Martín, en Tours. En el año 1260, el rey San Luis IX le honró nombrándole canciller de Francia, y tan solo dos años más tarde, el mismo Papa Urbano IV le nombró cardenal sacerdote de la iglesia de Santa Cecilia y delegado suyo para Francia, cargo en el que también le mantuvo Clemente IV, al tiempo que le daba poderes para ofrecer el reino de Sicilia a Carlos de Anjou. El beato Gregorio X le envió nuevamente a Francia con la intención de que intentase frenar los abusos que se estaban produciendo allí contra la Iglesia, y allí, en Francia, presidió varios sínodos, siendo el más importante de ellos el celebrado en Burdeos.

Siete meses después de la muerte de Nicolás III fue aclamado Papa por unanimidad, aunque su elección se debió a que Carlos de Anjou, que entonces se encontraba en Viterbo para presenciar la elección, presionó a los cardenales, encerrándolos, para que se acelerara el proceso. Con poco entusiasmo, el cardenal Simón de Brie aceptó la tiara y eligió para su pontificado el nombre de Martín II, aunque, por las razones ya comentadas, la historia le conoce como Martín IV.

Temiendo que un Papa francés no sería bien recibido en Roma y queriendo alejarse de Viterbo, el elegido Papa marchó a Orveto, donde fue entronizado el 23 de marzo de 1281.

Martín IV fue una marioneta en manos de Carlos de Anjou, a quien nombró senador de Roma pese a lo prescrito por su predecesor, y, a petición suya, excomulgó al emperador bizantino Miguel Palaeologus porque se oponía a los planes de Carlos, sin que importase al Papa que ello diese al traste con la tan ansiada como buscada unión entre las Iglesias latina y ortodoxa.

El recuerdo más negro de su pontificado es el de las llamadas «Vísperas sicilianas», terrible masacre ocurrida cuando los sicilianos quisieron liberarse de la tiranía a la que los sometía Carlos de Anjou −Martín IV empleó todo su poder para que Sicilia quedase en manos de Francia−; excomulgó a Pedro III de Aragón, a quien habían elegido los sicilianos como rey; declaró al reino de Aragón capitulado, y ordenó una cruzada para predicar en su contra. Todos sus esfuerzos fueron en vano, pues un hermano del rey aragonés Jaime II, Federico, terminaría reinando en Sicilia.

Martín IV falleció en Perugia, el 28 de marzo de 1285, tras cuatro años de un pontificado sometido a los caprichos de quien le había hecho ascender al trono papal.

Se llaman «Vísperas sicilianas» a una revuelta popular contra los franceses que tuvo lugar en Sicilia. Carlos I de Anjou, rey de Sicilia y Nápoles, se había ganado el odio de los sicilianos imponiendo unos impuestos muy elevados y al colocar a la isla bajo el control de funcionarios y militares franceses.

El toque a vísperas el día 30 de marzo, lunes de Pascua, de 1282 fue la señal acordada y los habitantes de Palermo se sublevaron contra sus opresores, un ejemplo que fue seguido por los habitantes de otras ciudades y prosiguió hasta que la casi totalidad de los franceses que vivían en Sicilia fueron masacrados.

Tras un vigoroso intento de Carlos de Anjou para reconquistar la isla, los sicilianos pidieron ayuda a Pedro III de Aragón, a quien nombraron rey de Sicilia ese mismo año. La larga guerra se cerró con los tratados de Anagni (1295) y Caltabellotta (1302), merced a los cuales Federico, hermano del rey aragonés Jaime II, fue ratificado como rey de Sicilia con el nombre de Federico II, mientras los angevinos permanecieron en el reino de Nápoles.

190. Honorio IV (1285-1287)

Giacomo Savelli era sobrino nieto de Honorio III y nació en Roma, en el seno de una influyente familia romana. Tras estudiar en la Universidad de París, fue designado rector de la iglesia de Berton, en la diócesis de Norwich. Por orden de Clemente IV invistió a Carlos de Anjou como rey de Sicilia. Fue uno de los seis cardenales que eligieron papa en Viterbo a Gregorio X, a quien acompañó al II Concilio de Lyon. Adrián V le envió a Viterbo, con otros dos cardenales, para negociar con el rey Rodolfo de Habsburgo su coronación imperial en Roma. Su predecesor, Martín IV, le nombró cardenal diácono de Santa María, en Cosmedin; prefecto papal en Toscana, y capitán del ejército papal.

En la misma ciudad de Perugia en que murió Martín IV, quince de los dieciocho cardenales que componían el Colegio Cardenalicio se reunieron tres días después en la residencia episcopal de Perugia y allí acordaron, en primera votación y por unanimidad, que Giacomo Savelli sería el siguiente Papa, sin respetar las normas dadas por el beato Gregorio X y ratificadas por Juan XXI, pues decidieron que la Iglesia no podía permitirse un interregno ni influencias reales como las que habían llevado al papado a Martín IV. El 19 de mayo de aquel mismo año (1285) el elegido pontífice fue ordenado sacerdote y al día siguiente consagrado obispo de Roma y coronado Papa en la basílica de San Pedro.

El nuevo Papa era hombre de edad avanzada y estaba tan enfermo de gota que no podía permanecer de pie ni caminar, hasta el punto de permanecer sentado cuando decía misa. Ello no le impidió ocuparse de inmediato de los asuntos sicilianos, donde estos habían proclamado rey a Pedro III de Aragón sin el consentimiento papal, ya que la masacre de las «Vísperas sicilianas» imposibilitaba a los sicilianos cualquier acercamiento a Martín IV, que debía su tiara al depuesto Carlos de Anjou.

Las esperanzas de los sicilianos de que el nuevo pontífice mantuviera una política diferente a la de su predecesor no se vieron cumplidas, ya que Honorio IV reclamó también los derechos de la casa de Anjou a la corona de Sicilia. Cuando, a la muerte de Pedro III de Aragón, le sucecieron sus hijos —Alfonso como rey de Aragón y Jaime como rey de Sicilia—, Honorio IV negó el reconocimiento a los dos y excomulgó al rey Jaime de Sicilia y a los obispos que habían tomado partido en su coronación.

A nadie importó esa excomunión en Sicilia, desde donde el nuevo rey envió, en represalia, una flota hasta la costa romana donde destruyó la ciudad de Astura. El heredero de Anjou, Carlos de Salerno, que permanecía cautivo de los sicilianos, firmó un acuerdo cediendo sus derechos a Jaime de Aragón y sus herederos, que Honorio IV rechazó, aunque inició conversaciones con el rey Alfonso de Aragón en busca de una solución aceptable por las dos partes. Honorio IV no vivió para ver el final de esas negociaciones, pues murió el 3 de abril de 1287. Sí lo tuvo para levantar el interdicto que su predecesor había interpuesto a Venecia por su negativa a apoyar a Carlos de Anjou en su guerra contra Pedro III de Aragón.

En lo que sí tuvo éxito el papa Honorio IV, en el orden temporal, fue en el mantenimiento de la paz en Roma y los Estados Pontificios, ya que sometió al conde Guido de Monterfeltro, el más poderoso enemigo de la autoridad papal, y ello la reforzó en sus territorios. También lo tuvo en la mejoría de relaciones con el rey germano Rodolfo de Habsburgo, a quien coronó emperador.

Las dos grandes órdenes mendicantes de la época, dominicos y franciscanos, recibieron muchos privilegios de parte de Honorio IV, quien también aprobó privilegios para los carmelitas y ermitaños agustinos, y promovió la creación de cátedras para la enseñanza de lenguas orientales y árabe en la Universidad de París a fin de emprender una campaña de conversión de los musulmanes y asiáticos que favoreciese la reunificación con la Iglesia oriental.

Pedro III de Aragón, también llamado el Grande, inició la expansión mediterránea de su reino, pero su propósito de fortalecer la autoridad real chocó con la nobleza feudal y con la burguesía urbana. Mientras se desarrollaban los acontecimientos de Sicilia, en Aragón sentó las bases del constitucionalismo de la Cataluña medieval al firmar importantes concesiones a la nobleza en las Cortes de Barcelona de 1283-1284 y aprobar las Constituciones de la ciudad de Barcelona. A su muerte le sucedieron sus hijos: Alfonso, en Aragón, y Jaime, en Sicilia.

191. Nicolás IV (1288-1292)

Girolamo Masci, que pertenecía a una familia humilde, nació en Ascoli y se hizo franciscano a muy temprana edad; en 1272 fue enviado como delegado a Constantinopla para invitar a los griegos a participar en el II Concilio de Lyon, y dos años más tarde sucedió a San Buenaventura como general de su orden. Permaneciendo en este cargo, medió para lograr la paz entre los reinos de Francia y de Castilla. Nicolás III le nombró cardenal presbítero de Santa Pudenciana y también patriarca católico de Constantinopla; además, Martín IV le consagró obispo de Palestina.

Tras la muerte de Honorio IV, el cónclave, reunido en Roma, no se ponía de acuerdo en la designación de sucesor y, cuando la peste que invadía Roma causó la muerte de seis cardenales, el resto, salvo Girolamo, salió de la ciudad. Cuando regresaron, casi un año después, y volvieron a reunirse, eligieron por unanimidad Papa a Girolamo Masci, quien fue consagrado el 22 de febrero de 1288 y tomó el nombre de Nicolás IV.

Nicolás IV anuló el tratado que confirmaba a Jaime de Aragón como soberano de Sicilia, firmado gracias a la mediación del rey Eduardo I de Inglaterra, y otorgó su apoyo a Carlos II, el hijo de Carlos de Anjou, a cambio de que este prometiese no aceptar ninguna dignidad municipal en los Estados Pontificios.

Rodolfo de Habsburgo no pudo obtener del Papa la anulación de la autorización otorgada al rey francés para recaudar impuestos en algunos distritos alemanes para proseguir la guerra contra la corona de Aragón. Ello les enfrentó y, a la muerte de Ladislao IV de Hungría, cuando el emperador alemán entregó el reino a su hijo Alberto, el papa Nicolás IV lo reclamó como feudo papal y se lo confirió al hijo de Carlos II de Nápoles, también Carlos de nombre.

Cuando el 13 de mayo de 1291 cayó la ciudad de San Juan de Acre, en Palestina, y los infieles degollaron a los cristianos que la defendían, se extinguió el espíritu que animó las cruzadas y resultó vano el llamamiento que el Papa hizo a los príncipes cristianos para tomar las armas y enviar ayuda a Tierra Santa, e incluso el de unir a los templarios con los de San Juan.

No olvidando su función pastoral, envió misioneros –entre ellos el famoso Juan de Montecorvino– a cristianizar a los búlgaros, etíopes, tártaros y chinos, y publicó una importante Constitución, en julio de 1289, ordenando que parte de los ingresos de los cardenales fueran entregados a Roma para ayudar al mantenimiento financiero del Colegio Cardenalicio, lo que acabaría restando fuerza al papado.

Juan de Montecorvino fue el franciscano fundador de las misiones católicas en India y China y el primer arzobispo de Pekín. También fue nombrado patriarca de Oriente. La tradición franciscana sostiene que, en 1311, bautizó al tercer gran kan y a su madre. Este supuesto acontecimiento es dudoso, pero no lo es su éxito en la evangelización del norte y este de China, aunque los resultados de su misión se perdieron durante el imperio mongol, en el siglo XIV.

192. San Celestino V (1294)

Pietro di Murrone nació en Isernia (Apeninos italianos), en el seno de una familia humilde. A los diecisiete años ingresó en los benedictinos y, aunque fue ordenado sacerdote en Roma, su recogimiento espiritual le llevó a hacerse eremita en el desierto del monte Maiella, entre los Estados Pontificios y la región napolitana. Durante toda su vida tuvo por devoción ayunar a diario, excepto los domingos; cada año guardaba cuatro períodos penitenciales de cuarenta días, tres de los cuales los pasaba a pan y agua, y dedicaba a la oración muchas de las horas de la noche y cuantas sus ocupaciones se lo permitían durante el día.

Muchos frailes quisieron imitar su forma de vida y fundó la orden de los celestinos a partir de la orden benedictina, a la que pertenecía. Dicha orden fue aprobada por Urbano IV en 1264.

Cuando fue elegido Papa, en julio de 1294, habían pasado dos años y tres meses desde la muerte de Nicolás IV, y los cardenales no se ponían de acuerdo en un candidato debido a las diferencias entre las facciones güelfa y gibelina, que en Roma estaban representadas por los Orsini y los Colonna.

A solicitud de Carlos II de Anjou, el nuevo pontífice reunió al Sacro Colegio en L'Aquila, ciudad de Italia Central, capital de la provincia del mismo nombre y de la región de los Abruzos, a orillas del río Aterno. Allí, los cardenales coronaron a la vez al rey y a Celestino V, pero el Papa pronto se vio superado por los negocios eclesiásticos y los abandonó, dejándolos en manos de Carlos II.

El 13 de diciembre de 1294, tras cuatro meses de papado, renunció a la elección aduciendo: «… el deseo por humildad, por una vida más pura, por una conciencia inmaculada, las deficiencias de su fortaleza física, su ignorancia, la perversidad de la gente, el anhelo de su vida anterior… », por lo que, dejando los símbolos de su dignidad, se retiró a su antigua soledad y vistió de nuevo su rasgado hábito de ermitaño.

Algunos cardenales dudaron de que un Papa pudiera dimitir, pero como Celestino V no tenía un superior en la Tierra que le autorizara, se encomendó al cardenal Gaetani, un experto en leyes canónicas, la decisión, que fue afirmativa. La noticia se hizo pública, mucha gente se opuso a su renuncia y el mismo rey Carlos II trató de organizar una oposición. Fueron multitud los que se acercaron al castillo donde se encontraba el sumo pontífice para suplicarle que no renunciase al papado, pero su resolución era irrevocable y los cardenales anunciaron la celebración de un nuevo cónclave que, a los nueve días, anunció la elección del nuevo Papa: Bonifacio VIII.

El nuevo Papa hizo regresar a Roma a su predecesor, ahora vestido como humilde ermitaño, pero este escapó de nuevo a las montañas, en los Abruzos. Bonifacio VIII ordenó su arresto y Celestino, tras varios meses escapando de sus perseguidores, fue capturado cuando trataba de cruzar el Adriático. Permaneció confinado en una celda del castillo de Fumore durante más de nueve meses y fue allí donde murió el 19 de mayo de 1296. Clemente V le declaró santo en 1313.

En el breve tiempo de su pontificado, San Celestino V cometió errores políticos como la coronación de Carlos II de Anjou y muchas imprudencias, como la de no respetar las normas oficiales para el nombramiento de cardenales, repartir privilegios sin considerar las consecuencias, incluso en blanco, o entregar plazas en disputa a tres o cuatro rivales diferentes. Se desconocen otros que pudo cometer porque su sucesor, Bonifacio VIII, anuló casi todos sus decretos.

193. Bonifacio VIII (1294-1303)

Benedetto Gaetani era miembro de una acomodada familia de origen español establecida en Italia. Estudió en Todi, en Spoleto y en París. Tras obtener el doctorado en leyes civiles y canónicas, fue canónigo en distintas sedes episcopales antes de que Martín IV le nombrase cardenal diácono de San Nicolás y, diez años más tarde, Nicolás IV cardenal presbítero de San Silvestre y San Martín, al tiempo que servía como delegado papal en Francia y Sicilia.

Se afirma que fue quien con mayor empeño animó al papa Celestino V a presentar su renuncia y regresar a la vida ermitaña, pero él lo negó, afirmando que trató de disuadir al pontífice de su decisión.

A los nueve días de la renuncia de Celestino V, los cardenales se reunieron en un cónclave en el castillo de Nápoles y dos días más tarde, el 24 de diciembre de 1294, eligieron al cardenal Benedetto Gaetani, quien, al ser entronizado en Roma el 23 de enero de 1295, decidió tomar el nombre de Bonifacio VIII.

En el primer día de su pontificado publicó su primera encíclica, y en ella anunciaba la abdicación de Celestino V, su propio nombramiento y su propósito de enderezar los destinos de la Iglesia. Poco después, como la renuncia de Celestino amenazaba con crear un cisma en la Iglesia, pues eran muchos los que seguían considerándole el legítimo pontífice, Bonifacio VIII ordenó su captura y San Celestino V murió en cautiverio.

Su mayor ambición era la de lograr una paz universal entre los cristianos y una coalición cristiana contra los turcos, pero en esto, como en casi todo lo que intentó durante sus nueve años de pontificado, fracasó. Muchos historiadores fijan en su pontificado el principio del fin del poder papal en el Medievo. Se empeñó en arreglar los problemas de Sicilia, donde Carlos II, rey de Nápoles, y Jaime II, de Aragón, reclamaban el reino. Fracasó y los sicilianos le ofrecieron la corona a Federico, el hermano menor de Jaime II. Trató de conseguir la paz entre Venecia y Génova; también fracasó. E igualmente inútiles fueron sus esfuerzos para restaurar el orden en Florencia y Tuscana, para lo que nombró capitán general de la Iglesia a Jaime II de Aragón, a quien forzó a luchar contra su propio hermano. Su fracaso quedó paliado por la intervención de Carlos de Valois.

Mientras tanto, cuando el Papa trataba de imponer la paz entre los diversos Estados del norte y sur de Italia, sobrevino en Roma la rebelión de los miembros del Sagrado Colegio, especialmente los cardenales de la familia Colonna, que mantenían buenas relaciones amistosas con los enemigos políticos del pontífice: Jaime II de Aragón y Federico III de Sicilia. El Papa excomulgó a los cardenales y les amenazó con quitarles las propiedades. Ellos reaccionaron afirmando que la elección de Bonifacio había sido nula, pues Celestino V no podía dimitir al papado. El papa Bonifacio se retiró a Orvieto y desde allí declaró la guerra a la familia Colonna e incluso proclamó una cruzada contra ellos. Fue casi su única victoria: ganó la guerra, recibió y dio la absolución a los cardenales, pero se negó a devolverles la dignidad cardenalicia.

Bonifacio VIII, tras nuevos desengaños políticos en Inglaterra, Francia y España, promulgó la bula *Unam Sanctam*, en la que afirma:

> «La Iglesia es una, santa, católica y apostólica; y fuera de ella no hay salvación ni perdón de los pecados. Ella representa el cuerpo místico de Cristo, un cuerpo cuyo señor es Cristo, el Cristo Dios; en ella hay un solo Señor, una sola fe y un solo bautismo. Este cuerpo que es la Iglesia tiene un solo jefe, que es Cristo, y, en el tiempo, su vicario Pedro y por ello los sucesores de Pedro. El poder de esto último bien ejercido a través de las dos espadas, la espiritual y la temporal. Quien refuta la espada temporal de Pedro no interpreta bien la palabra del Señor: "Mete tu espada en la vaina". Ambas espadas pertenecen al poder de la Iglesia: la primera es manejada por la Iglesia, la otra es de la Iglesia; la primera es de los sacerdotes, la segunda de los reyes y de caballeros con consentimiento de los sacerdotes. Es preciso que una espada esté sometida a la otra, que la autoridad temporal se someta al poder espiritual. El apóstol ha dicho que Dios da las cosas dentro de un orden, con una jerarquía, de aquí la superioridad del poder espiritual sobre el terrenal, de aquí que el poder temporal viniere juzgado de un poder superior, el espiritual, y este vendrá juzgado por uno superior, que es Dios».

El rey francés Felipe IV el Hermoso respondió convocando en París una asamblea de prelados y de nobles que, en junio del 1303, lanzó graves acusaciones contra Bonifacio, acusándole de herético, simoníaco, dedicado a la magia y culpable del asesinato de su predecesor, Celestino V, y solicitando un concilio que depusiera al Papa al que consideraban hereje. No logró su propósito pero, cuando supo que el Papa iba a publicar una bula excomulgándole, decidió capturar al pontífice con el apoyo de algunos cardenales de la familia Colonna. El 7 de septiembre de 1303 sus enviados llegaron a Anagni, residencia de verano del Papa. Salvo los cardenales

Pedro de España y Bocassini, todos abandonaron a Bonifacio VIII, quien esperó a sus enemigos en la sala del trono con las llaves de San Pedro y la cruz en las manos, y afirmando: «Ya que he sido abandonado como Jesucristo, pienso morir como un Papa». Ante los insultos y bofetadas de sus enemigos, contestó: «Aquí está mi cuello, aquí mi cabeza». Durante tres días el Papa fue torturado para obtener de él la convocatoria de un concilio que le depusiese. Alertado por el cardenal Bocassini, el pueblo se alzó contra los franceses y ahuyentó a los Colonna. Libre ya, el Papa regresó a Roma, donde falleció un mes más tarde, el 11 de octubre de 1303.

De su obra pastoral ha quedado el recuerdo de que fue el pontífice que estableció el jubileo, en el año 1300.

El primer jubileo, o año santo, fue convocado por Bonifacio VIII en 1300. Esta decisión dio nueva dimensión y significado a las peregrinaciones a Roma, hacia las tumbas de los apóstoles Pedro y Pablo. La continua afluencia de peregrinos incentivó a Bonifacio VIII a convocar el jubileo cada cien años y a promulgar la indulgencia plenaria; más tarde, el período se acortó a cincuenta años, y posteriormente a los veinticinco años que rigen en la actualidad.

194. Beato Benedicto XI (1303-1304)

Nicholas Boccasini nació en Treviso (Italia) e ingresó en la orden dominica casi niño. Tras catorce años de estudio, fue nombrado catedrático de teología, tarea que desempeñó durante muchos años, hasta que, en 1296, fue elegido superior general de la Orden de Santo Domingo. Dos años más tarde, junto a dos cardenales, fue comisionado para conseguir la firma de un armisticio entre el rey Felipe IV de Francia y Eduardo I de Inglaterra, y después nombrado cardenal obispo de Ostia, decano del Sagrado Colegio y nuncio papal en Hungría. Fue uno de los dos cardenales que permanecieron junto a Bonifacio VIII cuando estuvo detenido en su palacio de Anagni (1303) por los partidarios italianos del francés Felipe IV el Hermoso.

Fue elegido Papa por unanimidad y entronizado cinco días más tarde, el día 27 de octubre de 1303, tomando el nombre de Benedicto XI. Heredó de su predecesor, junto a la tiara pontificia, los problemas políticos que signaron su papado y aunque él trató de reconciliarse con los enemigos heredados, se negó a perdonar a Sciarra Colonna, que había dirigido los ataques contra Bonifacio VIII, y a Guillermo de Nogaret, jefe de quienes lo detuvieron y torturaron: Felipe IV de Francia.

Pese a ello, su mejor logro político fue la recuperación de la paz con Francia: el rey proclamó su obediencia y devoción al Papa, y este le levantó la excomunión, lo que también hizo con los cardenales de la familia Colonna, aunque no les devolvió sus dignidades.

Tras ocho meses de pontificado, murió el 11 de octubre de 1304, al parecer envenenado al comer unos higos que le envió Guillermo de Nogaret. Fue beatificado en 1773 por el papa Clemente XIV.

Los papas en Aviñón y el gran cisma (1305-1431)

Entorno histórico

Al terminar este período, el uso de la artillería, que puede abatir la muralla de los castillos, y el de otras armas de fuego que potencian a la infantería, terminan con el dominio de los señores feudales en una Europa que se confiesa cristiana en su totalidad. Mediado el siglo XIV, desde 1347 a 1350, la llamada peste negra causa la muerte de las tres cuartas partes de la población europea, pese a lo cual se produce una enorme revolución que conmociona el pensamiento europeo y lo hace despertar del largo letargo del Medievo: el Renacimiento, que con su redescubrimiento de los autores clásicos viene a reformar el arte, la arquitectura, la literatura e incluso el mundo económico y político. Crecen la empresa privada, los mecenazgos, el amor a la cultura y el latín empieza a ser desplazado, como lo ha sido del habla del pueblo y de los libros de uso común: la Biblia es traducida al inglés, Dante escribe su *Divina Comedia* en italiano, el arcipreste de Hita redacta en castellano su *Libro del Buen Amor,* el infante Don Juan Manuel escribe *El libro de los exemplos del Conde Lucanor et de Patronio,* Petrarca su *Cancionero,* Giovanni Boccaccio su *Decamerón* y Geoffrey Chaucer sus *Cuentos de Canterbury,* entre otros.

En España, las tropas de Alfonso XI de Castilla, Alfonso VI de Portugal y Pedro IV de Aragón derrotan a los benimerines en la batalla del río Salado y reconquistan las plazas que dominan el estrecho de Gibraltar. En agosto de 1385, las tropas portuguesas de Juan de Avis vencen al ejército castellano de Juan I en Aljubarrota, lo que asegura la independencia de Portugal. Y en Castilla Juan I impone la era cristiana en vez de la era hispánica, como antes se había hecho en Cataluña (1180), Aragón (1350) y Valencia (1358). La era hispánica tenía su comienzo en el año 38 antes de Cristo y su uso se estableció hacia el siglo III.

En Francia, Felipe IV el Hermoso, arruinado y endeudado con los templarios, hace detener a dos mil caballeros y confisca todos sus bienes, so pretexto de rumores de herejía, homosexualidad y ocultismo, lo que algunos caballeros confiesan al ser sometidos a tortura, por lo que muchos de los templarios son condenados a la hoguera, sin que el papa Clemente V intervenga para impedirlo. En mayo de 1431 muere en la hoguera, en la plaza del Mercado Viejo de Ruán, por relapsa y herética reincidente, Juana de Arco, una adolescente que dos años antes había derrotado a las fuerzas inglesas ante Orleans, a la que veinticinco años más tarde la Iglesia declaró inocente y que, en 1920, fue canonizada por el papa Benedicto XV.

La peste negra ocasiona incontables muertes en los Balcanes, al tiempo que los otomanos se apoderan de las últimas posesiones bizantinas en Asia y un serbio, Esteban Dusan, se adueña de Constantinopla y sus posesiones.

En Florencia, en 1397, Giovanni di Bici, de la familia Médici y padre de Lorenzo, crea la banca de su nombre al tomar a su cargo los bienes de la Iglesia. Ese mismo año, Dinamarca, Suecia —de quien dependía Finlandia— y Noruega —de quien lo estaba Islandia— firman un tratado de alianza permanente y designan a Margarita I de Dinamarca regente del trono hasta la mayoría de edad de su sobrino nieto Eric VII de Pomerania, que contaba cinco años de edad.

En Rusia, los tártaros imponen una forma de gobierno tan cerrada y conservadora que aíslan aquel inmenso territorio de la corriente renacentista.

Persia y Siria caen bajo el dominio de los mongoles e India bajo el de Delhi, al tiempo que el budismo desaparece de India, que resiste el dominio del Islam, aunque sobrevive en Birmania (actual Myanmar), Tailandia, Ceilán (actual Sri Lanka) y Camboya.

En China, los mongoles adoptan las costumbres de la tierra que han conquistado, incluso el confucianismo; la peste negra llega a China en 1330, y en 1368 la dinastía Ming expulsa a los mongoles y repara la Gran Muralla que ellos habían derruido, en parte, con sus ataques de invasión. En 1420, el emperador Chengzu, el segundo de la dinastía Ming, traslada su capital a Pekín, con lo que la convierte en capital del Imperio Celeste. Durante el reinado de Chengzu, China se convierte en la mayor potencia marítima de Oriente al contar con sesenta y tres grandes juncos.

Los aztecas se instalan en el valle de México y, en 1325, fundan la que hoy es Ciudad de México y a la que ellos llamaron Tenochtitlán.

Solo Etiopía permanece cristiana en todo África, ya que Nubia, el otro reino cristiano que aún perduraba, cae en poder de los musulmanes.

Los papas en Aviñón y el gran cisma

Al iniciarse el período, el papa Clemente V, francés de nacimiento, fue consagrado en Lyon y, aconsejado por el rey Felipe IV el Hermoso, fijó la residencia de la sede papal en Aviñón. Le sucedieron cinco papas nacidos en Francia y que también mantienen la sede papal en Aviñón, el último de los cuales, Gregorio XI, traslada de nuevo la sede a Roma gracias a los esfuerzos de Santa Catalina de Siena, pero abre con esta decisión el llamado cisma de Occidente que se prolongó durante cuarenta años con los antipapas Clemente VII (excomulgado por Bonifacio IX y elegido porque se discutía la legitimidad de Urbano VI), Benedicto XIII (nacido Pedro Martínez de Luna), Alejandro V (designado tras la deposición de Papa y antipapa) y Juan XXIII (nombrado tras la muerte de Alejandro V, por lo que hubo hasta tres papas en un cierto momento, pero que abrió las puertas al final del cisma de Occidente).

Un tiempo complicado en el que las ambiciones personales y los intereses políticos de las distintas naciones europeas pesan mucho más que el servicio al Evangelio, y que desemboca en un largo período histórico en el que los papas, en la cumbre de su poder personal, son antes césares que santos.

Los papas del período

195. Clemente V (1305-1314)

Bernard de Gouth nació en Villandraut, en la región de Burdeos (Francia), y pertenecía a una familia muy relacionada con la curia, ya que su hermano había sido arzobispo de Lyon, cardenal obispo de Albano y delegado papal en Francia. Tras realizar estudios de arte en Toulouse, cursó en Orleans y Bolonia leyes civiles y canónicas, tras lo cual fue designado, sucesivamente, canónigo en Burdeos, vicario general en Lyon, chambelán papal, obispo de Comminges y arzobispo de Burdeos en el tiempo en que ingleses y franceses se disputaban Normandía.

Amigo personal del rey francés Felipe IV el Hermoso y por presiones suyas, fue elegido sucesor de Benedicto XI el 5 de junio de 1305 en la ciudad de Perugia, tras un cónclave que se prolongó once meses porque franceses e italianos no se ponían de acuerdo. Con asistencia de Felipe IV, el nuevo

Papa fue entronizado, en Lyon, el día 14 de noviembre, y tomó el nombre de Clemente V. El día fue catastrófico: tras la ceremonia, un muro se desplomó sobre la comitiva durante la procesión tradicional y mató a uno de los hermanos del nuevo pontífice y a un cardenal; el Papa se cayó del caballo, y de su tiara se desprendió una joya que nunca pudo ser recuperada. La tragedia se prolongó el día 15, ya que ese día otro de los hermanos de Clemente V fue asesinado por los sicarios de algunos cardenales de la facción italiana, descontentos por su huida de Roma.

Quizá por ello, Clemente V nunca visitó Roma siendo Papa, y con él se inició el largo destierro de los papas en Aviñón, al que algunos llaman «cautiverio de Babilonia», y en el que los papas estuvieron sometidos a la monarquía francesa durante setenta años.

Antes de fijar su residencia en Aviñón, Clemente V habitó en diferentes ciudades francesas. Eligió Aviñón porque en aquellos momentos formaba parte del reino de Nápoles y allí el Papa podía residir cerca de la corte del rey francés pero fuera de sus dominios.

Quizá por el mismo deseo de huir de los compromisos, delegó el gobierno de los Estados Pontificios en tres cardenales, uno de ellos hermano suyo, acaso por saber que en Roma reinaba la anarquía por el enfrentamiento de los seguidores de las dos familias más poderosas –los Colonna y los Orsini– y que Venecia se había apoderado del Estado pontificio de Ferrara. Desde su retiro de Aviñón quiso arreglar esos problemas mediante excomuniones e interdictos, pero viendo que no lograba nada con ello organizó una cruzada contra los venecianos, a los que finalmente derrotó.

El rey Felipe IV el Hermoso, a quien debía el pontificado, eliminó la Orden de los Caballeros Templarios, a quienes adeudaba mucho dinero, y pretendió que se condenase al papa Bonifacio VIII por hereje, no contento con haberle encarcelado y causado la muerte. Clemente V, que no deseaba enfrentarse al rey, tampoco consideraba justas sus demandas, por lo que procuró alargar el proceso mientras hacía todo lo posible por conseguir que el rey olvidara su pretensión: renovó la absolución que Benedicto XI le había otorgado, nombró nueve cardenales franceses, restauró a los cardenales de la familia Colonna, le otorgó durante cinco años las propiedades eclesiásticas y abolió la Orden de los Caballeros Templarios. Ante tantas concesiones, el rey se conformó y dio por concluido el proceso contra Bonifacio VIII.

Para la clausura definitiva de la Orden de los Caballeros Templarios, se celebró el XV Concilio Ecuménico en Viena, en 1311-1312, y aunque la mayoría de los asistentes se opusieron a la abolición de la orden por pensar que los cargos que se hacían en su contra carecían de fundamento, la presencia de Felipe IV el Hermoso, que se presentó por sorpresa en el concilio, hizo que este cumpliera sus deseos y la Orden de los Caballeros Templarios fuese abolida, quedando sus bienes en manos del rey de Francia y, en menor cuantía, en las de otros monarcas europeos, salvo una pequeña parte que quedó en poder de los caballeros hospitalarios.

Ante el lujo, la corrupción y el nepotismo que dominaban la curia papal en Aviñón, ya que Clemente V llegó a nombrar cardenales a cinco parientes suyos, se elevó la voz del obispo de Mende, Guillermo Durand, pidiendo la reforma de la Iglesia «en su cabeza y en sus miembros», a la que se unió la del joven franciscano Pierre d'Olive, quien recomendaba a la curia la pobreza evangélica que predicaba San Francisco de Asís.

En el orden positivo, cabe señalar que Clemente V completó el *Corpus Juris Cannici* medieval con la publicación de una serie de decretos papales, conocidos como *Clementinae*, que contienen decretos tanto de Benedicto XI como de Clemente V, y fundó las universidades de Perugia y Orleans.

Murió el 20 de abril de 1314, antes de ver completadas sus *Clementinae*, lo que ha hecho dudar de su autenticidad.

Aviñón era una pequeña ciudad, a las orillas del río Ródano, que pertenecía al reino de Nápoles y estaba rodeada por los Estados Pontificios. Clemente VI se lo compró a Juana de Nápoles por dieciocho mil florines de oro.

---

196. Juan XXII (1316-1334)

Jacques d'Euse fue hijo de un zapatero de Cahors (Francia), ciudad en la que fue educado por los dominicos. Marchó después a Montpellier y París a estudiar teología y leyes y, concluidos sus estudios, fue profesor de derecho civil y canónico en Toulouse. Sus buenas relaciones con Carlos II de Nápoles le valieron el nombramiento de obispo de Fejus; posteriormente, Clemente V le nombró cardenal obispo de Porot, primero, y de Aviñón más tarde, cuando se convirtió en su confidente y factótum.

A la muerte de su predecesor, se vivió un interregno de casi dos años, pues tres grupos de cardenales claramente enfrentados –franceses, italianos y gascones–

querían imponer candidatos distintos. Para terminar con esa penosa situación para la Iglesia, Felipe V de Francia organizó un cónclave en Lyon y, en él, Jacques d'Euse fue elegido Papa y consagrado el 5 de septiembre de 1316 con el nombre de Juan XXII.

Nada más entronizado quiso organizar una nueva cruzada para rescatar Tierra Santa, pero los tiempos para ello habían pasado con la unidad y el entusiasmo de los cristianos, el enfrentamiento entre los reyes europeos y la división del imperio germano entre dos candidatos: Felipe el Hermoso, duque de Austria, y Luis, duque de Baviera. Aunque este último fue el elegido, Juan XXII se negó a coronarle emperador y dos años más tarde lo excomulgaba. Como reacción, el emperador fue a Roma y proclamó Papa −antipapa− a Nicolás V, quien coronó a Luis de Baviera como emperador en 1328. Tres meses después, el pueblo romano obligó al emperador a abandonar Roma y un año más tarde, ya en 1330, el antipapa Nicolás V renunció a su nombramiento y se sometió a Juan XXII.

Los problemas se multiplicaban para el Papa: dificultades económicas, levantamientos en los Estados Pontificios, enfrentamiento con Luis de Baviera y, dentro de la Iglesia, las graves desavenencias con los franciscanos observantes que había heredado de su predecesor. Los franciscanos observantes se habían negado a que el papa Clemente V les dispensara de su Regla alegando que el pontífice no podía tener mayor autoridad que el Evangelio, por lo que Juan XXII ordenó a los frailes observantes que obedecieran a sus superiores e hizo investigar su doctrina, conducta y opiniones. Como muchas de ellas fueron declaradas erróneas, los observantes que se negaron a rectificar fueron declarados herejes y condenados a la hoguera.

Pero sus problemas con los franciscanos no habían terminado. Ellos, con su general −Miguel de Cesena− al frente, siguieron defendiendo la pobreza evangélica alegando que Jesús y sus discípulos carecían de posesiones, ni individuales ni comunales. Cuando el pontífice denunció esa afirmación como herética, la orden protestó, por lo que el Papa publicó una bula declarando que quienes se opusieran a su decisión serían considerados herejes y enemigos de la Iglesia, ordenando a Miguel de Cesena que acudiese a Aviñón para zanjar esta discrepancia. Cesena, ante el Papa, se negó a ceder en sus argumentos, pese a que fue amenazado con la cárcel, por lo que decidió huir al imperio germano y acogerse a la protección del emperador Luis de Baviera. Unos años después fue excomulgado, en un intento del pontífice de cerrar toda posible discrepancia en esa materia. Los franciscanos obedientes al Papa eligieron a Gerardo Eudes como general de la orden y condenaron la conducta y las escrituras de Miguel de Cesena, quien, expulsado de la orden, fue sentenciado a cadena perpetua.

Al propio tiempo, muchos teólogos, con los franciscanos observantes al frente, consideraban hereje al propio Papa por su afirmación de que «las almas de los justos no verían a Dios sino hasta el juicio final». En su lecho de muerte, Juan XXII se retractó de esta afirmación, hecha, según dijo, como aficionado a la teología y no como Papa.

Entretanto, en la Universidad de París surgió otra fuerte controversia teológica cuando De Padua y Gentian escribieron *Defensor Pacis*, una obra en la que sostenían que la única manera de conseguir la paz era subordinando el poder eclesiástico al imperial, negaban la primacía temporal del Papa, afirmaban que los bienes de la Iglesia pertenecían al emperador y asignaban a este la única jurisdicción para combatir los crímenes. Por supuesto, Juan XXII anatematizó la obra y condenó a sus autores por herejes.

Pese a que, en lo personal, Juan XXII fue un Papa modesto y vivió en la pobreza, se esforzó en agrandar y reorganizar la curia y en incrementar los —hasta entonces— raquíticos ingresos papales para recaudar fondos que le permitieran organizar la cruzada que pretendía, construir un palacio para los papas en Aviñón y ayudar a las obras de caridad, ciencia y apostolado. Ello ocasionó tal grado de malestar en Alemania e Italia, y generalizó en tal manera la idea de que la Santa Sede pecaba de excesivo materialismo, que preparó el terreno para la reforma luterana.

Juan XXII instituyó la fiesta de la Santísima Trinidad, canonizó a Santo Tomás de Aquino e incrementó las misiones en Ceilán (actual Sri Lanka) y Nubia; cuando los problemas políticos y teológicos se lo permitieron, dio muestras de su amor por la poesía, la música sagrada y la cultura en general, creando cátedras de hebreo, árabe y caldeo en las universidades de París, Salamanca, Bolonia y Oxford, dejándose asesorar en ello por Ramón Llull, conocido por muchos como beato Raimundo Lulio.

Murió el 4 de diciembre de 1334.

Nicolás V fue antipapa en Roma, entre 1328 a 1330, durante el pontificado de Juan XXII en Aviñón. Se hizo fraile franciscano después de separarse de su esposa y se convirtió en un famoso predicador. Elegido con la influencia del excomulgado emperador Luis de Baviera, él mismo fue excomulgado por el Papa; este le pidió perdón y el pontífice le absolvió de sus pecados, pero le encarceló hasta su muerte.

197. Benedicto XII (1334-1342)

Jacques Fournier, hijo de un panadero, había nacido en Saverdun, en los Pirineos centrales (Francia). Muy joven, se hizo cisterciense en el monasterio de Boulbonne, desde donde se trasladó al monasterio de Fontfroide en el que un tío suyo, Arnoldo Novelli, era abad. Él le envió a la Universidad de París, en la que se doctoró en teología al tiempo que sustituía a su tío como abad de Fontfroide, cuando este fue nombrado cardenal en 1310. Jacques Fournier fue nombrado obispo de Palmiers, su diócesis natal, en diciembre de 1317; más tarde trasladado a Mirepoix, en 1327, y el papa Juan XXII le nombró cardenal el 18 de diciembre de ese mismo año.

El 4 de diciembre de 1334 murió Juan XXII y los cardenales reunidos en cónclave exigieron al cardenal de Comminges, a quien querían elegir Papa, que garantizase que no devolvería a Roma la sede papal. Ante su negativa a hacerlo, muchos electores votaron al cardenal Fournier, con indudables méritos pero de origen oscuro, débil de salud y desconocido, esperando así provocar una nueva votación. Con asombro de todos, aquel casi desconocido cardenal recibió los dos tercios de votos necesarios para su elección. «Han elegido a un asno», se cuenta que gritó Fournier cuando se enteró de ello. El 8 de enero de 1335 fue entronizado y tomó el nombre de Benedicto XII.

Decidido a regresar a Roma, Benedicto XII comenzó su pontificado ordenando la restauración de la basílica de San Pedro y del lateranense, pero los cardenales le convencieron de la inconveniencia de vivir en un país en guerra, por lo que optó por permanecer en Aviñón; aunque inició la construcción del palacio de los papas en Aviñón, incapaz de oponerse en eso a su curia, trató de reparar los perjuicios ocasionados a la Iglesia por los excesos materialistas de su predecesor, y revocó los nuevos impuestos fijados por él: combatió la avaricia de muchos eclesiásticos, rebajó los impuestos, procuró que las visitaciones episcopales significasen una menor carga para el clero, prohibió la práctica de pagar los favores papales y estableció un registro de súplicas para controlar el orden e importancia de las peticiones. Además, enemigo del nepotismo, no promovió a ningún pariente y obligó a su única sobrina a rechazar a sus pretendientes nobles y a casarse con un hombre humilde. Se cuenta de él que dijo: «El Papa tiene que ser como Melquisedec: sin padre, ni madre, ni genealogía».

Piadoso, prudente y firme, se esforzó en solucionar las necesidades de la Iglesia en un período de crisis, por lo que, en los asuntos meramente eclesiásticos, el pontificado de Benedicto XII fue muy positivo para la Iglesia: reformó las órdenes monásticas, que estaban plagadas de vicios; proclamó la bula *Benedictus Deus* defendiendo la visión inmediata de Dios por las almas de los justos; estimuló la represión de la herejía; aconsejó a la Inquisición que procurase remedios preventivos antes de recurrir al castigo; intentó persuadir al rey Eduardo III de Inglaterra para que estableciese la Inquisición en su reino; procuró la reunificación de la Iglesia ortodoxa con Roma, y manifestó su desvelo por la Iglesia de Armenia, que sufría las invasiones musulmanas, enviando ayuda material para su defensa.

No puede decirse otro tanto en el orden político: era inexperto y poco diplomático, desconocía los asuntos mundanos y los conflictos políticos le confundían, por lo que actuó con una ambigüedad y falta de criterio que contrasta fuertemente con su firmeza en las decisiones eclesiásticas. Sus mayores errores los cometió en sus relaciones con Felipe IV de Francia, a quien acabó convirtiendo en enemigo del papado y ante quien terminó plegándose cuando le impidió la excomunión al emperador Luis de Baviera, lo que dio origen a la llamada guerra de los Cien Años.

En su tiempo, el 8 de abril de 1341, el poeta Francesco Petrarca fue coronado en el Capitolio de Roma por el senador Ursus d'Anguillara como *magnum poetam et historicam* ante un pueblo enfervorizado que soñaba con devolver a Roma su antigua gloria y al que capitaneaba un joven de veintiocho años llamado Cola di Rienzo. Estaba iniciándose el Renacimiento.

> La guerra de los Cien Años fue un conjunto de conflictos bélicos que, interrumpido por treguas y tratados de paz, dio comienzo en 1337 y finalizó en 1453, y en el que se enfrentaron Inglaterra y Francia porque, a la pretensión del rey inglés Eduardo III de ocupar el trono francés, los franceses contestaron que la corona no podía heredarse por línea femenina y elevaron al trono a Felipe IV, primo del rey fallecido. La verdadera razón venía de mucho antes, pero no es este el lugar para detallarla.

198. Clemente VI (1342-1352)

Pierre Roger nació en Maumont (Francia) e ingresó en un monasterio benedictino cuando tenía diez años. Sus superiores le enviaron a estudiar a París, donde alcanzó el doctorado e inició su ascenso en la curia: prior de San Baudile, abad de Fecamp, obispo de Arras, canciller de Francia, arzobispo de Sens y cardenal, dignidad a la que le elevó Benedicto XII.

Fue uno de los favoritos del rey Felipe IV el Hermoso de Francia, quien, a la muerte de Benedicto XII, le envió a Aviñón como delegado suyo para asegurarse su elección en el cónclave que allí se celebraba. No hizo falta: cuando Pierre Roger llegó a Aviñón ya había sido elegido Papa. Fue entronizado el 19 de mayo de 1342 y tomó el nombre de Clemente VI.

Al parecer, fue un hombre culto, bueno y protector de los hebreos que, a diferencia de su predecesor, no manifestó ningún interés por retornar la sede pontificia a Roma e incluso, para garantizar su permanencia en Aviñón, compró la soberanía de la ciudad por dieciocho mil florines de oro a la princesa Juana de Nápoles y Provenza, tras declararla inocente de la muerte de su marido.

Como otros papas del período, nombró una mayoría de cardenales franceses, casi todos parientes suyos, lo que le enfrentó a los cardenales italianos, que lo consideraron una usurpación de poder.

Amante de la buena mesa, de las fiestas y de las artes, se vio obligado a subir los impuestos e incrementar el número de obispados y beneficios pontificales para sostener su ostentoso nivel de vida, pues pronto acabó con todas las reservas económicas que su predecesor le había dejado.

Redujo el intervalo entre los años santos a cincuenta, lo que le permitió celebrar el segundo en 1350, aunque sin su presencia en Roma por miedo a las consecuencias de un viaje suyo a la sede que ostentaba.

En el orden temporal, su pontificado estuvo marcado por su defensa de los intereses de Francia y el nepotismo, que le llevó a repartir muchos privilegios entre sus familiares. La guerra de los Cien Años entre Francia e Inglaterra estaba en su apogeo y el nuevo pontífice no pudo lograr la paz por su clara parcialidad hacia los franceses, pero consiguió que se firmase una tregua que se mantuvo hasta la muerte de Luis IV de Francia. Manteniendo la enemistad papal con el emperador Luis de Babiera, protegió a Carlos IV de Luxemburgo, que dirigía desde Praga los destinos del imperio con acatamiento a la autoridad del Papa.

El emperador Luis de Baviera había ofendido los sentimientos religiosos de muchos de sus partidarios cuando anuló el matrimonio de Margarita Maultasch, heredera del Tirol, con Juan Enrique, príncipe de Bohemia, y autorizó a su propio hijo a casarse con la princesa. Ante la indignación del Papa, el emperador le propuso admitir que se había excedido en los límites de su poder, anular esos actos y someterse al castigo papal si era reconocido como rey de los romanos. Como contrapartida, Clemente VI exigió que ninguna ley pudiera ser promulgada en el imperio germano sin que contase con la sanción papal, que se depusiera a todos los obispos y abades que había nombrado el emperador y que dejara de reclamar la soberanía de los Estados Pontificios, Sicilia, Córcega y Cerdeña. Los príncipes alemanes declararon inaceptables las demandas papales, pero buscaron un sustituto a Luis de Baviera, cuyo gobierno había sido desastroso para el imperio, para lo que el Papa propuso a Carlos de Luxemburgo, que aceptaba las condiciones papales. Aunque no fue aceptado en principio por los príncipes alemanes, la muerte de Luis de Baviera le convirtió en Carlos IV de Alemania.

El cambio en el imperio forzó a los franciscanos *observantes* a jurar sumisión al Papa, con lo que se dio por concluido el desacuerdo sobre la pobreza evangélica que habían mantenido con dos papas.

Clemente VI murió el 6 de diciembre de 1352. Ese mismo año, Santa Brígida de Suecia, que esperaba en Roma desde 1349 la aprobación papal a su orden de religiosas, le dirigió una serie de cartas en las que amonestaba al Papa por su comportamiento y le imploraba que volviese a vivir de acuerdo con el Evangelio.

Para favorecer la reconciliación de los angevinos con los húngaros, la reina Juana I de Nápoles contrajo matrimonio con su primo Andrés, hermano de Luis I de Hungría. Cuando su esposo fue asesinado, ella fue acusada de inductora. Después, se casó con Luis de Tarento y se exilió en Aviñón, donde, buscando limpiar su nombre y tomar venganza contra los asesinos de su primer esposo, vendió la soberanía de la ciudad a Clemente VI a cambio de dieciocho mil florines de oro y la declaración de inocencia en la muerte de su primer esposo. A la muerte del segundo, contrajo nuevas nupcias, en Nápoles, con Jaime IV de Mallorca, quien intentaba recuperar su reino. Este tercer matrimonio fracasó, pero Juana I se consolidó como reina de Nápoles y reconoció a Federico III como rey de Sicilia, con lo que cerró las disputas entre angevinos y aragoneses. Durante su cuarto matrimonio, con Otto de Brunswick, reconoció al duque de Anjou como heredero al trono de Nápoles y al antipapa Clemente VII como verdadero Papa. En tiempos del papa Urbano VI fue encarcelada en el castillo de Muro y allí murió ahogada.

199. Inocencio VI (1352-1362)

Étienne Aubert nació en Braisahmont (Francia). Siendo presbítero, ejerció en Toulouse como profesor de leyes civiles antes de ser nombrado juez y cardenal presbítero; posteriormente, fue consagrado como obispo de Noyon, trasladado a Clermont y nombrado gran penitenciario y cardenal obispo de Ostia.

A la muerte de Clemente VI, y cuando había sido elegido, los cardenales reunidos en cónclave le hicieron jurar que seguiría una determinada línea política antes de confirmar su elección. Habiéndolo hecho, el 30 de diciembre de 1352 le fue impuesta la tiara papal y tomó el nombre de Inocencio VI, tras lo que declaró que el juramento que había prestado carecía de validez porque significaba una limitación al poder divino conferido al Papa.

Su pontificado se inició cumpliéndose una profecía de Santa Brígida: «Su buena voluntad sustituirá sus acciones y será recompensada». Tras su elección, muchos eclesiásticos que le conocían viajaron a Aviñón para solicitarle promoción en sus carreras, pero Inocencio VI les ordenó regresar a sus parroquias y sedes episcopales bajo pena de excomunión, al tiempo que revocaba los beneficios comprometidos por su predecesor, desaprobaba la pluralidad de cargos, procuraba reducir la corrupción y falta de justicia que manchaban el Tribunal de la Rota y, con notable firmeza, logró erradicar de la corte papal la lujuria que la infestaba, forzando a los cardenales a seguir su ejemplo de castidad. Fue un Papa austero, cuidadoso del gobierno del Estado Pontificio, cuya reorganización encomendó al cardenal español Gil Álvarez de Albornoz, fundador del Colegio Español de Bolonia, y que dio un gran impulso a las artes y a la cultura.

A pesar de sus avenencias y desavenencias con el emperador germano Carlos IV, fue un Papa de manifiesta buena voluntad también en el orden político, en el que, por ejemplo, buscó terminar con la guerra entre Francia e Inglaterra, procurar calmar el violento carácter de Pedro I el Cruel, rey de Castilla y León, e hizo cuanto pudo por reunificar las Iglesias ortodoxa y católica; pero su buena voluntad no siempre logró imponerse a los cardenales que deseaban someter la voluntad del pontífice a la de los príncipes a quienes servían, especialmente los franceses.

Pese a que mejoró la fortificación de Aviñón, dotándola de murallas, Inocencio VI quiso preparar su propio retorno, y el de la sede papal, a Roma, pero falleció el 12 de septiembre de 1362, antes de que hubiese emprendido su viaje a la Ciudad Eterna.

Pedro I el Cruel, rey de Castilla y León entre 1350 y 1369, se casó en 1353 con Blanca de Borbón, a la que abandonó y encarceló al saber que no se le podía abonar la dote pactada, tras lo cual volvió a unirse a su amante, María de Padilla. Al saberlo, estalló un levantamiento de los nobles capitaneados por Enrique de Trastámara, Don Fadrique, maestre de Santiago, y Juan Alfonso de Alburquerque, a lo que contestó el rey con las sangrientas represiones que le valieron el calificativo de Cruel. En medio de ellas, en 1354, contrajo matrimonio con Juana de Castro, a la que también repudió.

200. Beato Urbano V (1362-1370)

Guillermo de Grimoard era monje benedictino y llevó el hábito de la orden incluso siendo Papa. Nacido en Francia, se educó en Montpellier y Toulouse, fue abad de Notre Dame y tuvo una brillante carrera diplomática al servicio de la Iglesia.

Tras la muerte de Inocencio VI, los cardenales reunidos en cónclave se vieron incapaces de elegir a uno de ellos mismos, por lo que designaron Papa a este abad benedictino que tenía tanta fama de santidad como de habilidad diplomática. El abad Guillermo de Grimoard se enteró de su nombramiento estando en Italia en una misión diplomática. Regresó a Aviñón, fue consagrado el 6 de noviembre de 1362 y tomó el nombre de Urbano V porque, dijo: «Todos los papas que han llevado ese nombre han sido santos». Su elección fue tan del gusto de todos que Petrarca escribió de él: «Ha sido el dedo de Dios quien te ha elegido».

Urbano V, respetando la voluntad de su predecesor, tuvo dos prioridades: restaurar la paz entre los Estados europeos y regresar a Roma. Tras excomulgar, derrotar y perdonar al tirano de Milán, Bernabé Visconti, con el apoyo del emperador germano Carlos IV, y pese a la enemiga del rey francés, el nuevo Papa retornó a Roma el 16 de octubre de 1367 acompañado por el cardenal Gil Álvarez de Albornoz; pero años después, a la vista de la caótica situación que reinaba en la ciudad, regresó a Aviñón para permanecer allí hasta el fin de su pontificado. Pese a ello, no olvidó su triple condición de Papa, obispo y rey, y añadió una tercera corona a la doble usada hasta entonces por los papas, para formar así la tiara pontificia que es símbolo de su triple reinado.

Estando en Roma, Urbano V trató de mejorar la vida material y moral de la capital, restauró basílicas y palacios papales, entregó el tesoro papal —guardado en Asís desde Bonifacio VIII— a las iglesias de la ciudad, distribuyó trigo en los períodos de escasez, restauró la disciplina del clero y modificó la Constitución de Roma.

Además, para ratificar la reconciliación entre la Santa Sede y el imperio germánico, Urbano V coronó emperador a Carlos IV y a su esposa, en 1368, con una misa en la que el emperador actuó como acólito, y al año siguiente recibió en Roma la visita del emperador de Bizancio, Juan V Paleólogo, quien, aceptando la autoridad papal, se apartó de la Iglesia cismática de Oriente y se confesó católico. Lo hacía porque buscaba que los príncipes occidentales le ayudasen a emprender una nueva cruzada contra los turcos que amenazaban Constantinopla, pero nada consiguió porque las ciudades-estado italianas —Venecia, Génova, Pisa y otras, por ejemplo— prefirieron seguir comerciando con los turcos, aun sabiendo que cada día que pasaba los turcos avanzaban un poco más en la conquista del imperio bizantino y de los territorios vasallos de esas mismas ciudades.

Para salvaguardar la independencia de Aviñón, aprobó el matrimonio de Juana de Nápoles con el rey Jaime de Mallorca, un rey sin reino, antes de que llegase a Aviñón el rey de Francia a solicitar la mano de Juana para su hijo Felipe, duque de Touraine. Compensó al monarca francés nombrando cuatro cardenales a su propuesta.

Pese a los esfuerzos del pontífice, en Roma proseguían las luchas internas que hacían peligrar su integridad y le parecía conveniente acercarse a Aviñón porque, desde allí, le sería más fácil mediar ante Francia e Inglaterra para que acordasen un nuevo período de paz; abandonó la ciudad y regresó a Aviñón, pese a que Santa Brígida le advirtió que moriría pronto si lo hacía. Murió a las pocas semanas, el 19 de diciembre de 1370. Como los milagros se multiplicaban junto a su tumba, el rey Waldemar de Dinamarca pidió al sucesor de Urbano V su beatificación, pero aunque Gregorio XI lo prometió, diversas causas la aplazaron hasta 1870, fecha en que Pío IX le declaró beato.

Santa Brígida de Suecia, patrona de Suecia y copatrona de Europa, fue la fundadora de la Orden de Santa Brígida. Había estado casada y tuvo ocho hijos, pero al morir su esposo dedicó su vida al cuidado de los pobres y a la oración.

Tenía revelaciones que contó al prior de la abadía de Alvastra y en una de ellas, según afirmaba, Cristo le había ordenado fundar una nueva orden muy estricta que ayudaría a reformar la vida monástica. Se trasladó a Roma y allí tuvo que esperar veinte años antes de recibir la aprobación papal. Ese tiempo, y el resto que le quedaba de vida, permaneció en Roma impulsando la reforma eclesiástica, solicitando el retorno de los papas a Roma, protegiendo a los desamparados y consolando a ricos y pobres. Fue canonizada en 1391, a los dieciocho años de su muerte.

201. Gregorio XI (1370-1378)

Del mismo nombre que su tío, el papa Clemente VI, Pierre Roger de Beaufort fue un hombre culto que, con dieciocho años y siendo ya canónigo, estudió en Perugia con el famoso jurista Pietro Baldo degli Ubaldi, a cuyo lado se hizo doctor en teología y canonista. Amó las artes y las letras, y siendo ya Papa reunió en la biblioteca del palacio de los papas, en Aviñón, un buen número de preciosos manuscritos. Hábil diplomático, buscó la paz entre los reinos de Francia e Inglaterra y entre el emperador germánico y el de Hungría.

Tras la muerte del beato Urbano V, fue elegido por unanimidad Papa el 22 de diciembre de 1370 en Aviñón. Ordenado sacerdote, fue consagrado obispo de Roma y entronizado Papa de la Iglesia católica el 5 de enero de 1371 con el nombre de Gregorio XI.

Como Papa prosiguió, sin éxito, sus anteriores intentos de reconciliar a los reyes de Francia e Inglaterra; lo obtuvo en la pacificación y cese de conflictos entre Castilla, Aragón, Navarra, Sicilia y Nápoles; se esforzó en lograr la reunificación de las Iglesias ortodoxa y latina; emprender una nueva cruzada contra el avance musulmán, y reformar al clero.

Por desgracia, este Papa cayó en el mismo error que varios de sus predecesores: el envío a las provincias eclesiásticas de la Iglesia en Italia de cardenales y delegados franceses, que no entendieron a los italianos y se hicieron odiar por estos. De resultas de ello, el milanés duque Bernabé Visconti, declarado enemigo del papado, se autoproclamó señor de Regio y otras comarcas que pertenecían a la Santa Sede. En 1372, Gregorio XI le declaró una guerra que fue favorable al duque Bernabé hasta que el Papa logró el apoyo del emperador germano, la reina de Nápoles, el rey de Hungría y Juan Hawkwood, líder de los mercenarios ingleses. Sabiéndose incapaz de obtener la victoria, el duque Bernabé entabló conversaciones de paz con los representantes del Papa y firmó un acuerdo muy favorable a sus intereses a cambio de abonar un fuerte soborno a los legados enviados por Gregorio XI. Al saberlo, los florentinos, temerosos de que el poder papal se fortaleciera en Italia, se aliaron con el duque y, junto a él, levantaron una insurrección en los Estados Pontificios, a las que se unieron cuantos estaban disconformes con sus legados. El papa Gregorio XI les impuso un severo castigo, poniendo a Florencia bajo un interdicto, excomulgando a sus habitantes y declarando ilegales sus posesiones, con lo que la pérdida financiera de los florentinos fue enorme. Enviaron a Santa Catalina de Siena para que intercediera ante el pontífice, pero sus esfuerzos de nada sirvieron ante los continuos disturbios que amenazaban al Papa. Ante la insistencia de Santa Catalina, y sus oraciones, Gregorio XI decidió trasladar la sede papal a Roma, desoyendo las protestas del rey de Francia y los cardenales de esa nacionalidad.

Salió de Aviñón en 1376 y en enero del año siguiente llegó a Roma esperando, sin razón, que su regreso pusiese fin a las hostilidades; el cardenal Roberto de Génova, más tarde antipapa Clemente VII, ordenó una masacre en Cesena que soliviantó a los romanos contra el Papa, por lo que este tuvo que abandonar nuevamente Roma para regresar a Aviñón, donde murió el 26 de marzo de 1378 cuando había iniciado la celebración de un congreso que buscaba la paz.

Nacida en Siena el 27 de marzo de 1347, Santa Catalina de Siena participó de forma muy activa en los asuntos públicos de su tiempo. A los dieciséis años ingresó en la Tercera Orden de Santo Domingo, en su ciudad natal, y en ella destacó por su disposición a la contemplación y su entrega a la caridad. Parece que aprendió a leer en la infancia, pero no a escribir hasta la edad adulta. En 1376 viajó a Aviñón para intervenir ante el papa Gregorio XI en nombre de Florencia, en guerra con el pontificado. Fracasó en su intento de paz, pero logró que el Papa regresara a Roma e intentara cerrar con ello el exilio de los papas en Aviñón. Catalina volvió a la contemplación y las obras de misericordia en Siena. Dividiendo su incansable actividad, intentó promover la paz en Italia, organizar una cruzada para recuperar Tierra Santa, evitar el desgarro provocado en la Iglesia por el cisma de Occidente, atenuar las consecuencias del irascible carácter de Urbano VI y dedicar horas y horas a la meditación. Murió en Roma, el 29 de abril de 1380, y su cuerpo fue enterrado en la iglesia de Santa María *Sopra Minerva*. Fue canonizada por el papa Pío II en 1461, nombrada Doctora de la Iglesia en 1970 por Pablo VI y proclamada copatrona de Europa, en 1999, por Juan Pablo II.

202. Urbano VI (1378-1389)

Bartolomé Prignano nació en Nápoles alrededor de 1318, pero muy joven viajó a Aviñón, donde se ganó la amistad de poderosos miembros del clero que consiguieron que fuese consagrado arzobispo de Acerenza, en el reino de Nápoles, el 21 de marzo de 1364, de donde Gregorio XI le transfirió a la sede arzobispal de Bari, en la costa del Adriático, el 14 de abril de 1377.

A los nueve días de la muerte de Gregorio XI, el 7 de abril de 1378 se abrió en el Vaticano uno de los cónclaves más cortos de la historia. Grupos romanos entraron en el Vaticano y, al hacerlo los cardenales, trataron de conseguir de ellos la promesa de que elegirían un Papa romano; pese a que el cardenal d'Aigrefeuille les dijo que los cardenales no podían someterse a imposiciones, el pueblo permaneció en el Vaticano toda la noche, gritando: «Romano lo volemo» o «Al manco italiano». Durante la misa de la mañana siguiente, las campanas sonaron a rebato, y a ellas se unieron pronto las de San Pedro. Ante el miedo de todos, el cardenal español Pedro de Luna propuso la elección del arzobispo de Bari, a quien todos sabían hombre de edad madura, santo y culto, y en quien Roberto de Ginebra, futuro antipapa Clemente VII, y Pedro de Luna, que llegaría a ser el Papa cismático Benedicto XIII, renunciaron a sus derechos. Los cardenales aceptaron su propuesta y eligieron a Prignano, aunque prefirieron mantener la elección en secreto hasta confirmar su aceptación. Se le llamó al Vaticano, junto a otros prelados para no hacer evidente su elección, mientras el cardenal Orsini anunciaba al pueblo la elección, aunque sin declarar el nombre del elegido, lo que hizo crecer la confusión al multiplicarse los rumores. Asustados, o para ganar tiempo, los cardenales presentaron al pueblo al cardenal Tebaldeschi con las insignias papales e iniciaron el canto de un *Te Deum* justamente en el momento en que el arzobispo Prignano llegaba al Vaticano y aceptaba la dignidad papal y la obediencia de los cardenales, reconociendo con ello que la elección del cardenal Prignano había sido válida y le correspondía ser el sucesor de San Pedro. Un italiano no romano, súbdito del reino de Nápoles, resultaba respaldado por todas las facciones, quizá porque tanto italianos como franceses esperaban que, no siendo cardenal, resultaría un Papa más manejable. En su entronización, el día 18 de abril de 1378, tomó el nombre de Urbano VI.

Quien a muchos parecía un Papa débil se equivocaban, pues pronto se enemistó con casi todos: perdió el apoyo de Juana de Nápoles, en Roma la oposición se adueñó del castillo de Sant'Angelo, en el que nunca se izaron los colores de Urbano VI, y los cardenales franceses comenzaron a propagar el rumor de que era un Papa ilegítimo, salieron de Roma y establecieron la ilegalidad de la elección de Urbano VI en una asamblea y en una encíclica, al tiempo que Urbano VI nombraba veintinueve cardenales para suplir a los disidentes.

En toda Europa se cuestionaba cada vez más y más la legitimidad de Urbano VI, por lo que el rey Carlos V de Francia alentó a los cardenales disidentes a elegir un nuevo Papa. El 20 de septiembre Roberto de Ginebra fue elegido Papa, y en este día comenzó el cisma de Occidente. Todo el oeste de Europa, salvo Inglaterra e Irlanda —es decir, Francia, España, Escocia e Italia Meridional—, aceptaron la soberanía de Clemente VII; mientras Alemania, Polonia, Hungría, Italia Central y Septentrional y Escandinavia permanecían fieles a Urbano VI. Santa Catalina de Siena y Santa Brígida de Suecia se pronunciaron a favor del Papa de Roma, pero San Vicente Ferrer y Santa Colette de Francia tomaron partido a favor de Clemente VII.

Cuando Juana de Nápoles, enojada con Urbano VI, se unió a los partidarios de Clemente VII, el Papa la depuso y coronó rey de Nápoles a Carlos de Durazo, quien no tardó demasiado en perder el favor del pontífice, por lo que el nuevo rey hizo encarcelar al Papa cuando visitó Aversa, en el sur de Italia. Cuando fue liberado, Urbano VI marchó a Nocera, donde tuvo que soportar las vejaciones a que le sometió la reina Margarita, esposa de Carlos V de Francia.

Antes de regresar a Roma nombró nuevos cardenales, lo que molestó tanto al Colegio Cardenalicio que un importante grupo de cardenales propuso deponerle o, al menos, arrestarle. Enterado Urbano VI, hizo detener a dichos cardenales y con ellos a bordo, regresó a Roma, ejecutando a uno de ellos durante la travesía y advirtiendo al resto de que ellos lo serían al llegar a Génova, por lo que los cardenales que todavía le apoyaban renunciaron también a su obediencia.

Estando ya en Roma, y tras el fracaso de la cruzada que convocó contra Clemente VII en 1387, decretó que el año santo se celebraría cada treinta y cinco años, y que el siguiente se celebraría en 1390. Murió antes, el 15 de octubre de 1389, envenenado, según parece, por los romanos.

Parecía que el partido de Urbano VI se iba a derrumbar con la muerte del Papa y que los pocos cardenales que le permanecían fieles darían su obediencia a Clemente VII, con lo que la unidad de la Iglesia quedaría restablecida. No fue así. Tal vez Urbano VI podría haber sido un buen Papa en otras circunstancias, pero su intransigencia le impidió sanar las heridas que la Iglesia había recibido durante el exilio de Aviñón.

Los mejores rasgos de su carácter fueron el odio a la simonía y el desprecio a la vida mundana e inmoral que corrompía a buena parte del clero.

203. Bonifacio IX (1389-1404)

Pedro Tomacelli nació en una noble pero empobrecida familia de Nápoles. A pesar de haber sido nombrado cardenal diácono cuando era muy joven y de que Urbano VI le hiciese cardenal presbítero con tan solo treinta y tres años, carecía de la instrucción teológica y las habilidades curiales necesarias para manejar los asuntos de una Iglesia dividida por el cisma y los enfrentamientos políticos, pese a ser, por naturaleza, diplomático y prudente. Tenía condiciones para ser un gran gobernante político, y lo fue, y un Papa menos que mediocre, lo que, por desgracia, también se cumplió.

Bonifacio IX fue ascendido al trono papal en noviembre de 1389 por catorce cardenales reunidos en Roma, mientras Clemente VII, apoyado por gran parte de Europa, proseguía su pontificado paralelo en Aviñón. En uno de sus primeros actos como Papa, el joven Bonifacio IX excomulgó a Clemente VII, provocando que este respondiese en la misma forma.

Como Clemente VII había coronado rey de Nápoles al príncipe Luis de Anjou, y ello ponía en peligro los Estados Pontificios, Bonifacio IX coronó como rey de Nápoles al rival de Luis de Anjou, Ladislao, cuyas tropas expulsaron de Nápoles a este, aunque pasado el tiempo Luis de Anjou volviese a gobernar Nápoles.

Tras este su primer triunfo político, Bonifacio IX logró establecer la total supremacía del poder papal en el gobierno de Roma al acabar con las insurrecciones de los refugiados en el castillo de Sant'Angelo, y fortificarlo, como a otros puntos y puentes estratégicos, al tiempo que el puerto de Ostia y las principales fortalezas y ciudades de los Estados Pontificios.

Para hacer frente a los gastos de la guerra, Bonifacio IX recurrió a la venta de indulgencias y a la subida de impuestos, medidas que le obligaron a refugiarse fuera de Roma en varias ocasiones.

Mientras tanto, el cisma era tan profundo que, a la muerte en 1394 de Clemente VII (el Papa de Aviñón), sus partidarios eligieron al español Pedro Martínez de Luna, un nuevo antipapa que tomaría el nombre de Benedicto XIII.

Durante el pontificado de Bonifacio IX se celebraron dos jubileos en Roma: en 1390, cumpliendo el deseo de Urbano VI, con numerosos peregrinos procedentes de Inglaterra, Alemania, Hungría, Polonia y Bohemia, y en 1400, con una mayoría de peregrinos franceses, ya que otorgó a muchas ciudades alemanas el privilegio del jubileo en una práctica lindante con la simonía por parte de los agentes del Papa. Entre los penitentes que llegaron a Roma a finales de 1399 se hallaban los *bianchi*, peregrinos vestidos con túnicas blancas, encapuchados y con una cruz roja dibujada en la espalda, que fueron autores de tantos sucesos sangrientos en Roma que el Papa optó por su disolución.

Bonifacio IX careció de rigor evangélico para enfrentarse, en Inglaterra, a la secta de Juan de Wiclef, en la que los errores de los apocalípticos, los valdenses, los de Marsilio y otros se habían unido en un exagerado realismo panteísta que sirvió de punto de transición a la nueva dirección herética del protestantismo. Pese a todo, en el Sínodo de Londres, la Iglesia inglesa condenó las enseñanzas antipapales de Wiclef y la propia Universidad de Oxford emitió un informe favorable a Bonifacio IX a petición del rey.

En 1403, la Universidad de París se dirigió a Pedro de Luna para solicitarle «la restitución de la obediencia» y la convocatoria de un concilio general en el plazo de un año. Pese al carácter uraño de Benedicto XIII, la idea de un concilio que fuese independiente a la voluntad de los dos papas fructificó y al año siguiente envió una nueva embajada a Bonifacio IX para lograrlo. La entrevista fracasó, como era de esperar, ya que ninguno de los dos pontífices estaba dispuesto a ceder su puesto. Este hecho irritó de tal modo a Bonifacio IX que entró en coma con un ataque de litiasis y murió dos días después, el 1 de octubre de 1404.

Benedicto XIII fue antipapa, Papa para muchos, entre los años 1394 y 1423, un período en el que dos, e incluso tres papas, proclamaron simultáneamente su legitimidad como cabezas de la Iglesia católica.

Pedro Martínez de Luna nació en la localidad zaragozana de Illueca, en Aragón (España), y tras doctorarse como canonista en la Universidad de Montpellier fue nombrado cardenal diácono por Gregorio XI. Favoreció la elección de Urbano VI, oponiéndose a los cardenales franceses, que pretendían elegir a Roberto de Ginebra, futuro antipapa Clemente VII. Tras fallecer este, en 1394, los cardenales reunidos en Aviñón eligieron para sucederle a Pedro de Luna, quien tomó el nombre de Benedicto XIII, pese a la oposición del rey de Francia.

Tozudo y firme en sus convicciones, cuando fue depuesto, en 1409, por el Concilio de Pisa, Bonifacio XIII se encerró en la fortaleza española de Peñíscola (Castellón) y allí murió sin haber renunciado al que consideraba su derecho, pese a haber sido nuevamente depuesto, en 1417, por el Concilio de Constanza.

204. Inocencio VII (1404-1406)

Cósimo de Migliorati nació en Sulmona, en los Apeninos italianos; estudió en Perugia, Padua y, finalmente, en Bolonia, donde se graduó como jurista, aunque durante toda su vida destacó por su amor a las ciencias. Urbano VI le envió a Inglaterra como recaudador de impuestos y allí permaneció cerca de diez años. A su regreso a Italia, fue nombrado obispo de Bolonia; más tarde, arzobispo de Rávena, y Bonifacio IX le nombró cardenal presbítero de Santa Cruz, en Jerusalén, y le envió como legado suyo a Lombardía y Toscana.

Cuando a la muerte de Bonifacio IX los cardenales supieron que el antipapa Benedicto XIII nunca abdicaría, iniciaron el cónclave tras jurar todos ellos que, en caso de ser elegidos, renunciarían a la tiara si ello permitía cerrar el cisma. Elegido Cósimo de Migliorati, apenas entronizado Papa con el nombre de Inocencio VII el 11 de noviembre de 1404, inició los trámites para llevar a cabo un concilio ecuménico, pero la alborotada situación de Roma le impidió llevarlo a cabo.

Como de costumbre, en Roma se cuestionaba la autoridad temporal del papado, a quien el rey Ladislao de Nápoles se apresuró a defender junto a los gibelinos, solicitando a cambio varias concesiones, como la de que no se negociaría el fin del cisma con el Papa de Aviñón sin acordar antes que sus derechos al reino de Nápoles quedasen intactos.

Mientras tanto, el cardenal Ludovico de Migliorati, sobrino del Papa, hizo asesinar en su propia casa a algunos de los aristócratas romanos que habían visitado a Inocencio VII para cuestionarle su autoridad civil. Cuando el pueblo conoció este múltiple asesinato, el Papa tuvo que huir a Viterbo para proteger su vida. Un año más tarde, en 1406, los romanos le permitieron regresar para restaurar su autoridad, pero las tropas del rey Ladislao habían ocupado el castillo de Sant'Angelo y aterrorizaban con sus frecuentes salidas, tanto a los que habitaban Roma como a quienes lo hacían en los territorios vecinos. Solo cuando el Papa le excomulgó accedió a retirar sus tropas y acatar la autoridad del pontífice.

Sumergido en estos conflictos políticos, Inocencio VII descuidó procurar el fin del cisma y otros temas eclesiásticos, pero, llevado por su amor a las ciencias, consagró sus cuidados a la Universidad de Roma, creada poco antes, llevando a enseñar a sus aulas a dos humanistas ilustres: Poggio Bracciolini y a Leonardo Bruni.

Falleció el 6 de noviembre de 1406, antes de que se celebrase el concilio ecuménico con el que quiso abrir su pontificado.

205. Gregorio XII (1406-1415)

Ángelo Corrario, que pertenecía a una noble familia veneciana, fue obispo de Castello y titular del patriarcado de Constantinopla antes de que Inocencio VII le nombrase secretario apostólico, más tarde legado papal en Áncora y, por último, cardenal presbítero de San Mareo.

Tenía setenta años cuando fue elegido Papa, el día 30 de noviembre de 1406, en un cónclave que se celebró en Roma después de prometer a los cardenales que dimitiría del papado si Pedro Martínez de Luna también lo hacía, para terminar así con el cisma. Benedicto XIII no lo hizo y, consecuentemente, Gregorio XII tampoco, pese a que, al iniciarse las conversaciones ambos parecían decididos a dejar la tiara.

Al apreciar el malestar del Colegio Cardenalicio ante lo ocurrido, Gregorio XII convocó a sus cardenales en Lucca y les ordenó que no abandonaran la ciudad bajo ningún pretexto, al tiempo que nombraba cardenales a cuatro sobrinos suyos, pero él mismo abandonaba la ciudad e iniciaba negociaciones con los cardenales de Benedicto para convocar un concilio ecuménico en el que presentarían sus dimisiones ambos pontífices.

Se convocó el Concilio de Pisa, al que ninguno de los papas acudió, y en el que, tras quince sesiones, se decidió deponer a ambos pontífices acusándoles de herejía y por cismáticos, y se eligió un nuevo antipapa: Alejandro V.

Gregorio XII nombró diez nuevos cardenales y convocó un nuevo concilio, en el que los pocos obispos asistentes declararon a Benedicto XIII y Alejandro V cismáticos y devastadores de la Iglesia. Aunque abandonado por la mayoría de los cardenales, Gregorio XII continuaba siendo el legítimo Papa y era reconocido como tal por Ruperto, rey de los romanos, Ladislao de Nápoles y algunos de los otros príncipes italianos.

La muerte de Alejandro V no mejoró la situación, ya que, como sucesor suyo, fue nombrado el antipapa Juan XXIII, quien decidió convocar un nuevo concilio para cerrar aquella lamentable situación en la Iglesia y, al parecer, ser reconocido él mismo como único Papa. Aquel concilio, convocado por un antipapa y celebrado entre los cismáticos, fue autorizado por una bula del propio Gregorio XII en la que renunciaba al papado. La firmó el día 4 de julio de 1415. Los cardenales reunidos aceptaron la renuncia y le nombraron obispo de Porto y legado perpetuo en Ancona. Ante este hecho, Juan XXIII también renunció y Benedicto XIII fue depuesto de su cargo.

Dos años más tarde, el 18 de octubre de 1417, Gregorio XII falleció, un mes antes de que fuera elegido su sucesor.

El antipapa Juan XXIII (1410-1415) fue uno de los líderes del Concilio de Pisa, en 1409, cuando Gregorio XII y el antipapa Benedicto XIII fueron depuestos y nombraron antipapa a Alejandro V para cerrar el cisma de Occidente. Convocó el Concilio de Constanza, que se celebró entre 1414 y 1418, para terminar con el cisma de Occidente en 1415. Martín V le nombró, en 1419, obispo cardenal de Tusculum, cinco meses antes de su muerte.

206. Martín V (1417-1431)

Oddone Colonna estudió en la Universidad de Perugia y desempeñó diferentes cargos en la curia antes de ser nombrado cardenal diácono de San Jorge por Bonifacio IX. Siéndolo, abandonó la curia de Gregorio XII y asistió al Concilio de Pisa, en el que tomó parte en la elección de los antipapas Alejandro V y Juan XXIII. Su familia, los Colonna, habían contado con veintisiete cardenales de la Iglesia y Martín V fue el último de ellos en alcanzar la dignidad papal.

Fue elegido Papa por los representantes de Alemania, Francia, Italia, España e Inglaterra durante el Concilio de Constanza, el 11 de noviembre de 1417, día de San Martín, nombre que tomó como pontífice. Como no era más que sub-diácono, fue ordenado diácono, sacerdote, consagrado obispo y coronado Papa en el palacio episcopal de Constanza. Martín V tenía tan solo cuarenta y un años cuando fue elevado al trono papal. Parecía la persona más indicada para llevar a la Iglesia tras el período más crítico de su historia.

Los monarcas europeos se diputaban la nueva sede del papado, ya que Roma era una ciudad en ruinas: el emperador quería que se quedase en Ale-mania y los franceses esperaban llevárselo a Aviñón, pero un Colonna prefería residir en Roma. Antes de poder hacerlo, residió algún tiempo en Mantua y en Florencia. solo regresó a Roma, en septiembre de 1420, cuando Juana II de Nápoles, última de la casa de Anjou, firmó un tratado de paz y abandonó la ciu-dad, a la que el Papa encontró en ruinas, despoblada y miserable. El Papa, con el apoyo de su poderosa familia, hizo que retornasen a ella los mejores artistas del Renacimiento y comenzó a restaurar iglesias, palacios, puentes y toda la infraes-tructura pública, pese a que, tras el Concilio de Constanza, resultaba evidente que los Estados europeos habían conseguido independizarse del papado y del poder temporal que la Iglesia tuvo durante los pontificados de Gregorio VII y algunos de sus sucesores.

En el Concilio de Constanza se había acordado la celebración de una serie de concilios que supervisarían la labor de los papas cada cinco años. Martín V logró ir posponiendo el que tendría que haberse celebrado en 1422 hasta después de su propia muerte, el 20 de febrero de 1431. Jamás se celebró.

Bienes temporales
y reforma (1431-1534)

Entorno histórico

En 1434, coincidiendo con la ascensión al poder de Cosme de Médici, se inicia una etapa de esplendor artístico que, desde Florencia, se irradia a toda Europa: el movimiento renacentista. Cuarenta años más tarde, el 9 de agosto de 1483, se inaugura la Capilla Sixtina, construida en el Vaticano para albergar su *schola cantorum*. En octubre de 1512 Miguel Ángel termina los frescos de la bóveda, iniciados cuatro años antes.

Portugal inicia el dominio de los mares y comienza a colonizar las islas de Madeira (1419) y Azores (1431) y a explorar una ruta marítima a India por el sur de África. En mayo de 1498, Vasco de Gama llega a India contorneando la costa africana. A partir de 1511, con la conquista de Malaca y Ceilán (actual Sri Lanka), y el dominio de las Malucas, Portugal controla el negocio de las especias.

En África, se crea el reino del Congo en 1440.

En América, el inca Pachacuti Yupanqui destituye a su padre, en 1438, y se convierte en el auténtico creador del imperio inca.

El 29 de mayo de 1453, doscientos mil otomanos al mando de Mehmet II logran la rendición de Constantinopla, lo que significó el fin del imperio bizantino.

En Castilla, Juan II manda degollar públicamente, en Valladolid, a Álvaro de Luna, su favorito hasta ese momento.

En 1455 se produce un hecho fundamental para la difusión de la cultura: la asociación de Gutenberg con Fust y Schöfer para imprimir libros con tipos móviles.

En 1453 termina la guerra de los Cien Años que enfrentaba a Francia e Inglaterra desde 1337.

La Generalitat de Catalunya declara al rey de Aragón, Juan II, enemigo de la república y ofrece la corona a Enrique IV de Castilla, con lo que se inicia la guerra civil catalana, que se prolonga diez años (de 1462 a 1472).

El 19 de octubre de 1469, la hermana de Enrique IV de Castilla, Isabel, contrae matrimonio en Valladolid con Fernando, hijo de Juan II de Aragón, base de la unión de todos los reinos de España. Nueve años más tarde, en noviembre de 1478, el papa Sixto V autoriza la implantación del Tribunal de la Inquisición en Castilla, dos meses antes de que Fernando se convierta en rey de Aragón.

El 2 de enero de 1492, tras diez años de guerra y asedio, cae Granada, el último reducto del dominio musulmán en España: la Reconquista ha terminado. Ese mismo año, el 12 de octubre, tres naves españolas –la *Pinta*, la *Niña* y la *Santa María*–, al mando de Cristóbal Colón, llegan a Guanahaní (bautizada San Salvador, en las islas Bahamas del continente que hoy denominamos América). Un año más tarde, en mayo de 1493, Alejandro VI promulga la bula *Inter caetera* que marca la línea de división entre las zonas de influencia de Castilla y Portugal, y define como feudos papales los territorios descubiertos y conquistados por esos reinos. Y en 1496, Fernández de Lugo finaliza la conquista de las Canarias, unas islas descubiertas en 1312 por el navegante genovés Lancerotto Morocello.

En 1479 se levanta en Tenochtitlán (México) el calendario de Piedra, resumen de los conocimientos astronómicos de los aztecas. Cuarenta años más tarde, en 1521, Tenochtitlán es arrasada por las fuerzas de Hernán Cortés: es el fin del imperio azteca.

Iván III pone fin, en 1480, al dominio de los tártaros sobre Rusia.

En marzo de 1492, los Reyes Católicos promulgan un edicto que obliga a los judíos residentes en España a bautizarse o abandonar el reino en un plazo de tres meses, cosa que hicieron unos doscientos cincuenta mil. Antes, habían sido expulsados de Inglaterra (1290) y de Francia (1394). En 1499, Cisneros dicta una orden obligando a bautizarse a los musulmanes del reino de Granada y, ante su sublevación, son expulsados de España en 1501; al siguiente año, la misma medida se aplica a los musulmanes residentes en Castilla.

En septiembre de 1499, la Confederación de Cantones suizos, tras derrotar a las tropas del emperador Maximiliano I, fuerzan a este a reconocer su independencia por el Tratado de Basilea.

En 1505, un cerrajero de Núremberg, Meter Henlein, inventa el reloj de bolsillo.

En 1517, los otomanos, bajo Selim I, se apoderan de Egipto y su rey es reconocido como protector de la ciudades santas del Islam: se han convertido en dueños del mundo islámico.

Ese mismo año, el monje agustino Martín Lutero publica sus noventa y cinco tesis que dan pie a la reforma protestante.

En 1522 llega a Sanlúcar de Barrameda (Cádiz) la nave *Victoria*, al mando de Juan Sebastián Elcano, completando así la primera circunnavegación de la Tierra históricamente registrada.

Bienes temporales y reforma

En este período, la Iglesia vive una profunda crisis moral, sometida al dominio de unas familias ávidas de poder y unos papas más preocupados por los bienes materiales que por los espirituales, de una curia papal no menos corrupta, y con un clero y muchas órdenes religiosas que parecen haber olvidado el mensaje evangélico y caen en continuos pecados de simonía, concupiscencia y avaricia.

Y como los pastores de una Iglesia en la que dicen creer, los reinos europeos también se hallan sumidos en una profunda crisis política, económica y de valores morales, mientras el pueblo, diezmado por guerras, pestes, hambres y falto de magisterio, se vuelca en una religiosidad que no pueden satisfacer sus corruptos pastores.

La Iglesia está más necesitada que nunca de una profunda reforma. Algún Papa y unos pocos santos caen en la cuenta de ello, pero la brevedad de su pontificado, en unos casos, y la fuerza de los intereses creados, en otros, van demorando esa reforma hasta que, el 31 de octubre de 1517, el agustino Martín Lutero inicia, con sus tesis contra la venta de indulgencias y otros beneficios eclesiásticos, un proceso que dividirá a la Iglesia mucho más profundamente de lo que lo habían hecho todos los cismas padecidos, dando origen a nuevas formas de vivir el mensaje de Cristo alejadas del catolicismo.

La ambición de un poder que el papado ha perdido y el afán de bienes materiales que corrompía a la Iglesia precisaban de una profunda reforma, pero se produjo de la manera menos deseable para esa Iglesia y fue a través de la reforma luterana.

Los papas del período

207. Eugenio IV (1431-1447)

Nacido en el seno de una acaudalada familia veneciana, Gabriel Condumaro se hizo rico muy joven y cuando decidió donar veinte mil ducados a los pobres y entrar en un monasterio agustino, su tío, Gregorio XII, le nombró obispo de Siena; pero, como la gente de la ciudad se opuso a ello por ser un extraño, renunció al obispado, por lo cual el Papa le nombró cardenal presbítero de San Clemente. Durante el cisma de Occidente y el Concilio de Pisa, le fue fiel a su tío y prestó buenos servicios a su sucesor, Martín V, como legado en Picenum y frenando el levantamiento de los boloñeses.

Tras la muerte de Martín V, el cónclave reunido en Roma eligió a Gabriel Condumaro en el primer escrutinio como su sucesor en la silla de San Pedro. Tomó el nombre de Eugenio IV y fue coronado en Roma el 11 de marzo de 1431. Tenía cuarenta y ocho años en el momento de su elección; era alto, bien parecido, de rostro demacrado, apariencia grave y su presencia causaba en las gentes tan profunda impresión que apenas se atrevían a enfrentarle la mirada, e incluso muchos, de entre los humildes, rompían a llorar. En palabras de un escritor de la época, «… tan imponente era la impresión de majestad y devoción que producía el vicario de Cristo, que había momentos en que parecía Aquél a quien representaba».

Antes de ser elegido firmó una capitulación, que después confirmó en una bula, que aseguraba la centésima parte de todos los ingresos de la Iglesia a los cardenales, a quienes prometía consultar en todas las cuestiones importantes para la Iglesia y los Estados Pontificios.

Su enemistad con el nepotismo le enfrentó violentamente a la familia Colonna, a la que pertenecía su predecesor y a la que había otorgado grandes beneficios. Solo gracias al apoyo de Florencia, Venecia y Nápoles pudo lograr que los Colonna rindieran sus castillos y pagaran al pontífice una indemnización de setenta y cinco mil ducados.

Atendiendo la convocatoria que su predecesor había hecho, proclamó el XVII Concilio Ecuménico en Basilea, pero temiendo sus consecuencias, lo trasladó a Ferrara, más tarde a Florencia y, por último, dio un decreto de disolución del concilio, una decisión que no gustó a los cardenales, en quienes alentó la creencia de que el pontífice se oponía, al igual que su predecesor, a cualquier reforma de la Iglesia. Los prelados presentes en Basilea se negaron a abandonar el concilio e hicieron pública su determinación de continuar las sesiones, valiéndose de la superioridad del concilio sobre el Papa que se había establecido en el Concilio de Constanza.

Eugenio IV, aconsejado por el emperador germano Segismundo de Luxemburgo, anuló el decreto de disolución del Concilio de Basilea y reconoció el carácter ecuménico del mismo, pero los elementos extremistas del concilio no se conformaron con ello, ya que querían transformar al concilio en autoridad permanente e instancia suprema para eliminar de la Iglesia su carácter monárquico.

Al año siguiente, una revolución estalló en Roma y Eugenio IV, vestido de monje, escapó de la ciudad a refugiarse en Ostia, y de allí a Florencia, donde convocó un nuevo concilio y a la que mantuvo durante años como sede papal, lo que fue muy importante para el desarrollo del movimiento humanista.

En respuesta a esta actitud, en 1435 el concilio votó la supresión de una serie de derechos, impuestos y tributos percibidos hasta entonces por la Santa Sede. Llegó la ruptura cuando el Papa transfirió el concilio a Ferrara, mientras gran parte de los cardenales seguían manteniéndole en Basilea.

En ese momento, el emperador de Constantinopla, Juan VII, reconoció la autoridad de Eugenio IV y en el Concilio de Florencia daba fin –teórico– a la separación de las Iglesias oriental y occidental. Eugenio IV fue así el último pontífice que, de momento, ha visto unida a toda la cristiandad. Por poco tiempo: parte del clero griego no aceptó la unión y, además, pocos años después Bizancio cayó bajo el dominio de los turcos y el Imperio bizantino se extinguía para siempre. Para vengarse de la ofensa sufrida en el Concilio de Florencia, el Concilio de Basilea votó la deposición de Eugenio IV, declarándole hereje el 15 de julio de 1439, y el 5 de noviembre del mismo año proclamaron Papa al duque Amadeo VIII de Saboya, que tomó el nombre de Félix V y fue el último antipapa que recoge la historia.

Eugenio IV dedicó el resto de su pontificado a consolidar su autoridad espiritual con el apoyo de Alfonso V de Aragón, proclamado rey de Nápoles, que le ayudó a entrar de nuevo en Roma.

En cualquier caso, no consiguió que Francia anulase la «pragmática sanción» de Bourges, pero firmó con los alemanes el concordato de Francfort y otro documento llamado bula *Savatoria*, firmado el mismo día, que prácticamente lo anulaba.

Murió el 20 de febrero de 1447, tras ver florecer el renacimiento en toda Italia, y él mismo contribuyó a ello mandando hacer las puertas de bronce que aún adornan la entrada de San Pedro y encargando a Fra Angélico decorar la capilla del Santísimo Sacramento en el Vaticano.

La «pragmática sanción» de Bourges fue publicada por el rey Carlos VII de Francia después de una asamblea que examinó los decretos del Concilio de Basilea. Aprobó el decreto *Sacrosancta* del concilio, en el cual se sostenía la supremacía del concilio sobre el Papa y establecía las libertades de la Iglesia gala, restringiendo los derechos del Papa y, en muchos casos, haciendo que su jurisdicción estuviera sujeta al rey.

Amadeo de Saboya, duque de Saboya, ejerció de antipapa bajo el nombre de Félix V. Hacía vida casi monástica a orillas del lago Ginebra y había fundado, en Ripaille (Suiza), la Orden de los Santos Mauricio y Lázaro, cuya divisa era *Servire Deo regnare est*. Fuera de quienes le habían designado, nadie lo reconoció como Papa, y en 1449, dos años después de morir Eugenio IV, el antipapa Félix V abdicó voluntariamente en Nicolás V y fue nombrado vicario general pontificio de la casa de Saboya y cardenal.

208. Nicolás V (1447-1455)

Tommaso Parentucelli era hijo de un médico del que quedó huérfano a temprana edad, lo que le impidió terminar sus estudios en Bolonia y convertirse en instructor de las familias Strozzi y Albizzi, en Florencia, donde conoció a los principales humanistas de la época. Regresó a Bolonia para doctorarse en teología y el obispo de dicha ciudad lo tomó a su servicio, en el que permaneció más de veinte años, cultivando su afición a la lectura e interesándose por la arquitectura hasta alcanzar un saber enciclopédico, inusual hasta entonces pero que empezó a ser característico de los humanistas del Renacimiento. Ello, y su conocimiento de la teología escolástica y la patrística, hicieron que ocupase una posición relevante en el Concilio de Florencia. Tras el concilio, y pese a que Eugenio IV le llamó a su servicio, siguió al servicio del obispo de Bolonia hasta la muerte de este; pero tras el óbito, el Papa le encomendó importantes misiones diplomáticas en Italia y Alemania y, tras ellas, le nombró cardenal. Un año más tarde, cuando murió Eugenio IV, fue elegido para sucederle y tomó el nombre de Nicolás V cuando fue consagrado Papa el 19 de marzo de 1447.

Hombre del Renacimiento y aficionado a la arquitectura, tan pronto ascendió al pontificado comenzó a concebir una Roma, enriquecida de monumentos, que fuera un verdadero hogar para la literatura y el arte, al tiempo que emblema del papado y digna capital del catolicismo. Para ello, fortaleció sus puntos estratégicos, recuperó y embelleció iglesias y monumentos, mandó limpiar y pavimentar las calles, arregló los acueductos, restauró el Vaticano y la basílica de San Pedro, y, sobre todo, fundó la biblioteca vaticana, enviando monjes y sacerdotes a salvar manuscritos olvidados en monasterios y conventos, y comprar cuantos pudiesen en toda Europa. Puso al servicio de la biblioteca vaticana un ejército de copistas y traductores, y ello le permitió acumular más de cinco mil volúmenes, con una inversión total de cuarenta mil escudos. Pese a ello, no logró hacerse con el amor de los romanos, muchos de los cuales, bajo el liderazgo de Stefano Porcaro, buscaban la vuelta de Roma al sistema republicano.

En el terreno político, acabó con el cisma de Occidente al lograr, en 1449, la sumisión del antipapa Félix V, a quien perdonó y nombró vicario de Saboya y, más tarde, cardenal. Al año siguiente proclamó un jubileo en Roma para sellar el fin del cisma y la restauración de la autoridad papal. Y un año antes había conseguido que el rey Federico III firmase el Concordato de Viena, por el que renunciaba a la libertad de la Iglesia germana a cambio de asegurarse el apoyo papal y su coronación como emperador del Sacro Imperio Romano Germánico, pese a la enemistad de los príncipes alemanes que ello le valió al Papa.

Como consecuencia del jubileo proclamado por el Papa, los peregrinos invadieron Roma trayendo consigo la plaga que azotaba el norte de Europa. Aunque el pontífice, temeroso de la peste, abandonó la ciudad, el jubileo significó cuantiosos ingresos para las arcas vaticanas, lo que permitió a Nicolás V continuar con sus obras de enriquecimiento artístico y restauración de Roma y lo que fue más importante para la Iglesia: enviar legados a casi todos los países europeos para iniciar la lucha contra los abusos eclesiásticos. Algunos de ellos, como Nicolás de Cusa y San Juan de Capistrano, lograron terminar con las disputas abiertas tras el Concilio de Basilea y retrasar de algún modo el nacimiento de la que fue, más tarde, la reforma luterana.

Hizo celebrar el VI año santo.

Aunque Nicolás V, a diferencia de su predecesor, sí logró armar un ejército para defender Constantinopla de los ataques turcos, este llegó demasiado tarde a la antigua Bizancio.

Debilitado a causa de la gota y entristecido su ánimo por la caída del imperio oriental, murió el 24 de marzo de 1455.

Nicolás de Cusa puede ser paradigma del hombre del Renacimiento: matemático, amante de las artes y las letras, científico y filósofo. En el Concilio de Basilea apoyó la tesis de que los concilios ecuménicos debían estar por encima del Papa, pero renunció para evitar un nuevo cisma. Se anticipó al trabajo de Copérnico enseñando que la Tierra no era el centro del movimiento del universo, descubrió que las plantas absorbían nutrientes del aire y que el aire tiene peso.

---

209. Calixto III (1455-1458)

Alonso Borgia nació en Játiva (Valencia, España) de una familia noble y acaudalada. Era maestro de leyes en la Universidad de Lérida cuando se unió a la causa del antipapa Benedicto XIII, a quien fue fiel mientras vivió. Cuando el rey Alfonso V de Aragón retiró su apoyo al cisma y se sometió a Martín V, consiguió que el antipapa Clemente VIII, sucesor de Benedicto XIII, renunciara. Para recompensarle, Martín V le nombró obispo de Valencia y Eugenio IV le nombró cardenal.

A la muerte de Nicolás V, fue elegido cuando los dos primeros cardenales que lo fueron, Capranica y Besarión, no aceptaron el nombramiento. Alonso Borgia fue consagrado Papa el 20 de agosto de 1455 y tomó el nombre de Calixto III.

Buscando controlar la invasión turca que, tras apoderarse de Constantinopla, amenazaba el oriente de Europa, envió misioneros a Inglaterra, Francia, Alemania, Hungría, Portugal y Aragón para que predicasen una cruzada, consiguiesen voluntarios para el ejército, recolectasen impuestos necesarios para su sustento e incitasen a los fieles a rezar por los cruzados, para lo que instituyó la costumbre de tañer las campanas de todas las iglesias al mediodía llamando a la oración en pro de la cruzada.

Pero los monarcas europeos estaban demasiado ocupados en sus luchas internas para hacer caso a la petición del Papa. Génova pareció obedecerle al reunir una flota contra los turcos, pero a la postre la mandó a luchar contra los aragoneses, y Portugal, que también lo había hecho, retiró la flota que había enviado al verse la única, junto a la húngara, en atender la petición del Papa. La victoria de los húngaros sobre los turcos, en Belgrado, anunciada por el Papa a toda Europa, solo le valieron mensajes de felicitación para él y los húngaros.

Cuando murió Alfonso V el Magnánimo, rey de Aragón, otra preocupación cayó sobre el pontífice, la de que había dejado el reino de Nápoles a su hijo Fernando I de Nápoles –Ferrante I, por otro nombre–, mientras dejaba a su hermano menor, Juan II, los reinos de Aragón y Sicilia. Como ello amenazaba el poder papal sobre Nápoles, Calixto III se negó a reconocer a Fernando como rey de Nápoles, y ello puso en su contra a la corona de Aragón, que le acusó de nepotismo e interés personal apoyándose en el hecho de que Calixto III había nombrado cardenales a dos sobrinos suyos y a un tercero gobernador del castillo de Sant'Angelo y duque de Spoleto, esperando que Nápoles quedara de ese modo bajo su dominio. Su nepotismo, real, sembró el germen de nuevas disputas en Roma con la incorporación de una nueva familia, los Borgia, dispuesta a disputar el poder a las familias romanas tradicionales.

Calixto III hizo revisar la condena de Juana de Arco y la declaró inocente, lo que le valió el favor de los franceses.

Murió el 6 de agosto de 1458.

Juana de Arco (1412-1431), la Doncella de Orleans, heroína nacional y santa patrona de Francia, dio un giro decisivo a la guerra de los Cien Años en favor de Francia. Cuando tenía trece años, creyó oír la voz de Dios y ver a San Miguel, Santa Catalina de Alejandría y Santa Margarita, cuyas voces la acompañaron el resto de su vida. En 1429, en plena guerra de los Cien Años, estando los ingleses a punto de capturar Orleans, esas voces exhortaron a Juana a ayudar al Delfín, que llegaría a ser el rey de Francia Carlos VII. Cuando un grupo de teólogos aprobó sus peticiones, se le concedieron tropas a las que condujo a una victoria decisiva sobre los ingleses y liberó Orleans. En 1430, Carlos VII se opuso a realizar una nueva campaña militar contra Inglaterra, por lo que Juana, sin su apoyo, dirigió una operación militar contra los ingleses en Compiègne, cerca de

París. Capturada por soldados borgoñones que la entregaron a sus aliados ingleses, fue conducida ante un tribunal eclesiástico en Ruán, que la juzgó de herejía y brujería; tras catorce meses de interrogatorio, acusada de maldad por vestir ropas masculinas y de herejía por su creencia de que era directamente responsable ante Dios y no ante la Iglesia católica, el tribunal la condenó a muerte. Conmutada su pena por la de cadena perpetua, volvió a vestir ropas de hombre, por lo que fue nuevamente condenada, esta vez por un tribunal secular, y enviada a la hoguera. Fue canonizada en 1920 por Benedicto XV.

210. Pío II (1458-1464)

Enea Silvio de Piccolomini ingresó en la Universidad de Siena, en la que fue un brillante estudiante pero se aficionó a la vida disoluta y animada de la ciudad. Después marchó a Florencia para estudiar a los clásicos y saciar su sed de conocimientos, y cuando había regresado a Siena para estudiar jurisprudencia, el obispo de Fermo le invitó a ir al Concilio de Basilea como su asistente. Allí se unió a quienes estaban contra Eugenio IV y trabajó con diversos prelados hasta que el cardenal Albergati lo tomó a su servicio y le envió al Congreso de Arras, que buscaba la paz entre Francia e Inglaterra, y más tarde a Escocia, donde enfermó de gota y engendró un hijo ilegítimo. A su regreso a Basilea fue maestro de ceremonias del cónclave que designó al antipapa Amadeo de Saboya, que tomó el nombre de Félix V.

Tras escribir, con éxito, algunos libros, el emperador Federico III le tomó a su servicio como poeta imperial. En Viena, fue secretario privado del emperador, para el que llevó a cabo importantes misiones diplomáticas. En una de ellas coincidió y se reconcilió con Eugenio IV y un año después, tras terminar con la liga de electores que apoyaba al Concilio de Basilea con peligro para Eugenio IV y para Federico III, fue a Roma al frente de una delegación que brindó al pontífice la sumisión de toda Alemania. En premio a ello, fue nombrado obispo de Trieste y, más tarde, arzobispo de Siena. Calixto III le nombró cardenal.

A la muerte de Calixto III, cuando parecía que el cónclave elegiría al cardenal francés de Rouen, Piccolomini consiguió cambiar los votos a su favor. Fue consagrado el 3 de septiembre de 1458 y tomó el nombre de Pío II.

La amenaza turca era mayor cada vez, por lo que intentó buscar ayuda para liberar Europa de estos, para lo cual hizo llamar a todos los monarcas europeos a un congreso en la ciudad de Mantua. Tras posponerlo varios meses, acudieron pocos mandatarios y, cuando se iniciaron las deliberaciones, se vio que los Estados cristianos no estaban dispuestos a olvidar sus rencillas para aliarse contra los turcos.

Para alentar la cruzada, desde el papado se hizo correr el rumor de que el sultán de Constantinopla estaba a punto de abandonar la fe musulmana y el pontífice le había enviado una carta invitándole a convertirse al cristianismo. De nada sirvió este rumor, como tampoco llevar a Roma la cabeza de San Andrés, ni que el propio Pío II decidiese dirigir él mismo las tropas cristianas. Para hacerlo, aunque gravemente enfermo, abandonó Roma y murió, poco después, en la ciudad de Ancona el 15 de agosto de 1464.

Al margen de estos infructuosos intentos, Pío II procuró lograr la reforma de la curia y, conocedor de unos abusos del clero, de los que él mismo había tomado parte en sus años jóvenes, quiso restaurar la vida monástica. Al margen de ello, supo defender la doctrina de la Iglesia contra los escritos de Reginald Pecock y encontrar tiempo para redactar sus memorias y una descripción de Asia y Europa.

Reginald Pecock fue un obispo y escritor inglés que fue acusado de herejía por anteponer las leyes naturales a las Escrituras, negar que Cristo descendió al infierno y restar autoridad a la Iglesia. Al ser amenazado por el Tribunal de la Inquisición con la hoguera, abjuró públicamente de sus creencias.

211. Pablo II (1464-1471)

Petro Barbo nació en Venecia y era sobrino de Eugenio IV. Entró en la carrera eclesiástica cuando su tío fue nombrado Papa y en ella fue ascendiendo: archidiácono de Bolonia, obispo de Cervia y Vicenza, y cardenal diácono.

A la muerte de Pío II se convirtió en su sucesor porque los cardenales estaban a disgusto con la política llevada a cabo por su predecesor y él, antes de su elección, juró que aboliría el nepotismo, que mejoraría la moral, seguiría con la guerra contra los turcos y celebraría un concilio ecuménico cada tres años. Consagrado el 16 de septiembre de 1464, fue modificando los términos de su promesa a lo largo de su pontificado y perdiendo con ello la confianza del Sacro Colegio.

En 1466 eliminó las oficinas papales que duplicaban servicios; cerró el colegio de compendiadores, encargado de redactar los documentos papales, con gran indignación de poetas y retóricos, y tomó medidas contra la Academia Romana, incluso haciendo encarcelar a quienes escribieron contra esa medida, como el poeta Platina, que le amenazó en un escrito por haberlo hecho.

Pablo II fue el Papa que introdujo las fiestas del carnaval, decretó la celebración de un jubileo cada veinticinco años, construyó el palacio de San Marcos, revisó los estatutos municipales de Roma, organizó la ayuda para los pobres, garantizó las pensiones de algunos cardenales, a quienes concedió el privilegio de llevar el birrete rojo, protegió el desarrollo de las universidades, animó el desarrollo de la imprenta y coleccionó libros de arte antiguo.

Tras la caída de Negroponto en 1470, se ocupó del problema turco, pero tampoco él consiguió unir a los monarcas cristianos para luchar contra esa amenaza.

Murió el 26 de julio de 1471.

> Platina fue un poeta y sátiro del Renacimiento italiano que, acusado de haber participado en una conspiración contra el Papa, fue apresado y torturado junto a otros acusados, como él, de tener puntos de vista paganos. Para vengarse, escribió *Vitae pontificum,* una biografía muy negativa de Pablo II.

212. Sixto IV (1471-1484)

Francesco della Rovere era hijo de una humilde familia y cuando era todavía un niño entró en un monasterio franciscano. Estudió filosofía y teología con gran éxito en la Universidad de Pavía y enseñó en diversas universidades. Tras ser nombrado procurador de su orden en Roma y provincial de Liguria, fue nombrado cardenal por Pablo II. El cónclave que se reunió tras la muerte de Pablo II le eligió Papa y ascendió a la silla de San Pedro, con el nombre de Sixto IV, el 25 de agosto de 1471.

Ya en el pontificado, se ocupó especialmente de los temas temporales, aunque con escaso éxito. Para continuar la guerra contra los turcos envió legados a Francia, España, Alemania, Hungría y Polonia, pero solo fue capaz de reunir una débil armada de mucha menor importancia que la que él se esforzó en hacer creer. Prosiguió la política de su predecesor con respecto a Francia, denunciando la voluntad del rey Luis XI de pretender que se mantuviese el consentimiento real antes de declarar válidos los decretos papales que se publicaran en su reino. Con respecto a la política italiana, cayó en el mismo nepotismo que muchos de sus predecesores, con el agravante de que, en 1478, un sobrino suyo, el cardenal Rafael Riario, asesinó a Giuliano de Médici y se adueñó de Florencia; cuando la ciudad se levantó ante el asesinato, Sixto IV puso la ciudad bajo un interdicto que duró dos años. La misma voluntad nepótica le hizo alentar a los venecianos a atacar Ferrara, con la esperanza de podérsela entregar a su sobrino Girolamo Riario.

Ese mismo año (1478) Sixto IV aprobó la puesta en marcha del Tribunal de la Inquisición en Sevilla (España), pese a que el rey Fernando de Aragón le amenazó con abandonarle en Sicilia si lo hacía.

Tres años antes, en 1475, proclamó el VII Jubileo, que prolongó hasta la Pascua de 1476, quizá para ampliar los beneficios económicos —más aún que los religiosos— que la visita de millares de peregrinos proporcionaba al papado. Gracias a su habilidad económica, la historia le recuerda por su mecenazgo de las artes y las letras; la construcción de la Capilla Sixtina, decorada por Miguel Ángel; la del puente sixtino sobre el Tíber; la reconstrucción y ampliación de la biblioteca vaticana, y sus esfuerzos por mejorar las condiciones de salubridad de Roma.

Murió el 12 de agosto de 1484.

La Capilla Sixtina, mandada construir por Sixto IV en 1473, ha alcanzado perenne fama universal por la colección de frescos que cubren sus paredes, entre los que destacan de forma especial los pintados por Miguel Ángel, pero entre los que se encuentran también trabajos de Sandro Botticelli —*Las pruebas de Moisés, El castigo de los rebeldes* y *La tentación de Cristo*—, Domenico Ghirlandaio —*Vocación de San Pedro y San Andrés*—, Perugino —*Cristo entregando las llaves a San Pedro* y otros—, Cosimo Rossell, Piero di Cosimo, Pinturicchio, etc. En 1505, Julio II encargó a Miguel Ángel la decoración de la bóveda y, desde 1508 a 1512, el genial artista florentino dejó en ella algunas de las más bellas imágenes de la historia del arte, como las nueve escenas del libro del Génesis. Más tarde, entre 1536 y 1541, Miguel Ángel realizó el fresco del Juicio Final que decora el lienzo mural situado tras el altar y en el que, a ambos lados de Cristo, se encuentran las almas que ascienden al cielo y los condenados que descienden al infierno. Pío V, una década más tarde, encargó a Daniele da Volterra cubrir las desnudeces en el original de Miguel Ángel y, entre 1573 y 1574, Mateo Pérez de Alesio pintó, por encargo del papa Gregorio XIII, los frescos que narran la historia de San Antonio.

213. Inocencio VIII (1484-1492)

Giovanni Battista Cibo era hijo de un senador romano, pasó su juventud en la corte napolitana y se educó en Padua y Roma. Después, entró al servicio del cardenal Calandrini, Pablo II le hizo obispo de Savona y Sixto IV le nombró cardenal atendiendo la recomendación de Giuliano della Rovere, que llegaría a ser Papa con el nombre de Julio II.

Tras la muerte de Sixto IV, el cardenal Cibo juró, como el resto de los cardenales presentes en el cónclave, una capitulación papal cuyo objetivo era salvaguardar los intereses personales de los electores y cuando la elección recayó en él, tomó el nombre de Inocencio VIII en su consagración papal el 12 de septiembre de 1484.

Como sus predecesores, intentó la paz entre los monarcas europeos, pero él mismo vio enturbiadas sus relaciones con Fernando I de Nápoles, y ello fue el principal obstáculo para la organización de una cruzada contra los turcos que, pese a ello, dejó tan vacía la tesorería papal que el pontífice tuvo que empeñar su tiara. Y es una pena que fuese así, porque las circunstancias eran muy favorables para atacar a los turcos, especialmente porque el príncipe Djem, que pretendía el trono turco, estaba prisionero en Roma y prometió cooperar en la guerra y en la retirada de los turcos en caso de que conquistara el trono. Como compensación, la caída del reino de Granada ante los monarcas españoles Isabel y Fernando lleno da satisfacción al Papa, quien otorgó a los reyes de España el título de «Católica majestad».

También intervino en Inglaterra para proclamar el derecho de Enrique VII y sus descendientes al trono inglés.

Preocupado por las herejías y la afición a la brujería que corrompían la fe de Cristo, convocó una cruzada contra los valdenses; envió teólogos a combatir la herejía husita en Bohemia; promovió la Inquisición española, designando a Tomás de Torquemada como gran inquisidor, y mandó inquisidores a Alemania para enfrentarse a la hechicería y la magia, en la que muchos consideran la primera «caza de brujas» del milenio. Recogiendo los principios que movieron esas luchas, dos frailes dominicos publicaron *Malleus Maleficarum*, obra que nunca fue reconocida oficialmente por la Iglesia católica pero sí muy utilizada por católicos y protestantes para el castigo y la extirpación de la brujería.

El despilfarro económico en lujos innecesarios y el incremento de la simonía –de la compraventa de los puestos eclesiásticos– caracterizaron su pontificado, junto al auge de las supercherías y las supersticiones, a las que combatió sin fortuna, marcan un período de crisis moral en el seno de la Iglesia durante el pontificado de Inocencio VIII.

Murió el 25 de julio de 1492.

Tomás de Torquemada (1420-1498) fue el primer inquisidor general de las coronas de Castilla y Aragón y convirtió a la Inquisición en un implacable órgano de persecución religiosa. Convencido de que los no católicos y los falsos conversos podían destruir a la Iglesia de Cristo y a la corona de sus reyes, utilizó cuantos resortes le brindaba la Inquisición para investigar y condenar a gran número de apóstatas y conversos –judíos, musulmanes y apóstatas–. Con el inquisidor general fueron condenadas en la Inquisición española más de dos mil personas y forzó a los Reyes Católicos a expulsar de España a los judíos poniendo ante ellos el ejemplo de Judas y su venta de Cristo.

214. Alejandro VI (1492-1503)

El español Rodrigo Borgia nació en Játiva (Valencia, España) y era miembro de la poderosa familia que se trasladó a Roma cuando su tío Alonso Borgia fue elegido Papa y tomó el nombre de Calixto III. Había estudiado leyes en Bolonia y, tras la elección de Calixto III, ascendió a obispo, cardenal y vice-canciller de la Iglesia. En este último puesto amasó tan enorme fortuna que se calculó la mayor de su tiempo y, como muchos otros prelados de la época, vivía tan dominado por las pasiones del poder y la lujuria que, en 1458, hubo de reprenderle pública y severamente Pío II. La más importante de sus numerosas amantes fue Vannozza Cataeni, con quien tuvo cuatro hijos –Juan, César, Lucrecia y Jofré– que tuvieron un papel protagonista en su pontificado.

Sospechoso de haber comprado los dos tercios de los votos necesarios en el cónclave que le designó Papa, su elección se consideró válida, pese a los indicios de simonía, y cuando fue entronizado el 26 de agosto de 1492 y tomó el nombre de Alejandro VI, fue aclamado por los romanos que veían en él a uno de sus césares.

No frenó en su afán de lucro y concupiscencia después de su ascensión al papado, e incluso el mismo año de su consagración tuvo una hija, Laura, y una de sus amantes compartía su lecho en el palacio papal. De las incontables orgías que llenaron sus días y las de los indignos cardenales y prelados que la compartieron, es famosa la que, en 1501, tuvo como acto central una carrera en la que cincuenta mujeres desnudas recogían castañas del suelo sin usar ni las manos ni la boca.

Como Papa, actuó con mano de hierro y acabó con la anarquía que reinaba en Roma, deteniendo y haciendo colgar a los culpables de las revueltas, y dividiendo la ciudad en cuatro distritos a cuyo frente puso un magistrado con poderes absolutos para manejar el orden y cortar la ola de crímenes que enlutaba la ciudad. En gesto de magnificencia, todos los martes permitía que los ciudadanos romanos expusiesen ante él las quejas que tuviesen y denunciasen las tropelías que asolaban la ciudad. Y restaurado el orden interno, mejoró la defensa de la ciudad, transformó el mausoleo de Adriano en una fortaleza y fortificó la torre de Nona para asegurar a la ciudad contra los ataques navales. Como patrón de las artes, erigió la Universidad de Roma, restauró el castillo de Sant'Angelo, construyó una monumental mansión para la cancillería apostólica, embelleció los palacios vaticanos, forzó a Miguel Ángel a dirigir la reconstrucción de la basílica de San Pedro y mandó decorar la bóveda de Santa María la Mayor con el primer oro traído de América por Colón.

Después de pecar de simonía, lo hizo de nepotismo: nombró arzobispo de Valencia a su hijo César, todavía adolescente; cardenal a su sobrino Giovanni, y procuró que su hijo Juan, duque de Gandía, se adueñara del reino de Nápoles, apropiándose de dos territorios que pertenecían a la familia Orsini, protegida por el rey Fernando de Nápoles. Para protegerse de él, Alejandro VI pidió ayuda a Carlos VIII, rey de Francia, quien invadió buena parte de Italia y se adueñó de Nápoles.

En la misma línea, cuando el rey de Nápoles murió, el Papa reconoció a Alfonso II, hijo de Fernando, como rey de los napolitanos a cambio de varios feudos para sus hijos, enfrentándose con ello a Carlos VIII, quien cruzó los Alpes y llegó a Roma con el apoyo de muchos italianos cansados de los excesos de Alejandro VI. Carlos VIII entró en Roma y cuando la resistencia napolitana se derrumbó –Alfonso huyó y su hijo Fernando II escapó también– el reino de

Nápoles cayó en poder de Carlos VIII. Una liga formada por el Papa, el emperador germano, Venecia, Ludovico el Moro y Fernando el Católico, con la excusa de luchar contra los turcos, expulsó a los franceses de Italia. El duque de Gandía desapareció y fue encontrado muerto al día siguiente, lo que deprimió tanto a Alejandro VI que se encerró en el castillo de Sant'Angelo y declaró que dedicaría el resto de su vida a la reforma de la Iglesia. No lo hizo, y por toda Europa corrió el rumor de que sería su único interés, pero no lo cumplió y pronto se difundió el rumor de que el asesinato del duque de Gandía había sido obra de su hermano.

A partir de ese momento, polarizando sus pasiones en la avaricia, el papa Alejandro VI acusó, encarceló y, en ocasiones, mandó asesinar a todo cardenal, noble u oficial que poseyese riquezas que él pudiese apetecer. Y la curia que le rodeaba no era mucho mejor: la simonía era práctica común y quienes se oponían a los Borgia eran castigados con la muerte. El pueblo comenzó a levantarse contra él y familias tan poderosas como los Colonna o los Orsini se aliaron en su contra. Para defenderse, Alejandro VI trató de fortalecer a su familia, anulando el matrimonio de Lucrecia con Sforza y casándola con un hijo natural de Alfonso II, y haciendo que César renunciase a su condición de cardenal para casarse con la princesa de Navarra y amistar así con la monarquía francesa.

Gracias al jubileo celebrado en Roma en 1500, las hordas de peregrinos que llegaron de toda Europa compraron tantas indulgencias que el papa Alejandro VI reunió el dinero suficiente para que su hijo César armase un ejército, al tiempo que ese mismo César mandaba asesinar al marido de su hermana Lucrecia para que quedase libre de contraer un nuevo y más provechoso matrimonio. Para reformar sus ingresos con el jubileo, Alejandro VI nombró nuevos cardenales a cambio de ciento veinte mil ducados, que empleó también en el ejército de César.

De vuelta a Roma, César fue nombrado duque de Romaña, y la armada francesa, tras su éxito en el norte de Italia, bajó al sur para apoyar la división del reino de Nápoles con España. Gracias a esa armada francesa, el Papa pudo reducir a los Colonna, dejando a su hija Lucrecia como regente de la Santa Sede durante su ausencia y, más tarde, obligando a Alfonso d'Este a casarse con ella, dando pie a una conspiración contra él por parte de los Orsini. Enterado, el Papa llamó al Vaticano al cardenal Orsini y, una vez allí, hizo que fuese encarcelado, confiscó sus bienes, arrestó a otros miembros de su familia y provocó su muerte.

Mientras tanto, la guerra entre Francia y España por la posesión de Nápoles continuaba, y Alejandro VI, dispuesto a aliarse con cualesquiera de los dos bandos, ofreció su ayuda a Francia con la condición de que entregara Sicilia a su hijo César, e hizo otro tanto con España a cambio de Siena, Pisa y Bolonia.

Cuando César preparaba otra expedición militar al centro de Italia, él y su padre —el papa Alejandro VI— cayeron enfermos; no se ha dilucidado si a causa del veneno o de la malaria, frecuente en Roma en aquella época. De ello no se recuperó Alejandro VI, que murió, a los setenta y dos años de edad, el 18 de agosto de 1503. Su hijo César, enfermo también, nada pudo hacer para enderezar los negocios de su padre. Cuando el cuerpo del Papa fue expuesto al pueblo a la mañana siguiente, el alto grado de descomposición que sufría fortaleció en todos la sospecha del envenenamiento.

Lucrecia Borgia (1480-1519) era hija de Alejandro VI y hermana de César Borgia. A los trece años se casó con Giovanni Sforza. Anulado este matrimonio, se casó con un hijo natural del rey de Nápoles, Alfonso, quien fue asesinado en 1500 por su propio guardaespaldas comprado por César. Un año más tarde, Lucrecia se convirtió en la esposa de Alfonso I, duque d'Este, heredero del ducado de Ferrara.

César Borgia (1476-1507), hijo de Alejandro VI, fue nombrado cardenal por su padre cuando tenía dieciocho años. Famoso por sus costumbres licenciosas y su temperamento violento, fue sospechoso de complicidad en el asesinato de su hermano Juan, duque de Benevento y de Gandía. Enviado a Francia como legado papal, tramitó la anulación del primer matrimonio de Luis XII, quien le recompensó con el ducado de Valentinois. En 1499, tras renunciar al cardenalato, se casó con una hermana de Juan III d'Albret, rey de Navarra, y acompañó a Luis XII a Italia, donde emprendió con éxito la conquista de la región de Romaña para la Santa Sede.

Tras la muerte de Alejandro VI, los enemigos de César tomaron por la fuerza sus dominios en Italia Central y el papa Julio II, enemigo de los Borgia, le arrebató el resto de sus posesiones, aunque le permitió ir a Nápoles, que entonces pertenecía a España. Allí, acusado de actividades conspiradoras, César fue detenido por Gonzalo Fernández de Córdova y, llevado a España, encarcelado en los castillos de Medina del Campo (castillo de la Mota) y de Chinchilla, de donde consiguió escapar a Navarra. Murió en combate, en Viana (Navarra), luchando contra Castilla.

215. Pío III (1503)

Francisco Todeschin Piccolomini era sobrino de Pío II. Estudió leyes en Perugia y, tras doctorarse siendo canónigo, fue nombrado arzobispo de Siena y luego cardenal diácono de San Eustaquio por su tío. Durante los pontificados de Sixto IV y de Alejandro VI se mantuvo alejado de Roma.

Tras la muerte de Alejandro VI, los tres principales candidatos eran los cardenales d'Amboise, Rovere y Sforza, pero al no ponerse de acuerdo los cardenales en elegir a uno de ellos, finalmente se decidieron por Piccolomini, quien fue elegido el 22 de septiembre de 1503 cuando contaba sesenta y cuatro años de edad, sufría de gota y se le veía prematuramente envejecido. En honor a su tío, tomó el nombre de Pío III y fue coronado el 8 de octubre, tras ser ordenado sacerdote y consagrado obispo.

Apenas elevado al papado, inició la reforma de la Iglesia y, dando ejemplo de ello, hizo encarcelar a César Borgia por sus públicos excesos y pecados. Desafortunadamente, tras un pontificado muy breve, ya que se le ulceró una pierna, murió el 18 de octubre —aunque algunos sostienen que fue envenado por Pandolfo Petrucci, gobernador de Siena—. Fue enterrado en San Pedro y posteriormente sus restos fueron trasladados a Santa Andrea del Valle, donde descansan al lado de los de su tío Pío II.

Pandolfo Petrucci (1452-1512) fue un comerciante y político italiano que se adueñó de Siena aprovechándose de las luchas entre las diversas facciones en Siena y de su matrimonio con la hija de uno de los hombres más poderosos de la ciudad. Su gobierno fue absolutista y tiránico, pero embelleció Siena, terminó con la venta de oficios públicos, aseguró la economía de la ciudad, reformó el sistema monetario y protegió las artes y las letras. Fue implicado en un complot contra César Borgia y se sospecha que en otro contra Pío III.

216. Julio II (1503-1513)

Giuliano della Rovere se hizo monje franciscano y fue educado en Perugia. Comenzó su carrera pública cuando fue nombrado Papa un tío suyo, Sixto IV, quien le hizo obispo y cardenal, al tiempo que le otorgaba, entre otros privilegios, el arzobispado de Aviñón y otros ocho obispados. Ganó prestigio entre los otros cardenales cuando el Papa le envió como legado suyo a Francia.

Pretendió ser elegido Papa tras la muerte de Inocencio VIII, pero fue desestimado por el gran poder que tuvo durante el pontificado de Inocencio VIII y por su manifiesta simpatía por Francia; por eso, al ser elegido Alejandro VI, siendo como era manifiesta su aversión a la familia Borgia, temió por su seguridad, abandonó Roma y fue a Francia a procurar fuerzas e influencias para deponer al pontífice, aunque nada logró porque el rey y el Papa firmaron la paz.

Tras la muerte de Alejandro VI, regresó a Roma y tomó parte en la elección papal. Era de nuevo un candidato fuerte, pero fue elegido Piccolomini –Pío III–, que murió un mes después. Mejoraron entonces sus posibilidades de ser elegido Papa, sobre todo cuando hizo grandes promesas a los cardenales y buscó el apoyo de los Borgia. Elegido en el cónclave, tomó el nombre de Julio II cuando fue coronado el 26 de noviembre de 1503.

Había prometido a los cardenales continuar la guerra contra los turcos, restaurar la disciplina eclesiástica, convocar un concilio ecuménico y que ninguna guerra se iniciaría sin el consentimiento de dos tercios de los cardenales, quienes también fijarían, con el Papa, el lugar del concilio. No estaba dispuesto a cumplir sus promesas e incluso, una vez electo, dio normas muy estrictas para que en el futuro se castigara severamente la simonía en cualquier tipo de elecciones.

Era buen militar y dedicó su pontificado a fortalecer su poder en los Estados Pontificios y a liberar Italia del dominio extranjero: recuperó para el papado algunos territorios de la Romaña de los que se había apoderado Venecia, formando con el emperador germano Maximiliano I y Luis XII de Francia la Liga de Cambrai para ello; logró devolver al papado las ciudades de Perugia y Bolonia, de las que se habían apoderado los Baglioni y los Bentivogli, respectivamente, y logró plena libertad para navegar por el Adriático a las fuerzas o naves del papado.

Dueño ya de todos los Estados Pontificios, Julio II deseó tener Italia libre del poder extranjero, especialmente del francés, pero sus esfuerzos para lograr el apoyo del emperador Maximiliano, Enrique VIII de Inglaterra y Fernando el Católico de España resultaron inútiles, aunque logró el apoyo de suizos y venecianos. Con ellos inició el enfrentamiento excomulgando al duque Alfonso de Ferrara, que apoyaba a Francia. En 1510, Luis XII de Francia convocó un sínodo de obispos franceses en Tours y en él se decretó que el pontífice no tenía derecho de hacer la guerra a un monarca extranjero y que, caso de que lo hiciera, el monarca tendría derecho a invadir los Estados Pontificios, al tiempo que amenazaba al Papa con la celebración de un concilio ecuménico contra él. Julio II asumió el mando de su ejército con el que marchó al norte de Italia. En Bolonia, enfermó gravemente y sin la oportuna ayuda de los venecianos hubiera sido capturado por los franceses.

Mientras tanto, molestos con la política antifrancesa del pontífice, cinco cardenales convocaron un concilio en Pisa, en 1511, apoyados por el rey francés y durante algún tiempo por el emperador Maximiliano. El Papa solicitó ayuda a España, Venecia e Inglaterra frente a este concilio cismático, pero antes de completar las negociaciones de paz cayó de nuevo gravemente enfermo. Cuando se recuperó, llamó de nuevo a la Santa Liga, que en principio incluía tan solo el papado, Venecia y España, pero Inglaterra, Alemania y Suiza se les unieron pronto. Los franceses fueron derrotados, en Rávena, en 1512: Bolonia se sometió nuevamente a Julio II y Parma, Regio y Piacenza se sumaron a los Estados Pontificios. Enfermo nuevamente, el papa Julio II murió el 21 de febrero de 1513.

Pese a ser ante todo militar, no olvidó sus deberes espirituales: atacó el nepotismo, en el que nunca cayó; escuchaba misa diariamente y la celebraba en ocasiones; publicó un decreto muy estricto contra la simonía y otro contra los duelos; erigió las primeras diócesis en los territorios americanos de La Española, Santo Domingo y Puerto Rico; condenó la herejía de Pireo de Lucca sobre la encarnación; realizó reformas importantes en la vida monástica; creó la capilla Julia, una escuela para el canto eclesiástico que aún perdura, y convocó el V Concilio de Letrán para erradicar los abusos de la Iglesia, especialmente los de la curia romana, y para frustrar los designios cismáticos de los cardenales que habían convocado, sin éxito, un concilio en Pisa y luego en Milán.

Fue, sin duda, el mayor mecenas del Renacimiento italiano: Bramante, Rafael y Miguel Ángel dieron al mundo algunas de sus más importantes obras maestras durante su pontificado; puso la primera piedra en la construcción de la basílica de San Pedro, en 1506, y concibió la idea de unir el Vaticano con el palacio Belvedere, encargando a Bramante el proyecto. Los famosos frescos de Miguel Ángel, en la Capilla Sixtina, y de Rafael, en la Stanza, se deben a él, así como la corte de San Dámaso con sus miradores, la vía Julia, la vía della Lungara, la colosal estatua de Moisés que adorna el mausoleo de Julio II en la Iglesia de San Pedro, en Vincoli, y muchos otros monumentos romanos.

El V Concilio de Letrán fue convocado por Julio II en 1512 y continuó y concluyó durante el pontificado de León X. Prohibió la impresión de libros que no recibieran previa autorización eclesiástica y aprobó el concordato entre León X y el rey de Francia, Francisco I, quien abolió los privilegios de la Iglesia francesa.

Donato Bramante (1444-1514) fue el arquitecto italiano más influyente, junto con Rafael, del Alto Renacimiento. Al perder el poder el duque Ludovico Sforza, huyó a Roma, donde trabajó casi en exclusiva a las órdenes de Julio II. Comenzó la reconstrucción de la basílica de San Pedro y el plan para los palacios del Vaticano. El proyecto para la basílica de San Pedro consistía en un gran templo centralizado de planta cuadrada, cubierto por una monumental cúpula central, inspirada en el panteón de Agripa; cuatro cúpulas subsidiarias, y cuatro torres en las esquinas. Sin embargo, después de la muerte del papa Julio II en 1513 y las sucesivas intervenciones de otros autores, el proyecto que definitivamente se acometió fue el de Miguel Ángel.

217. León X (1513-1521)

Giovanni de Médici, hijo de Lorenzo el Magnífico y de Clarice Orsini, fue destinado a la Iglesia desde niño: a los ocho años ya había recibido las órdenes menores y a los trece fue nombrado cardenal. Tras unos años estudiando con los más importantes humanistas de su tiempo, se trasladó a Roma, pero al poco tiempo su padre falleció; en Italia se abrió un largo período de invasiones extranjeras y contiendas internas, y con la llegada de los franceses los Médici se vieron obligados a refugiarse en Florencia. Giovanni regresó a Roma para la elección como papa de Alejandro VI, pero tuvo que volver a huir. Cuando Julio II enfermó gravemente, el cardenal Médici era delegado en Bolonia y Romaña y abrigaba la esperanza de que su familia pudiera de nuevo gobernar Florencia: los florentinos habían tomado parte por los cardenales cismáticos de Pisa y Julio II apoyó a los Médici para que retomaran el poder en Florencia.

Cuando Julio II murió, el cardenal Giovanni de Médici, que tenía treinta y ocho años, fue elegido Papa. En el cónclave se aplicaron las duras medidas instituidas por Julio II contra la simonía y el cardenal de Médici fue elegido sin compra de votos. Fue coronado el 19 de marzo de 1513 y, al parecer, dijo: «Disfrutemos del papado, puesto que Dios nos lo ha otorgado».

Lo hizo, sumiéndose en la diversión, especialmente en la música, el teatro, el arte y la poesía: llevó a su corte a los músicos más distinguidos; el palacio papal se convirtió en teatro, donde se escenificaban obras de muy dudosa reputación; convirtió Roma en el centro literario mundial, y derrochó regalos, favores, posiciones y títulos entre poetas, letrados, bufones y sátiros. Ordenó una edición crítica de los trabajos de Dante, fue un cuidadoso coleccionista de manuscritos y trabajos artísticos, alentó la pintura y durante su pontificado Rafael y Miguel Ángel hicieron sus mejores obras –la bóveda de la Capilla Sixtina, entre otras–, ya que lo mejor de León X fueron las numerosas obras de arte que se realizaron gracias a su mecenazgo, pues política y eclesiásticamente fue un Papa desastroso.

Pese a ello, dedicó mucho dinero a obras de caridad: liberó soldados prisioneros, becó a estudiantes pobres y atendió a los peregrinos, exiliados, lisiados, ciegos y enfermos, a los que entregaba más de seis mil ducados anuales.

Su caridad y su amor a las artes hicieron que el tesoro acumulado por Julio II fuera dilapidado en dos años. En la primavera de 1515 las arcas del Vaticano estaban vacías. León X empleó métodos más que dudosos para conseguir dinero que engrosaran las arcas: creó oficinas y dignidades, y los jubileos y las indulgencias fueron degradados a transacciones monetarias. Los gastos corrientes del papado, que con Julio II eran de cuarenta y ocho mil ducados anuales, se elevaron al doble con León X, quien gastó cerca de cuatro millones y medio de ducados durante su mandato, lo que dejó a la Iglesia con una deuda de cuatrocientos mil. Un satírico escribió a su muerte: «León X ha consumido tres pontificados: el tesoro de Julio II, los ingresos de su reino y los de sus sucesores».

Aunque León X no las concedió importancia, continuaron en Italia las mismas luchas que bajo Julio II. León X quiso resolver el problema aliándose con todos, con lo que no obtuvo sino la desconfianza de todos. Firmó la paz con Francia, pero a un alto precio para la Iglesia, y a un precio que no contentó a nadie: ni al Parlamento francés ni al clero.

Tras la paz, Francia se sumó a las deliberaciones del Concilio de Letrán, en el que se tomaron medidas contra las enseñanzas de Pompanazzi, que negaba la inmortalidad del alma; se promulgó una bula, que nunca se cumplió, sobre las necesarias reformas de la curia y de la Iglesia, especialmente sobre la vida de los cardenales, clérigos y los fieles; se decretó como obligatoria la enseñanza religiosa de los niños, y se condenaron duramente la simonía y la blasfemia. Lamentablemente, la reforma solo quedó en el papel y fue el propio León X quien menos escrúpulos tuvo para falsear e incluso romper los decretos del concilio. La compraventa de beneficios e indulgencias continuó siendo de uso corriente durante el pontificado de León X, que nombró treinta y un nuevos cardenales para que le ayudaran a llenar sus arcas y le garantizaran la sumisión del Sagrado Colegio.

El escándalo de sus decisiones se extendía por toda Europa, pero fue en Alemania donde estalló: el Papa vendió a Alberto de Branderburgo, arzobispo de Magdeburgo, beneficios por diez mil ducados que debía pagar a Roma, pero lo autorizó, para recaudarlos, a predicar una indulgencia plenaria para cuantos contribuyeran económicamente a la edificación de la nueva basílica de San Pedro y a quedarse con la mitad de los recursos obtenidos. Ni Papa ni arzobispo pudieron probar el buen uso dado al dinero recaudado y León X nunca quiso reconocer la gravedad de la situación planteada ni la verdadera causa de las revueltas que se levantaron contra ese modo de proceder. Preocupado en la tarea de embellecer Roma y en su propio placer artístico, León X apenas tomó medidas para atajar la revuelta iniciada por Martín Lutero contra la venta de indulgencias y los impuestos eclesiásticos. Se limitó a excomulgar a Martín Lutero y poco después, enfermo de malaria, murió el 1 de diciembre de 1521.

Martín Lutero (1483-1546) fue un teólogo y reformador religioso alemán que inició la reforma protestante, aunque la influencia de sus teorías y doctrinas se extendió no solo a la religión, sino también a la política, la economía, la educación, la filosofía, el lenguaje, la música y otros aspectos de la vida humana.

El 31 de octubre de 1517, en la iglesia de Todos los Santos, de Wittenberg, Lutero se convirtió en una discutida figura pública al exponer en el pórtico sus noventa y cinco tesis contra la venta de indulgencias para la construcción de la basílica de San Pedro en Roma.

---

218. Adriano VI (1522-1523)

Adriano Guicciardini era de origen holandés y fue llamado en Roma el «pontífice bárbaro». Perdió a su padre cuando era muy joven y logró estudiar gracias a los esfuerzos de su madre. Estudió filosofía, teología y jurisprudencia en la Universidad de Lovaina y fue un famoso profesor, llegando a ser doctor en teología, decano y vicecanciller de la universidad. En 1506 fue nombrado tutor del nieto del emperador Maximiliano I, el futuro Carlos V de Alemania y I de España, cuando este tenía seis años. Viajó a España para hacer valer los derechos sucesorios de su pupilo ante su otro abuelo, Fernando el Católico, más partidario de su otro nieto, Fernando, que sería emperador de Alemania con el nombre de Fernando I, en el año 1558.

Tras la muerte de Fernando el Católico, Adriano representó a Carlos ante el cardenal Cisneros, regente y gobernador de los territorios hispánicos, y cuando Carlos I fue nuevo soberano, Adriano fue nombrado obispo de Tortosa e inquisidor general de la corona de Aragón y del reino de Navarra. Un año después obtuvo el capelo cardenalicio y Carlos I le convirtió en inquisidor general de la corona de Castilla. Cuando, tras la muerte de Maximiliano I, Carlos I tuvo que abandonar España para ser coronado emperador Carlos V en Alemania, Adriano fue regente de Castilla en su ausencia, durante la que hizo frente a la «revuelta de las comunidades».

Por sus obligaciones en España, no pudo asistir al cónclave que en enero de 1522 debía elegir sucesor a León X, pero fue elegido Papa por unanimidad y coronado en San Pedro el 31 de agosto de 1522, cuando contaba sesenta y tres años de edad.

Apenas entronizado, comenzó un trabajo muy difícil para un Papa que nunca había ido a Italia y que era considerado por los romanos como un bárbaro: reformar la curia, extirpar los abusos, eliminar la corrupción de la corte, conseguir que los monarcas cristianos mantuviesen la paz entre ellos, contener las revueltas en Alemania y salvar a la cristiandad de los turcos que amenazaban Hungría.

Carlos V se alegró de su elección, pero pronto se dio cuenta de que el nuevo pontífice estaba resuelto a gobernar con imparcialidad; por el contrario, el rey Francisco I de Francia, que había supuesto a Adriano VI un peón del emperador, tuvo que reconocer su error, dar su aprobación a la elección y enviar una embajada ante el nuevo pontífice.

León X había dejado la Iglesia en bancarrota. Los esfuerzos de Adriano VI por economizar en los gastos le hicieron ganar fama de tacaño en la curia, acostumbrada a los excesos del anterior Papa, y frente a aquel amante de las artes los italianos veían en el nuevo Papa un profesor extranjero, ciego a la belleza clásica y que no estimaba a los artistas.

Falló en su intento de pacificar a los monarcas europeos para que se uniesen en una lucha contra los turcos, que amenazaban Hungría. Él mismo tuvo que aliarse con el imperio germano, Inglaterra y Venecia contra Francia, mientras el sultán Suleimán I conquistaba Rodas.

Falló también al no dar la importancia debida a la revuelta protestante en Alemania: en la dieta de Núremberg, su representante, Chieregati, tenía orden de reconocer que el desorden general existente en la Iglesia se debía a la propia curia, por quien debía comenzarse la reforma, pero el Papa se negó a realizar cambios doctrinales y pidió que Lutero fuera castigado por hereje.

Un escrito suyo ha llamado poderosamente la atención de los estudiosos al afirmar que «... el Papa podía equivocarse en materia de fe». Para los católicos, el Papa es infalible cuando habla ex cátedra, pero algunos teólogos argumentan que el concepto «ex cátedra» fue creado en el siglo XIX.

Tuvo un pontificado demasiado corto para que su empuje, preparación y proyectos dieran resultados apreciables. Murió el 14 de septiembre de 1523.

La «revuelta de las comunidades» tuvo lugar entre 1520 y 1521 en algunas ciudades de la corona de Castilla. Se articuló en torno a una serie de reivindicaciones tendentes a reforzar el papel político del reino, representado por las Cortes, ante la fuerza creciente del rey Carlos V. Fue aplastada por las tropas reales que afianzaron el poder real, pero algunos historiadores la sitúan en el arranque de la decadencia española y la señalan como la primera revolución acaecida en el mundo moderno.

---

219. Clemente VII (1523-1534)

Julio de Médici nació pocos meses después del asesinato de su padre, Juliano, en Florencia, durante los disturbios que siguieron a la conspiración de Pazzi; aunque sus padres no estaban casados y fue declarado hijo legítimo. Educado por su tío Lorenzo el Magnífico, fue nombrado caballero de Rodas y gran prior de Capua; tras la elección papal de León X, su primo, fue nombrado cardenal y tuvo una enorme influencia en la curia, en la que era considerado mano derecha del Papa en los asuntos políticos. Tras la muerte de Adriano VI, el cardenal de Médici fue elegido Papa y su elección fue aclamada en toda Roma, pese a que el nuevo pontífice tenía que enfrentarse a complejos problemas políticos y religiosos y no parecía el hombre apropiado para ello.

Cuando Clemente VII fue coronado el 26 de noviembre de 1523, Francisco I de Francia y el emperador Carlos V estaban en guerra. El último había apoyado la candidatura de Clemente VII y se manifestaba amigo de los Médici, pero antes de un año el nuevo Papa firmó un tratado con Francia. En respuesta, los aliados italianos de Carlos V, dirigidos por la familia Colonna, enemigos tradicionales de los Médici, tomaron Roma con los tercios españoles y mercenarios alemanes, en el que se conoce como «saco de Roma»: veinticinco mil hombres, bajo el mando del condestable Carlos III de Borbón, se amotinaron por la falta de pago y se dirigieron a Roma, en marzo de 1527, exigiendo al Papa que pagase trescientos mil ducados para evitar el saqueo. Ante la negativa papal, el 6 de mayo se produjo el asalto. Clemente VII se refugió en el castillo de Sant'Angelo, donde permaneció siete meses, pidiendo ayuda a la Liga de Cognac, pero sus aliados no respondieron a su llamamiento: el Papa necesitaba el apoyo de Carlos V para hacer frente a los luteranos en Alemania y reinstalar a los Médici en Florencia, al tiempo que Francia amenazaba el reino de Nápoles. Clemente VII se decidió por el emperador, firmó en Roma un tratado que le favorecía y coronó a Carlos V en Bolonia.

Mientras tanto, el rey Enrique VIII de Inglaterra quiso divorciarse de Catalina de Aragón porque no le daba un heredero varón y estaba enamorado de Ana Bolena, joven y bella dama de la reina. El emperador Carlos V, sobrino de Catalina, se opuso al divorcio y Clemente VII, prisionero de Carlos V, no podía anular el matrimonio sin disgustar a este. Perdida la esperanza de una anulación papal, Enrique destituyó al enviado papal y nombró en su lugar a Santo Tomás Moro; pero tampoco este aceptó la nulidad. Enrique VIII rompió, uno a uno, todos sus lazos con el papado y se convirtió en jefe de la Iglesia inglesa en 1532.

El mecenazgo de Clemente VII, que murió el 15 de septiembre de 1534, se vio entorpecido por el «saco de Roma» y otros problemas de su pontificado, pero continuó apoyando a Rafael y a Miguel Ángel, como demuestran los frescos del *Juicio Final* en la Capilla Sixtina, pintados por Miguel Ángel en aquel período.

Enrique VIII contrajo matrimonio con seis mujeres diferentes: Catalina de Aragón, Ana Bolena, Juana Seymour, Ana de Clèves, Catalina Howard y Catalina Parr.

Catalina de Aragón se casó con Enrique VIII tras enviudar del hermano de este. Tuvo seis hijos con el monarca, de los que solo sobrevivió María, que sería reina de Inglaterra.

Cuando Enrique VIII se divorció de Catalina y se casó con Ana Bolena, fue excomulgado por Clemente VII, pero la Iglesia anglicana reconoció al monarca inglés como su jefe supremo, separándose en 1532 de la obediencia al papado. Ana Bolena se casó ya embarazada de la futura reina Isabel I.

Tras la reforma luterana (1534-1591)

Entorno histórico

Este período se inicia con la conquista de Túnez por Carlos V en septiembre de 1535, el mismo año en el que el rey de España crea el virreinato de Nueva España y ordena la creación de las casas de la moneda de México, Lima y Santa Fe de Bogotá.

Dos años más tarde, el papa Pablo III promulga una bula declarando que los indios americanos son verdaderos hombres, dotados de alma y aptos, por ello, para disponer de sus bienes y personas. Y al año siguiente, en marzo de 1538, entra en funcionamiento la primera imprenta instalada en el Nuevo Mundo.

En 1540 se produce el hecho que da origen a buena parte del odio albergado en los Países Bajos contra España: Carlos V exige a los regidores de la corporación de Gante que le pidan perdón con una cuerda al cuello y hace ejecutar a una veintena de ellos, al tiempo que priva a la ciudad de todos sus privilegios.

Al año siguiente (1542) los portugueses llegan a Japón, al tiempo en que el papa Pablo III crea el Santo Oficio, en el que seis cardenales constituyen una especie de Tribunal Supremo de la Inquisición. Siete años más tarde, el jesuita español San Francisco Javier comienza en aquellas islas su predicación del mensaje evangélico, tres años antes de su muerte en la isla de Shangchuan, al sur de Cantón.

En 1547, Iván IV el Terrible se hace coronar zar de todas las Rusias siguiendo el modelo bizantino.

Son años en los que el imperio español conquista y se asienta en las tierras americanas y oceánicas: Pedro de Valdivia, lugarteniente de Francisco Pizarro, llega a Chile y allí muere años después; Orellana recorre el Amazonas; Martínez de Irala avanza hacia el Alto Perú; López de Aguirre vive su locura equinoccial, la caída del último inca; las pestes procedentes de Europa diezman la población de América, y se funda Buenos Aires.

Años en que fallece el astrónomo polaco Nicolás Copérnico, autor de la revolucionaria teoría heliocéntrica que hace girar a la Tierra en torno al Sol.

Años en que se convoca y celebra el Concilio de Trento, el XIX de los Ecuménicos; Santa Teresa de Jesús escribe sus maravillosas obras y realiza sus fundaciones; San Juan de la Cruz escribe su *Cántico Espiritual*, y fray Luis de León da lecciones de paciencia y bien escribir.

Años en que España, tras retirarse a Yuste el emperador Carlos V dejando endeudada a la corona, suspende pagos y Felipe II declara la quiebra estatal, pero hace construir el monasterio del Escorial, mientras el pirata inglés Francis Drake aborda los galeones españoles y ataca la ciudad de Cádiz, y se produce el desastre de la Armada Invencible.

Años en que el médico y teólogo español Miguel Server, descubridor de la circulación pulmonar de la sangre, muere en la hoguera acusado de herejía por Calvino. En noviembre de 1541 Juan Calvino, creador del calvinismo, había dictado en Ginebra una ordenanza eclesiástica, con la autorización del consejo municipal, que imponía una disciplina religiosa estricta y la implantación por la fuerza de las buenas costumbres.

Años en que se produce en Francia la terrible matanza de los hugonotes. Y María Estuardo, la que fuera reina de Escocia, sube el patíbulo.

Años en que se inicia la contrarreforma; el papa Pío IV promulga el *Índice de libros prohibidos;* los Países Bajos se muestran partidarios del calvinismo, y un protestantismo de corte calvinista termina por convertirse en la religión oficial de Escocia.

Años en que el viejo calendario juliano se reforma para llegar al actual –gregoriano– y un óptico holandés descubre los principios que van a hacer posible el microscopio.

Tras la reforma luterana

La Iglesia, urgente y gravemente necesitada de reforma, la ha recibido de la manera que más daño podía causarle: el cisma protestante y los que, como el calvinismo, se derivan de él. Los papas de este período toman conciencia de ello y, dentro de la limitación de sus –por lo general– breves pontificados, y la incapacidad de una curia que arrastra vicios de siglos, hacen cuanto está en su mano, que no es mucho. Sobre todo porque, perdida buena parte de su poder, viven sometidos a la amenaza turca, por una parte, y a las luchas y diferencias de los monarcas católicos, por otra. España y Francia luchan por el poder, e Italia, e incluso la propia Roma, es muchas veces el terreno que eligen para dirimir sus disputas; mientras la reforma luterana va conquistando reyes y príncipes, e Inglaterra vive entre los lujuriosos caprichos de Enrique VIII y el furor religioso de María I Tudor, la Sanguinaria.

Son papas, buenos papas, nepotismo aparte, que anticipan, tras la caída del imperio temporal que se hará patente en el período siguiente, nuevas etapas de dignidad y santidad para el papado, de magisterio espiritual y de entrega al apostolado.

Los papas del período

220. Pablo III (1534-1549)

Alejandro Farnesio pertenecía a una familia que poseía los terrenos que rodeaban al lago de Bolsena. Estudió en Roma y Florencia y se convirtió en protonotario de la curia durante el pontificado de Inocencio VIII. Alejandro VI le nombró cardenal, y Clemente VII obispo cardenal de Ostia y decano del Sagrado Colegio. Durante su larga vida pública acumuló innumerables beneficios y dedicó buena parte de sus ingresos a las artes, como muestra la construcción en Roma del palacio Farnesio. Era un diplomático nato, que mantuvo puestos importantes en la curia bajo pontífices tan distintos como los Borgia, Della Rovere y Médici. Aunque fue un destacado candidato al trono papal en varios cónclaves, no fue elegido hasta que, de edad avanzada ya, fue designado sucesor de Clemente VII y coronado el 3 de noviembre de 1534 con el nombre de Pablo III.

Desde sus primeras designaciones cardenalicias se vio claro que el nepotismo caracterizaría también este pontificado, ya que nombró cardenales a Alejandro Farnesio, de catorce años, y Guido Ascanio Sforza, de dieciséis, sin más méritos que el de ser familiares y pese a las protestas del emperador Carlos V. Entre los cardenales que nombró posteriormente se encontraban Gasparo Contarini,

Sadoleto, Pole y Giovanni Pietro Caraffa, que llegaría al papado bajo el nombre de Pablo IV.

Dispuesto a mejorar la situación de la Iglesia, tras su coronación convocó un concilio ecuménico en la ciudad de Mantua para 1536, iniciando así la contrarreforma. Los príncipes alemanes que se habían unido a la reforma luterana se negaron a enviar representantes a un concilio que se celebrase en Italia, y el duque de Mantua se negó a asumir la responsabilidad de mantener el orden en su ciudad durante la celebración del mismo, lo que frustró el primer intento que hizo el mismo Pablo III para terminar con las diferencias en el seno de la Iglesia.

Llevó a cabo un segundo intento en 1537, invitando a nueve eminentes prelados para que formasen un comité que estudiara las modificaciones necesarias para la reforma de la Iglesia, y que un año más tarde comunicaron el resultado de sus estudios en el *Concilium de emendenda ecclesia*, en el que se recogían los abusos existentes en la curia, en la administración de la Iglesia y en el rito público, y propusieron medidas para abolir tan perniciosas conductas. Cuando este informe fue dado a conocer en Alemania, los protestantes se mofaron del mismo, e incluso Martín Lutero editó un documento en el que mostraba a los cardenales —como nuevos Hércules— limpiando los establos de la Iglesia romana.

El pontífice, pese a ello, convocó un nuevo concilio ecuménico en Vicenza para 1538, pero la renovada enemistad entre Carlos V y Francisco I lo hacía imposible, pese a que Pablo III les convenció para que firmaran, en Niza, un tratado de paz por diez años en el que pudieran salvar a la Iglesia de la amenaza protestante y pactó los matrimonios de familiares suyos con un hijo de Francisco I y una hija, Margarita, de Carlos V. El emperador tardó varios años en comprender que catolicismo y protestantismo eran tan opuestos que la reconciliación era muy difícil de conseguir a nivel religioso, y Francisco I nunca dejó de temer al inmenso poder de su primo el emperador.

Mientras tanto, Pablo III procuró la reforma de la curia con tanto interés que allanó el camino a los posteriores cánones disciplinarios del Concilio de Trento, nombrando comisiones para denunciar todo tipo de abusos y reformando la cámara apostólica, el Tribunal de la Rota, la penitenciaría y la chancillería. Alguna de sus iniciativas más importantes fue la de incorporar al Colegio Cardenalicio reformadores como Gasparo Contarini y Reginaldo Pole, o la de impulsar nuevas órdenes religiosas, como los teatinos, los capuchinos, las ursulinas y, sobre todo, los jesuitas —un grupo, dirigido por San Ignacio de Loyola, formado por hombres muy instruidos que se dedicaron a renovar la piedad por medio de la predicación, la instrucción catecumenal y el uso de los ejercicios espirituales.

Fallados sus primeros intentos de celebrar un concilio ecuménico, Pablo III convocó otro a celebrar en Trento en 1545, para que en él se tratasen las cuestiones doctrinales y disciplinarias suscitadas por los protestantes.

Los protestantes se negaban a participar en un concilio presidido por el Papa, a quien negaban autoridad sobre ellos, por lo que Carlos V se propuso obligarles por la fuerza, y Pablo III prometió ayudarle con trescientos mil ducados y veinte mil soldados, pero exigiendo al emperador que no realizase ningún tratado perjudicial para la fe o los derechos de la Santa Sede. Por su parte, Carlos V, previendo que le sería más difícil luchar contra los predicadores de la herejía que contra los príncipes protestantes, pidió al pontífice que no decretase nuevos dogmas de fe por el momento y confiase en las labores del concilio. Tras largas discusiones entre ellos, se inició en Trento, en 1545, el XIX Concilio Ecuménico. Cuando el concilio estaba a punto de finalizar, hubo de aplazarse porque una plaga invadió Trento, por lo que se reanudaron las sesiones en Bolonia, aunque quince prelados fieles al emperador se negaron a abandonar Trento y el propio Carlos V solicitó el regreso del concilio a territorio alemán. El concilio prosiguió en Bolonia hasta que el Papa, temiendo un nuevo cisma, lo aplazó indefinidamente.

En los constantes enfrentamientos entre Francisco I y Carlos V, el Papa se mantuvo neutral, pese a que Carlos V le pedía que apoyase al imperio y a censurar a Francisco por la violencia que empleaba en el castigo en su reino de las herejías y el protestantismo.

Buscando la seguridad de los dominios papales y la exaltación de su propia familia, Pablo III pidió al emperador Carlos y a sus cardenales que se constituyese un ducado −con Piacenza y Parma− con Pedro Luis Farnesio como duque. En respuesta, Gonzaga, gobernador imperial de Milán, ordenó el asesinato de Pedro Luis Farnesio y sacó Piacenza de los Estados Pontificios.

Su avanzada edad y los trabajos del pontificado llevaron a Pablo III al fin de sus días: a causa de una violenta fiebre, murió en el Quirinal el 10 de noviembre de 1549, cuando contaba ochenta y dos años de edad. Yace en San Pedro, en una tumba diseñada por Miguel Ángel y erigida por Guillermo della Porta.

Fue un buen Papa que, además, tuvo tiempo de ocuparse de embellecer Roma: la capilla paulina, los trabajos de Miguel Ángel en la Capilla Sixtina, el embellecimiento de las calles de Roma y las numerosas obras de arte que se asocian a los Farnesio dan fe de ello.

> Se denomina contrarreforma al movimiento que se produjo en el seno de la Iglesia Católica Apostólica Romana durante los siglos XVI y XVII como respuesta al protestantismo y al anglicismo.

221. Julio III (1550-1555)

Gima María del Monte estudió jurisprudencia en Perugia y Siena, y teología con el dominico Ambrosio Catahrinus. Sucedió a un tío suyo en el arzobispado de Siponto; más tarde, fue nombrado obispo de Pavía y vicedelegado en Perugia; Clemente VII le nombró prefecto de Roma y en el «saco de Roma» fue uno de los rehenes de las tropas imperiales y hubiera sido asesinado de no ser porque el cardenal Colonna le liberó. Pablo III le nombró cardenal presbítero y más tarde cardenal obispo de Palestrina; le encargó los preparativos del Concilio de Trento, del que fue presidente, representando los intereses del Papa frente a los del emperador Carlos V, especialmente cuando transfirió el concilio a Bolonia.

Tras la muerte de Pablo III, los cuarenta y ocho cardenales presentes en Roma y en el cónclave le eligieron sucesor de San Pedro tras diez semanas de deliberaciones. Fue coronado el 22 de febrero de 1550 y tomó el nombre de Julio III.

Cumpliendo las promesas que había hecho en el cónclave, devolvió Parma a Octavio Farnesio apenas entronizado, pero cuando los Farnesio apelaron a Francia para que les ayudara contra el emperador, Julio III se alió con el rey Carlos V, privó a los Farnesio de sus territorios y envió tropas, bajo el mando de su sobrino Juan Bautista, para cooperar con el duque Gonzaga, de Milán, en la conquista de Parma.

Al propio tiempo, ordenó el regreso a Trento del concilio que se estaba celebrando en Bolonia y mandó que se reanudaran las sesiones de acuerdo con el deseo del emperador; tuvo que suspenderlo nuevamente porque los obispos franceses no quisieron tomar parte en él y porque Carlos V había marchado de Trento para escapar de sus enemigos.

Mientras tanto, las tropas francesas se encontraban en el norte de Italia, y ello obligó a Julio III a hacer un tratado con Francia en el que se estipulaba que los Farnesio recuperarían sus posesiones para un plazo de solo dos años. Desalentado, se alió nuevamente con el emperador, decidió no entrometerse más en los asuntos internos de Italia y se retiró al palacio de villa Julia, que había mandado levantar en la Porta del Popolo. Pese a ello, dedicó algunos esfuerzos a la reforma de la Iglesia, creando comités de cardenales que estudiasen su reforma y apoyando incondicionalmente a la Compañía de Jesús, cuya fundación ratificó en 1552.

Fue en su pontificado cuando se restableció en Inglaterra el culto católico durante el reinado de la sanguinaria María I Tudor, hija de Enrique VIII y sucesora de su hermanastro Eduardo VI. En febrero de 1555, el Parlamento inglés envió una embajada a Julio III para informarle de su sumisión al papado, pero Julio III falleció el 23 de marzo, antes de que la embajada llegase a Roma.

Quizá la única mancha de un buen pontificado fue, como ya era costumbre en el papado de su tiempo, el nepotismo, del que es ejemplo que nombrase cardenal a su favorito Inocencio del Monte, un joven de diecisiete años a quien había recogido de las calles de Parma unos años antes, y que dio pie a no probados rumores sobre el tipo de relación que mantenían.

María I Tudor fue reina de Inglaterra entre 1553 y 1558. Hija de Enrique VIII y Catalina de Aragón, heredó el trono a la muerte de su hermanastro Eduardo VI, en julio de 1553; apenas llegado a él suprimió las reformas religiosas hechas por su padre, restableciendo la misa y el acatamiento a la autoridad del Papa, cosa para la que no tuvo ningún tipo de oposición, aunque no ocurrió así cuando quiso devolver a la Iglesia los terrenos que le había confiscado Enrique VIII, a lo que se negó el Parlamento, pese a lo cual María restituyó a la Iglesia las propiedades que aún poseía la corona. Contrajo matrimonio, en 1554, con Felipe II, rey de España y muy poco apreciado en Inglaterra. Recibió el nombre de María la Sanguinaria por el gran número de persecuciones religiosas que propició durante su reinado, en el que casi trescientas personas fueron condenadas a muerte acusadas de herejía. Murió en Londres el 17 de noviembre de 1558.

222. Marcelo II (1555)

Marcelo Cervini Degli Spannochi estudió en Siena y en 1523 fue a Roma poco después del nombramiento de Clemente VII. Pablo III le nombró protonotario apostólico y secretario papal; cuando el Papa encomendó a su sobrino Alejandro

Farnesio el manejo de la política de la Iglesia, Cervini fue nombrado su consejero y secretario privado; más tarde, fue nombrado cardenal presbítero de Santa Cruz (Jerusalén) y de otras sedes. En el Concilio de Trento fue uno de los tres presidentes –junto al cardenal Giovanni María del Monte, el futuro Julio III, y Reginaldo Pole– que defendieron los intereses del Papa frente a Carlos V en la primera parte de ese concilio (1545-1547). Nombrado bibliotecario del Vaticano, añadió a su colección más de quinientos volúmenes latinos, griegos y hebreos, preparó catálogos de los manuscritos existentes e hizo imprimir algunos manuscritos griegos muy valiosos.

Tras la muerte de Julio III, los cardenales reunidos en cónclave en Roma le eligieron Papa tras solo cuatro días de deliberación, pese a las recomendaciones que pedían lo contrario por parte del emperador. Al ser consagrado obispo y coronado Papa, el 10 de abril de 1555, mantuvo su propio nombre y fue llamado Marcelo II.

Estaba ansioso por emprender las reformas que precisaba la Iglesia para hacer frente a los cismas protestante y anglicano, pero falleció a los veintidós días de pontificado, el 1 de mayo de 1555. En su honor, el maestro Palestrina compuso una bellísima misa polifónica titulada *Missa Papae Marcelli*.

> Giovanni Palestrina (1525-1594) fue uno de los principales compositores del Renacimiento italiano. Su música, vocal y carente de partes instrumentales, e impregnada de misticismo, tiene una sonoridad homogénea y una forma casi siempre contrapuntística –líneas melódicas equiparables que se ejecutan al mismo tiempo–. Su obra religiosa incluye 102 misas, 250 motetes, 35 magnificats, 68 ofertorios y 45 himnos. De sus composiciones profanas merecen destacarse los madrigales.

223. Pablo IV (1555-1559)

Giovanni Pietro Caraffa era miembro de una de las más ilustres familias napolitanas. Muy joven entró a formar parte de la curia, promovido por un tío suyo cardenal; León X le envió como embajador a Inglaterra y España, pero Clemente VII le permitió renunciar a sus privilegios para entrar en la Orden de San Cayetano, de la que fue primer general. Cuando la congregación sufrió en el «saco de Roma» y se mudó a Venecia, Giovanni Caraffa fue retenido en

Roma por Pablo III para que le ayudara a reformar la curia, nombrándole cardenal de San Pancracio y más tarde arzobispo de Nápoles, aunque le fue difícil sostener sus derechos episcopales debido a sus enfrentamientos con el emperador. Siguiendo las directrices de Pablo III, reorganizó la Inquisición en Italia, convirtiéndola, durante toda una generación, en el terror de los no creyentes.

Su elección como Papa sorprendió a todo el mundo, incluso a él mismo, que comentó: «… nunca he hecho un favor a nadie». Octagenario ya, hubiera renunciado a la tiara papal si el emperador no se hubiera pronunciado contra su elección. Fue consagrado el 26 de mayo de 1555 y durante cuatro años luchó por la independencia de Italia, la reforma de las costumbres y contra la reforma luterana.

También lo hizo contra España, aliándose con los franceses para expulsarles de Italia, pero fue derrotado; cuando Carlos V abdicó la corona de Alemania en su hermano Fernando, se negó a reconocerlo.

Tocado de nepotismo, nombró cardenal a su sobrino Carlo Caraffa, pese a no tener ningún mérito para ello, y enriqueció a otros parientes con beneficios y posesiones pertenecientes a quienes favorecían a los españoles.

También fueron desastrosas las relaciones de Pablo IV con Inglaterra, pese a que la corona se había reconciliado con Roma durante el reinado de María I Tudor, ya que se negó a aceptar el acuerdo sobre los bienes confiscados a la Iglesia por Enrique VIII a que había llegado su legado en Inglaterra y la corona inglesa. A la muerte de María, no reconoció el derecho de Isabel I a heredar el trono de su hermana María, por considerarla hija ilegítima.

Avanzando en la contrarreforma, emprendió la recopilación y publicación (1559) del primer *Índice de libros prohibidos*, y publicó una norma que creaba el gueto romano y obligaba a los judíos a vivir dentro de él. Más tarde, esos guetos comenzarían a existir en otras ciudades, tanto dentro como fuera de Italia.

Murió el 18 de agosto de 1559.

El *Índice de libros prohibidos* es un catálogo publicado por la Iglesia católica en el que se recoge una relación de los libros considerados peligrosos para la fe y la moral. La última edición se hizo en 1948 y en 1966 la Iglesia anunció que no se publicarían nuevas ediciones y que el catálogo existente ya no era vinculante. Hasta ese momento los católicos tenían prohibido, bajo pena de excomunión, poseer, leer, vender o difundir cualquier libro incluido en el índice sin dispensa eclesiástica.

224. Pío IV (1559-1565)

Giovanni Angelo Médici, hijo de un humilde recaudador de impuestos, no pertenecía a la familia de los famosos Médici florentinos, sino a otra, mucho más humilde, de Milán, pese a que su hermano mayor llegó a ser un soldado de renombre a quien el emperador hizo marqués de Marignano para premiar sus hazañas en la reconquista de Siena.

Giovanni obtuvo el título de doctor en leyes tras estudiar en Pavía y en Bolonia filosofía, medicina y leyes. Ya en Roma, Clemente VII le nombró protonotario; Pablo III le encomendó el gobierno de algunas ciudades de los Estados Pontificios y le elevó a la categoría de cardenal presbítero de Santa Prudencia poco antes de su muerte, y Julio III le hizo legado en la Romaña y le puso al frente de las tropas papales. Durante el pontificado de Pablo IV, se enfrentó a él por su apoyo al emperador germano, lo que redundó en su beneficio cuando este murió y acaso le valió que el cónclave, después de tres meses de deliberaciones, le eligiese su sucesor. Fue coronado el 6 de enero de 1560.

Su primer acto oficial fue amnistiar a todos aquellos que habían tenido problemas con su predecesor, salvo a Pompeyo Colonna, quien había asesinado a su suegra. «Dios nos libre de que yo comience mi pontificado amnistiando a un parricida», explicó. También liberó al cardenal Morone, a quien Pablo IV había acusado de herejía. En la misma línea, pero en sentido contrario, abrió un proceso contra los familiares de Pablo IV por el cual fueron condenados y ejecutados el cardenal Carlo Caraffa y su hermano, a quien su predecesor había otorgado el ducado de Paliano. San Pío V anuló posteriormente esta sentencia y ordenó que les fuesen devueltos sus territorios a las víctimas.

En el mismo terreno político, apoyó a Francisco II de Francia, pero reconoció a Fernando I de Habsburgo como emperador del Sacro Imperio Romano Germánico y sucesor de su hermano Carlos V.

Resueltos los problemas heredados de su predecesor, dedicó su atención a reabrir y concluir el Concilio de Trento, aunque ello no le impidió fortificar, embellecer y mejorar las condiciones de vida en Roma y en los Estados Pontificios —para ello hubo de decretar una subida de impuestos, que fue muy impopular—; fundó la imprenta pontificia, dedicada a editar libros en todos los idiomas, y colaboró con cien mil escudos en la guerra de los húngaros contra los turcos.

Benedetto Ascolti, un fanático que se dijo inspirado por su ángel de la guarda, llevó a cabo un atentado contra su vida, del que el pontífice salió ileso.

Aunque nombró cardenal a un sobrino suyo, acaso pueda liberársele del pecado de nepotismo común a los papas del período, ya que ese sobrino no fue otro que San Carlos Borromeo. También quiso nombrar cardenal a otro sobrino, Fernando Médici, pero se encontró con la oposición de quien sería su sucesor y no llegó a ordenarle.

Murió a causa de la peste el 9 de diciembre de 1565 y fue enterrado en San Pedro, aunque sus restos fueron trasladados posteriormente a la iglesia de Santa María de los Ángeles, construida por Miguel Ángel.

> San Carlos Borromeo (1538-1584) fue consagrado cardenal y nombrado obispo de Milán por su tío Pío IV, con quien, siendo secretario de Estado del Vaticano, emprendió la reforma del clero, mejoró la disciplina eclesiástica, garantizó la enseñanza religiosa de los niños, demostró su habilidad como administrador y diplomático, y para formar sacerdotes y legos debidamente instruidos fundó seminarios, colegios y otros centros escolares. Sus enérgicas medidas de evacuación en Milán, durante la plaga de 1576-1578, salvaron muchas vidas y aún le sobraron tiempo y energías para fundar la Orden de los Oblatos de San Ambrosio. Por su insistencia se reinició el Concilio de Trento y este tuvo un final satisfactorio para la Santa Sede. Fue canonizado en 1610 por Pablo V.

225. San Pío V (1566-1572)

Miguel Ghisleri nació en Bosco (Italia) y provenía de una noble pero empobrecida familia, por lo que se hizo dominico muy joven para poder recibir una buena educación. Completada esta, fue durante dieciséis años maestro de teología y filosofía, dirigió a los novicios y fue prior de varios conventos de la orden, en la que promovió la práctica de las virtudes monásticas, la defensa del papado y la lucha contra la herejía y el protestantismo.

Pablo IV le nombró obispo de Sutri, después inquisidor en Milán y Lombardía, y finalmente inquisidor general de toda la cristiandad, pero Pío IV le obligó a abandonar el cargo cuando se opuso al nombramiento de cardenal de Fernando Médici, sobrino del Papa. Miguel Ghisleri se opuso con fuerza a la propuesta del emperador Maximiliano II de abolir el celibato eclesiástico.

A la muerte de Pío IV fue elegido Papa y coronado el 17 de enero de 1566. Inició su pontificado dedicando sus esfuerzos a ayudar a los pobres y no a sus familiares, como habían hecho sus predecesores; en esa línea, durante todo su gobierno visitó hospitales, consoló a los enfermos (preparándoles para la muerte), lavó los pies a los pobres y abrazó a los leprosos. La historia habla de un noble inglés que se convirtió al catolicismo cuando vio al Papa besar los ulcerados pies de un mendigo.

Llevó su propia austeridad a la curia, para lo cual eliminó la lujuria, incrementó la moralidad, ayudó a San Carlos Borromeo en sus esfuerzos para reformar el clero, obligó a los obispos a residir en sus diócesis y a los cardenales a llevar una vida sencilla y austera. Con todo ello, redujo los gastos de la corte papal, disminuyó los escándalos públicos, alejó a las prostitutas del centro de la ciudad, reguló las posadas y cuidó de que las ceremonias eclesiásticas se celebrasen con el debido respeto.

En esa misma línea, ordenó la observancia de la disciplina dispuesta por el Concilio de Trento; reformó a los cistercienses; apoyó las misiones en el Nuevo Mundo; incrementó la eficacia de la Inquisición en las luchas contra las herejías y el protestantismo; proclamó los principios tradicionales de la Iglesia católica y la supremacía de la Santa Sede sobre el poder civil; publicó el primer catecismo oficial de la Iglesia, conforme al Concilio de Trento; ordenó reeditar los escritos de Santo Tomás de Aquino; fijó la forma actual del Avemaría; publicó, reformado, el *Breviario* romano; encargó al jesuita portugués Manuel de Sâ la revisión y corrección de la *Vulgata;* sacó a la luz un nuevo misal romano, y expendió bulas por las que convertía en universidad a la de Santiago de Compostela, reorganizaba la Universidad Nacional Mayor de San Marcos de Lima y se aprobaba de forma oficial la Orden de los Hospitalarios de San Juan de Dios .

Preocupado por fortalecer y difundir la fe católica, trató de unir a la cristiandad contra los turcos ordenando un solemne jubileo para exhortar la oración y las limosnas que permitieran una victoria contra los otomanos; recolectando un diezmo de todos los conventos; logrando que Maximiliano II, Felipe II y Carlos I formaran la Santa Liga para defender la cristiandad, y apoyando a los caballeros de Malta para sus fortificaciones. Fruto de sus esfuerzos y oraciones, en 1570, cuando Solimán atacó Chipre, la Santa Liga, dirigida por Juan de Austria, derrotó a los turcos en la batalla de Lepanto. Como recuerdo del triunfo y en agradecimiento a la Virgen, instituyó el primer domingo de octubre la festividad del Rosario.

Además, ayudó a los católicos oprimidos por los monarcas protestantes, apoyó a estos en sus persecuciones a los hugonotes en las guerras de religión de Francia, expulsó gran número de judíos de los Estados Pontificios y, en Inglaterra, excomulgó a Isabel I y abrazó la causa de María Estuardo, a quien escribió cartas de consuelo cuando fue encarcelada.

Pese a que Felipe II de España competía con Pío V en el celo con que ambos defendían el catolicismo, entre el rey y el Papa surgieron fricciones que estuvieron a punto de llegar a una total ruptura de relaciones. Mientras Pío V protegía los derechos de la Iglesia a toda costa, Felipe II sostenía la condición de regio patronato de que gozaban sus reinos. En ese enfrentamiento, la mayor virulencia tuvo por protagonista a Bartolomé Carranza, teólogo español de destacada actuación en el Concilio de Trento, que fue acusado de herejía en 1559 por la Inquisición española, con la anuencia de Felipe II, y cuyo proceso pasó a la jurisdicción romana por mandato de San Pío V, lo que disgustó tanto a Felipe II como al tribunal español del Santo Oficio.

San Pío V publicó dos bulas que han sido muy discutidas por la historia: la primera prohibía las corridas de toros y la segunda encomendaba a Daniele da Volterra que cubriera los cuerpos desnudos que pintara Miguel Ángel en la Capilla Sixtina.

San Pío V falleció en Roma, el 1 de mayo de 1572; fue beatificado por Clemente X en 1672 y canonizado, en 1712, por Clemente XI.

Bartolomé Carranza (1503-1576) fue un teólogo dominico español que llegó a ser censor de la Inquisición en España y legado de Carlos V en el Concilio de Trento, en 1543. Allí, defendió la necesidad de reformar la disciplina de la Iglesia católica, prohibir la acumulación de beneficios eclesiásticos y obligar a los obispos a residir en sus diócesis. Cuando, ya en España, publicó *Comentarios sobre el catecismo cristiano*, fue acusado de herejía con la autorización de Felipe II. Pío V trasladó el proceso a Roma y allí fue declarado inocente, pero condenado a abjurar de parte de su obra y suspendido de sus funciones.

---

226. Gregorio XIII (1572-1585)

Ugo Buoncompagni nació en Bolonia (Italia), estudió jurisprudencia en la universidad de su ciudad natal y obtuvo el doctorado en leyes civiles y eclesiásticas antes de enseñar jurisprudencia en la misma universidad. Se trasladó a Roma a petición del cardenal Parizzio y Pablo III le nombró juez del Capitolio, abreviador papal y refrendador de firmas, para después ser enviado como jurista al Concilio de Trento. De regreso a Roma, fue nombrado prolegado de la Campania y el papa Pablo IV le envió a Flandes; a su vuelta, le nombró obispo de Viesti y le envió al Concilio de Trento, y allí permaneció, informando al Papa, hasta su conclusión. Cuando regresó a Roma, fue nombrado cardenal presbítero de San Sixto y enviado como legado a España para investigar el caso de Bartolomé Carranza. En su juventud, tuvo un hijo ilegítimo, Giacomo, a quien dio el gobierno del castillo de Sant'Angelo cuando alcanzó el pontificado.

En su elección, a la muerte de Pío V, tuvo gran influencia el cardenal Granvella, y tomó el nombre de Gregorio XIII cuando fue entronizado el 25 de mayo de 1572, con gran júbilo de los romanos y los principales monarcas católicos, quienes enviaron representantes a su coronación para rendirle honores.

En el primer consistorio, ordenó que se leyera públicamente la Constitución de Pío V, que prohibía la alineación de las propiedades de la Iglesia, y prometió que él mismo se encargaría de hacer cumplir los decretos del Concilio de Trento. Después, creó una comisión de cardenales para que terminase con los abusos eclesiásticos, advirtiendo que los cardenales no estaban exentos del cumplimiento de los decretos de Trento; amplió el *Índice de libros prohibidos*, y dedicó un día de la semana a sostener audiencias públicas a las que cualquiera podía asistir.

Continuando la labor de su predecesor, fundó numerosas escuelas y seminarios –Roma, Viena, Praga, Gratz, etc.–, la mayor parte de los cuales puso bajo la dirección de los jesuitas; en esas escuelas se preparaban misioneros para que fuesen a los países en los que el protestantismo se había convertido en la religión de Estado, y otros fueron instruidos para viajar al Lejano Oriente. Fruto de ello, recibió en Roma a cuatro embajadores japoneses enviados por los conversos de Japón para agradecerle el envío de misioneros jesuitas.

En la misma línea, protegió a los católicos irlandeses de la reina Isabel I de Inglaterra, con la ayuda de Felipe II, y hostigó a los protestantes hugonotes franceses, no siendo ajeno, con ello, a la masacre del día de San Bartolomé.

A él se debe la reforma del calendario juliano, haciendo que se pasase del 4 de octubre de 1582 al 15 de ese mismo mes y año e instituyendo el que hoy se llama calendario gregoriano, que introdujo en la mayoría de los países católicos. Además, creó un martirologio que reemplazaba a los anteriores y aprobó la Congregación del Oratorio, fundada por San Felipe Neri, y la de los Carmelitas Descalzos. Murió el 10 de abril de 1585.

La rivalidad política entre los católicos y los protestantes franceses, los hugonotes, provocó la matanza de la noche de San Bartolomé en 1572. Carlos IX de Francia y su madre, Catalina de Médici, temiendo que los hugonotes alcanzaran el poder, ordenaron el asesinato de miles de ellos. La matanza se inició en París el 24 de agosto y se extendió a las restantes provincias del país. Aunque no puede darse el número exacto de muertos, la cifra quizá se acerque a los cien mil, aunque algunos historiadores la hacen bajar hasta unos dos mil.

El año juliano tenía 11 minutos y 14 segundos más que el año solar, por lo que la diferencia se fue acumulando hasta que, en 1582, el equinoccio de primavera se anticipó en diez días. Para que el equinoccio de primavera se produjera hacia el 21 de marzo, como había ocurrido en el año 325 durante el I Concilio de Nicea, Gregorio XIII promulgó un decreto eliminando diez días del calendario y, para prevenir nuevos desplazamientos, instituyó un calendario, llamado gregoriano, que estipulaba que los años centenarios divisibles por cuatrocientos debían ser años bisiestos y todos los demás normales.

227. Sixto V (1585-1590)

Felice Peretti, nacido en Grottammare (Italia), ingresó a los nueve años en un monasterio franciscano en el que un tío suyo era fraile. Fue educado en Montalto, Ferrara y Bolonia, y ordenado sacerdote en Siena. Ganó gran reputación como predicador y el favor de personajes importantes de su tiempo, como San Felipe Neri y San Ignacio de Loyola. Pío IV le nombró consejero de la Inquisición en Venecia, pero su severidad forzó a los venecianos a reclamar su deposición. De regreso a Roma, fue consejero del Sagrado Oficio, profesor en Sapienza y procurador general de los franciscanos. Pío IV le envió a España con el cardenal Buoncompagni, el futuro Gregorio XIII, a investigar las supuestas herejías de Bernardo Carranza, y la animadversión que surgió entre ambos marcó su futuro. Cuando Pío V ascendió al papado, regresó a Roma y fue nombrado vicario apostólico de su orden y cardenal. Cuando el cardenal Buoncompagni fue entronizado como Gregorio XIII, se retiró de la vida pública y divulgó estudios sobre Ambrosio de Camaldoni. Esa discreción contribuyó a su elección como Papa, siendo entronizado el 1 de mayo de 1585. Cuenta la leyenda que entró en el cónclave asistiéndose con muletas y simulando supuestos achaques de vejez, pero, una vez elegido, abandonó muletas y fingidos achaques.

Como Gregorio XIII había dejado las finanzas de la Iglesia al borde de la bancarrota, Sixto V tomó medidas para arreglar la situación usando todos los medios a su alcance para rellenar las arcas papales. Lo hizo con tanto éxito que, pese a sus inmensos gastos en la construcción de edificios públicos, tres millones de escudos de oro y un millón seiscientos mil de plata estaban guardados en el castillo de Sant'Angelo al final de su pontificado. Ignoraba que ese capital no productivo terminaría por empobrecer al país, arruinando su industria y su comercio. Economizó en todo, salvo en arquitectura: aumentó el número de oficios públicos vendibles, aumentó los impuestos y amplió los préstamos públicos que había instituido Clemente VII. Ello le permitió, como ya queda dicho, emplear inmensas sumas de dinero en erigir edificios públicos, como el palacio laterano, terminar el Quirinal, restaurar la iglesia de Santa Sabina, reconstruir la iglesia y el hospicio de San Girolamo, fundar el hospicio cerca del puente Sixto, construir la capilla de la Cradle en Santa María la Mayor, completar la cúpula de San Pedro y construir un edificio para la biblioteca vaticana, con su imprenta al lado. Desgraciadamente, no apreciaba las obras antiguas, y las columnas de Trajano y Antonio sirvieron como pedestales para estatuas de San Pedro y San Pablo; la Minerva del Capitolio fue convertida en una «romana cristiana», y el Spetizonium de Severo fue demolido para emplear los materiales en las construcciones emprendidas.

Con la ayuda de los Estados vecinos, procuró exterminar, con excesiva crueldad en ocasiones, el bandolerismo, que había alcanzado enormes proporciones y aterrorizaba a toda Italia, convirtiendo a este país en el más seguro de Europa. Fuera de Italia, soñaba con imposibles: la aniquilación de los turcos, la conquista de Egipto, el transporte del santo sepulcro a Italia y la ascensión de su sobrino al trono de Francia.

Su situación política era complicada en el exterior: no podía modificar las decisiones de los príncipes y reyes protestantes y anglicanos, pero dudaba apoyar a Felipe II porque temía que aumentase aún más su poder; excomulgó a Enrique de Navarra y contribuyó a la Santa Liga, pero se irritó por su propia alianza con Felipe II hasta el punto de alegrarse por las victorias de Enrique soñando con su conversión al catolicismo.

Dentro de la Iglesia, limitó a setenta el número de cardenales; duplicó el número de congregaciones, a las que aumentó sus funciones, tanto materiales como espirituales; trató de realizar, sin poder llegar a concretarlos, cambios radicales en los jesuitas, e inició la revisión de la *Vulgata*, con la llamada «edición sixtina». Murió el 27 de agosto de 1590.

228. Urbano VII (1590)

Giambattista Castagna, nacido en Roma, estudió derecho canónico y civil en diferentes universidades de Italia y se graduó como doctor de ambas especialidades en Bolonia. Tras ello, trabajó como auditor de su tío, el cardenal Girolamo Verallo, a quien acompañó como datario en una misión papal en Francia. A su retorno a Italia, Julio III lo nombró árbitro de la Segnatura di Giustizia, arzobispo de Rossano y lo envió como gobernador a Fano. Con Pablo IV fue, por un corto período de tiempo, gobernador de Perugia y Umbria, y resolvió satisfactoriamente una antigua disputa territorial entre los habitantes de Terni y Spoleto. Asistió al Concilio de Trento entre 1562 y 1563, y allí ejerció como presidente de varias congregaciones. Acompañó al cardenal Buoncompagni a España, donde permaneció siete años como nuncio del Papa en la corte de Felipe II. A su regreso a Italia, renunció a la Sede Arquiepiscopal de Rossano y fue enviado como nuncio a Venecia, desde donde fue transferido a Bolonia como gobernador, y un año más tarde como legado extraordinario a Colonia, donde representó a Gregorio XIII en la conferencia de paz entre Felipe II y las Provincias Unidas. De vuelta a Roma, fue nombrado consultor del Santo Oficio y del Estado eclesiástico, y Gregorio XIII le nombró cardenal de San Marcelo y legado de Bolonia. Sixto V le designó inquisidor general del Santo Oficio.

Tras la muerte de Sixto V, Giambattista fue elegido Papa el 15 de septiembre de 1590. Una vez entronizado, ordenó que se hiciese una lista de todos los pobres de Roma para poder aliviar sus necesidades, dio generosas limosnas a aquellos cardenales cuyos ingresos les resultasen insuficientes para vivir con la dignidad propia de su cargo, pagó las deudas que los romanos tenían contraídas en los Montes de Piedad del Estado eclesiástico y ordenó a los panaderos de Roma que hicieran hogazas de pan más largas y las vendieran más baratas, indemnizándoles de su pérdida de su propio bolsillo. Para moderar el lujo de los ricos, prohibió a sus camarlengos que usaran prendas de seda, y, para dar trabajo a los pobres, mandó completar las obras públicas iniciadas por su predecesor.

A más de ello, en el brevísimo tiempo de su papado, nombró un comité de cardenales para la reconstrucción del Datario Apostólico, luchó contra el nepotismo, prohibiendo que sus familiares ocupasen ningún puesto en la curia y prohibiéndoles que usaran el título de «excelencia», como era costumbre dar a los parientes cercanos del Papa.

A los pocos días de su elección, cayó gravemente enfermo y murió, antes de su coronación, el 27 de septiembre de 1590, doce días después de haber sido elegido. Fue enterrado en la basílica Vaticana.

229. Gregorio XIV (1590-1591)

Nicolás Sfondrati, nacido en Bolonia, estudió en Perugia y Padua. Ordenado sacerdote, fue obispo de Cremona, participó en el Concilio de Trento y fue nombrado cardenal presbítero por Gregorio XIII. Cuando era presbítero fue compañero de San Carlos Borromeo y ya cardenal, íntimo amigo de San Felipe Neri.

Tras la muerte de Urbano VII y un cónclave que duró más de dos meses, fue elegido pontífice y tomó el nombre de Gregorio XIV, tras comentar, al resultar elegido: «Dios les perdone, ¿qué han hecho?» Fue consagrado el 8 de diciembre de 1590.

Ya Papa, dio su apoyo a la Liga francesa y confirmó las decisiones de Sixto V contra Enrique II de Navarra, a quien, por la ley Sálica, correspondía el trono a la muerte de Enrique III. La nobleza exigió a Enrique de Navarra que se convirtiese al catolicismo, lo que él prometió, pero cuando Gregorio XIV fue elegido Papa Enrique II aún no había cumplido su promesa, por lo que el nuevo pontífice apoyó a la Liga francesa, que quería deponerle con el apoyo de Felipe II. Por eso, Gregorio XIV renovó la sentencia de excomunión contra Enrique II; ordenó al clero, la nobleza, los funcionarios judiciales y el Tercer Estado de Francia que le negasen obediencia bajo severas penas, y envió a su sobrino Ercole Sfondrati a Francia al frente de las tropas papales.

En estos preparativos estaba cuando un cálculo biliar le produjo la muerte el 16 de octubre de 1591, tras un pontificado de poco más de diez meses.

En ese tiempo, nombró cinco cardenales, su sobrino Paolo Camillo Sfondrati entre ellos; trató en vano de que Felipe Neri aceptara la tiara pontificia; reconoció como congregación religiosa a los Padres de la Buena Muerte, fundados por San Camilo de Lellis; prohibió, bajo pena de excomunión, las apuestas en torno a la elección papal, la duración de su pontificado o la creación de nuevos cardenales; ordenó que se reparara el daño que contra los indios de Filipinas habían hecho los conquistadores, y mandó, bajo pena de excomunión, que se liberara a todos los esclavos indios de aquellas islas.

San Felipe Neri (1515-1595), fundador de la Congregación del Oratorio, dedicó lo mejor de su vida a la caridad, llegando a vender sus libros para darles el dinero a los pobres. En sus oficios, usaba de himnos y oraciones en lengua vernácula, por lo que se hicieron tan populares que tuvo que hacer construir un recinto especial en la iglesia para acomodar a los cada vez más numerosos asistentes. Fue canonizado por Gregorio XV en 1622.

230. Inocencio IX (1591)

Giovanni Antonio Fachinetti, nacido en Bolonia, estudió jurisprudencia y se graduó como doctor en leyes antes de convertirse en secretario del cardenal Nicolás Ardinghelli. De él, pasó al servicio del cardenal Alejandro Farnesio, quien le nombró su representante en la arquidiócesis de Aviñón y más tarde le encargó sus asuntos en Parma. Nombrado obispo de Nicastro, en Calabria, estuvo presente en el Concilio de Trento y, enviado como nuncio papal a Venecia por Pío V, concluyó la alianza de Venecia y España contra los turcos, que significó la victoria de Lepanto. Tras renunciar a su sede, fue nombrado cardenal presbítero, y durante el pontificado de Gregorio XIV dirigió la administración papal. A la muerte de este, los cardenales españoles le propusieron y lograron que fuese elegido su sucesor. Fue coronado el 3 de noviembre de 1591.

Agradecido a los cardenales españoles, apoyó durante los dos meses de su pontificado la causa de Felipe II y la Liga francesa contra Enrique II de Navarra.

Prohibió la alineación de las propiedades eclesiásticas, y su muerte, el día 30 de diciembre de 1591, le impidió llevar a cabo su propósito de constituir un fondo de reserva que hiciera frente a los gastos del papado.

La caída de los césares (1592-1700)

Entorno histórico

Este período abarca el siglo en que Cervantes escribe *El Ingenioso Hidalgo Don Quijote de la Mancha,* y Quevedo, Góngora, Lope de Vega, Calderón y Tirso protagonizan el sin par Siglo de Oro de las letras españolas. Se funda el periódico la *Gaceta de Madrid,* que un siglo más tarde cobraría carácter oficial.

Al propio tiempo, Shakespeare estrena la mayor parte de sus inmortales obras, Milton escribe *El Paraíso Perdido,* el teatro clásico francés llega a su cumbre con Molière y Racine, mientras Kepler, Galileo, Newton, Descartes, Leibnitz, Spinosa, Francis Bacon, Locke, Harvey o Pascal abren de par en par las puertas a la ciencia moderna, y genios como Velázquez, Rubens, Rembrandt, Caravaggio, Van Dyck, Murillo o Van Vermeer embellecen el mundo con sus obras; en España se vive el esplendor de la imaginería barroca, y el italiano Antonio Stradivarius dota a sus violines de una sonoridad y belleza incomparables.

Tiempo, por ello, en que el telescopio y el talento de Kepler, Galileo y Newton acercan las estrellas y sitúan a la Tierra más o menos en el verdadero lugar que ocupa en el universo; período en que se emite por vez primera papel moneda en Europa; en que, junto a las patatas y otros productos alimenticios, se propaga por Europa el uso del café, el té, el tabaco, el azúcar y el cacao, productos llegados de las colonias americanas y orientales.

Es la época de la guerra de los Treinta Años, que reduce a un tercio la población de Europa Central; de la expulsión de los moriscos en España, y de una república holandesa que, apoyada en la comunidad judía que huye de las persecuciones de España y Portugal, se pone a la cabeza del comercio mundial, desplazando a las ciudades-estado italianas de las finanzas, el arte y la ciencia.

Es el tiempo en que ingleses, franceses y holandeses establecen colonias en América del Norte; se funda en Inglaterra la Compañía de las Indias Orientales; los «Padres Peregrinos» llegan a Nueva Inglaterra, y tres millones de negros son llevados como esclavos a tierras americanas, y en el que se inician los grandes imperios coloniales que dividirán el mundo en ese y los siguientes siglos.

Un período que se inicia con la muerte de Felipe II –la España virreinal vive momentos de esplendor y belleza en la arquitectura colonial– e inicia su decadencia, pero en el que los navegantes españoles se lanzan a la exploración y mesurada conquista de las tierras del Pacífico, principalmente desde Acapulco y el virreinato de Perú. Y un tiempo en el que se inicia la decadencia del imperio español –se empobrece hasta la miseria la propia España– y Portugal logra su independencia.

Un período que también se inicia con la muerte de la reina Isabel I, creadora del imperio inglés y de una fuerza naval que puso los mares en manos de Inglaterra, pero también un tiempo en que, acusado de alta traición contra Inglaterra, un rey inglés, Carlos I, es decapitado en Londres. Y un período en que nace el bipartidismo inglés: los *whigs* y los *tories*.

Época en la que Miguel Romanov unifica Rusia; en la que dos cardenales, Richelieu y Mazarino, rigen los destinos de Francia, y un rey francés, Luis XIV, manda construir el palacio de Versalles y se convierte en el Rey Sol de toda Europa; en la que el primer gobernador de la colonia neerlandesa en América compra a los indios la isla de Maniatan por sesenta florines; en la que las hambrunas cíclicas producen en Italia más de un millón de muertes; en la que la tortura queda abolida en Inglaterra, aunque no la pena de muerte en cualesquiera de sus formas; en la que prospera el comercio de venta de esclavos, y en la que católicos y protestantes se matan en el Ulster,

Es el tiempo en que la dinastía Ming es expulsada del poder en China por los manchúes; Japón comienza a vivir su período feudal que prohíbe los viajes al extranjero y la difusión del cristianismo, lo que origina la matanza de los primeros mártires cristianos en aquellas islas, y que se pone fin en Europa al peligro turco.

Los papas del barroco

Los papas de este período, aun pecando del nepotismo que habían iniciado algunos de sus predecesores y del excesivo cuidado por los intereses temporales que les había definido, aciertan a heredar de ellos el espíritu reformador que les había caracterizado después del cisma protestante. Los últimos papas habían iniciado un camino de recuperación de los valores espirituales del papado, tan olvidados o preteridos –salvo santas y gloriosas excepciones– durante los últimos diez años. Los papas del barroco, los papas del siglo xvII, dan un paso adelante en esa reforma y, aun luchando contra los intereses de los poderosos y de sus influyentes familias, caminan con paso bastante firme hacia la posición que ocuparon en los cinco primeros siglos y volverán a ocupar a partir de 1700: el ejercicio del magisterio espiritual y la asunción de las labores apostólicas que, en los primeros años de la Iglesia, ejercieron apóstoles y discípulos de Cristo.

Sus historias individuales nos los muestran propensos al nepotismo, inevitablemente comprometidos con la difícil Europa que les tocó vivir, inmersos en la complicada política italiana del siglo, amantes del arte y el embellecimiento de Roma, pero conscientes todos de la labor evangelizadora de la Iglesia, defensores a ultranza de las enseñanzas recibidas, y protectores y patrocinadores de la obra que fundadores y reformadores, como Santa Teresa de Jesús o San Ignacio de Loyola, habían hecho en el período anterior.

Los papas del período

231. Clemente VIII (1592-1605)

Hipólito Aldobrandini nació en marzo de 1536 en el seno de una distinguida familia florentina. En su juventud, trabajó junto a su padre en temas jurídicos al tiempo que encomendaba este su dirección espiritual a San Felipe Neri, y tras seguir una carrera en la que ejerció como abogado consistorial y auditor de la Rota y de la Dataría, fue finalmente nombrado cardenal presbítero de San Pancracio en 1585. Cuando fue a Polonia como miembro de la delegación que se había desplazado allí con la finalidad de conseguir la liberación del archiduque Maximiliano, se ganó el aprecio de la familia Habsburgo. Por eso, tras la muerte del Papa Inocencio IX, y aunque figuraba en último lugar en la lista de papables presentada por el embajador de España, obtuvo la mayoría necesaria en el cónclave gracias al apoyo de una minoría de cardenales que estaban determinados a liberar a la Santa Sede del poder de Felipe II. Fue elegido el 30 de enero de 1592 y coronado Papa el 9 de febrero siguiente con el nombre de Clemente VIII.

Papa ya, y pese a que siempre se había declarado contrario al nepotismo, elevó al cardenalato a dos sobrinos suyos: Cinzio y Pedro Aldobrandini, a quien hizo secretario de Estado.

Intervino, con fortuna, en el establecimiento de la paz entre Francia y España. Enrique IV de Francia y rey de Navarra se encontraba, por serlo, entre España y el Vaticano, y quiso tener un acercamiento con el Papa, pese a que este le consideraba hereje por su calvinismo. Tras la matanza de los hugonotes en la noche de San Bartolomé, Enrique IV abjuró del calvinismo y el Papa le retiró la excomunión, pese a su poca confianza en la sinceridad de Enrique IV y el temor a la reacción de Felipe II. Pero esa conversión puso término a las guerras religiosas en Francia e hizo posible, con la intervención del Papa, la Paz de Vervins entre franceses y españoles. Enrique IV garantizó la libertad de conciencia y de culto en sus reinos y, en 1603, permitió el regreso de los jesuitas, a los que había expulsado del reino en 1594.

Los esfuerzos de Clemente VIII por recobrar Inglaterra para el catolicismo, a la muerte de la reina Isabel I, toparon frontalmente contra la voluntad de su sucesor, Jacobo I, hijo de María Estuardo, quien ordenó una verdadera persecución contra los católicos.

Algo parecido le ocurrió en Suecia, donde Segismundo Wasa, rey de Polonia y a quien correspondía la corona de Suecia, tuvo que regresar a su país, derrotado, y Suecia continuó siendo protestante, mientras Polonia, gracias a la labor de los jesuitas, aceptó la unión con Roma de acuerdo con lo establecido en el Concilio de Florencia de 1439.

Tampoco tuvo fortuna en su intento de organizar una cruzada contra los turcos, que amenazaban otra vez Occidente. Las tropas del Papa y las del emperador Rodolfo II de Austria, directamente amenazado por los turcos, sufrieron varias derrotas, especialmente porque Enrique IV les negó su ayuda.

En el orden teológico, Clemente VIII tuvo que intervenir en una controversia suscitada en 1588 por el jesuita español Luis Molina, al publicar *Sobre la concordancia del libre albedrío con los dones de la gracia*, sobre los efectos de la gracia divina. La controversia teológica tomó tales proporciones que el Papa, para apaciguar la polémica, instituyó en 1597 la Congregación De Auxiliis y prohibió la publicación de cualquier libro sin la autorización del Santo Oficio.

Un hecho que ensombrece su papado fue el proceso, condena y muerte en la hoguera, el 17 de febrero de 1600, del napolitano Giordano Bruno, antiguo monje benedictino, por sustentar tesis panteístas. Otro trágico proceso fue el de Beatriz Cenci, de una noble y antigua familia romana, que hizo asesinar a su cruel padre, de acuerdo con su hermano Giacomo y su suegra, y fue condenada y ejecutada junto con su hermano.

Clemente VIII celebró el XXII Jubileo, en 1600, que atrajo a tres millones de peregrinos a Roma.

Durante su pontificado instituyó la devoción de las Cuarenta Horas; fundó en Roma el colegio Clementino para la educación de los hijos de los ricos y muchos colegios para los menos pudientes; fundó el colegio Scozzese para la preparación de misioneros para Escocia; defendió la inviolabilidad de los Estados Pontificios, y realizó ediciones de la *Vulgata,* el breviario –el misal diario– y otros textos importantes de la Iglesia.

Clemente VIII murió en Roma, a sus setenta años de edad, el 5 de marzo de 1605. Está enterrado en la iglesia de Santa María Maggiore, donde la familia Borgia hizo erigir un monumento a su memoria.

El panteísmo identifica a Dios con el universo y, en la idea de Giordano Bruno, ello hace que el hombre no sea sino una expresión de lo universal, de la sustancia divina, que es infinita. La creación, como después sostuvo Spinoza, es el proceso por medio del cual Dios se revela. Bruno era un científico e hizo de la teología una ciencia. Su muerte, apenas significativa en su tiempo, ha cobrado enorme importancia con el paso del tiempo y las conquistas de la libertad de pensamiento y el espíritu científico.

232. León XI (1605)

Alejandro Ottaviano de Médici era sobrino de León X y desde joven deseó entrar en la vida monástica, aunque no logró el consentimiento de su madre. Cuando ella murió fue ordenado sacerdote y el gran duque de Tuscania le envió como embajador ante Pío V, junto al que permaneció hasta su muerte; tras ella, Gregorio XIII le nombró obispo de Pistoia y más tarde cardenal y arzobispo de Florencia; Clemente VIII le envió como legado a Francia para reprimir a los hugonotes de la corte de Enrique IV, y a su regreso a Roma fue nombrado prefecto de la congregación de Obispos y Regulares.

Íntimo amigo de San Felipe Neri, a los once días de la muerte del papa Clemente VIII los sesenta y dos cardenales presentes en el cónclave se hicieron eco de las recomendaciones de San Felipe y, pese a la oposición de la corona española, Alejandro fue elegido Papa y consagrado, con el nombre de León XI, el 10 de abril de 1605.

Doce días más tarde, una enfermedad le ocasionó la muerte, sin tiempo para ejercer su pontificado.

Los hugonotes, protestantes calvinistas de Francia, incluían entre sus socios a miembros de la nobleza –las clases intelectual y media francesas– e incluso de la protección real. El aumento de hugonotes alarmó a los católicos franceses y el enfrentamiento religioso se agravó por la rivalidad entre las casas de Valois y de Guisa. Entre 1562 y 1598 se produjeron ocho enfrentamientos entre católicos y hugonotes. Con Enrique IV, los hugonotes se hicieron fuertes en Francia. El 24 de agosto de 1572 se produjo un asesinato en masa de hugonotes en la noche de San Bartolomé. El cardenal Richelieu tomó su principal plaza fuerte, La Rochelle, y provocó la caída política de los hugonotes en 1628.

---

233. Pablo V (1605-1621)

Camilo Borghese nació en Roma el 17 de septiembre de 1550, pero descendía de una noble familia de Siena, y aseguraba tener parentesco con Santa Catalina. Los disturbios de Siena hicieron que sus padres se trasladasen a Roma, desde donde enviaron a Camilo a estudiar jurisprudencia en Perugia y Padua, donde se convirtió en un destacado canonista. Su ascenso en la carrera eclesiástica fue constante, sin ser rápido: Clemente VII le nombró cardenal en 1596 y en 1602 se convirtió en cardenal vicario de Roma. Alejado de las intrigas políticas y de la curia, dedicaba su tiempo libre a los libros de leyes, y, cuando murió León XI, fue elegido Papa el 16 de mayo de 1605 sin que hubiese contraído ningún compromiso previo en el cónclave, tomó el nombre de Pablo V y fue entronizado el 29 de mayo de ese año.

En su primera actuación como Papa ordenó que los prelados y cardenales que residían temporalmente en Roma regresasen a sus respectivas sedes, ya que el Concilio de Trento había decretado que cometía un pecado grave el obispo que estuviese ausente de su sede, ni siquiera para resolver asuntos de la Santa Sede.

Italiano e hijo de su tiempo, se vio involucrado en disputas con ciudades y Estados de Italia por temas relacionados con la jurisdicción eclesiástica y las relaciones entre la Iglesia y el Estado. Su peor enfrentamiento lo sostuvo con la República de Venecia, que denegaba a los clérigos su exención de la jurisdicción civil y había promulgado leyes prohibiendo la enajenación de bienes raíces a favor del clero y exigiendo de una aprobación civil previa para iniciar la construcción de nuevas iglesias. El Papa pidió que se revocasen esos mandatos anticlericales, el pleito creció hasta alcanzar dimensiones europeas, el pontífice excomulgó a todo el Senado veneciano e impuso una censura eclesiástica sobre la ciudad, y el clero veneciano se vio obligado a tomar postura a favor o en contra del Papa. Desafortunadamente para el papado y para Pablo V, todo el clero secular y regular permaneció con el gobierno y continuó administrando sacramentos y celebrando la santa misa, con la excepción de los jesuitas, los teatinos y los capuchinos, que fueron expulsados inmediatamente de la ciudad. Tras un año de cisma, solo la intervención de España y Francia lograron la paz. La república no derogó las leyes en disputa, pero prometió actuar con la piedad acostumbrada; el Papa se declaró satisfecho y retiró las censuras, y se permitió el regreso de capuchinos y teatinos, aunque no el de los jesuitas.

Pablo V, velando por el interés de la Iglesia, escribió a Jaime I de Inglaterra para felicitarlo por su ascensión al trono y mostrarle su pesar por la conspiración que había pretendido asesinarlo, pero solicitando, de paso, que los católicos inocentes no sufriesen el castigo del crimen de otros y prometiendo exhortar a los católicos del reino para que fuesen sumisos y leales a su soberano en cuanto no interfiriese con el culto a Dios. Ante la negativa del rey a escuchar su solicitud, el Papa lo condenó.

En la misma línea intervino en la política austríaca tratando de reconciliar a los católicos en disputa, y a apoyar moral y materialmente a la Unión Católica; en Rusia, manteniendo relaciones con Miguel Romanov, y apeló para que cesasen las persecuciones contra los cristianos en Japón y China.

En el ejercicio pastoral, Pablo V se ocupó de los campesinos pobres, de la instrucción religiosa del pueblo, del clero y de la estricta observancia de los decretos de Trento; canonizó a San Carlos Borromeo; beatificó a Santa Teresa, a San Ignacio de Loyola, a San Felipe Neri, a San Francisco Javier y a Santa Francisca Romana, y bajo su pontificado fue terminada la basílica de San Pedro.

En 1612, el Papa devolvió a Roma las aguas que Trajano había ya encauzado en su acueducto, construyó en el Gianiculo el famoso centro colector de Acqua Paola, hizo construir las dos fuentes de la plaza de San Pedro, otorgó beneficios a sus familiares y fue el promotor de la familia Borghese.

Tuvo un encuentro con Galileo Galilei para advertirle de que no propagara las ideas heliocéntricas de Copérnico, pero aumentó considerablemente el fondo de la biblioteca vaticana.

Murió el 28 de enero de 1621. Sus restos fueron depositados en la magnífica capilla Borghese, en la basílica de Santa María la Mayor, donde su monumento es aún admirado.

Galileo Galilei (1564-1642) comenzó, junto con el alemán Johannes Kepler, la revolución científica que hizo posible la obra del físico inglés Isaac Newton. Galileo usó por vez primera el telescopio para la observación y descubrimiento de las manchas solares, valles y montañas lunares, los cuatro satélites mayores de Júpiter y las fases de Venus, y, en el campo de la física, descubrió las leyes que rigen la caída de los cuerpos y el movimiento de los proyectiles. En la historia de la cultura, Galileo se ha convertido en el símbolo de la libertad en la investigación. Como Copérnico, sostenía que la Tierra giraba alrededor del Sol, lo que contradecía la creencia de que la Tierra era el centro del universo. Galileo fue obligado a abjurar de esa idea en 1633 y se le condenó a prisión perpetua, aunque le fue conmutada por arresto domiciliario; los ejemplares de su *Diálogo* fueron quemados, y la sentencia fue leída públicamente en todas las universidades.

Desde la publicación, en 1870, de la documentación completa del juicio contra Galileo, toda la responsabilidad de la condena a este ha recaído tradicionalmente sobre la Iglesia católica de Roma, olvidando la de los profesores de filosofía que persuadieron a los teólogos de que los descubrimientos de Galileo eran heréticos. En 1979 Juan Pablo II abrió una investigación sobre la condena eclesiástica del astrónomo y en octubre de 1992 una comisión papal reconoció el error del Vaticano.

---

234. Gregorio XV (1621-1623)

Hijo de una familia noble y nacido en Bolonia, Alejandro Ludovisi estudió humanidades y filosofía con los jesuitas, y jurisprudencia y leyes en la universidad de su ciudad natal. Tras graduarse, marchó a Roma, donde Gregorio XIII le nombró juez del Capitolio; Clemente VIII le hizo refrendatorio de firmas y miembro del Tribunal de la Rota, y Pablo V le nombró arzobispo de Bolonia y legado suyo a Saboya para mediar entre el duque Carlos Emmanuel y el rey Felipe II, en su disputa sobre el ducado de Monferrat, antes de nombrarle cardenal presbítero de

Santa María Transpontina. Regresó a Bolonia, donde permaneció hasta que, tras la muerte de Pablo V, fue a Roma para tomar parte en el cónclave. En él, viejo y enfermo, fue elegido gracias a la influencia del cardenal Borghese, tomó el nombre de Gregorio XV y se le impuso la tiara el 14 de febrero de 1621. En su pontificado tuvo la constante ayuda de su sobrino Ludovico Ludovisi, un joven de veinticinco años muy dotado para el ejercicio del gobierno, al que otorgó la púrpura cardenalicia a los tres días de ser elegido, al tiempo que ponía a su hermano Horacio a la cabeza de la armada papal.

Apenas entronizado, cambió las normas vigentes para las elecciones papales, ordenando que se votase en escrutinio secreto, que cada cardenal votara solo por un candidato y que no se votaran a sí mismos, unas normas que, en lo esencial, siguen vigentes en la actualidad. Con la bula *Aeterni Patris Filius*, de 1621, estableció las tres modalidades para elegir un nuevo Papa: la elección por inspiración, por adoración y por aclamación, principios que siguen válidos aún hoy y que fueron parcialmente modificados a principios del siglo xx. La bula *Decet Romanum Pontificem*, de 1622, precisaba de manera más concreta los detalles del ceremonial que debía acompañar a la elección. Pese a esas bulas, el derecho de veto, que permitía a los soberanos europeos intervenir en las elecciones para prohibir ascender al trono de Pedro a los cardenales que ellos considerasen sus enemigos, continuó siendo usado hasta 1903, cuando Austria se opuso a la elección del cardenal Rampolla.

En el terreno apostólico mostró gran interés por las misiones católicas en los lugares lejanos y creó una congregación de cardenales para cuidar de ellas: la Congregación de la Propaganda de la Fe.

Admirador de los jesuitas, canonizó a San Ignacio de Loyola, su fundador, y a San Francisco Javier, su misionero más importante, como también lo hizo con San Felipe Neri, fundador del Oratorio, y a Santa Teresa de Jesús, reformadora de los carmelitas en España.

En el orden político, pero sin olvidar su importancia religiosa, ayudó económicamente al emperador Fernando II para que recuperara sus dominios en Austria y el reino de Bohemia, al tiempo que enviaba un nuncio a Viena para que asistiese al emperador en su intento de terminar con el protestantismo. Igualmente, resolvió la crisis del Palatinado, una provincia alemana reclamada por católicos y protestantes —que fue conquistada por tropas españolas y bávaras— que el Papa había prometido a Maximiliano, duque de Baviera y jefe de la liga antiprotestante, pero que también pretendía el emperador Fernando II. Gregorio XV supo contentar a todas las partes e incluso Maximiliano le regaló la Biblioteca Palatina de Heidelberg, que fue incorporada a la Vaticana.

Acertó también a llevar con tino las relaciones con Inglaterra e incluso al propiciar el matrimonio del príncipe de Gales, más tarde Carlos I de Inglaterra, con la infanta María de España, que hizo posible, por un tiempo, la restauración del catolicismo en Inglaterra. No lo logró, pero el trato a los súbditos católicos del rey inglés Jaime I mejoró notablemente y se concedió en Inglaterra cierta libertad religiosa. Al propio tiempo, capuchinos, jesuitas y franciscanos convirtieron a muchos de los hugonotes franceses al catolicismo.

En 1622, Armando de Richelieu, secretario de Estado francés desde 1616 y protegido por la reina María de Médici, fue nombrado cardenal, anticipando el momento en que Francia se convertirá en la potencia más importante de Europa, desplazando a España.

El pontificado de Gregorio XV fue breve pero fecundo. Murió el 8 de julio de 1623, y el genial Bernini esculpió un busto suyo.

La española Teresa de Cepeda y Ahumada, Santa Teresa de Jesús (1515-1582) —mística, escritora y fundadora de las carmelitas descalzas, rama de las carmelitas–, nació en Ávila y, tras ingresar en la orden, disgustada por la indisciplina de sus hermanas, emprendió la reforma de las carmelitas y se convirtió, con el apoyo del Papa, en una dura oponente para sus inmediatos superiores religiosos. Fundó en Ávila el convento de San José, la primera comunidad de monjas carmelitas descalzas, en el que reforzó el cumplimiento estricto de las primitivas y severas reglas de la orden, y tras este otros muchos conventos similares.

Con San Juan de la Cruz organizó una nueva rama del Carmelo y, aunque acosada por poderosos funcionarios eclesiásticos, logró fundar dieciséis casas religiosas para mujeres y catorce para hombres. Sus escritos son una obra maestra de la prosa española. Fue canonizada en 1622 y en 1970 se convirtió, junto a Santa Catalina de Siena, en la primera mujer Doctora de la Iglesia.

235. Urbano VIII (1623-1644)

Maffeo Barberini era florentino, aunque su madre le llevó a Roma a temprana edad y allí vivió con su tío, que era protonotario apostólico, y fue educado en el colegio Romano por los jesuitas. Doctorado en leyes por la Universidad de

Pisa, al regresar a Roma fue designado abreviador apostólico y refrendador de la signatura de Justicia. Clemente VIII le nombró gobernador de Fano, le envió como legado suyo a Francia para felicitar al rey Enrique IV por el nacimiento de quien sería Luis XIII, le designó arzobispo de Narrarte y le envió como nuncio a París. Pablo V le nombró cardenal presbítero y, a la muerte de Gregorio XV, cincuenta de los cincuenta y cinco cardenales reunidos en el cónclave le eligieron sucesor. Fue entronizado el 29 de septiembre de 1623 y tomó el nombre de Urbano VIII.

El mismo día de su elección emitió las bulas de canonización de San Felipe Neri, San Ignacio de Loyola y San Francisco Javier que Gregorio XV había dejado preparadas; reservó la designación de beatos a la Santa Sede, y prohibió la representación con el halo de santidad a personas no beatificadas o canonizadas, así como la colocación de velas, retablos, etc., ante sus sepulcros y la divulgación impresa de supuestos milagros o revelaciones.

En el orden litúrgico, redujo los días de precepto a treinta y cuatro, además de los domingos, e introdujo nuevos oficios y designó un comité para la reforma del breviario. Él mismo compuso el oficio propio de Santa Isabel y fijó los himnos para las fiestas de Santa Martina, Santa Hermenegilda y Santa Isabel de Portugal, lo que no puede extrañar en quien había publicado un libro de poemas antes de su pontificado. Además, ordenó que todos los obispos, incluyendo los cardenales, residiesen en su sede como había sido decretado en Trento.

Protector de las misiones, creó varias diócesis y vicariatos en países paganos para ayudar y alentar a los misioneros, amplió las actividades de la Congregación de Propaganda de la Fe, fundó el colegio Urbanum para preparar misioneros con destino a China y Japón, aunque no fuesen jesuitas, y prohibió la esclavitud de los indígenas de Paraguay, Brasil y todas las Indias Occidentales.

Fue el último pontífice en practicar el nepotismo a gran escala: tres días después de su coronación hizo cardenal a su sobrino Francesco Barberini, a quien nombró bibliotecario del Vaticano y vicecanciller; nombró cardenal a su sobrino Antonio Barberini, a quien después hizo camarlengo y comandante en jefe de las tropas papales; un tercer sobrino, Tadeo Barberini, fue nombrado príncipe de Palestina y prefecto de Roma, y a su propio hermano Antonio, que era fraile capuchino, le otorgó la diócesis de Senigaglia y le hizo cardenal, gran penitenciario y bibliotecario del Vaticano.

Hacia el final de su pontificado sus sobrinos le involucraron en una guerra inútil con Odoardo Farnesio, duque de Parma, con quien habían discutido por cuestiones de etiqueta en su visita a Roma. Preocupado en aquellos últimos años de su vida por la licitud de sus actos nepóticos, designó un comité especial de teólogos para que investigaran sobre ello, pero el comité decidió a favor de la continuidad de sus sobrinos en los cargos que ocupaban, quizá por miedo a contrariar en exceso al Papa. La disputa entre los sobrinos del Papa y Farnesio forzaron a este a tomar por la fuerza Castro, y el Papa le excomulgó y privó de todos sus feudos, pero finalmente tuvo que firmar una paz vergonzosa en la que el Papa levantaba la excomunión al duque y le devolvía los territorios tomados por las tropas papales.

En ese orden político, Urbano VIII amplió los Estados Pontificios al inducir al anciano duque Francesco Maria della Rovere a ceder su ducado de Urbino a la Iglesia, pero tuvo poco éxito en sus esfuerzos para devolver Inglaterra al seno del catolicismo. Mejor fortuna tuvo al intervenir en la guerra de los Treinta Años, cuyos resultados finales se deben en gran medida a la política de Urbano VIII, menos preocupado por restaurar el catolicismo en Europa que por reajustar en ella los poderes de forma que le permitieran mantener su independencia y poder en Italia.

Patrocinó a algunos artistas a quienes sus sobrinos encargaron la construcción del palacio Barberini, el colegio de la Propaganda de la Fe, la Fontana del Tritone y otras estructuras de la ciudad.

Se dice que su muerte, acaecida el 29 de julio de 1644, se debió a la pesadumbre que le ocasionó la derrota que sufrió en su guerra contra el duque de Parma.

La guerra de los Treinta Años (1618-1648) comprende una serie de guerras parciales en las que diversas naciones europeas se enfrentaron entre sí por motivos religiosos, dinásticos, territoriales y comerciales. Sus batallas se libraron principalmente en el centro y norte de Europa, y la Paz de Westfalia, que significó su fin, dejó un mapa de Europa cambiado para siempre: España perdió los Países Bajos y sus posesiones en Europa Occidental, Francia quedó dueña del Occidente europeo, Suecia controló el Báltico y los Países Bajos fueron reconocidos como república independiente. Los Estados miembros del Sacro Imperio Romano Germánico garantizaron su soberanía, pero la antigua noción de un imperio católico en Europa, encabezado espiritualmente por el Papa y temporalmente por el emperador, dejó de existir.

236. Inocencio X (1644-1655)

Juan Bautista Pamfili nació en Gubbio (Umbría), pero se trasladó a Roma durante el pontificado de Inocencio VIII. Allí estudió jurisprudencia en el colegio Romano y, tras graduarse en leyes, Clemente VIII le designó abogado consistorial y auditor del Tribunal de la Rota; Gregorio XV le nombró nuncio en Nápoles, y Urbano VIII le envió a Francia y España, y le nombró patriarca de Antioquía, nuncio en Madrid y cardenal presbítero de San Eusebio, aunque no asumió dicho cargo hasta tres años después. Cuando lo hizo, fue miembro de las congregaciones del Concilio de Trento, la Inquisición y la de Jurisdicción e Inmunidad.

A la muerte de Urbano VIII, el cónclave no lograba ponerse de acuerdo en la designación de un sucesor, ya que los cardenales franceses había acordado no dar su voto a ningún candidato pro español, pero finalmente eligieron a Pamfili, pese a su conocida simpatía por España. Fue entronizado el 4 de octubre de 1644.

Tras su coronación, Inocencio X quiso tomar acciones legales contra los Barberini, acusándolos de apropiación indebida de los recursos públicos, pero estos huyeron a París, lo que facilitó que el Papa confiscase todas sus propiedades y ordenase que aquellos cardenales que abandonasen los Estados Pontificios sin permiso papal y no regresasen en menos de seis meses, fuesen excluidos de sus beneficios eclesiásticos, incluso del cardenalato. Cuando el Parlamento francés, defensor de los Barberini, declaró nula la bula papal y se preparó a invadir los Estados Pontificios, Inocencio X tuvo que desdecirse de su orden.

Mejor fortuna tuvo en las relaciones del papado con Venecia, que se habían vuelto muy tensas durante el pontificado de Urbano VIII, ya que ayudó a los venecianos en su lucha contra los turcos, especialmente en la batalla de Candía, a cambio de lo cual los venecianos le permitieron que decidiera libremente sobre las sedes episcopales vacantes en su territorio.

En la Península Ibérica, Portugal se había separado de España y había nombrado rey a Juan IV de Braganza. Inocencio X, fiel a España, se negó a reconocer a Juan IV y le impugnó el derecho a aprobar los obispos nombrados para Portugal, por lo que al concluir el pontificado de Inocencio X había un solo obispo en Portugal.

Por considerar que perjudicaba a la religión católica, y pese al criterio en contrario de su predecesor, declaró nula la Paz de Wesfalia, pero nadie le hizo caso.

La gran mancha de su pontificado y motivo de gran escándalo fue su dependencia de Olimpia Maidalchihi, viuda de un hermano suyo, aunque al final de su pontificado se arrepintió de esa amistad.

En el orden teológico condenó el jansenismo, que estaba teniendo un gran impulso en Francia. Murió el 7 de enero de 1655.

El jansenismo fue un movimiento de reforma religiosa, próximo al calvinismo pese a que los jansenistas siempre se declararon católicos, que arraigó sobre todo en Francia durante los siglos XVII y XVIII. Toma el nombre de Jansenio, teólogo flamenco, obispo de Ypres y autor del *Augustinus* (1640). Jansenio defendía la predestinación absoluta, mantenía que todos los individuos son incapaces de hacer el bien sin ayuda de la gracia divina, afirmaba que todos los hombres están predestinados por Dios para ser salvados o condenados y que, al final, solo unos pocos serán los elegidos.

237. Alejandro VII (1655-1667)

Fabio Chigi nació en Siena. Sufrió de ataques de apoplejía durante la infancia que le impedían asistir a la escuela, por lo que tuvo que ser educado por su madre y después por profesores particulares. Recuperado de su dolencia, tras doctorarse en filosofía, leyes y teología en la Universidad de Siena, comenzó su carrera eclesiástica en Roma, donde Urbano VIII le nombró inquisidor de Malta, vicedelegado en Ferrara y nuncio en Colonia, e Inocencio X le envió a la Conferencia de Münster a defender los intereses papales en las negociaciones de la Paz de Westfalia. A su vuelta, Inocencio X le nombró secretario de Estado y cardenal. A la muerte de este, y pese a la inicial oposición de los cardenales franceses, fue elegido Papa por unanimidad y entronizado el 18 de abril de 1655.

Al iniciar su papado prohibió a todos sus familiares acercarse al Vaticano para terminar con el nepotismo, pero no tardó en llamar a su hermano y a sus sobrinos, colmarles de beneficios y otorgarles importantes puestos eclesiásticos y civiles. Pretextó para ello la necesidad que tenía de ellos para enfrentarse a unos asuntos políticos que le desagradaban sobremanera, ya que prefería ocupar su tiempo en el arte y la literatura, como muestra bien su colección de poemas *Philomathi*.

El joven rey Luis XIV de Francia fue causa, para él, de constantes disgustos. El cardenal Mazarino, que gobernó el reino durante la minoría de edad del rey, no olvidó que se había opuesto a la Paz de Westfalia e impidió que Luis XIV le enviara la tradicional embajada de pleitesía y, durante el resto de su vida, que se nombrara embajador francés, dejando los asuntos diplomáticos en manos de cardenales contrarios al pontífice. Todo ello desembocó en una lucha entre Francia y el papado que resultó con la pérdida temporal para este de Aviñón.

Los jansenistas franceses, que veían un enemigo en Alejandro VII, pretendieron levantar la condena que pesaba sobre ellos, pero el Papa confirmó la declaración condenatoria de su predecesor y envió a Francia un formulario para que fuese firmado por todos los clérigos con el fin de detectar y extirpar el jansenismo.

Tampoco le faltaron problemas con la corona española a causa de la independencia de Portugal.

Cuidó el embellecimiento de Roma: las casas fueron niveladas, se ensancharon calles y plazas, modernizó la universidad romana, enriqueciendo su biblioteca, y encargó restauraciones y decoración de la iglesia de Santa María del Popolo, la Escala Regia y la silla de San Pedro, en la basílica del Vaticano, al gran maestro Bernini, autor, entre otras obras, de su famosa columnata y dos fuentes.

Durante su pontificado se produjo, en 1665, la conversión de la reina Cristina de Suecia, quien después de su abdicación se exilió en Roma, donde fue confirmada por el Papa.

Alejandro VII murió el 22 de mayo de 1667.

Gian Lorenzo Bernini (1598-1680), una de las figuras más sobresalientes del barroco, fue escultor, arquitecto, pintor, dibujante, escenógrafo, autor teatral y concibió espectáculos de fuegos artificiales.

El cardenal Giulio Mazarino –Jules Mazarin para los franceses– gobernó Francia durante la minoría de edad de Luis XIV y la transformó en la primera potencia europea. Ana de Austria, viuda de Luis XIII, le nombró primer ministro y tutor de Luis XIV, que solo tenía cinco años de edad. Brillante y afortunado en la política exterior, en la interior se mostró insensible al descontento popular provocado por la escasez de alimentos y los altos impuestos causados por la guerra.

238. Clemente IX (1667-1669)

Julio Rospigliosi nació en Pistoia, estudió en el seminario romano y se doctoró en filosofía en la Universidad de Pisa, donde fue maestro de filosofía durante varios años. Durante el pontificado de Urbano VIII, se promocionó en la corte romana, siendo nombrado arzobispo de Tarsus y nuncio en la corte española. La llegada al papado de Inocencio X le obligó a retirarse de la vida pública, pero a su muerte Alejandro VII le nombró secretario de Estado y cardenal presbítero de San Sixto.

Un mes después de la muerte de Alejandro VII fue elegido Papa por unanimidad y consagrado como Clemente IX el 26 de junio de 1667.

Durante su pontificado medió entre Francia, España, Inglaterra y Holanda, consiguiendo que se firmase la Paz de Aquisgrán, llamada en su honor Clementina, y que supuso una cierta reconciliación entre el papado y Francia, en la que suspendió la persecución de los jansenistas.

Dedicaba dos días a la semana a confesar a cuantos lo deseasen en la iglesia de San Pedro, visitaba con frecuencia los hospitales y empleaba los recursos del papado en atender a los desamparados.

Hombre de letras, a lo largo de su vida escribió obras poéticas y alcanzó fama con sus dramas de contenido religioso, en los que fue asesorado por Lope de Vega, así como con varios libretos de ópera cómica, de la que para algunos fue fundador.

Como su predecesor, encargó a Gian Lorenzo Bernini numerosas estatuas para decorar la columnata de la basílica de San Pedro. Pese a ello, mantuvo las finanzas papales en buen orden y le fue posible enviar ayuda material a Venecia para defenderse de Creta, pero no logró que los franceses ayudaran a la república veneciana que, finalmente, cayó en manos de los turcos. Las noticias de su caída después de una valiente resistencia de veinte años causaron tanto dolor a Clemente IX que le ocasionaron la muerte el 9 de diciembre de 1669. Antes, había declarado beata a Santa Rosa de Lima y canonizado a la italiana Santa María Magdalena y al español San Pedro de Alcántara.

Isabel Flores de Oliva, Santa Rosa de Lima (1586–1617), fue la primera religiosa americana canonizada por la Iglesia católica. En 1606 ingresó en la orden terciaria de los dominicos y, a partir de ese momento y hasta el final de sus días, se dedicó a la contemplación, la oración, la mortificación y la penitencia, alcanzando frecuentes éxtasis místicos. Ello no le impidió dedicarse al cuidado de sus semejantes, hasta el punto de que se hicieron famosos los cuidados físicos y espirituales que dispensaba a enfermos y niños. Beatificada en 1668 por Clemente IX, en 1669 la nombró patrona de Lima y de Perú; en 1670 Clemente X la declaró patrona de América y Filipinas, y en 1671 la canonizó.

239. Clemente X (1670-1676)

Nacido en Roma, Emilio Altieri dedicó toda su vida a la Iglesia: Urbano VIII le encargó la protección de Rávena, Inocencio X le nombró nuncio en Nápoles, Alejandro VII le hizo secretario de la congregación de Obispos y Regulares, y Clemente IX le nombró superintendente del tesoro papal y cardenal ya en su lecho de muerte.

Fue elegido Papa cuando contaba ochenta años de edad en un cónclave que duró casi cinco meses y en el que los cardenales optaron por un candidato de compromiso: el cardenal Altieri, que tras negarse a aceptar el nombramiento diciendo que «la túnica papal no debería ser mortaja funeraria», la aceptó, tomó el nombre de Clemente X y fue consagrado el 11 de mayo de 1670, para, desde ese momento, dejar el gobierno de la Iglesia en manos de uno de sus familiares: el cardenal Paulo Altieri.

Este, en su nombre, organizó las finanzas papales e hizo levantar en Roma el palacio Altieri y las fuentes que adornan la plaza de San Pedro; rechazó las pretensiones de Luis XIV de Francia sobre las rentas de las sedes católicas; prestó ayuda a los polacos en su lucha contra los turcos, e intervino en el nombramiento del buen cristiano Juan III Sobieski como rey de Polonia, pero no logró la alianza de las monarquías europeas para hacer frente al imperio otomano y su política expansionista sobre el Mediterráneo.

Clemente X, que murió, tras seis años de pontificado, el 22 de julio de 1676, celebró el XV Jubileo (1675), canonizó a San Francisco de Borja y a Santa Rosa de Lima, ambos en 1671, y beatificó, en 1675, a San Juan de la Cruz.

Juan III Sobieski (1624-1696) fue rey de Polonia y de Lituania desde 1674 hasta su muerte, y tuvo una intervención decisiva en 1683 para lograr que los turcos

levantasen el sitio de Viena. Tras su brillante victoria frente a los turcos otomanos en Choczin, hoy Jotín (Ucrania), fue elegido rey de los turcos gracias al
apoyo de los franceses –su esposa era francesa– y de Clemente X. En 1676 firmó
una tregua con los turcos pero, tras abandonar su alianza con Luis XIV, aliado de
los turcos, firmó un acuerdo con el emperador Leopoldo I, a quien ayudó en el
sitio de Viena derrotando a los turcos en la batalla de Kahlenberg, y, más adelante, participó en las campañas que expulsaron a los turcos de territorio húngaro.

240. Beato Inocencio XI (1676-1689)

Benedetto Odescalchi, nacido en Como (Italia), fue educado por los jesuitas en
su ciudad natal y estudió jurisprudencia en Roma y Nápoles antes de que Urbano
VIII le nombrase protonatorio, presidente de la Cámara Apostólica, comisario
de Ancona, administrador de Macerata y gobernador de Picena, e Inocencio X
le hiciese cardenal diácono de San Cosme y San Damián y, más tarde, cardenal
presbítero de San Onofre.

Cuando fue enviado a Ferrara para luchar contra el hambre que asolaba la región, se le comenzó a llamar «el padre de los pobres» y, cuando fue
nombrado obispo de Novara, gastó todos los recursos de su sede en aliviar a
los pobres y enfermos de la diócesis antes de obtener permiso del Papa para
renunciar a su diócesis en favor de su hermano Julio. Cuando pudo hacerlo, regresó a Roma y allí formó parte de diversas congregaciones.

Aunque era el más fuerte candidato al papado tras la muerte de Clemente IX, los franceses vetaron su elección, pero tras la muerte de Clemente X,
aunque Luis XIV intentó nuevamente impedir su elección, al ver que tanto el
resto de los cardenales como los ciudadanos romanos deseaban su coronación,
ordenó a los cardenales franceses que votaran a su favor. Ello hizo que, tras un
interregno de dos meses, el cardenal Benedetto Odescalchi fuese unánimemente
elegido Papa. Tomó el nombre de Inocencio XI y fue coronado el 4 de octubre
de 1676.

Inició su pontificado dictando estrictas normas contra el nepotismo y redu-
ciendo los gastos de la curia para terminar el estado de ruina en que malvivía. Al
concluir su pontificado, el tesoro pontificio tenía superávit.

Como sus predecesores, su pontificado estuvo marcado por las fuertes luchas
contra el absolutismo de Luis XIV, que se opuso al privilegio eclesiástico y fue

condenado por reclamar el derecho a nombrar obispos y a quedarse con las rentas de las sedes vacantes. Luis XIV convocó un sínodo francés, al que Inocencio XI respondió con la anulación del documento sinodal y negándose a confirmar las promociones de los clérigos que habían participado en el sínodo.

Celoso defensor de la moral, tanto en el clero como en los fieles, insistió en que la Iglesia debía dar ejemplo de vida a los fieles, reformó los monasterios de Roma, impuso estrictas ordenanzas sobre la vestimenta de las mujeres, terminó con la creciente pasión por el juego que imperaba en Roma suprimiendo las casas de juego y alentó la comunión diaria.

En el orden teológico condenó las sesenta y cinco proposiciones conocidas como *propositiones laxorum moralistarum* y prohibió que se enseñaran, bajo pena de excomunión, por considerar que relajaban la moral del clero; y, pese a su inclinación hacia las tesis de Miguel Molinos, se vio obligado a refrendar la condena que la Inquisición hizo de su *Guía espiritual*.

El beato Inocencio XI murió el 12 de agosto de 1689; el proceso de su beatificación fue introducido por Benedicto XIV y continuado con Clemente XI y Clemente XII, pero los cardenales franceses le acusaron de jansenismo y lograron que no se anunciase hasta 1956, en que lo hizo el papa Pío XII.

Miguel Molinos (1628-1696) fue un sacerdote español que, en 1675, publicó *Guía espiritual,* defendiendo una forma radical de misticismo, el quietismo, basado en la creencia de que la perfección reside en la pasividad y sometimiento absolutos a la voluntad de Dios, por lo que todas las acciones, buenas o malas, son obstáculos a esa voluntad. Pese a que el papa Inocencio XI se mostró inclinado a su doctrina, los jesuitas le acusaron de herejía a la Inquisición. Condenada su doctrina, Molinos se retractó de ellas bajo juramento, pero fue sentenciado a cadena perpetua. Falleció en prisión el 21 de diciembre de 1696.

241. Alejandro VIII (1689-1691)

Pedro Ottoboni nació en Venecia y era hijo del canciller de la república veneciana. Sus primeros estudios los realizó en la Universidad de Padua, en la que se doctoró en leyes civiles y eclesiásticas antes de trasladarse a Roma, donde Urbano VIII le nombró gobernador de Terni, Rieti y Espoleto, y fue auditor en el Tribunal de la Rota durante catorce años; Inocencio X le nombró cardenal presbítero y después obispo de Brescia, y Clemente IX le hizo cardenal datario.

Cuando a la muerte del beato Inocencio XI fue elegido y entronizado Papa el 16 de octubre de 1689, era ya octogenario y poco pudo hacer durante los dieciséis meses que duró su breve pontificado, ya que murió el 1 de febrero de 1691.

Pese a ello, logró que Luis XIV, cuya situación política era crítica en aquel momento, aceptase las disposiciones de paz propuestas por Alejandro VIII y devolviese Aviñón al papado, y renunciase al derecho de asilo de que gozaba en Roma la embajada francesa. Pese a ello, el Papa mantuvo la condena a los «cuatro artículos del galicanismo» que había promulgado la Asamblea francesa en 1682 y que restringían la autoridad papal. Igualmente luchó contra el jansenismo y el quietismo, y condenó la tesis jesuítica, según la cual una persona que no conoce a Dios no puede cometer nunca pecado mortal. También apoyó a Venecia en su guerra contra los turcos y enriqueció la biblioteca vaticana con los libros y manuscritos que había legado Cristina de Suecia.

Aunque cayó en el nepotismo, su breve pontificado marcó un período de transición entre el rigorismo de su predecesor, Inocencio XI, y el espíritu de conciliación que representaría su sucesor en la silla de San Pedro, Inocencio XII. En 1690 canonizó a San Pascual Bailón y a San Juan de Dios.

El galicanismo fue una combinación de doctrinas teológicas y posiciones políticas que defendía una cierta independencia de la Iglesia católica francesa frente a la autoridad del Papa, frente al montanismo, que reclamaba una activa intervención pontificia en los asuntos franceses, tanto religiosos como políticos. El galicanismo sostenía que los concilios ecuménicos tenían supremacía sobre el Papa, al que no consideraban infalible; que todos los obispos, por derecho divino, eran sucesores de los apóstoles y, en el orden político, que los reyes franceses eran independientes de Roma en todos los asuntos temporales. La forma parlamentaria del galicanismo era más radical y agresiva, y pedía la total subordinación de la Iglesia francesa al Estado. El galicanismo consiguió su máximo exponente en los «cuatro artículos del galicanismo», promulgados por la Asamblea General francesa y aceptados por Luis XIV. Rechazados por el Papa, el propio Luis XIV renunció a ellos.

242. Inocencio XII (1691-1700)

Antonio Pignatelli, nacido en Nápoles, estudió bajo la dirección de los jesuitas, entró en la curia romana a la edad de veinte años y fue nombrado, sucesivamente, en tres cargos importantes: vicedelegado en Urbino, inquisidor en Malta y gobernador de Perugia. Además, el Papa Inocencio X le mandó como nuncio a Toscana; Alejandro VII a Polonia, donde tuvo el acierto de controlar los disturbios eclesiásticos y llevó la Iglesia a los armenios, e Inocencio XI le nombró cardenal presbítero de San Pancracio, obispo de Faenza y, por último, arzobispo de Nápoles.

Tras la muerte de Alejandro VIII, los cardenales franceses y españoles no lograron ponerse de acuerdo en un candidato hasta que decidieron elegir uno de compromiso: el cardenal Antonio Pignatelli, quien el 15 de julio de 1691 fue coronado bajo el nombre de Inocencio XII.

A poco de iniciar su pontificado publicó la bula *Romanun decret Pontificem*, que fue jurada y firmada por todos los cardenales, en la que decretaba que, en el futuro, el Papa no podría otorgar el cardenalato a más de un familiar y prohibía de forma explícita recompensar de cualquier forma a los parientes del pontífice.

Llamaba sobrinos a los pobres, con quienes fue extremadamente caritativo; transformó una zona del laterano en hospital para los necesitados; puso en marcha numerosas instituciones educativas benéficas, y finalizó las obras de los juzgados, en la actualidad destinada a Cámara de Diputados.

Logró la reconciliación con Francia, tras conseguir que Luis XIV derogara los «cuatro artículos del galicanismo», a cambio de lo cual Inocencio XII amplió el derecho del rey a nombrar las sedes vacantes. Tras ello, los obispos franceses enviaron a Roma su retractación de los «cuatro artículos» y el Papa les confirmó en sus sedes.

La buena relación del papado con el emperador Leopoldo I comenzó a tensarse al final de su pontificado debido a que el conde Martinitz, embajador imperial en Roma, insistía en el derecho de asilo que había sido abolido por Inocencio XI. Quizás a causa de esa arrogancia del embajador germano, o de su emperador, el Papa sugirió a Carlos II de España que eligiera al francés duque de Anjou como su sucesor en el reino de España en vez de a un miembro de la casa de Austria.

Como su predecesor, condenó tanto el jansenismo como el quietismo, y murió, tras nueve años de pontificado, el 27 de septiembre de 1700.

Carlos II (1661-1700) fue el último rey de España de la dinastía Habsburgo. Débil, enfermizo y poco dotado física y mentalmente, no tuvo hijos y dependió en exceso de las opiniones y caprichos de su madre y sus dos esposas. El consejo de Inocencio XII determinó el último testamento de Carlos II, en el que declaró heredero al duque de Anjou, futuro Felipe V.

El magisterio espiritual (1700-1878)

Entorno histórico

La primera mitad de este período está dominado por el hecho de que las naciones europeas luchan por conquistar la primacía en el continente, al tiempo que por conquistar por sí o disputar a España y Portugal el dominio de territorios coloniales, y se reparten casi la totalidad de África en el siglo XIX. La guerra de sucesión a la corona española consolidará el dominio de la casa de Borbón, aunque en el centro de este período, la pésima situación económica y el despotismo de los dirigentes desembocarán en la Revolución Francesa y el consecuente derrocamiento de la monarquía en aquel país —al menos por unos pocos años, ya que pronto se levantará el imperio de Napoleón—. Rusia cuenta con un zar, Pedro el Grande, y una zarina, Catalina II, que convierten a su país en una potencia europea. En 1713, la Paz de Utrecht reordena Europa y abre la puerta al dominio inglés.

En ella, Inglaterra se adueña del Canadá francés en una América en la que George Washington se convierte en el líder de los colonos que se alzan contra la dominación inglesa, y Thomas Jefferson redacta la declaración de Independencia, que culmina en 1783. Se detiene el crecimiento del Islam, y el imperio otomano se desangra en guerras de nulo beneficio en Austria, Rusia, Polonia, Francia, Italia y Persia, que alcanzan Delhi, en una India en la que impera la anarquía tras la muerte del último emperador mongol. Y en Australia, Dampier explora la costa occidental; el capitán Cook dibuja el mapa de la costa oriental, y unos mil presos ingleses llegan a Sydney.

En el orden social, el XVIII es el siglo de las revoluciones burguesas; la patata, llegada de América, aplaca el hambre de las multitudes europeas; nace la industria europea; los gobernantes de Austria y Prusia comienzan a interesarse por el bienestar de sus súbditos; la población de Europa crece de ciento veinte a doscientos millones de habitantes, y ciudades como Londres o París duplican el número de habitantes, un fenómeno que también se produce en China, que duplica su población y supera la población de Europa: más de doscientos millones de habitantes.

En el orden cultural, esta primera parte del período viene definida con un nombre, el Siglo de la Luces, que habla bien a las claras de la primacía que se da a la Razón, convertida casi en una diosa; se publica la *Enciclopedia;* Linneo sistematiza el estudio de la vida, y el apogeo de la música, con genios como Bach, Vivaldi, Telemann, Haydn o, fuera del campo de la música, Goethe, Kant o Goya.

En la segunda mitad del siglo XIX se derrumba el imperio de Napoleón en Waterloo, a partir de su derrota en Rusia; se produce el auge de los Estados nacionales y, al final del período (1871), Bismarck proclama el Reich alemán. Las potencias europeas −Inglaterra, Francia y Rusia− ayudan a los griegos a liberarse del yugo de los turcos, al tiempo que Inglaterra, en ese tiempo de pérdida de poder del Islam, se adueña de Egipto y Sudán, y que, en India, el ejército nativo se subleva contra la Compañía de las Indias Orientales y la corona británica asume el poder. En una China dominada por los grandes países europeos estalla la rebelión de los bóxer; Japón se ve obligado a renunciar a su aislamiento y firma tratados con Inglaterra, Francia, Rusia y Estados Unidos, en los que, en 1861, estalla la guerra de Secesión y se produce el triunfo de la Unión. Se independizan de España casi todas sus colonias, especialmente en los comienzos del siglo XIX, con líderes como Bolívar, San Martín o Hidalgo. Y en África, las potencias europeas y Holanda establecen colonias en las que se explotan las riquezas minerales y madereras del continente.

En el orden social, la segunda parte de este período está marcada por un hecho: la llegada de la Revolución Industrial a Inglaterra y, posteriormente, a la colonia española de Cuba, Estados Unidos, Francia, y Alemania. Darwin publica *El origen de las especies;* Mendel difunde sus descubrimientos sobre las leyes de la herencia; son incontables los progresos en medicina, física y astronomía, y se producen incontables inventos que condicionan y facilitan nuestro actual modo de vida; Schopenhauer riega la Europa intelectual con su pesimismo; Marx y Engels analizan la historia como un producto de la lucha de clases y sientan las bases de la revolución comunista, y con Rusia como gran maestra y París como faro, se vive el incomparable siglo de la novela.

El magisterio espiritual

En este largo período la mayoría de los papas, desprovistos o en trance de serlo del poder temporal, se centran en el magisterio espiritual que corresponde a su función pastoral. Pese a ello, los movimientos intelectuales que convulsionan el llamado Siglo de las Luces, la Revolución Francesa y, antes, la lucha por el poder entre los Estados europeos someten al papado a sumisiones y vejaciones que le fuerzan a transigir en cuestiones como la disolución de la Compañía de Jesús; cometer errores como la prohibición de todo sincretismo en las tierras de misiones de Oriente y América; soportar la pérdida de territorios papales y de incontables derechos y privilegios eclesiásticos; actuar con indebida ductilidad frente a los movimientos heréticos o semiheréticos franceses; mostrar falta de poder real en su lucha contra la masonería, sociedades secretas y otros movimientos ilustrados, etc. El último Papa de este período, Pío IX, quien proclama la infalibilidad del Papa en 1870 durante el Concilio Vaticano I, señala el fin del poder temporal de la Iglesia cuando Roma pasa a formar parte del reino de Italia como capital del mismo.

Los papas del período

243. Clemente XI (1700-1721)

Giovanni Francesco Albani, nacido en Urbino el 23 de julio de 1649, a los once años fue enviado a Roma para estudiar en el colegio Romano pero sus excelentes calificaciones atrajeron la atención de la reina Cristina de Suecia, quien lo hizo ingresar en su exclusiva academia, donde estudió teología y leyes y, muy joven aún, fue considerado ya un erudito en ambas materias. Gracias a ello, a los veintiocho años fue consagrado obispo y rigió, sucesivamente, las sedes de Rieti, Sabina y Orvieto antes de ser llamado nuevamente a Roma para ser designado vicario de San Pedro, secretario de Asuntos Papales y, más tarde, cardenal diácono y cardenal presbítero de San Silvestre.

A la muerte de Inocencio XII, la mayoría de los cardenales presentes en el cónclave quisieron elegir al cardenal Mariscontti, pero los cardenales franceses interpusieron su voto y el Sacro Colegio eligió al cardenal Albani, mejor visto por los franceses. Siendo Albani partidario del cardenal Mariscontti, se negó durante tres días a aceptar la designación, pero finalmente fue consagrado en el Vaticano el 8 de diciembre de 1700, con el aplauso incluso de protestantes y reformadores católicos.

Accedió al pontificado en un momento en que una grave crisis se cernía sobre Europa y, consecuentemente, sobre el papado. Mientras se celebraba el cónclave en que Clemente XI había de ser elegido, murió en España Carlos II, el último de la dinastía Haubsburgo, quien, al no tener hijos, nombró heredero al duque de Anjou, el segundo de los hijos de Luis XIV, pero el emperador del Sacro Imperio, Leopoldo I, reclamó el trono para su segundo hijo, Carlos, para que de esa forma la dinastía germana se mantuviera en España.

Clemente XI estaba comprometido en la disputa porque su predecesor, Inocencio XII, había influido en Carlos II para que nombrase heredero al duque de Anjou, razón por la cual los cardenales alemanes trataron de vetar en el cónclave al cardenal Albani.

Aunque una vez nombrado Papa quiso mantenerse neutral en la guerra de sucesión y en las disputas entre Francia y el Sacro Imperio, le fue imposible. Cuando el Borbón Felipe V fue coronado en Madrid, el Papa le reconoció como tal, lo que irritó al emperador Leopoldo I, sobre todo cuando tuvo noticias de la satisfacción del Papa por la entrada de las tropas francesas y bávaras en Viena y su triunfo en la batalla de Blenheim, en Baviera; pero el emperador tuvo la satisfacción de ver que las victorias del príncipe Eugenio dejaban a Italia a merced de los austríacos.

A la muerte del emperador Leopoldo I (1705) le sucedió su hijo José I, quien se enfrentó al Papa con la querella *Jus primarum precum,* en la que reclamaba el derecho de la corona a posesionarse de los beneficios eclesiásticos vacantes, al tiempo que los victoriosos austríacos, en ese momento dueños del norte de Italia, invadieron los Estados Pontificios, tomaron posesión de Piacenza y Parma, se anexionaron Comacchio y asediaron Ferrara. Clemente XI solo pudo ofrecer una resistencia de tipo espiritual, ya que nadie le ayudó en la defensa de los territorios eclesiásticos, especialmente cuando un fuerte destacamento de tropas protestantes llegó a Bolonia, y, para evitar males mayores, Clemente XI tuvo que reconocer al archiduque Carlos como rey de España, pese a que ya había hecho otro tanto con Felipe V. En esta ocasión fueron Luis XIV de Francia y Felipe V quienes se indignaron; Felipe V expulsó de Madrid al nuncio y se incautó de las rentas de la Iglesia, y cuando se firmó la Paz de Utrecht los derechos papales fueron olvidados hasta el punto de que ni siquiera se convocó al nuncio a las audiencias; los dominios de la Iglesia fueron divididos a conveniencia de cada parte, y Víctor Amadeo II de Saboya se adueñó de Sicilia y decidió terminar con la autoridad del Papa en Sicilia. Clemente XI le respondió con un interdicto; el rey expulsó a todo el clero de la isla, y el Papa se vio obligado a acogerlos.

Como pontífice luchó contra el nepotismo; otorgó beneficios tan solo a quienes consideraba dignos, y ordenó a su hermano que se mantuviese a distancia de la curia papal y se abstuviese de adoptar nuevos títulos.

Al margen de las ocupaciones austríacas, Clemente XI fue un buen administrador de los Estados Pontificios, lo que le permitió mostrarse caritativo con los necesitados, mejorar las condiciones de vida en las cárceles y asegurar la comida al pueblo en tiempos de escasez. Para defender el patrimonio romano prohibió la exportación de obras de arte procedentes de la antigüedad y mostró su talante científico comisionando a Bianchini para que determinase y grabase en el pavimento de Santa María de los Ángeles el meridiano de Roma.

Frente a estos logros, fracasó en su intento de restaurar la paz entre los Estados europeos y mantener los derechos de la Iglesia, como cuando, apenas iniciado su pontificado, quiso evitar que el príncipe elector de Brandeburgo se apropiase del título de rey de Prusia, que pertenecía a la Orden Teutónica.

La mayor preocupación espiritual de su pontificado fue el jansenismo, un vigoroso movimiento reformista católico romano. Clemente XI publicó dos bulas contra dicha doctrina y condenó también el sincretismo que corrompía el cristianismo con los ritos malabares y chinos que autorizaban el culto a los antepasados y a Confucio, aunque permitió que los jesuitas presentes en India o China respetasen el uso por los cristianos de aquellos lugares de algunos de sus ritos y tradiciones ancestrales. Desde entonces, los emperadores chinos se mostraron menos favorables al cristianismo.

Clemente XI murió, en Roma, el 19 de marzo de 1721 y sus restos descansan en San Pedro. Su capacidad de trabajo era prodigiosa, dormía poco y comía escasamente. A todos les confesaba, celebraba misa y se ocupaba minuciosamente de las numerosas alocuciones, homilías, breves y constituciones que pronunció o escribió durante su pontificado. Proclamó que la festividad de la Concepción de la Santísima Virgen María fuese una fiesta de precepto y canonizó a los santos Pío V, Andrés Avelino, Félix de Cantalicio y Catalina de Bolonia.

Los Tratados de Utrecht son el conjunto de acuerdos a que llegaron, entre 1713 y 1715, los países europeos después de la guerra de sucesión española y que significaron un nuevo orden europeo, regido por la llamada «balanza de poderes», para asegurar la paz mediante el equilibrio militar. La gran beneficiada fue Gran Bretaña, que recibió Gibraltar y Menorca, y obtuvo importantes ventajas en el continente americano, pasando a formar parte de sus posesiones Nueva Escocia, la bahía de Hudson, Terranova y la isla de San Cristóbal. Austria, por su parte, se anexionó las posesiones españolas en los Países Bajos del sur y, en la península Itálica, el Milanesado y los presidios de Toscana, Nápoles y Cerdeña.

244. Inocencio XIII (1721-1724)

Miguel Ángel dei Conti era hijo de Carlos II, duque de Poli; pertenecía a la familia de Inocencio III, y nació en Roma, donde estudió con los jesuitas en el colegio Romano. Antes de ser elegido Papa en un tormentoso cónclave, tomar el nombre de Inocencio XIII y ser entronizado el 18 de mayo de 1721, había sido arzobispo de Tarso, nuncio en Lucerna y en Lisboa, y Clemente XI le nombró cardenal presbítero, confiriéndole la diócesis de Osimo y más tarde la de Viterbo.

Era un hombre enfermizo y tranquilo, y su pontificado respondió a su carácter, pues transcurrió sin que en él se sucedieran acontecimientos de relevancia.

Apenas entronizado, invistió al emperador Carlos VI como rey de Sicilia y recibió su juramento de fidelidad, pero un año más tarde, pese a sus protestas, el emperador situó al príncipe español Don Carlos al frente de Parma y Piacenza, pese a que esos dos ducados pertenecían a la soberanía papal.

Pretendiendo reinstaurar el catolicismo en Inglaterra, ayudó financieramente y año tras año, como había hecho Clemente XI, a Jaime III, pretendiente al trono inglés e hijo del destronado rey católico Jaime II, e incluso le prometió un envío de cien mil ducados, si los precisaba, para recuperar la corona por medio de las armas; la misma cantidad que había entregado a los Caballeros de Malta para luchar contra las fuerzas del Islam.

A pesar de haber estudiado con los jesuitas, fue el primer Papa en tomar una actitud contraria a dicha orden, anticipando las persecuciones a que se vería sometida años más tarde, y en la disputa que sostenían jesuitas y dominicos sobre el mantenimiento de los ritos tradicionales en China se alió con estos últimos: los enemigos de los jesuitas. Y como su predecesor, condenó el jansenismo.

Jaime o Jacobo II de Inglaterra y VII de Escocia (1633-1701) fue el último rey católico que gobernó Inglaterra. Criticado por su política religiosa y su despotismo, fue derrocado tras la Revolución Gloriosa y tuvo que huir a Francia después de intentar invadir Irlanda, donde fue derrotado en la batalla del Boyne. Murió en Francia a los sesenta y siete años, después de una etapa austera y devota.

245. Benedicto XIII (1724-1730)

Pedro Francisco Orsini, nacido el 2 de febrero de 1649, era hijo de Fernando Orsini y de Giovanna Frangipani de Tolpha, perteneciente a la familia del archiduque Orsini-Gravina; además, era el mayor de los hijos y heredero al título y propiedades del duque de Bracciano, su tío. A los dieciséis años ingresó en la Orden de Santo Domingo durante una visita a Venecia, pese a la oposición de sus padres, quienes apelaron a Clemente IX, aunque sin éxito, ya que el Papa aprobó su entrada en el noviciado y redujo su tiempo en él para librarlo de las insistencias familiares.

El joven príncipe destacó en tal forma en virtudes y aplicación que a los veintiún años fue nombrado catedrático y a los veintitrés, cardenal. Él se negó a aceptar el honor que le había otorgado Clemente X, pero el general de los dominicos usó de su voto de obediencia para obligarle a aceptar el cardenalato. Aceptó y, desde su nombramiento, formó parte de un grupo —los zelanti— que se había puesto de acuerdo en no dejarse mover por ninguna consideración mundana al emitir su voto en el cónclave; nunca dejó de usar el hábito de la orden y cuando, cinco años más tarde, le ofrecieron el arzobispado de Salerno y el obispado de Manfredonia, escogió esta sede porque, siendo más pobre, requería un mayor esfuerzo y entrega. Tanta debió de ser su entrega que los médicos le forzaron a trasladarse a Benevento, de donde fue nombrado arzobispo y permaneció hasta que, treinta y ocho años después, fue elegido Papa. Durante ese tiempo realizó una visita a todas las parroquias anualmente, construyó iglesias y hospitales, alivió los sufrimientos de los pobres y en los terremotos de 1688 y 1702 le valieron el título de «Segundo Fundador» de Benevento.

Cuando murió Inocencio XIII, el cardenal Orsini ya había tomado parte en cuatro cónclaves y siempre había actuado en el espíritu de los zelanti. El cónclave se inició el 15 de marzo y el 20 de mayo aún no había dado fruto. El cardenal Orsini comenzó una novena a San Felipe Neri para pedir que no se retrasase más la elección del nuevo Papa. El día 23, y pese a su negativa a aceptar alegando su edad, estado físico, incapacidad y promesa de no aceptar nunca el papado, el cardenal Orsini, otra vez obligado por el voto de obediencia y el mandato del general de los dominicos, tuvo que aceptar que la elección recayese en él. En honor de Benedicto XI tomó el nombre de Benedicto XIV, que cambió por el de Benedicto XIII usado antes por el cismático Pedro de Luna. Fue consagrado el 30 de mayo de 1724.

Para reforzar la disciplina eclesiástica, se negó a vivir en el palacio del Vaticano y se hizo construir una modesta celda en una casa más apartada; también ordenó la forma de vestir de los eclesiásticos y pidió a los cardenales que renunciasen a todo lujo, y cuando actuó como gran penitenciario durante el XVII Año Santo, de 1725, consideró la posibilidad de volver a establecer las penitencias públicas para ciertos pecados. Vivió como un monje y el ejemplo de su vida hizo que su madre, su hermana y dos de sus sobrinas se hiciesen religiosas de la Orden Tercera de Santo Domingo.

Menor rigor mostró en las cuestiones diplomáticas, ya que para terminar la disputa sobre los privilegios eclesiásticos planteada por el rey de Nápoles, revocó la constitución de Clemente XI y concedió a este rey y a sus sucesores el derecho a nombrar jueces para los asuntos eclesiásticos, salvo los muy graves. En la misma línea, el enfrentamiento del papado con Víctor Amadeo II de Saboya lo resolvió concediendo al rey el patronato sobre las iglesias y monasterios de sus dominios.

La excepción a esa falta de rigor la marca su relación con Juan V, rey de Portugal, a quien rechazó su petición de gozar de los mismos privilegios que tenían otros reyes de proponer candidatos al cardenalato. En represalia, Juan V pidió que regresasen a su tierra todos los portugueses que residían en Roma, prohibió todas las comunicaciones con la curia y quiso prohibir el envío de las limosnas de Portugal a Roma.

Luchó enérgicamente en contra del jansenismo, que todavía agitaba las almas en Francia, y canonizó a San Juan de la Cruz, San Luis Gonzaga (modelo de su juventud), San Juan Nepomuceno, San Gregorio VII y San Estanislao de Kotska.

Su gran error fue confiar en el cardenal Nicolás Coscia, que se enriqueció a costa de la Iglesia dañando el prestigio de la Santa Sede y dejando las finanzas papales en la bancarrota. Benedicto XIII, un monje apartado del mundo, tuvo la desgracia de dar entrada en la curia a un personaje como Coscia, a quien él mismo había hecho cardenal y convirtió en consejero. Tras la muerte de Benedicto XIII, Coscia fue juzgado, encarcelado y confiscados sus bienes.

También nombró cardenal a Fleury, preceptor y tan excelente ministro de Luis XV, que tras su muerte el rey y Francia estuvieron al borde del desastre cuando su influencia fue sustituida por la de Madame Pompadour y otras favoritas reales.

Murió en Roma, el 2 de marzo de 1730, y muchos de sus contemporáneos le consideraron santo; posiblemente merezca ese honor, pero su pontificado nos demostró que no es suficiente ser un buen monje para ser un gran Papa.

246. Clemente XII (1730-1740)

Lorenzo Corsini era un aristócrata florentino cuya familia había desempeñado y aún desempeñaba importantes puestos, tanto en la Iglesia como en el Estado, y también en el santoral: San Andrés Corsini, obispo de Fiersole. Lorenzo, tras estudiar en el colegio Romano, lo hizo en la Universidad de Pisa, en la que se doctoró en leyes. A su regreso a Roma trabajó como abogado junto a su tío, el cardenal Neri Corsini, pero a la muerte de su padre renunció a los derechos que le concedía el hecho de ser el primogénito y se hizo clérigo. Después, en los simoníacos tiempos de Inocencio XI, compró su consagración como prelado por treinta mil escudos, lo que le permitió ser nombrado más tarde arzobispo de Nicomedia, nuncio en Viena, tesorero general del Vaticano y gobernador del castillo de Sant'Angelo. Clemente XI le nombró cardenal diácono de Santa Susana y le confirmó en su puesto de tesorero papal, y su predecesor, Benedicto XIII, le encomendó la Congregación del Santo Oficio, le hizo prefecto de la Signatura de Justicia y le nombró, sucesivamente, cardenal presbítero de San Pedro y cardenal obispo de Frascati.

Tras la muerte de Benedicto XIII parecía inevitable su elección como Papa, pero aun así no fue consagrado como tal hasta el 16 de julio de 1730, tras cuatro meses y medio de sede vacante. Lorenzo Corsini tomó el nombre de Clemente XII; doce meses después de haber sido elegido perdió la vista y los últimos años de su pontificado los pasó en cama, por lo que dejó los asuntos de la Iglesia en manos de los dignatarios de la curia: entre ellos, en las de su sobrino Neri Corsini, al que había nombrado cardenal. Pese a ese manifiesto nepotismo, extendido a otros miembros de la familia Corsini, se afirma que no abusó de privilegios y beneficios para con ellos, aunque es evidente que en ese tiempo la familia reconstruyó el palacio Corsini, hoy sede de la Academia Italiana de la Lengua, y el cardenal Neri Corsini creó la biblioteca Corsini, con cerca de setenta mil libros y documentos, cerca de dos mil quinientos incunables y otros tantos manuscritos.

Benedicto XIII había dejado a la Iglesia en franca bancarrota, y la primera tarea que se impuso Clemente XII fue la de recuperar la salud de las finanzas papales, para lo que hizo encarcelar, juzgar y expropiar al cardenal Nicolás Coscia por apropiación y malversación de fondos durante el pontificado de Benedicto XIII, y autorizó y puso en funcionamiento nuevamente la lotería pública, que su antecesor había prohibido; esa lotería aportaba a las arcas de la Iglesia una suma anual de cerca de medio millón de escudos.

Recuperadas las finanzas papales y allegados nuevos fondos para el Vaticano, inició, o lo hicieron sus mandatarios, una serie de obras urbanísticas: comenzó la fachada de la basílica de San Juan del Laterano, en la que hizo construir una capilla dedicada a su pariente San Andrés Corsini; restauró el arco de Constantino; construyó el palacio de Consulta en el Quirinal; compró al cardenal Albani, por sesenta mil escudos, la colección de estatuas e inscripciones con la que adornó la galería del Capitolio, el primer museo de antigüedades construido en el mundo; pavimentó las calles de Roma y los caminos que llegaban a la ciudad, e hizo construir la famosa Fontana di Trevi, al margen de las obras llevadas a cabo por sus familiares en ese período.

La ciudad de Rávena gozó de una protección especial durante el papado de Clemente XII, quien mandó construir un canal —el canal Corsini— hasta el mar y la protegió de las inundaciones con un dique y un sistema hidráulico que fue considerado la obra de ingeniería más importante del siglo.

En el orden eclesiástico quiso elevar la moralidad y disciplina en los claustros; fue el primer Papa que, en 1738, condenó a los francmasones con la bula *In eminenti*, y buscó la unión con las Iglesias ortodoxas separadas, fundando el colegio Corsini en el que se educaba a estudiantes griegos. Gracias a sus esfuerzos, diez mil cristianos coptos, en su mayoría egipcios, se reintegraron en el seno de la Iglesia católica, y el patriarca de Armenia levantó el anatema que había lanzado contra el Concilio de Calcedonia y San León I.

En el orden político actuó con prudencia, no exenta de firmeza, y consiguió la libertad e independencia para la República de San Marino, pero le fue imposible mantener los derechos de la Santa Sede sobre los ducados de Parma y Piacenza, ya que los Estados europeos, dominados ya por fuerzas ajenas, cuando no enemigas del catolicismo, nunca tuvieron en cuenta los derechos de la Santa Sede y buena parte de los reinos cristianos estaban bajo el poder de los Borbones, y estos habían dejado de inspirar su política en los principios cristianos para hacerlo en la llamada razón de Estado. El Siglo de las Luces fue un siglo de tinieblas para el papado.

Murió, anciano, ciego y enfermo, el 6 de febrero de 1740.

La francmasonería adopta el principio de fraternidad entre sus miembros y se ha significado, externamente, por la profusión de símbolos identificadores de un contenido solo reconocible por los iniciados. Se rige por principios racionalistas —la promesa de paz, justicia y caridad— y se estructura en pequeños grupos denominados logias, lo que determinó su condición de sociedad secreta.

247. Benedicto XIV (1740-1758)

Próspero Lorenzo Lambertini nació en Bolonia, recibió su primera educación de manos de tutores y, siendo adolescente, estudió retórica, filosofía y teología en el colegio Clementino de Roma. Tenía diecinueve años cuando se doctoró en teología y en leyes civiles y eclesiásticas. Clemente XI le nombró consejero consistorial y, más tarde, consultor del Santo Oficio, promotor de la Fe, asesor de la Congregación de Ritos, prelado doméstico, secretario de la Congregación del Concilio, obispo de Teodosia y cardenal obispo de Ancona.

El cónclave que se reunió tras la muerte de Clemente XII, después de más de seis meses de desacuerdos, escuchó al cardenal Lambertini decir: «Si quieren elegir un santo, elijan a Gotti; si a un estadista, a Aldobrantini; si a un hombre honesto, elíjanme». Fue elegido, y cuando fue entronizado el 22 de agosto de 1740 tomó el nombre de Benedicto XIV.

En el orden religioso, el pontificado de Benedicto XIV dejó huella duradera en la Iglesia y, dentro de ella, en su administración: reguló los matrimonios mixtos entre católicos y protestantes, decretando que los hijos nacidos de esos matrimonios debían ser educados en el catolicismo; se negó a incrementar el número de fiestas religiosas; creó una comisión para que revisase el breviario, pero tuvo que desechar su informe por excesivamente radical; reformó el martirologio romano; modificó y fijó las normas que aún rigen para la beatificación y la canonización, y promulgó leyes sobre las misiones en las bulas *Ex quo singulari* y *Omnium solicitudinum*, denunciando y prohibiendo el sincretismo del cristianismo con las culturas nativas que permitían e incluso favorecían los jesuitas en sus misiones en China y América. Esas bulas, que dificultaron gravemente el trabajo de los misioneros en esos países, fueron muy contestadas en la época y dieron origen a que muchos conversos retornasen a sus antiguas prácticas religiosas abandonando el catolicismo.

Propagó la devoción del vía crucis; celebró, en 1750, el XVIII Año Santo, y reconoció dos nuevas órdenes religiosas: los pasionistas y los redentoristas.

Benedicto XIV consiguió el retorno a la disciplina católica de algunas Iglesias orientales; reconoció a Serafín Tanas como patriarca de los melquitas griegos de Antioquía, y solucionó los conflictos que, en la Iglesia maronita, se habían generado tras la deposición de Jacobo II y que amenazaban su unidad.

Renovó las prohibiciones de Clemente XII contra los masones y, aunque muy pocos gobiernos consideraban que la supresión de esta sociedad demandara una acción decisiva por su parte, consiguió que en España, Nápoles y Milán se aprobaron leyes contra ella.

En el orden político interno introdujo importantes reformas en la administración de los Estados Pontificios para disminuir en ellos los abusos de los poderosos y mejorar el nivel de vida del pueblo; reformó las leyes por las que se regía la nobleza; introdujo una nueva división comarcal de Roma para incrementar la eficacia administrativa; apoyó la agricultura, favoreciendo la introducción de nuevos métodos de cultivo; promovió el comercio, y persiguió, hasta su casi absoluta desaparición, la usura.

En política exterior concedió al rey de Portugal el derecho de patronato sobre todas las sedes y abadías de su reino, y le favoreció con el título de *Rex Fidelissimus*. En la misma línea, se mostró generoso con la corona española en lo relativo a rentas de la Iglesia y asignación de beneficios eclesiásticos, dándole autorización para gravar con impuestos la renta del clero y el derecho de designación de casi todos los beneficios españoles, al tiempo que acordó con la corona que las rentas de todos los beneficios de España y de las colonias americanas fuesen pagadas al tesoro público para que se emplearan en la lucha contra los piratas africanos. El rey de Cerdeña recibió el título de vicario de la Santa Sede, con derecho de designación de todos los beneficios eclesiásticos en sus dominios y cobro de la renta de los feudos pontificios a cambio de una indemnización anual de mil ducados. En Nápoles, autorizó el establecimiento de un tribunal paritario de clérigos y laicos, presidido por un eclesiástico, para el juicio de los casos que afectasen a eclesiásticos.

Su pontificado sufrió la guerra de sucesión que, tras la muerte del emperador Carlos VI de Austria, se originó entre los partidarios de su hija María Teresa, entre los que se encontraba el Papa, y los de Carlos Alberto, príncipe elector de Baviera, apoyado por Prusia, Francia y España. Pese a apoyar el testamento de Carlos VI, y consecuentemente a María Teresa, Benedicto XIV reconoció a Carlos VII después de que fuese coronado en Praga, provocando así la intervención de las tropas de María Teresa en Italia.

Fundó en Roma cuatro academias para el estudio de las antigüedades romanas, las antigüedades cristianas, la historia de la Iglesia y los concilios, y el derecho canónico y la liturgia; estableció un museo cristiano, y encargó a Joseph Assemani que preparara un catálogo de los manuscritos en poder de la biblioteca vaticana, a la que enriqueció con la compra de la biblioteca Ottoboniana, que poseía tres mil trescientos manuscritos.

Benedicto XIV, el Papa más culto e inteligente de su siglo, mantuvo correspondencia con Voltaire, quien llegó a afirmar que el sumo pontífice aprobaba sus ideas, por lo que Benedicto XIV se vio obligado a condenar sus obras públicamente.

En su último año de vida emprendió la reforma de los jesuitas, pero su muerte, el 3 de mayo de 1758, la dejó sin concluir y su sucesor la retiró.

La Iglesia maronita es una comunidad cristiana, compuesta por cerca de millón y medio de creyentes, que acatan la autoridad del Papa y tiene su mayor fuerza en Líbano, aunque haya grupos maronitas en Chipre, Palestina, Siria y Estados Unidos. Entre los siglos VII y XII, los maronitas adoptaron las creencias del monotelismo, un movimiento herético, pero en el siglo XII acataron nuevamente la autoridad de la Iglesia católica. Dirige la comunidad el patriarca de Antioquía, que tiene su sede central en Líbano; su lengua litúrgica es el sirio, y sus clérigos no tienen obligación de celibato.

248. Clemente XIII (1758-1769)

Carlos de la Torre Rezzonico nació en Venecia, fue educado por los jesuitas en Bolonia, se licenció en leyes en Padua, fue refrendador en Roma, gobernador de Rieti y posteriormente de Fano, auditor del Tribunal de la Rota, cardenal diácono, obispo de Padua y cardenal presbítero. Elegido Papa, tomó el nombre de Clemente XIII y fue entronizado el 16 de julio de 1758.

Clemente XIII aprobó el culto al Sagrado Corazón de Jesús, promovido por los jesuitas, y nombró a Winckelmann comisario para las Antigüedades, facilitando así que el sabio alemán escribiese su *Historia del arte en la antigüedad,* básico para el futuro de la historia del arte.

En su pontificado hubo de enfrentarse al hecho de que Voltaire y los enciclopedistas dominaban la intelectualidad europea y, aunque no claramente, mostraban ser enemigos del cristianismo y, sobre todo, de los jesuitas: «Cuando destruyamos a los jesuitas, nuestro trabajo será más fácil», escribió Voltaire, quien se esforzó en persuadir a los gobernantes europeos de que los jesuitas eran el primer obstáculo para lograr la paz en sus reinos y el triunfo del iluminismo y el conjunto de la ilustración, estando en la base de la eliminación de muchos derechos de la Iglesia en esos reinos.

José I, en Portugal, encomendó al marqués de Pombal la eliminación de la Compañía de Jesús, y una rebelión en las reducciones indias en Uruguay le dio ocasión para, a pesar de la mediación de Clemente XIII en contrario, expulsarles de Portugal y sus dominios.

En Francia, los ataques contra los jesuitas se iniciaron en un Parlamento dominado por los jansenistas, apoyados en esta cuestión por galicanismos e iluministas. Clemente XIII intervino a favor de los jesuitas y escribió al rey implorando que detuviese el proceso iniciado en el Parlamento; pese a ello, el Parlamento prohibió la continuidad de la Compañía de Jesús en Francia, imponiendo unas condiciones imposibles de cumplir para que sus miembros permaneciesen en el país.

En España, Carlos III expulsó a los jesuitas a instancias del conde de Campomanes y otros consejeros reales, arrestándolos y embarcándolos rumbo a Roma. Clemente XIII les prohibió desembarcar, por lo que ellos acabaron haciéndolo en Corsica, aunque año y medio más tarde fueron obligados a marchar de allí y el Papa les permitió refugiarse en los territorios de la Santa Sede.

En Nápoles y Parma, regidos por miembros de la familia de Carlos III, también expulsaron a los jesuitas. Parma había formado parte durante siglos de los territorios papales y Clemente XIII condenó el acto, por lo que todos los países gobernados por los Borbones amenazaron al sumo pontífice con adueñarse de los territorios de la Iglesia. En Francia se ocupó Aviñón; el reino de Dos Sicilias y España se apoderaron de Benevento y Ponte Corvo, y, cuando los embajadores de Francia, España y Nápoles presentaron cartas a Clemente XIII exigiéndole que suprimiese la Compañía de Jesús, el sumo pontífice sufrió un infarto de miocardio que le causó la muerte el 2 de febrero de 1769. Su sepulcro, en San Pedro, es una obra maestra de Canova.

Los enciclopedistas fueron los autores de la *Encyclopédie, ou dictionnaire raisonné des sciences, des arts et des métiers, par une société de gens de lettres,* más conocida como *La Enciclopedia.* La obra surgió del modesto proyecto de traducir la *Cyclopaedia* del inglés Chamber encargado por el editor Le Breton a Denis Diderot, el cual, modificando la idea original, se unió a Jean-Baptiste Le-Roud d'Alembert y Louis de Jacourt y realizó un inventario de los conocimientos y las opiniones más avanzadas de la época. Fue editada por Diderot, en París, entre 1751 y 1772. Su publicación fue suspendida en varias ocasiones por prohibiciones del Parlamento y por condenas eclesiásticas, pero la protección de Madame Pompadour consiguió que la obra se editara en su totalidad, con colaboraciones de escritores como Montesquieu, Voltaire, Jean-Jacques Rousseau y Friedrich Melchior.

249. Clemente XIV (1769-1774)

Giovanni Vicenzo Antonio Ganganelli nació en Rímini y, educado por los jesuitas, era fraile franciscano, con fama de gran predicador, y confesor de los papas Benedicto XIV y Clemente XIII cuando este le nombró cardenal. Tras la muerte de Clemente XIII y casi cuatro meses de sede vacante, fue elegido por unanimidad cuando el emperador del Sacro Imperio Romano Germánico, José II, que se encontraba de incógnito en Roma, visitó el cónclave y explicó a los cardenales presentes la conveniencia de designar un cardenal que, como Ganganelli, fuese enemigo de los jesuitas, como solicitaban todos los países gobernados por los Borbones. El propio cardenal Ganganelli dijo a sus compañeros antes de la que resultó ser la última elección de aquel cónclave:

> «… corresponde al sumo pontífice el derecho de aniquilar, en buena conciencia, a la Compañía de Jesús, en base a las leyes canónicas, y es deseable que el Papa haga uso de su poder para satisfacer los deseos de las coronas».

Con el nombre de Clemente XIV fue consagrado obispo de Roma el 4 de junio de 1769.

Son abundantes los comentarios que se hicieron en Roma y recogen los historiadores sobre Clemente XIV, a quien los fieles a la Compañía de Jesús presentan como un Papa débil, sometido a la voluntad de su confidente Bontempi y poco simpático a los romanos, mientras los enemigos de los jesuitas lo ven enérgico, caritativo e inteligente. Al menos, de una de estas valoraciones –positivas y negativas– puede darse fe: demostró ser caritativo cuando ayudó con largueza a los pobres de Roma durante la hambruna del invierno de 1772-1773.

La primera encíclica del nuevo Papa definió su política: mantener la paz con los monarcas católicos para asegurarse su apoyo en una guerra contra los no creyentes. En esa línea, autorizó al duque de Parma a casarse con la archiduquesa Amelia, prima suya, y dio fin a la ruptura del rey José I de Portugal con la Santa Sede.

Con todo, inició su pontificado sin tomar medidas contra los jesuitas, ya expulsados de Francia, España, Sicilia y Portugal, pero que contaban con poderosos protectores en Alemania, Suiza, Polonia, la propia Santa Sede y en los territorios de misión. El embajador de Francia entregó al Papa un requerimiento en nombre de los tres monarcas Borbones para que disolviese la Compañía de Jesús. Pese a sus dilaciones, las presiones de Francia y España lograron su promesa de que lo haría, para lo que inició abiertamente sus hostilidades contra los jesuitas, negándose a recibir al padre Ricci (su general), eliminándoles de sus cargos en la curia y del Colegio Romano, prohibiendo su catecismo y enviando a sus casas a los novicios de los jesuitas. España no quedó contenta con esto y el embajador español amenazó al Papa con un cisma en España y en otros países borbónicos si no disolvía la Compañía, y ofreciéndole la devolución de Aviñón y Benevento si lo hacía. Clemente XIV firmó el decreto –pero no la bula– de supresión de la Compañía de Jesús y encarceló de por vida a su general y otros jesuitas. Serían liberados de su cautiverio por el papa Pío VI.

Los jesuitas no fueron informados de forma legal, el arzobispo de París se opuso a la decisión papal, el rey de España criticó el decreto por no condenar las doctrinas y la moral jesuitas, la corte de Nápoles prohibió su publicación bajo pena de muerte, la archiduquesa de Austria María Teresa permitió a su hijo José II quedarse con las propiedades de los jesuitas, Polonia se resistió a su expulsión, algunos cantones suizos no permitieron a los jesuitas abandonar sus colegios y dos monarcas no católicos, el rey Federico de Prusia y la zarina Catalina II de Rusia, tomaron a los jesuitas bajo su protección permitiéndoles trabajar como educadores en sus países hasta que fueron restaurados completamente en 1804, aunque Federico de Prusia, ante la amenaza de los Borbones, publicó el decreto de su expulsión pero permitió que los jesuitas mantuviesen sus colegios y la Universidad de Breslau como sacerdotes seculares y sin admitir más novicios en la Compañía. Por el contrario, la zarina Catalina II dio instrucciones a los obispos de Rusia de que ignorasen el mandato de supresión y ordenasen a los jesuitas que prosiguiesen en su trabajo.

Pese a las transigencias de Clemente XIV, en los países católicos europeos se siguió luchando contra la Iglesia y, en Francia, una comisión real reformó las órdenes religiosas sin atender las protestas de Clemente XIV.

Fundó el llamado museo Clementino, en Roma; modificó el reglamento del coro de la Capilla Sixtina; fue protector de Rafael Mengs y de Piranesi, y otorgó la orden de la espuela de oro a Mozart, que visitó Roma en 1770 y escribió una nueva versión del *Misesere* de Allegri: poca obra positiva para cinco años de pontificado, ya que Clemente XIV murió el 22 de septiembre de 1774 y, como el cuerpo sufrió una rápida descomposición, los enemigos de los jesuitas afirmaron que había muerto envenenado por estos, aunque la autopsia probó que solo se trataba de una calumnia. Fue enterrado en la iglesia de los Santos Apóstoles y su tumba fue esculpida por Canova.

Tras la muerte de Clemente XIV se rumoreó que se había retractado de su decreto en una carta fechada el 29 de junio de 1774 y que había entregado a su confesor para que se la diera a su sucesor, pero nadie ha probado la veracidad de ese rumor.

Catalina II la Grande fue emperatriz de Rusia entre 1762 y 1796. Nacida Sofía Federica Augusta von Anhalt-Zerbst, esta princesa alemana contrajo matrimonio con el gran duque ruso Pedro de Holstein, que llegaría a ser el zar Pedro III. Cuando este fue derrocado por la guardia imperial, la zarina, con el nombre de Catalina II, fue puesta en el trono poco antes de que su marido fuese asesinado. Como zarina, alentó las reformas iniciadas por Pedro I el Grande; convirtió a Rusia en una potencia europea, y tuvo un gran contacto epistolar con Voltaire y Diderot, pese a lo cual, sintiéndose amenazada por las reformas radicales y democráticas de la Revolución Francesa, aumentó los privilegios de la aristocracia y reprimió con dureza las rebeliones que ponían en peligro su poder.

250. Pío VI (1775-1799)

Giovanni Angelico Braschi nació en Cesena el 27 de diciembre de 1717 y pertenecía a una noble pero empobrecida familia. Fue educado por los jesuitas en Cesena y estudió leyes en Ferrara. Tras una misión diplomática en Nápoles, fue designado secretario papal y canónigo de San Pedro; Clemente XIII le nombró tesorero de la Iglesia romana; Clemente XIV le hizo cardenal, y cuando se retiró a la abadía de Subiaco fue nombrado abad. Tras los cinco meses de sede vacante que siguieron a la muerte de Clemente XIV, fue elegido y consagrado Papa el 22 de febrero de 1775.

Su pontificado se inició con los mejores auspicios: era un hombre hábil, inteligente, simpático y de tan agradable presencia física que Goethe le describió como «la más bella, la más prestigiosa figura humana».

Aunque España, Portugal y Francia habían tratado de impedir su elección, por creerle amigo de los jesuitas, nunca revocó el decreto de redisolución dictado contra la Compañía de Jesús por su predecesor, pero mandó que se liberara al general de los jesuitas, Ricci, que se hallaba prisionero en el castillo de Sant'Angelo, en Roma; su orden de liberación llegó después de que Ricci hubiera muerto en prisión. También, a petición de Federico II, permitió a los jesuitas conservar sus escuelas en Prusia y por un acuerdo secreto con la zarina Catalina II la Grande, consintió su continuidad en Rusia.

Desde el principio de su pontificado luchó contra las ideas que se difundían por Europa pretendiendo limitar el poder papal: en Austria, José II suprimió numerosos monasterios y prohibió a los obispos solicitar de Roma facultades de ninguna especie, por lo que Pío VI viajó a Viena para arreglar el asunto y, aunque el emperador le recibió con respeto, solo consiguió de él que sus reformas eclesiásticas no violentaran ningún dogma católico ni comprometieran la dignidad del Papa. El emperador José II acompañó a Pío VI en su regreso hasta el monasterio de Mariabrunn y, una vez el Papa lo hubo abandonado, suprimió dicho monasterio. Al poco tiempo, cuando el emperador José II designó obispo para la sede de Milán que estaba vacante, Pío VI le amenazó con la excomunión, por lo que el emperador visitó Roma para decirle al Papa que estaba determinado a continuar con sus reformas y separar la Iglesia alemana de la de Roma. Para evitar males mayores, Pío VI le otorgó el derecho a nombrar obispos en los ducados de Milán y Mantua.

El ejemplo de José II lo siguió, en Toscana, su hermano, el gran duque Leopoldo II, y allí las reformas antipapales se cerraron con el Sínodo de Pistoia, en el que se eliminó la supremacía papal. Y siguiendo el de este, tres príncipes electores alemanes, los de Mains, Trier y Colonia, y el arzobispo de Salzburgo, convocaron el Congreso en Ems para cercenar la autoridad papal.

También España, Cerdeña y Venecia siguieron los pasos de José II, aunque las reformas de carácter más contrario a la autoridad papal se llevaron a cabo en Dos Sicilias, donde Fernando IV rehusó a obedecer las bulas papales y reclamó el derecho a nominar a todos los beneficiarios eclesiásticos. Pío VI rechazó que los obispos pudieran ser nombrados por el rey, pero este se negó a reconocer una soberanía papal que se había respetado durante ochocientos años.

Mejor suerte tuvo Pío VI en cuestiones internas, ya que asentó las finanzas papales sobre bases firmes; hizo desecar las pantanosas tierras cercanas a Città della Pieve, en Perugia, Spoleto y Trevi; mandó ahondar el calado de los puertos de Porto d'Anzio y Terracina; mejoró el museo Clementino, enriqueciéndolo con costosas obras de arte; hizo restaurar la vía Appia y desecar la mayor parte de los pantanos Pontino, y mandó fundir la campana de San Pedro, de dos metros de diámetro.

Como en su pontificado se produjo la Revolución Francesa, tras su proclamación rechazó la «Constitución civil del clero», suspendiendo *a divinis* a los sacerdotes que la aceptaron; proveyó al clero encarcelado, y protestó contra la ejecución de Luis XVI. La única respuesta de Francia fue anexionarse los territorios papales de Aviñón y Venaissin. Cuando el Papa se alió con los enemigos de la República Francesa y se produjo en Roma el asesinato del agregado francés

Basseville, Napoleón atacó con sus fuerzas los Estados papales. Cuando se firmó la Paz de Tolentino, Pío VI fue obligado a rendir Aviñón, tras lo cual murió en Roma el general francés Duphot, por disparos que contra él se hicieron cuando los franceses tomaban Roma, el 10 de febrero de 1798, ocupación a la que siguió la proclamación de la República Romana el 15 de febrero. Pío VI se negó a ello y fue capturado y llevado a Siena, después a Florencia y, finalmente, a Valencia, donde, gravemente enfermo ya durante el viaje, falleció el 29 de febrero de 1799.

La Revolución Francesa fue un proceso social y político que tuvo lugar en Francia entre los años 1789 y 1799 y significó el fin del antiguo régimen, con el derrocamiento de Luis XVI, la abolición de la monarquía en Francia y la proclamación de la I República Francesa. La incapacidad de las clases dirigentes para enfrentarse a los problemas de Estado, la actitud titubeante del rey, los elevados impuestos que sufrían los campesinos, el empobrecimiento de los miembros de las clases media y baja, la nueva posición política, social y religiosa de los intelectuales, y el ejemplo de la independencia norteamericana fueron las causas fundamentales que provocaron esta revolución.

251. Pío VII (1800-1823)

Luigi Barnaba Chiaramonti nació en el seno de una familia noble e ingresó como monje benedictino a los dieciséis años. Tras completar sus estudios de filosofía y teología, fue profesor en colegios de su orden en Parma y en Roma, y cuando Pío VI, familiar suyo, ascendió al papado le nombró abad del monasterio de San Calixto, en el que era profesor, y más tarde cardenal. Siendo ya obispo de Imola cuando los franceses invadieron el norte de Italia, el cardenal Chiaramonti dirigió la resistencia contra ellos.

Pío VI había decretado que el cónclave posterior a su muerte se celebrara en la ciudad donde hubiera un mayor número de cardenales, por lo que en 1800 tuvo lugar en el monasterio benedictino de San Jorge, en Venecia. Como los candidatos con mayores apoyos no alcanzaban la mayoría suficiente tras muchos meses de negociaciones infructuosas, el secretario del cónclave, con el apoyo de los cardenales no comprometidos en la disputa, propuso a Chiaramonti, quien alcanzó la mayoría necesaria el 21 de marzo de 1800 y fue coronado, en Venecia, tomando el nombre de Pío VII.

Ya en Roma, nombró a Ercole Consalvi secretario de Estado, puesto que mantuvo incluso durante su conflicto con Napoleón. En todo caso, Francia fue la fuente de mayor preocupación para Pío VII durante todo su pontificado, ya que la Revolución Francesa había casi destruido la Iglesia gala, pese a que, en 1801, Napoleón firmó con la Santa Sede el concordato que rigió las relaciones de la Iglesia francesa con Roma durante más de cien años. Ese mismo año, la Paz de Lunéville había desprovisto a algunos príncipes alemanes de sus derechos hereditarios en las tierras de la orilla izquierda del Rhin, que pasaron a manos francesas, por lo que ellos quisieron compensar sus pérdidas secularizando las tierras eclesiásticas; aunque Pío VII encargó al elector de Mainz que utilizara su influencia para proteger los derechos de la Iglesia, este se dedicó a defender sus propios derechos y las posesiones eclesiásticas se vieron muy reducidas.

Tres años más tarde, Pío VII ungió a Napoleón Bonaparte, autoproclamado emperador, pero las relaciones entre ambos fueron deteriorándose hasta el punto de que se produjo la ruptura de relaciones entre Francia y los Estados Pontificios; en 1809, Napoleón decretó que los Estados Pontificios pasasen a formar parte del imperio francés y mandó encarcelar al Papa, primero en Savona y más tarde en Fontainebleau. Pío VII no regresó al Vaticano hasta la primavera de 1814, cuando las derrotas militares de Napoleón le obligaron a dejarlo en libertad.

Apoyó a los ingleses en su lucha contra Napoleón, pero no pudo lograr la reunificación con la Iglesia anglicana, en buena parte debido a la actitud irlandesa. Para que la Iglesia católica multiplicase sus fieles en Estados Unidos, creó las diócesis de Boston, Nueva York, Filadelfia y Bardstown, con Baltimore como sede metropolitana. Las diócesis de Charleston, Richmond y Cincinnati fueron de creación posterior.

El Congreso de Vienne devolvió al papado los Estados Pontificios, gracias a la sabia mediación de Consalvi, aunque una pequeña franja de tierra siguió en manos austríacas. Recuperado el poder sobre esos Estados, Pío VII mantuvo en vigor en ellos algunas de las normas dictadas por los franceses, como la abolición de los derechos feudales de la nobleza y los privilegios que los municipios tenían desde muy antiguo.

También España fue origen de muchas preocupaciones para Pío VII, especialmente por la revolución anticlerical de 1820 que restringió la autoridad de las cortes eclesiásticas, suprimió gran número de monasterios y prohibió las contribuciones económicas a Roma. España rompió sus relaciones con la Santa Sede en 1823, cuando nombró embajador en Roma al conde de Villanueva, que abocaba por la abolición del papado, y Pío VII se negó a aceptarle. Ese mismo año se produjo la restauración de Fernando VII como rey de España y este abolió las leyes anticatólicas.

Pese a todos esos conflictos, Pío VII restauró el prestigio del papado, especialmente en sus últimos años de gobierno: los emperadores de Austria visitaron al Papa en 1819, el rey de Nápoles lo hizo en 1821 y en 1822 le visitó el rey de Prusia. A la caída de Napoleón I, Pío VII quiso olvidar los agravios sufridos por su culpa y ofreció refugio en Roma a la familia Bonaparte.

En su tiempo, Roma se convirtió nuevamente en la residencia favorita de los artistas y reabrió allí los colegios alemán, inglés y escocés, aumentó la biblioteca vaticana, reorganizó la congregación Propaganda FIDE, condenó las sociedades bíblicas y restableció, en 1814, los derechos de la Compañía de Jesús.

Murió el 20 de agosto de 1823, tras una caída en la que se fracturó el fémur.

La Paz de Lunéville la firmaron en febrero de 1801 la I República Francesa y el imperio austríaco, cuyo ejército había sido derrotado por los franceses, y marca el final de la segunda coalición contra Francia, quedando solo Inglaterra en guerra contra el imperio napoleónico.

---

252. León XII (1823-1829)

Aníbal Francisco Clemente Melchor Girolamo Incola nació en Genga, en el Spoleto, en el seno de una familia ennoblecida por León XI. A los trece años inició sus estudios en el colegio Camapana, de Osimo, y luego en el Piceno, de Roma, donde fue ordenado subdiácono y más tarde sacerdote. El hecho de que le correspondiese el honor de dirigir las oraciones en la Capilla Sixtina a la muerte del emperador José II le hizo ganar fama, y eso le llevó a ser canónigo de la iglesia vaticana, titular del arzobispado de Tire y hasta secretario privado de Pío VI, quien le envió como legado suyo a Lucerna, Colonia y Múnich. Posteriormente, Pío VII le nombró cardenal obispo de Senigallia y vicario general de Roma.

Las reuniones del cónclave, después de la muerte de Pío VII, fueron caracterizadas por la lucha entre los zelanti, que querían mantener la independencia de la Iglesia, y los de las coronas, más abiertos a la intromisión de los soberanos europeos en los asuntos eclesiásticos. Pese a ello, el cónclave que siguió a la muerte de Pío VII duró solo veintiséis días. En principio parecía que sería elegido el cardenal Severoli, pero el representante de Austria, el cardenal Albani, informó al cónclave de que Severoli no sería un candidato aceptable para el emperador y lo vetó formalmente, por lo que finalmente el cardenal Aníbal Francisco Clemente Melchor Girolamo Incola fue elegido el 5 de octubre de 1823 y tomó el nombre de León XII.

Apenas coronado, nombró secretario de Estado al octogenario cardenal Somaglia con la intención política de restaurar las viejas tradiciones, cosa impensable en un tiempo marcado por las revoluciones europeas y las guerras de independencia en América.

Las medidas de gobierno interno adoptadas por León XII durante su pontificado desagradaron tanto a súbditos romanos como a los del resto de los Estados Pontificios, que vieron espiados todos sus movimientos, pese a que su origen era óptimo: el deseo de purificar la curia de incontables funcionarios ineficientes y corruptos, recomponiendo su cuerpo administrativo y creando una red de espionaje para que le diera cuenta de cualquier acto de corrupción entre los funcionarios.

Otras medidas de gobierno de León XII fueron la de volver a confinar a los judíos en los guetos que habían sido suprimidos durante la revolución, y la de bajar los impuestos y los costos de impartición de la justicia, con lo que las finanzas públicas sufrieron un grave quebranto que no fue capaz de paliar ni siquiera la afluencia de peregrinos a Roma en el año santo de 1825.

Tras muchas dudas y contra la voluntad de la corona española, León XII aceptó la reorganización de las diócesis hispánicas en los nuevos países independientes, fortaleció la Inquisición y actuó con autoritarismo frente al liberalismo, la masonería y el indiferentismo, una doctrina que proclamaba la igualdad de valor de todas las religiones.

En el período que siguió a la Paz de Viena, Pío VII pudo reorganizar los dominios papales y firmar concordatos con Inglaterra, Francia, Baviera y otros Estados europeos, pero las restauraciones de príncipes y duques en Italia y la hambruna que azotó a los Estados Pontificios y en el reino de Nápoles durante años, a partir de 1814, provocaron el descontento de muchos, especialmente los que se habían dejado conquistar por las ideas de la revolución, por lo que se puso en marcha un movimiento político que se extendió a toda Italia y dio pie al florecimiento de activas fraternidades políticas que, como las de los carbonarios y los güelfos, planearon la caída de quienes consideraban tiranos, ayudados por la masonería.

Para oponerse a estos movimientos anticatólicos se constituyó en Roma el Colegio de Propaganda, se permitió el regreso de los jesuitas y las misiones eran muy activas en todos los continentes; escritores como Chateaubriand, De Maistre, Louis de Bonald, Adan Moehler, Brentano, Schelling, Goerres y O'Connell publicaron defensas apasionadas de la fe y de la Iglesia; Alemania en pleno parecía inclinada a retornar a la disciplina de la Iglesia de Roma y se produjeron movimientos en ese sentido en Inglaterra, y fueron victoriosos los que movilizaron a belgas y polacos.

León XII murió el 10 de febrero de 1929 sin haber conseguido conquistar el amor de su pueblo, a pesar del año santo de 1825 y de la firmeza de su actitud frente a los poderosos.

En la independencia de la América española (1808-1825), tanto españoles como independentistas buscaron el apoyo de la Iglesia católica; aunque, al principio, la mayor parte de la jerarquía eclesiástica apoyó la causa española, pues los obispos de las colonias eran peninsulares elegidos por la corona, algunos apoyaron la causa independentista y otros muchos lo hicieron cuando alcanzaron a ver que la independencia se impondría inevitablemente.

Por el contrario, el bajo clero, predominantemente criollo, se mostró ya inicialmente a favor de la autonomía administrativa y pronto de la independencia, con ejemplos como los de los sacerdotes Miguel Hidalgo y José María Morelos –que jugaron un importante papel en la independencia– junto a otros que, como en Quito, Santa Fe de Bogotá, Río de la Plata y Guatemala, apoyaron los principios que costaron la vida a más de cien sacerdotes en México y la excomunión a otros muchos, ya que el papado, opuesto a la revolución liberal, se mantuvo al lado de España a lo largo de la mayor parte del período de revoluciones y guerras de independencia en la América de habla española.

Los carbonarios fueron los miembros de una sociedad secreta creada en Nápoles a principios del XIX y que se extendió a Francia, España y Portugal. A imitación de los masones, se organizaban en logias de estructuras paralelas –civil y militar–, solían pertenecer a las clases media y alta, y reclamaban la libertad política y un régimen constitucional.

253. Pío VIII (1829-1830)

Francesco Saverio Castiglione nació en Cingoli y era miembro de una familia condal; estudió con los jesuitas en Osimo y leyes canónigas en Bolonia y Roma, donde se le asoció con su maestro Devoti en la compilación de las «Instituciones» (1792); cuando Devoti fue nombrado obispo de Anagni, fue su vicario general, puesto que ocupó posteriormente con el obispo Severoli, en Cingoli. Tras ser vicario general en Anagni y Fano, fue consagrado obispo de Montalvo; en 1808 sufrió presidio cuando las tropas napoleónicas invadieron Italia y él se negó a jurar fidelidad al emperador. Benedicto XV le nombró cardenal obispo de Cesena (1816) y de Frascati (1821).

Tras la muerte de León XII, los cardenales de Francia y de Austria deseaban la elección de un Papa de carácter pacífico; Castiglione, que satisfacía esos deseos, fue elegido, tras cinco semanas de deliberaciones, el 5 de abril de 1829 y tomó el nombre de Pío VIII. En su pontificado, de apenas veinte meses, mostró una mentalidad abierta y poco dada a los enfrentamientos conflictivos, por lo que aceptó la revolución de julio de 1830, que dio con el ascenso al trono francés de Luis Felipe I de Orleans, y apoyó la independencia de la católica Bélgica de los Países Bajos.

Publicó una bula en la cual establecía que los matrimonios mixtos, entre católicos y no católicos, solo serían válidos cuando se acordara que los hijos serían educados en la fe católica, y una encíclica, *Traditi humiliati*, en la que condenó el indiferentismo religioso, el jansenismo y las sociedades secretas.

Dio un fuerte impulso a las misiones, creó el correo vaticano, mantuvo tratos con el sultán a favor de los armenios y dio validez a los decretos emanados del Concilio de Baltimore, de octubre de 1829, que fue la primera reunión formal de obispos celebrada en Estados Unidos.

Al parecer envenenado, Pío VIII falleció el 30 de noviembre de 1830 sin alcanzar a ver la revolución que estalló en los Estados Pontificios antes de que su sucesor, Gregorio XVI, fuera coronado.

La revolución de julio de 1830 fue un levantamiento revolucionario ocurrido en París que motivó la abdicación del rey francés Carlos X y concluyó con la victoria de los liberales, que defendían una reforma constitucional sobre los defensores de la monarquía absolutista. El movimiento se extendió y provocó levantamientos en Europa (Bélgica Alemania, Italia, Polonia y los propios Estados Pontificios).

254. Gregorio XVI (1831-1846)

Nacido en 1765 en el seno de una familia noble en Belluno, Bartolomeo Alberto Cappellari ingresó en la rama benedictina de la Camáldula y se ordenó sacerdote en 1787. Tras estudiar filosofía y teología, fue nombrado *censor liborum* de su orden y de la Santa Sede, y escribió un libro contra los jansenistas italianos, *El triunfo de la Santa Sede*, de signo claramente conservador y que fue traducido a varios idiomas europeos. Miembro de la Academia de la Religión Católica fundada por Pío VIII, fue nombrado abad del monasterio de San Gregorio y, en 1825, León XII le hizo cardenal. Durante el pontificado de Pío VII se había retirado a un monasterio antes de ser nombrado vicario general de Camaldoli, consejero de la Inquisición, prefecto de la Propaganda y examinador de obispos. León XII, tras nombrarle cardenal, le envió a negociar los intereses de la Iglesia en Bélgica.

Tras un cónclave, que se prolongó durante tres meses a causa del continuo veto de los cardenales españoles, fue elegido Papa el 6 de febrero de 1831. En esos tres meses la revolución de 1830 había llegado a los Estados Pontificios y los revolucionarios se negaban a aceptar la autoridad del Papa; cuando Gregorio XVI envió a un grupo de cardenales para tratar de convencerlos, los hicieron encarcelar. La autoridad papal solo fue restituida cuando llegó en su ayuda un imponente ejército austríaco y derrotó a los revolucionarios, pero los embajadores de Austria, Rusia, Francia, Prusia e Inglaterra pidieron al Papa una reforma de la judicatura, la introducción de seglares en la administración de la Iglesia y la elección popular de los concejos comunales y municipales. A casi todo se plegó Gregorio XVI, salvo a admitir las elecciones populares y a crear un consejo de Estado, paralelo al Sagrado Colegio, compuesto por laicos.

Las reformas emprendidas por el papado no satisficieron a los revolucionarios y, cuando las tropas austríacas se retiraron, estalló nuevamente la revolución en los Estados Pontificios. Cuando, pese a la oposición de Francia, volvieron a sofocarla los austríacos, no volvió a estallar hasta trece años después.

Gregorio XVI era un benedictino ascético que dedicó buena parte de su pontificado a reformar las órdenes religiosas, el sacerdocio y las misiones; a condenar movimientos como el indiferentismo, la libertad de prensa, culto y conciencia, y condenó las ideas de Félicité Robert de Lamennais.

Envió misioneros a Abisinia, India, China, Polinesia y Norteamérica; duplicó el número de vicarios apostólicos en Inglaterra, e incrementó el número de obispos en Estados Unidos. Su amor a la antigüedad le hizo crear los museos vaticanos etrusco y egipcio. Murió el 1 de junio de 1846.

Félicité Robert de Lamennais (1782-1854) fue un escritor político y filósofo francés que intentó llevar el liberalismo ideológico a la teología. Fue el más célebre clérigo de su tiempo y consiguió que muchos intelectuales se mostrasen partidarios de sus tesis. Fundó el periódico *L'Avenir,* que defendía los principios democráticos y la separación de la Iglesia y el Estado, pero la publicación fue suspendida cuando las ideas de Lamennais fueron condenadas por Gregorio XVI.

255. Beato Pío IX (1846-1878)

Giovanni María Mastafai Ferretti nació el 13 de mayo de 1792 en Senigallia y estudió en Volterra y en Roma. Pío VII le nombró director espiritual del orfanato Tata Giovanni de Roma; después le envió como auditor del delegado apostólico ante Chile y, a su regreso, León XII le nombró canónigo de Santa María en vía Lata, director del gran hospital San Miguel y, más tarde, arzobispo de Espoleto. Allí, cuando en 1831 cuatro mil revolucionarios escapando del ejército austríaco amenazaron Espoleto, el obispo Mastafai les convenció para que depusiesen las armas y se dispersasen; hizo que el comandante austríaco les perdonase, y les dio suficiente dinero para regresar a sus hogares. Gregorio XVI, al tiempo que le nombraba cardenal, le transfirió a la diócesis de Imola.

Quince días después de la muerte de Gregorio XVI, cincuenta cardenales se reunieron en cónclave en el Quirinal. Como habitualmente, se hallaban divididos en dos bandos: los partidarios de mantener un dominio absolutista en el gobierno temporal de la Iglesia y los que deseaban reformas políticas moderadas. Al cuarto escrutinio, el 21 de junio de 1846, el cardenal Mastafai, propuesto por los cardenales de espíritu más liberal, recibió tres votos más de los requeridos, aceptó la elección y tomó el nombre de Pío IX. Su elección suscitó esperanzas en los ambientes liberales dentro del catolicismo, especialmente cuando promulgó una amnistía para los prisioneros políticos e inició algunas reformas en la gobernación del Estado Pontificio; esas esperanzas se vieron satisfechas los dos primeros años de pontificado, en los que se ganó la fama de Papa liberal, patriótico y reformador frente a la actitud rígida de Gregorio XVI, pese a lo cual sus concesiones no parecieron suficientemente avanzadas a ojos de los revolucionarios; las revueltas que ellos provocaron forzaron a Pío IX a prometer y después crear un ministerio laico, ya que el Papa fue acusado de traidor a la patria y retenido en el Quirinal por la multitud, y su primer ministro fue asesinado. Cuando logró huir del Quirinal, se estableció en Gaeta con la mayoría de los cardenales, mientras Roma permanecía bajo el mandato de un grupo revolucionario que abolió el poder temporal del Papa. Pío IX pidió ayuda a Francia, Austria, España y Nápoles, y el 29 de junio de 1848 las tropas francesas restauraron el orden en el territorio e hicieron posible que dos años más tarde el pontífice regresara a Roma para iniciar una etapa de gobierno con actitud más conservadora.

En medio de estos golpes de timón, durante el pontificado de Pío IX la Iglesia fue perdiendo todas sus posesiones temporales al tiempo que Italia nacía como nación independiente. A pesar de que Pío IX nunca la aceptó, en 1871 la ley de Garantías otorgaba al Papa los derechos de soberano, una remuneración de más de tres millones de liras y la extraterritorialidad de algunos palacios papales en Roma, y le desposeía de todo el resto de su poder temporal, por lo que los papas se consideraron prisioneros desde entonces hasta 1929, cuando Pío XI firmó con Benito Mussolini el Tratado de Letrán que creaba el Estado de la Ciudad del Vaticano, independiente dentro de Roma.

Esa pérdida del poder temporal del papado dentro de Italia se correspondió a la de dominio e influencia fuera de ella: en el Piamonte dejó de respetarse el concordato de 1841, laicizada la educación, suprimidos los monasterios, expulsadas las órdenes religiosas y apresados o expulsados los obispos que se opusieron a esa legislación anticlerical; en Würtemberg, el concordato firmado nunca llegó a alcanzar carácter de ley y fue revocado en 1861; otro tanto ocurrió en el Gran Ducado de Baden, en Rusia y en la propia Austria, e igualmente hostil a la Iglesia fue la política de Prusia y otros Estados alemanes, o en Suiza, donde se produjeron violentos ataques contra los obispos y el clero.

Consciente de que el liberalismo se había convertido en el gran peligro filosófico contra el catolicismo, Pío IX condenó muchas de sus proposiciones y especificó las que caían en el panteísmo, el naturalismo, el racionalismo, el indiferentismo, el socialismo, el comunismo, la francmasonería y varias formas de liberalismo religioso.

Muy devoto de la Santísima Virgen, el 8 de diciembre de 1854, ante más de doscientos obispos, proclamó el dogma de la Inmaculada Concepción de la Virgen María; tras promover la devoción al Sagrado Corazón de Jesús, el 23 de septiembre de 1856 decretó su festividad en toda la Iglesia católica, y en 1875 le consagró todo el mundo católico. En este mismo orden litúrgico hizo importantes regulaciones litúrgicas y reformas monásticas, y un número sin precedentes de beatificaciones y canonizaciones.

Con fecha 29 de junio de 1869 publicó la Bula *Æterni Patris* convocando el Concilio Vaticano I, en el que se decretó como dogma la infalibilidad pontificia.

Tras un pontificado de treinta y un años, siete meses y diecisiete días, solo superado en duración por el de San Pedro, murió el 7 de febrero de 1878. Sus restos reposan en la iglesia de San Lorenzo Fuori le Mura. Su proceso de beatificación fue iniciado en 1907 por San Pío X y concluido por Juan Pablo II en el año 2000.

El Concilio Vaticano I fue convocado por Pío IX y se reunió noventa y tres veces en la basílica de San Pedro de Roma, entre el 8 de diciembre de 1869 y el 1 de septiembre de 1870. A él asistieron ochocientos obispos, la mitad de ellos representando diócesis europeas y muchos otros como miembros de misiones europeas en el exterior. Aunque fue un concilio interno de la Iglesia católica, se invitó a Roma a representantes de las Iglesias ortodoxa y protestante. Todos los debates fueron presididos y dirigidos por cardenales nombrados por el Papa y entre los temas discutidos, aunque no se tomaron resoluciones sobre ellos, se encontraban la adopción de un catecismo universal y nuevas normas de disciplina sacerdotal.

En el Concilio Vaticano I se promulgaron dos importantes constituciones: *Dei filius (*24 de abril de 1870), que exponía la doctrina católica romana sobre fe y razón, y *Pastor aeternus* (18 de julio de 1870), donde se afirmaba como principio esencial de la doctrina católica romana que el Papa tiene primacía jurisdiccional sobre toda la Iglesia y que, en condiciones particulares, Dios le otorga la infalibilidad en materias de fe y moral.

---

256. León XIII (1878-1903)

Vicente Gioacchino Pecci nació el 2 de marzo de 1810 en Carpineto, una población de los Estados Pontificios, y era el sexto hijo de una familia de la baja nobleza italiana. Fue educado por los jesuitas en Viterbo y posteriormente en la Academia de Eclesiásticos Nobles y en la Universidad de la Sapienza, todas ellas de Roma. Ordenado sacerdote siendo muy joven, entró en el servicio doméstico de Pío XI, con el tratamiento de monseñor, cuando tenía solo veintisiete años; ese mismo año fue nombrado gobernador de Benevento, y cuatro años más tarde de Perugia. En

1843 fue consagrado arzobispo y nombrado nuncio de Su Santidad en Bruselas, donde se enfrentó al rey Leopoldo I por su apoyo a los obispos que se oponían a colaborar con el partido liberal; pero aquella estancia de solo tres años en Bélgica le permitió descubrir la libertad de prensa y ver la forma de vida de los católicos en un país regido por un sistema constitucional.

Cuando regresó a Italia en 1846, porque Leopoldo I solicitó del Papa su cese como nuncio, fue designado obispo de Perugia, donde vivió durante treinta y dos años; en 1853 fue nombrado cardenal, pese a que sus simpatías hacia la revolución de 1848 le hicieron sospechoso en Roma de congeniar con los liberales y su poco interés por el poder terrenal de la Iglesia. En Perugia reorganizó la diócesis y elevó la preparación intelectual y el espíritu religioso del clero que pastoreaba, aunque halló tiempo para enriquecer su formación cultural, volcar sus conocimientos en textos de filosofía cristiana que ponían al día los de Santo Tomás de Aquino y propugnaban la modernización de las relaciones de la Iglesia con otros Estados. Especialmente reveladoras fueron dos cartas pastorales publicadas en 1877 y 1878 que llamaron la atención fuera de las fronteras italianas.

A la muerte de Pío IX, la candidatura del cardenal Pecci fue apoyada especialmente por los cardenales no italianos, impresionados por su fuerte carácter y su liberalismo, y fue elegido a los trece días de la muerte de su predecesor, el 20 de febrero de 1878, en la tercera votación llevada a cabo en el cónclave. Cuando anunció que tomaría el nombre de León XIII explicó que lo hacía para honrar la memoria de León XII, a quien admiraba por su preocupación por la educación, su actitud conciliadora y su deseo de establecer vínculos con los cristianos separados de Roma. Era, por edad y delicado estado de salud, un Papa «de transición», al que se auguraba un breve pontificado. Como en otras ocasiones, el Papa «de transición» tuvo un largo pontificado —veinticinco años— muy activo y que trajo profundos cambios a la Iglesia. Pío IX había tenido un pontificado largo pero signado por el conservadurismo y el autoritarismo, y León XIII llevó a la Iglesia un espíritu mucho más conciliador y abierto a los nuevos tiempos, aunque no menos intransigente que su predecesor, como mostró en su enfrentamiento con la masonería y con el liberalismo secular.

En lo concerniente a la administración eclesiástica, acrecentó la autoridad del papado frente a las Iglesias nacionales y reforzó el poder de los nuncios; en el orden litúrgico, fortaleció la devoción a los Sagrados Corazones de Jesús y de María, y en el teológico renovó la condena al racionalismo y procuró el restablecimiento de la filosofía de Santo Tomás de Aquino. Intentó organizar el laicado y renovar el diálogo con los cristianos separados, muy especialmente con la Iglesia anglicana, mostrando un gran respeto por las tradiciones de las Iglesias orientales.

En el orden temporal mostró habilidad diplomática, defendió los avances científicos e hizo cuanto estuvo en su mano para que la Iglesia católica se abriera al progreso, actitud que dejó clara en las numerosas encíclicas en que daba instrucciones a los católicos del mundo. Su encíclica más famosa fue *Rerum Novarum*, de 1891, en la que mostró su preocupación por las clases trabajadoras; tras ella, la *Providentissimus Deus*, de 1893, pionera en preconizar la tolerancia de los católicos al interpretar la Biblia.

En los últimos años de su pontificado endureció su postura política, pese a lo cual, a su muerte, ocurrida el 20 de julio de 1903, había recuperado para el papado el prestigio que había ido perdiendo en los últimos siglos. El grito de León XIII sigue resonando en la Iglesia y en el mundo, anunciando a todos lo que proclamaron los padres conciliares casi un siglo después: que nada hay verdaderamente humano que no encuentre eco en el corazón de la Iglesia.

La encíclica *Rerum Novarum*, en la que el papa León XIII abordaba la cuestión obrera, proponía una solución cristiana tan alejada del liberalismo capitalista como del socialismo revolucionario, y fue el origen de la ideología política denominada democracia cristiana. En ella, reafirmando el derecho natural a la propiedad, el Papa acentuaba que esa propiedad no podía olvidar su función social y hacía responsable al Estado de la tutela tanto del bien público como del privado, aunque le asignaba una función complementaria de la iniciativa privada. La encíclica, que condenaba el materialismo y la lucha de clases, señalaba, sin embargo, que los trabajadores tienen derecho a un salario justo y a constituirse en asociaciones libres y propias.

Papas Pedro, Pablo y Juan (desde 1878)

Entorno histórico

Finales del siglo XIX, todo el XX y primera mitad del XXI, un tiempo demasiado próximo y que, con la aceleración de los tiempos históricos, ha datado tan gran número de acontecimientos y de tal relieve para nuestro propio tiempo que sería absurdo intentar, siquiera, resumirlo en esta breve introducción a los papas de un período. Recordemos así, por encima y como de pasada, la independencia de las últimas colonias, la formación de nuevos Estados y organismos supranacionales, la Sociedad de Naciones, la ONU, el Congreso Nacional Africano, dos terribles guerras mundiales, la guerra civil española, la guerra de los Balcanes, la guerra chino-japonesa, Corea, Vietnam, la guerra del Golfo, la guerra en Yugoslavia, la amenaza durante decenios de una «guerra fría» que amenazaba con destruir el mundo si alguien disparaba un misil nuclear, las primeras bombas atómicas, descubrimientos impensables en el campo de la ciencia, el nacimiento del cine, de la televisión, de la informática, de internet, la construcción del canal de Panamá, los últimos pistoleros del *Far West*, incontables dictaduras en todos los continentes, el petróleo, el motor de gasolina, la linotipia, el automóvil, las conquistas sociales de los trabajadores, el modernismo, las metrópolis proletarias, el sufragio universal, el motor diésel, el terrorismo de todos los signos, los rayos X, el resurgir de los Juegos Olímpicos, los avances en medicina, el sionismo, el desastre español del 98, la inmensa generación literaria que toma nombre en esa fecha, la muerte de la reina Victoria de Inglaterra, la xenofobia bóxer en China, el Zeppelin, el avión, Freud, el terremoto de San Francisco, la semana trágica de Barcelona, la conquista de los polos, el atentado de Sarajevo, los torpedos, Gandhi, los carros de combate, las apariciones de Fátima, la revolución de Octubre, la semana trágica de Buenos Aires, la República de Weimar, el expresionismo y el resto de los istmos artísticos, el desastre de Annual, los felices años veinte, Hollywood, la ley Seca, la generación del 27, los antibióticos, el jueves negro de

Wall Street, el fútbol, la república española, Hitler, Mussolini, Franco, Salazar, Stalin, el III Reich, Pearl Harbor, Churchill, el desembarco de Normandía, los acuerdos de Yalta, Hiroshima y Nagasaki, Postdam, los juicios de Nuremberg, Einstein, el plan Marshall, el Estado de Israel, el transistor, el DDT, la República Popular China, Perón, Dien Bien Phu, Marruecos independiente, el Tratado de Roma, el *rock,* el *Nautilus,* Severo Ochoa, Fidel Castro, el Che Guevara, Brasilia, el láser, el muro de Berlín, su caída, Gagarin en el espacio, la guerra espacial, el hombre en la Luna, los satélites artificiales, Kennedy, Juan XXIII, Kruschev, Gorbachov, el Concilio Vaticano II, la conciencia de un Tercer Mundo, el casete, los trasplantes de órganos, la matanza de Tlateloico, el mayo del 68, la primavera de Praga, Biafra, los tupamaros, Septiembre Negro, la revolución de los Claveles, la transición española, *Watergate*, Mao, Jomeini, el Ulster, la revolución tecnológica, los terremotos de Agadir y México, la universalización de la droga, el SIDA, las atrocidades argentina y chilena, Afganistán, la plaza de Tiananmen, el narcotráfico, el sandinismo, los terrorismos nacionales, el terrorismo islámico, la crisis del coronavirus… ¿Hay forma de ordenar estos temas y otros mil de parecida importancia en una breve introducción a la biografía de algo más que una decena papas? Quizá la sola enumeración de estos pocos sitúe al lector mejor de lo que podría hacerlo una fórmula más ortodoxa de redacción e imposible síntesis.

Papas Pedro, Pablo y Juan

Este período bien podría haber enlazado, sin solución de continuidad, con el precedente, aunque estos últimos once papas se ofrecen a nuestros ojos con una dimensión espiritual y una importancia religiosa solo comparable a la de los santos obispos de Roma que lo fueron desde San Pedro hasta principios del siglo VI. Son papas que, dignos sucesores de San Pedro, dirigen la nave de la Iglesia por un mar embravecido usando de todas sus capacidades e intentando superar sus humanas limitaciones. Son papas con un solo objetivo, el bien espiritual de la Iglesia, y no solo del papado o de Roma, pero tan distintos entre sí como pudieron serlo sus maestros, los apóstoles Pedro, Pablo y Juan, porque se me antoja que a una de esas tres tipologías parecen asemejarse siempre cada uno de los once papas cuyas vidas resumo a continuación. Papas tan dignos como Pedro, a quien el propio Cristo eligió guía, pero como él sujetos a cobardías y errores; papas como Pablo, de clarísima inteligencia y voluntad de hierro, pero acaso en lucha para conseguir la humildad que precisa quien ha de servir a otros para regirlos, como Él enseñó; papas como Juan, luminosos en su amor a Jesús y a María, cómodos ante el Misterio, pero acaso poco conscientes de la realidad humana a la que trascienden. Son buenos papas y papas buenos todos ellos, con luces y sombras a nuestros ojos, demasiado cercanos, que aplaudimos, agradecemos y apoyamos las mismas cosas que a otros pueden parecer sus únicos errores, y olvidamos, al juzgarlos, las mismas cosas que otros juzgan esenciales en sus pontificados.

Tras seis siglos de papas santos y casi trece de papas césares o demasiado humanos, con maravillosas excepciones en ese largo período de papas de gigantesca estatura religiosa y humana, es gratificante para quien, cristiano de a pie, redacta la historia de quienes han regido su Iglesia, poder cerrar su libro con el luminoso ejemplo de la casi docena de papas del último siglo y medio. Con la vida del resto de ellos les dejo.

257. San Pío X (1903-1914)

Giuseppe Melchiorre Sarto nació en Riese (Italia) en el seno de una familia pobre, humilde y numerosa el 2 de junio de 1835. Muy estudioso desde niño, ya a temprana edad sintió la llamada sacerdotal, por lo que a los quince años ingresó en el seminario de Padua y fue ordenado sacerdote en 1858. En su primera labor pastoral se hizo notar por su gran caridad para con los necesitados y por el ardor de sus homilías, que le valieron no pocas conversiones. En 1875 marchó a Treviso para trabajar como canciller y director espiritual del seminario, y en 1884 fue consagrado obispo de Mantua. León XIII le nombró cardenal en 1893 y lo trasladó a Venecia, donde siguió mostrando el mismo talante humilde y caritativo que en sus destinos anteriores. Tras la muerte de León XIII, cuando se reunió el cónclave, el cardenal Sarto fue elegido Papa antes de que hubiesen transcurrido veinte días desde la muerte de su predecesor, ya que lo fue el 9 de agosto de 1903. Se cuenta que cuando se iba a producir la tercera votación los rostros de la mayoría de los cardenales se volvieron hacia él, en clara muestra de sus intenciones, el cardenal Sarto rompió a llorar en inútil ruego de que olvidasen como posible elegido a «este sencillo cardenal rural», como a sí mismo gustaba definirse. Cuando, tras la votación, se supo elegido aceptó la designación con la misma sencillez y docilidad que presidió toda su vida, y dijo: «Acepto el pontificado como una cruz, y porque los papas que han sufrido por la Iglesia en los últimos tiempos se llamaron Pío, tomo ese nombre». Después, cuando fue coronado, anunció todo su programa pontifical en una frase: «*Instaurare omnia in Christo*» («Todo lo instauraré en Cristo»), el programa de un buen pastor: alimentar, guiar y custodiar al rebaño que el Señor le había encomendado y buscar amorosamente las ovejas perdidas.

Lo dejó claro en su primera encíclica, *E supremi apostolatus cathedra,* en la que manifestaba su temor de no ser digno de suceder a un pontífice que, como León XIII, había gobernado a la Iglesia con extraordinaria sabiduría, prudencia y pastoral solicitud durante más de veinticinco años. «Nuestro mundo sufre un mal: la lejanía de Dios. Los hombres se han alejado de Dios, han prescindido de Él en el ordenamiento político y social. Todo lo demás son claras consecuencias de esa postura», anunciaba, y recuerda a todos sus obligaciones como pastor del rebaño que Cristo le ha confiado. Sobre esa base, proclamó nuevamente la santidad del matrimonio, estimuló la educación cristiana de los niños, exigió justicia en las relaciones sociales, recordó a los gobernantes su irrenunciable responsabilidad social y reconoció, ante todos y para todos, que instaurar todo en Cristo exigía que la santidad de la Iglesia se manifestase en todos sus miembros: los sacerdotes, los obispos, los cardenales y los seglares comprometidos con la Iglesia de que forman parte. Y esa preocupación del Papa por la santidad de la Iglesia le llevó a impulsar no pocas reformas en su interior.

Su amor a la Eucaristía le llevó a autorizar la comunión diaria a todos los fieles y a permitir que los niños pudiesen recibir el santísimo sacramento a partir de los siete años de edad. La razón para ello la dejó explícita en estas palabras:

«La finalidad primera de la santa Eucaristía no es garantizar el honor y la reverencia debidos al Señor, ni premiar a la virtud, sino que los fieles, unidos a Dios por la comunión, puedan encontrar en ella fuerza para vencer las pasiones carnales, purificarse de los pecados cotidianos y evitar las caídas a que está sujeta la fragilidad humana».

Para mejor difundir el Evangelio dio un gran impulso a la actividad misionera, incentivó la creación de seminarios regionales, encomendó la revisión de la *Vulgata* a los benedictinos, fundó el Pontificio Instituto Bíblico en Roma y comenzó la publicación de la *Acta Apostolicae Sedis,* que, desde 1909, es la publicación oficial en que se recogen los documentos pontificios. Como preparación para la celebración del cincuenta aniversario de la proclamación del dogma de la Inmaculada Concepción de María, San Pío X publicó la encíclica *Ad diem illum,* todo un canto de amor a la Virgen.

Su amor por la música sagrada también la dejó patente en su pontificado, y es famoso el *Motu proprio* firmado en el tercer mes de su pontificado en el que dictaba normas para renovar la música sacra, así como la liturgia de las horas, e impulsó cuanto pudo la enseñanza del catecismo para mantener la pureza de la doctrina. Para hacerlo así, San Pío X hubo de mostrarse firme ante el modernismo, y en su decreto *Lamentabili*, de 1907, condenó las tesis exegéticas y dogmáticas, mientras que en su encíclica *Pascendi*, de 1907, lo hizo con las modernistas.

Buen jurista desde sus tiempos de obispo de Mantua, y magnífico desde los de Venecia, hizo elaborar, como Papa, una nueva codificación de las leyes canónicas, adecuándolas a las circunstancias que se vivían, una labor que se concluyó bajo el pontificado de su sucesor, Benedicto XV.

El capítulo más doloroso de su pontificado tuvo lugar en Francia en 1905, cuando se consumó la separación de la Iglesia y el Estado, aunque tuvo el consuelo de vivir una respuesta de plena fidelidad por parte de los obispos galos. Ese ejemplo fue seguido, cinco años más tarde, en España y al siguiente, en Portugal.

Tan anhelante era de la paz que, anunciando con años de anticipación el estallido de la guerra de 1914, afirmó: «Gustoso daría mi vida si con ello pudiera conseguir la paz en Europa», y el 2 de agosto de 1914 instó a los católicos de todo el mundo a poner los ojos en Cristo el Señor, Príncipe de la Paz, y suplicarle insistentemente la paz mundial.

En su testamento, San Pío X dejó escrito: «Nací pobre, he vivido pobre, muero pobre», porque siempre supo ser pobre en su corazón: sobrio y frugal en las comidas, amante de la limpieza y del orden, sencillo en sus vestidos, nada amigo de recibir aplausos fue el papa Sarto como presbítero, como obispo, como cardenal y como Papa.

Murió el 20 de agosto de 1914. Bromeando, cuando oía decir de él que era un Papa santo, solía comentar: «No santo, Sarto, Sarto», pero ya en vida se le atribuyeron muchos milagros, y el 14 de febrero de 1923 Pío XI introdujo su causa de beatificación, que culminó Pío XII el 12 de febrero de 1951, para proclamarle santo el 29 de mayo de 1954. Había que remontarse hasta 1572 para encontrar el último pontífice proclamado santo: San Pío V.

258. Benedicto XV (1914-1922)

Giacomo della Chiesa nació en Génova, en el seno de una familia noble, el 21 de noviembre de 1854. Ordenado sacerdote en 1878, entró en 1882 a formar parte de la Congregación de los Asuntos Eclesiásticos, en el Vaticano, y como colaborador del cardenal Rampolla en la nunciatura vivió en Madrid entre 1883 y 1887, fecha en la que pasó a trabajar en la Secretaría de Estado como colaborador del cardenal español Merry del Val. San Pío X le consagró arzobispo de Bolonia en 1907 y en 1910 le nombró cardenal, tres meses antes de ser elegido pontífice.

El cónclave que se reunió tras la muerte de San Pío X fue el primero que se celebró sin la intervención, directa o delegada, de ningún soberano extranjero y cumpliendo rigurosamente las instrucciones sobre su celebración dictadas por el Papa difunto. En ellas, el cardenal Della Chiesa fue elegido Papa el 3 de septiembre de 1914. Al ser coronado, como Europa vivía la tragedia de la Primera Guerra Mundial, Benedicto XV proclamó la encíclica *Ubi Primum,* urgiendo a los católicos de todo el mundo que restableciesen la paz. Inmediatamente después nombró como secretario de Estado al cardenal Gasparri, que había dirigido la obra de renovación del derecho canónico iniciada por San Pío X, para, junto a él, proseguir la labor religiosa, social y política iniciada por León XIII. En 1917 promulgó el nuevo código de derecho canónico.

En una nueva encíclica, *Ad Beatissimi,* Benedicto XV señalaba las principales causas de la guerra: la falta de comprensión entre los hombres, el menosprecio de la autoridad, la injusticia entre las clases y el exagerado apetito por las cosas perecederas. Después, dedicó buena parte de su actividad a paliar los sufrimientos derivados de la guerra creando, por ejemplo, una agencia de información sobre prisioneros en el Vaticano y sugiriendo, junto a Alfonso XII, algunas medidas para hacer menos cruel la guerra.

En 1916 comenzó a sonar con esperanza la palabra paz, pero las negociaciones diplomáticas fracasaron, salvo entre Alemania y Rusia, e incluso Estados Unidos entró en guerra a favor de Francia e Inglaterra. Viéndolo, el 1 de agosto de 1917 el Papa publicó una «Nota pontificia sobre la paz» en la que afirmaba que la paz no tiene que ser hija de la violencia, sino de la razón, poco después de nombrar nuncio en Múnich a Eugenio Pacelli en misión de pacificación cerca del emperador de Alemania, el canciller Bethmann Holweg, y el emperador de Austria, aunque el nombramiento como canciller de Michaelis, representante de los protestantes, cerró las tentativas de paz hechas por el nuncio Pacelli. Ocho días más tarde, Benedicto XV hizo pública su propuesta a los beligerantes de una nueva base de discusiones: aceptar el derecho y la justicia como sustitución de la fuerza armada, acordar un recíproco desarme gradual y crear un organismo de arbitraje capaz de solucionar los problemas de tipo internacional.

La guerra terminó un año después. Cuando en 1920 se iniciaron las reuniones de la Sociedad de las Naciones, Benedicto XV publicó la encíclica *Pacem, Dei munus,* en la que, tras alabar el patriotismo y recordar que el mismo Cristo había amado su patria terrenal, reclamaba sus derechos como soberano de un Estado simbólico, nunca reconocido por el gobierno italiano y que, por ello, mantenía a la Santa Sede fuera de los trabajos de la Sociedad de las Naciones.

Pese a ello, la situación de la Iglesia había mejorado sensiblemente en su posición en el mundo: se reanudaron las relaciones con Francia en 1921, Polonia e Irlanda recobraron su independencia y la reunión en La Haya de las asociaciones obreras católicas en 1920 reveló la fuerza que habían adquirido en las once naciones representadas.

En el orden puramente eclesiástico, Benedicto XV canonizó a Juana de Arco y proclamó la encíclica *In Praeclara,* con ocasión del sexto centenario de la muerte de Dante, en la que recordaba la relación de la *Divina Comedia* con las Sagradas Escrituras, y alababa la obra del poeta como sublime exaltación de la justicia y la providencia.

Benedicto XV falleció en el Vaticano, el 22 de enero de 1922, víctima de una epidemia de gripe, exclamando: «Ofrecemos nuestra vida para la paz del mundo».

259. Pío XI (1922-1939)

Aquiles Ratti nació en Desio, cerca de Milán, en el seno de una familia de la burguesía media el 31 de mayo de 1857. Tras estudiar en Milán, donde fue ordenado sacerdote en 1879, ejerció la cátedra de teología dogmática y fue nombrado prefecto de la Biblioteca Ambrosiana en 1907; Pío X le nombró viceprefecto de la biblioteca vaticana en 1911 y director en 1914, un tiempo en el que monseñor Ratti publicó varios trabajos sobre paleografía, arte, literatura e historia, especialmente de la Iglesia; practicó con asiduidad su deporte favorito, el alpinismo, y cultivó su afición al estudio y la lectura.

Había cumplido ya los sesenta y dos años cuando fue destinado a Varsovia como nuncio apostólico y tres años más tarde Benedicto XV le nombró arzobispo de Milán, puesto que ocupaba desde hacía cinco meses cuando fue elegido Papa el 12 de febrero de 1922 y tomó el nombre de Pío XI.

Ese mismo año proclamó su primera encíclica, *Ubi arcano Dei,* en la que afirma que el mal que aqueja a la humanidad radica en el hecho de que los hombres se han alejado de Dios y han olvidado la realeza de Cristo. De esa encíclica nace la Acción Católica y en ella se fundamenta el hecho de que, en 1925, Pío XI instituya la fiesta de Cristo Rey en el último domingo de octubre.

Europa se siente sacudida por el comunismo, victorioso en Rusia, y en Italia, tras la marcha sobre Roma de octubre de 1922, Benito Mussolini recibe del rey el encargo de formar nuevo gobierno. En 1926 se entablan negociaciones secretas entre el gobierno y el hermano del futuro Pío XII, nuncio en Berlín, para poner fin a la llamada «cuestión romana», acordando reconstruir un Estado en el que el Papa fuese soberano: la Ciudad del Vaticano, al tiempo que se firma un concordato y un acuerdo financiero.

En el palacio de Letrán, Benito Mussolini y el cardenal Gasparri firmaron el triple acuerdo el 11 de febrero de 1929. Por él nació la Ciudad del Vaticano, un Estado pontificio de cuarenta y cuatro hectáreas —con la basílica de San Pedro, los palacios del Vaticano, los jardines, los museos y varios edificios situados en la vecindad— en el que el gobierno italiano permitió construir una estación de ferrocarril, crear una oficina de correos, teléfonos y telégrafos, y poner en marcha una estación de radio. La residencia veraniega de los papas en Castelgandolfo fue incluida en el territorio pontificio y más tarde lo fueron otros edificios romanos; y varias basílicas y sedes de las grandes congregaciones se beneficiaron del privilegio de la extraterritorialidad. En el concordato se daba forma legal a las relaciones entre la Santa Sede y el Estado italiano, garantizándose la libertad de culto y la jurisdicción eclesiástica, y el acuerdo financiero permitía la independencia económica y tributaria del nuevo Estado.

Cuando, en 1931, surgieron las discrepancias entre el gobierno fascista y el Vaticano, Pío XI proclamó su encíclica *Non abbiano bisogno,* en la que criticaba la ideología fascista, a la que consideraba estadolátrica, como a la nazi, la bolchevique o la jacobina. En la encíclica *Mit brennender Sorge,* de 1937, el Papa denuncia el carácter pagano del nazismo y condena el racismo; el mismo año la *Divini Redemptoris* condena el marxismo, el comunismo ateo y la doctrina de los sin Dios, y en esa misma línea, cuando Hitler visitó Roma en 1938, el Papa abandonó el Vaticano para no entrevistarse con el dictador alemán.

Otra de las encíclicas importantes de Pío XI, la *Rerum Ecclesiae,* de 1926, estaba dedicada a las misiones y la constitución de las Iglesias indígenas. Y en 1928, su encíclica *Mortalium animos* era un emotivo llamamiento a la unión dirigido a las Iglesias separadas. En la *Quadragesimo anno,* conmemorativa de la *Rerum Novarum* de León XIII, el Papa recuerda la obra de la Iglesia a favor de los trabajadores y condena, una vez más, el comunismo.

Pío XI hizo construir el nuevo edificio de Propaganda FIDE, fundó el Instituto Cristiano de Arqueología, los museos de Etnología y de las Misiones, y en 1922 la Academia de Ciencias, integrada por sabios de todo el mundo y todas las confesiones. Canonizó a Santa Teresa de Lisieux, a Santa Bernardette Soubirous, a San Juan Bosco, a Santo Tomás Moro, a San Roberto Bellarmir y a San John Fisher.

En septiembre de 1938, cansado y enfermo, Pío XI se dirige por radio al mundo entero, en vísperas de las conversaciones de Múnich, ofreciendo su vida como precio de la paz, pero los dirigentes de los pueblos no entendieron su mensaje. Meses después, el 10 de febrero de 1939, Pío XI fallecía en el Vaticano.

260. Pío XII (1939-1958)

Eugenio María Giovanni Pacelli nació en Roma, el 2 de marzo de 1876, en el seno de una familia dedicada al servicio papal y en la que pronto murió la madre, por lo que fue el padre, Filippo Pacelli, decano del Colegio de Abogados, quien cuidó de sus cuatro hijos. En su ciudad natal, Eugenio hizo sus primeros estudios, para los que demostró poseer singulares condiciones, al tiempo que una madurez impropia de su edad, y desde niño se supo llamado por el Señor al sacerdocio, para el que se preparó en los seminarios de Capranica y de San Apolinario, así como en la Universidad Gregoriana, tras lo que fue ordenado sacerdote en 1899.

En 1991 comenzó a trabajar en la Secretaría de Estado del Vaticano y tres años más tarde terminó brillantemente sus estudios de derecho eclesiástico, por lo que, en 1904, pasó a formar parte de la comisión formada por Pío X para la revisión y nueva codificación de las leyes canónicas; desde 1909 fue profesor de diplomacia eclesiástica en la Pontificia Accademia dei Nobili Ecclesiastici; en 1911 fue nombrado subsecretario de la Congregación de los Asuntos Eclesiásticos Extraordinarios, y en 1914 secretario de la misma.

En 1917, un mes antes de que Benedicto XV le consagrase arzobispo de Sardes, fue nombrado nuncio en Baviera, donde, como un verdadero pastor, contribuyó mucho a aliviar las penas de las víctimas de la Primera Guerra Mundial. En 1920 fue nombrado nuncio ante la nueva República Federal Alemana, en Berlín, al tiempo que lo seguía siendo en Baviera, y en este Estado fue, en Múnich, donde firmó el concordato de la Santa Sede con Baviera, tras lo que se fue a vivir a Berlín. Allí supo ganarse el respeto de una población de mayoría protestante por su activa vida eclesial y social, su permanente presencia pastoral y sus extraordinarias dotes de orador. Ello le permitió firmar, en 1929, el mismo año en que fue nombrado cardenal, el concordato del Parlamento alemán con la Santa Sede, tras trece años de fructífera misión en tierras sajonas y con una grave preocupación que nadie quiso escuchar: el peligro que entrañaba el auge del nacionalsocialismo.

Ya en Roma, Pío XI designa al cardenal Pacelli secretario de Estado y, en calidad de tal, firma un tercer concordato, en 1933, esta vez con Austria y la Alemania nazi; visita diversos países como legado pontificio, asiste al Congreso Eucarístico Internacional celebrado en Buenos Aires, peregrina a Lourdes, realiza una visita pastoral por tierras norteamericanas y participa en el Congreso Eucarístico Internacional celebrado en Budapest.

Tanto prestigio y tan activa labor hicieron que, en las primeras veinticuatro horas del cónclave que siguió a la muerte de Pío XI, los cardenales eligieron Papa en la persona del cardenal Pacelli, quien tomó el nombre de Pío XII el 2 de marzo de 1939, el mismo día en que cumplía sesenta y tres años. Fue coronado diez días después. Al escuchar su primer discurso, el mundo supo que tenía un Papa sabio y de aguda lucidez, tanto en lo religioso como en lo social: un hombre pequeño de estatura, delgado y ascético de apariencia, de enorme personalidad física, notable políglota, trabajador incansable, hombre de decisiones rápidas y firmes, e impresionante en la majestuosidad de sus gestos y en sus decididos esfuerzos en favor de la paz.

Como si preparase algunas de las reformas que impondría el Concilio Vaticano II, mandó adecuar los horarios de las misas a las necesidades del mundo del trabajo, redujo el tiempo de ayuno observado hasta entonces antes de recibir la sagrada comunión y el 1 de noviembre de 1950 dio al mundo católico la alegría de promulgar el dogma de la Asunción de María, un acto de amor en quien rezaba diariamente el santo rosario. Creó cincuenta y seis nuevos cardenales, muchos de ellos no italianos, y canonizó a treinta y tres nuevos santos, San Pío X entre ellos. Además, precisó el concepto de culpa colectiva, se pronunció sobre la inseminación artificial y se ocupó muy prioritariamente de la enseñanza social de la Iglesia, ajustándola a las nuevas condiciones del mundo laboral. Nadie olvida que su testimonio de caridad y de santidad estuvo en el origen de conversiones, como la del gran rabino de Roma, Zolli, quien quiso tomar su nombre al bautizarse: Eugenio.

Su pontificado, plausible por todos y por tantas causas, tuvo y sigue teniendo muchos detractores, ya que mientras es considerado por la mayoría de los católicos que vivieron su tiempo como el Papa de la paz, no faltan quienes le acusen de haber colaborado con el horror nazi. El 24 de agosto de 1938 lanzó un mensaje al mundo, transmitido por radio, invitándole a abstenerse del recurso de la guerra y proponiendo un programa de paz de cinco puntos, incluyendo el desarme general, el reconocimiento de los derechos de las minorías y el derecho de las naciones a su independencia. Durante la guerra, Roma permaneció neutral, aunque la voz del Papa se alzase de continuo pidiendo una paz duradera basada en la ley natural; salvó a Roma de la ocupación alemana; permitió que se refugiasen en el minúsculo Estado papal del Vaticano muchos de los judíos que huían de Alemania, y desarrolló un programa de ayuda para las víctimas y los prisioneros de guerra. El pueblo romano supo que el Papa era el defensor de la Ciudad Eterna, como en los viejos tiempos de las invasiones bárbaras. Después de las explosiones de Hiroshima y Nagasaki, Pío XII luchó por limitar los armamentos y prohibir unas armas que ponían en peligro de muerte a toda la humanidad y a la vida misma sobre la Tierra. Fue un Papa que hizo cuanto estuvo en su mano por adecuar las estructuras de la Iglesia a la necesidad de los nuevos tiempos misioneros, sociales y políticos, con el nacimiento de nuevos países y el surgir de la llamada, por Maculan, «aldea global», abogando por la unidad de Europa, recibiendo a miles de personas de toda raza, credo y religión, y llevando al papado a una popularidad universal desconocida hasta entonces.

De entre sus numerosos documentos, acaso quepa destacar: la *Summi Pontificatus,* de 1939, sobre la decadencia moral en la humanidad; *Divino afflante Spiritu,* de 1943, sobre los estudios bíblicos; *Mystici corporis Christi,* del mismo año, sobre la naturaleza de la Iglesia; *Mediator Dei et hominum,* de 1947, sobre la liturgia; *Munificentissimus Deus,* de 1950, sobre el dogma de la Asunción de María; *Fidei Donum,* de 1957, sobre las misiones, y *Miranda prorsus,* de 1957, sobre los medios audiovisuales.

El 9 de octubre de 1958, en su residencia de Castelgandolfo, murió un gran Papa a quien correspondió gobernar la Iglesia en los años más dramáticos del siglo, los de la Segunda Guerra Mundial, tras haber vivido los horrores de la Primera. Fueron muchos los judíos ilustres e incontables los miembros de otras religiones que manifestaron su sincero dolor por la muerte del papa Pacelli. Años después, especialmente a partir del estreno en Berlín de *El vicario,* una obra teatral que le presenta como un político calculador que guarda un silencio cómplice frente al exterminio de los judíos, su figura comienza a ser discutida en todo el mundo y atacada con saña por quienes ignoran la verdad de su vida o no se han molestado en leer las actas y documentos de la Santa Sede relativos a la Segunda Guerra Mundial, cuya publicación fue ordenada por Pablo VI. El último de ellos ha sido un periodista británico, Cornwell, en su libro *El Papa de Hitler.*

261. San Juan XXIII (1959-1963)

Ángelo Giuseppe Roncalli nació el 25 de noviembre de 1881 en Sotto il Monte, una población cercana a Bérgamo, y era el tercer hijo de una familia de trabajadores. Después de cursar sus primeros estudios en Bérgamo, y ya seminarista, los prosiguió en Roma desde 1900. En 1905, el cardenal Radini-Tedeschi, de enorme importancia posterior en las luchas entre la Iglesia y el poder temporal en Italia, fue designado obispo de Bérgamo y eligió como secretario al recién ordenado Roncalli, quien vivió de cerca la impresionante labor social de su superior, siempre defensor de los obreros. Cuatro años más tarde, Roncalli fue designado profesor de sociología e historia eclesiástica en el seminario de Bérgamo, tras haber publicado dos libros: uno sobre la vida del cardenal César Baronio y otro, de carácter más erudito, *Actas de la visita apostólica de San Carlos Borromeo a Bérgamo*. Siendo ya profesor, editó una conferencia suya en la que trataba la labor asistencial de la Iglesia desde la antigüedad. Cuando en 1914 murió el obispo de Bérgamo, cardenal Radini-Tedeschi, el joven Roncalli le dedicó una muy cuidada y apasionada biografía. Poco después, al entrar Italia en la Primera Guerra Mundial, Roncalli ganó el grado de sargento combatiendo en el frente y, aunque tras la firma de la paz, regresó a Bérgamo para encargarse de la dirección espiritual de los clérigos, el Papa Pío XI le llamó a Roma en 1920 para encomendarle la preparación del año santo de 1925 y una exposición misionera antes de enviarle, en 1924, a Sofía como administrador apostólico; más tarde, a Estambul, y posteriormente a Atenas como delegado apostólico, donde vivió, para ventura del pueblo griego, su resistencia frente a Alemania e Italia en la Segunda Guerra Mundial, reclamando y obteniendo del Vaticano continuas ayudas en forma de medicinas y alimentos.

Liberada Francia en agosto de 1944, Pío XII nombra a Roncalli nuncio apostólico en París, en un tiempo en que el Estado francés estaba dominado por los partidos de izquierda que reclamaban, con el apoyo de muchos periódicos, la expulsión de ochenta y siete cardenales, arzobispos y obispos acusados de colaboracionismo. El nuncio Roncalli logró reducir dicha cifra a tres, al tiempo que pudo defender los intereses de la Iglesia en la enseñanza, que las izquierdas deseaban exclusivamente laica, y consiguió, junto a los cardenales y obispos franceses, que Francia liberase a los prisioneros alemanes y a los colaboracionistas franceses encarcelados. Cuando Pío XII le nombró cardenal, en enero de 1953, fue el presidente de la República Francesa y jefe del partido socialista, Auriol, quien le impuso el birrete cardenalicio en el gran salón del Elíseo. Ese mismo día, cuando recibió en la nunciatura al arzobispo de París, monseñor Feltin, el cardenal Roncalli dijo unas palabras que recordaron todos cuando fue elegido Papa: «¡Y pensar que me hubiera gustado tanto hacer de párroco, acabar mis días en alguna diócesis de mi tierra!» Poco después fue nombrado patriarca de Venecia, desde donde peregrinó a Lourdes, a Fátima y a Santiago de Compostela, y viajó con frecuencia a Sotto il Monte para visitar la tierra que sus hermanos seguían trabajando.

En el atardecer del 28 de octubre de 1958, en la tercera semana tras la muerte de Pío XII, el cardenal Roncalli, que estaba a punto de cumplir los setenta y ocho años, fue elegido Papa y tomó el nombre de Juan XXIII. Sabiendo que el nombre de Juan había sido el que más papas habían llevado en la historia, que el pontificado de la mayor parte de ellos había sido breve y su propia edad, el nuevo Papa comentó a unos paisanos que le visitaban: «Quien llega a Papa a los setenta y ocho años no tiene un gran porvenir». No se equivocaba: su pontificado fue corto, cuatro años y siete meses, pero en tan breve tiempo supo conquistar el corazón del mundo, quien vio en él a un verdadero Papa, un padre, e iniciar un camino, con la afabilidad de sus maneras, su sencillez y, sobre todo, la convocatoria del Concilio Vaticano II, decisivo para el futuro de la Iglesia católica y muy influyente en el resto de las confesiones cristianas, e incluso de las no cristianas, los agnósticos y los ateos.

Juan XXIII anunció la convocatoria de un concilio ecuménico a los pocos meses después de su elección, cuando eran muchos los que creían que el tiempo de los concilios ya había pasado con la proclamación de la infalibilidad pontificia. Pronto se vio que ese concilio vendría a ser el «concilio de los obispos», como el Concilio Vaticano I había sido el «concilio del Papa», ya que en él los obispos expresaron con tanta libertad sus ideas que quedaron impresionados los observadores anglicanos, protestantes y ortodoxos. Pero, por fortuna para todos, nadie parecía olvidar las palabras de Juan XXIII en su discurso de apertura, el día 11 de octubre de 1962, en las que señalaba una orientación abierta y optimista, menos propensa a condenar que a usar de la misericordia, dedicada a mostrar la validez de la doctrina cristiana más que a renovar cadenas del pasado.

Juan XXIII se esforzó, durante el concilio y antes de él, en mejorar las relaciones de la Iglesia católica con las otras Iglesias, recibiendo la visita del primado anglicano y de los dirigentes de otras muchas confesiones cristianas, y creando un Secretariado para la Unión de los Cristianos que, durante el concilio, fue elevado al nivel del resto de las comisiones.

Publicó nueve encíclicas, la más famosa de la cuales fue la última, *Pacem in Terris*, que firmó el día de Jueves Santo de 1963 y que estaba dirigida no solo a los obispos, clero y fieles católicos, sino a todos los hombres de buena voluntad, y expresaba su enorme preocupación por la paz, siempre relacionada con la doctrina social de la Iglesia, ya tratada por el buen papa Juan en la encíclica *Mater et Magistra* de 1961.

Aquejado de una enfermedad dolorosa, vivió con redoblada intensidad sus últimos meses de pontificado y, cuando se despidió de los fieles para prepararse espiritualmente para Pentecostés, lo hizo también para una muerte que le llegó el 3 de junio de 1963. Tras ella, y por vez primera en cuatrocientos años, se ponía a media asta la bandera del palacio en que residía el primado anglicano por la muerte de un obispo de Roma. El mundo entero lloró la muerte del «buen Papa Juan» y todos supimos que no tardaría en llegar a los altares. Sus diarios, publicados en 1965 con el título *Diario de un alma*, y el libro *Cartas a su familia*, editado en 1969, son claro testimonio de la santidad, sencillez y humildad de su vida espiritual. Su proceso de beatificación fue iniciado por su sucesor, Pablo VI, en 1965, y concluido por Juan Pablo II en el año 2000.

El 27 de abril de 2014, el papa Francisco I y el papa emérito Benedicto XVI concelebraron una ceremonia para nombrar santos a Juan XXIII y Juan Pablo II. La festividad de San Juan Pablo II es el 11 de octubre.

> Juan XXIII publicó *Pacem in Terris,* el 11 de abril de 1963, para invitar a los cristianos a trabajar por el bien común, en conjunción con los no católicos, conjugando la eficacia técnica con los valores morales y espirituales. Esta encíclica está articulada en cinco partes: derechos y deberes de la persona, relaciones entre el individuo y la autoridad, relaciones entre comunidades políticas, relaciones entre individuos y sociedades con la comunidad mundial, y la llamada pastoral final.

262. Pablo VI (1963-1978)

Giovanni Battista Montini nació en Concesio (Brescia) el 26 de septiembre de 1897. A los diecinueve años, tras estudiar con los jesuitas, ingresó en el seminario de Brescia y a los veintitrés fue ordenado sacerdote y marchó a Roma para cursar estudios en la Academia de Nobles Eclesiásticos, la Universidad del Estado y la Gregoriana. Tenía veinticinco años cuando fue nombrado secretario del nuncio en Varsovia;

tras una breve estancia en la capital polaca, regresó a Roma para ingresar como minutante en la Secretaría de Estado del Vaticano y ser capellán de la sección romana de la Federación Universitaria Católica Italiana, donde mostró enormes dotes de orador y organizador, y una apasionada entrega a las obras de caridad. Catedrático de historia en la Academia Pontificia a los treinta y dos años, publica la traducción *La religion personnelle*, del padre Léanse de Grandmaison, y una *Introducción al estudio de Cristo*. A los cuarenta años fue nombrado secretario del cardenal Pacelli, entonces secretario de Estado; cuatro años más tarde, el propio Pacelli, ya Pío XII, le nombra director de Asuntos Eclesiásticos Internos; ocho años después, prosecretario de Estado; en 1954, arzobispo de Milán, y en 1958 cardenal, a la que se había hecho acreedor por su actividad durante la Segunda Guerra Mundial y a cuyo honor había renunciado en 1953. Tras ser consagrado en San Pedro arzobispo de Milán, franqueó la línea divisoria de su nueva sede e hizo detener el coche para, de rodillas, besar la tierra que Dios y el Papa le habían confiado. Pese a su humildad, el mundo entero supo, y cuantos lo vivimos recordamos, su decidida lucha por los menos favorecidos por la fortuna, su alineamiento al lado de los pobres y los desventurados, y el enorme prestigio personal que alcanzó tanto el propio arzobispo como su sede.

Entusiasmado con la idea de celebrar el Concilio Vaticano II, el cardenal Montini escribió en enero de 1959:

«La historia se descubre ante nuestras miradas con perspectivas inmensas y para siglos […] la Iglesia será el punto de mira de los pensamientos y de las preocupaciones de los hombres [...] aparecerá como la guardiana de las palabras divinas y de los destinos humanos».

Dieciocho días después de la muerte del beato Juan XXIII, el 21 de junio de 1963, Giovanni Battista Montini, cardenal de Milán, fue elegido Papa. En su primer mensaje, dijo:

«Dedicaremos la mayor parte de nuestro pontificado a la continuación del Concilio Ecuménico Vaticano II, hacia el que vuelven sus ojos todos los hombres de buena voluntad […]. Queremos consagrar a esta tarea todas las energía que el Señor nos ha dado, para que la Iglesia católica, que brilla en el mundo como estandarte alzado sobre todas las naciones lejanas, pueda atraer hacia ella a todos los hombres por su grandeza, la renovación de sus estructuras y la multiplicidad de sus fuerzas, que proceden de toda tribu, lengua, pueblo y nación».

En este sentido, realizó un viaje a Tierra Santa, en enero de 1964, en el que mantuvo un encuentro histórico con el patriarca de Jerusalén, Atenágoras I, e intervino en una reunión de la ONU, en 1965, para abogar por la paz mundial.

En ese mismo mensaje, quiso hacer suya la preocupación de Juan XXIII por la unión de todas las Iglesias cristianas, el logro de la paz universal, el *unum sint*, por el que el beato Juan XXIII había ofrecido su vida, y para que «... los hermanos e hijos de las regiones donde a la Iglesia no se le ha permitido usar sus derechos nos sientan cerca de ellos».

Marcando la diferencia fundamental de los papas de este siglo con los de los precedentes, pocos días después de su investidura afirmó: «La Santa Sede no se propone intervenir en los asuntos o intereses que conciernen a los poderes temporales, sino favorecer por doquier la profesión de ciertos principios fundamentales de civilización y humanidad de los que la religión católica es atenta guardiana, que se esfuerza en hacerlos penetrar en almas e instituciones».

Introdujo importantes reformas en la curia romana, fue artífice del Secretariado para los No Creyentes y los No Cristianos, y autor de las encíclicas *Eclesiam suam*, *Mense maio*, *Mysterium fidei* y *Christi Matri Rosarii*, entre otras.

Pablo VI fue un buen Papa y un Papa bueno. Acertó a reconducir el Concilio Vaticano II hasta lograr los frutos que está dando en las décadas siguientes; su preocupación por el mundo obrero caló en la Organización Internacional del Trabajo, en toda la doctrina social de la Iglesia y todo el mundo demócrata; elevó más aún el prestigio del papado; luchó denodadamente por la unidad de la Iglesia, en labor que continuaría con fervor Juan Pablo II, y supo resistir a los embates de los modernistas que le tentaban en lo que fue su mayor virtud y pudo ser causa de soberbia: su reconocida superioridad intelectual. Enfermo, tras muchos padecimientos que supo mantener en secreto, y lleno de dignidad, amor y humildad, falleció el 6 de agosto de 1978.

El Concilio Vaticano II, el vigésimo primer concilio ecuménico de la Iglesia católica, fue convocado por Juan XXIII el 25 de enero de 1959 y se celebró durante los otoños de 1962 a 1965, con 178 reuniones de 2 908 obispos, entre los que los obispos de Asia y África tuvieron un papel muy importante en las deliberaciones, y fueron pocos los pertenecientes a los países comunistas que asistieron al mismo. En el concilio tenían derecho a voto los obispos católicos y los superiores de las órdenes religiosas masculinas, pero las Iglesias ortodoxa y protestante fueron invitadas a enviar delegados oficiales en calidad de observadores, así como a oyentes laicos, dos de los cuales dirigieron sus palabras al concilio; pero, en 1964, un grupo de mujeres comenzaron a asistir a las sesiones en calidad de oyentes.

Este concilio publicó dieciséis documentos, entre los que deben destacarse los relativos a la revelación divina, a la Iglesia como institución y a la Iglesia en el mundo moderno. Para lograr una participación más activa en la misa, se dieron en el concilio los primeros pasos para que, en 1971, se sustituyese el latín por las lenguas vernáculas, entre otras importantísimas innovaciones que están en la mente de todos. A los propósitos de Juan XXIII, que convocó el concilio, Pablo VI añadió, como objetivo principal, el diálogo con el mundo moderno.

263. Juan Pablo I (1978)

Albino Luciani nació en Forno di Canale –hoy Canale d'Agordo, un pueblo del norte de Italia situado en la diócesis de Belluno– el 17 de octubre de 1912, en el seno de una familia humilde, ya que su padre fue un obrero socialista que, viudo de su primer matrimonio, se casó con una católica muy piadosa a quien comprometió a educar a sus hijos en la misma fe. Buscando trabajo, la familia emigró a Suiza, donde permaneció algunos años, hasta que el padre encontró trabajo en Murano, famosa por la hermosura de los vidrios que fabrica.

Albino, el mayor de los cuatro hermanos, estudió en el seminario de Belluno, fue ordenado sacerdote en 1935 e hizo estudios teológicos en la Universidad Gregoriana de Roma. Cuando regresó a su pueblo natal, fue nombrado coadjutor de la parroquia y, más tarde, vicerrector del Seminario Gregoriano de Belluno, en el que, durante diez años, enseñó teología dogmática, moral, derecho eclesiástico y arte sacro. Sus mejores cualidades como profesor fueron la capacidad de síntesis y el ser capaz de transformar en activo a aquellos de sus alumnos faltos de entusiasmo. Nacido para el magisterio, su primer libro le define: *Catequesis en migajas*.

Diez años después, en 1947, fue nombrado provicario de la diócesis de Belluno; en 1949 se le encomendó la organización del Congreso Eucarístico de Belluno; en 1954 es vicario general de Belluno; en 1958 Juan XXIII, en Roma, le consagra obispo de Vittorio Veneto, cerca de Venecia, vinculándose como obispo a la Comisión para la Doctrina de la Fe; en 1969 Pablo VI le nombra patriarca de Venecia, y en 1973 cardenal, pese a que él seguía definiéndose como seminarista. En una ocasión, dijo:

«Hay obispos de muchos tipos: unos parecen águilas que vuelan por las alturas con documentos magisteriales; otros son jilgueros que cantan las glorias del Señor de modo maravilloso, y algunos son simples gorriones que solo saben piar desde lo alto del árbol de la Iglesia. Yo soy de los últimos».

Entre 1973 y 1976 fue vicepresidente de la Conferencia Episcopal Italiana y su extrema caridad le llevó a vender dos cruces pectorales regaladas por el beato Juan XXIII y un anillo, que lo había sido por Pablo VI, para ayudar a los discapacitados. Explicaba que «… el verdadero tesoro de la Iglesia son los pobres, los desheredados, los pequeños…» En ese tiempo, para mejor dar cuenta de sus ideas, publica *Illustrissimi,* un libro en el que recoge cartas ficticias dirigidas a personajes de la historia o la fantasía y en el que defiende que se debe admitir el pluralismo en la teología o la liturgia, pero nunca en la fe. Era un sabio, un hombre dotado de una inteligencia agudísima, que acertaba a expresarse en la sencillez, la humildad y la jovialidad.

Tras la muerte de Pablo VI se celebró el cónclave con mayor número de cardenales y uno de los más breves de los habidos hasta entonces: tras una sola jornada, el cardenal Luciani, cardenal de Venecia, es elegido Papa y toma el nombre de Juan Pablo I el 26 de agosto de 1978, menos de un mes después de la muerte de su predecesor. Renunció a la ceremonia de coronación. En cuanto al resto, dejemos que sea él mismo quien lo cuente:

«Cuando ayer por la mañana fui a la Capilla Sixtina a votar, iba tranquilo, nunca imaginé lo que iba a suceder. Cuando se inició el peligro para mí, los dos compañeros que tenía al lado me susurraron: "Ánimo; si el Señor da un peso, dará también las fuerzas para llevarlo. No tenga miedo, en el mundo entero mucha gente reza por el nuevo Papa". Llegado el momento, acepté. Después se me planteó la cuestión del nombre, y me preguntaban qué nombre quiere tomar. Yo había pensado poco en ello, pero hice este razonamiento: el papa Juan quiso consagrarme personalmente aquí, en la basílica de San Pedro; después, aunque indignamente, en Venecia le he sucedido en la cátedra de San Marcos, en esa Venecia que todavía está completamente llena del papa Juan y donde le recuerdan los gondoleros, las religiosas y todo el pueblo; pero el papa Pablo no solo me ha hecho cardenal, sino que, algunos meses antes, sobre el estrado de la plaza de San Marcos, me hizo ponerme colorado ante veinte mil personas porque se quitó la estola y me la echó sobre las espaldas. ¡Jamás me he puesto tan colorado! En quince años de pontificado, este Papa ha demostrado no solo a mí, sino a todo el mundo, cómo se ama, cómo se sirve y cómo se trabaja y se sufre por la Iglesia de Cristo. Por estas razones, dije, me llamaré Juan Pablo, aunque ni tengo la *sapientia cordis* del papa Juan, ni la preparación y la cultura del papa Pablo. Estoy en su puesto y debo tratar de servir a la Iglesia; espero que me ayudaréis con vuestras plegarias».

Juan Pablo I, el Papa de la sonrisa, el Papa adecuado para un mundo anhelante de amor, alegría y esperanza, un párroco bueno como Juan XXIII y sabio, humilde y santo como Pablo VI, murió el 28 de septiembre de 1978 cuando apenas se había cumplido un mes desde su elección. Como en los viejos tiempos se habló, y se habla, de una muerte provocada, pero nunca se ha descartado la posibilidad de que su corazón fallase al enterarse de oscuros secretos financieros que manchaban a la curia y sus asesores.

264. San Juan Pablo II (1978-2005)

Karol Józel Wojtyla nació en Wadowice, a 50 km de Cracovia (Polonia), el 18 de mayo de 1920. Segundo de los dos hijos de Karol Wojtyla, un suboficial del ejército, y de Emilia Kaczorowska. La muerte formó parte de su vida desde muy joven: cuando tenía diez años perdió a su madre, que sufrió un infarto. También había perdido a una hermana que murió recién nacida y no pudo ser bautizada. Tres años después de la muerte de su madre, perdió a su hermano Edmund, licenciado en medicina y que murió de escarlatina. A los quince años se salvó milagrosamente del disparo que a un amigo suyo se le escapó accidentalmente, pasando la bala a escasos milímetros de su cara. En 1929 hizo la primera comunión y en 1938 recibió la confirmación, el mismo año en que concluyó los estudios de enseñanza media en la escuela Marcin Wadowita de su ciudad natal y se matriculó en la Universidad Jagellónica de Cracovia, al tiempo que en una escuela de teatro. El año siguiente, las fuerzas de ocupación nazi cerraron la universidad polaca y Karol tubo que trabajar como obrero en una cantera antes de hacerlo en una fábrica química para evitar su deportación a Alemania. Karol vivía con su padre, que era un fanático religioso y que le introdujo en las enseñanzas teológicas y las prácticas doctrinales. Pero la cadena de muertes continuó en su vida, quedando huérfano de padre con tan solo ventiún años. Se lo encontró muerto de un infarto al volver del trabajo. La tragedia parecía cebarse en la vida de Karol, y por aquellas fechas murió su mejor amigo en la cantera donde trabajaban, y también perdió a la mujer que amaba, una judía que fue deportada al campo de concentración. Todos estos acontecimientos dramáticos le llevaron a tomar la decisión de escoger el sacerdocio.

En 1942 comenzó los cursos que el arzobispo de Cracovia, cardenal Adam Stefan Sapieha, dirigía en el seminario clandestino de aquella ciudad, al tiempo que satisfacía su afición al teatro ayudando a poner en marcha el Teatro Rapsódico, clandestino también. El final de la guerra le permitió proseguir sus estudios sacerdotales en el seminario mayor de Cracovia, fuera ya de la clandestinidad, y en la facultad de teología de la Universidad Jagellónica. El 1 de noviembre de 1946 fue ordenado sacerdote, tras lo que el cardenal lo envió a Roma, donde se doctoró en teología, en 1948, con una tesis sobre la fe en las obras de San Juan de la Cruz. De vuelta a Polonia, fue vicario en diversas parroquias y capellán de la universidad hasta que, en 1951, reanudó sus estudios de filosofía y teología, que culminó con una tesis sobre la posibilidad de fundar una ética católica a partir del sistema ético de Max Scheller, que le hace convertirse en profesor de teología moral y ética social en el seminario mayor de Cracovia y en la facultad de teología de Lublín. Pío XII le nombró obispo auxiliar de Cracovia en 1958; Pablo VI le nombró arzobispo de Cracovia en 1964, y cardenal en 1967. Participó en el Concilio Vaticano II (1962-1965) formando parte de todas las asambleas del Sínodo de los Obispos y contribuyendo a la elaboración de la constitución *Gaudium et Spes*.

La muerte de Juan Pablo I hizo que se reuniera un cónclave por segunda vez en poco más de un mes. Ciento once cardenales iniciaron el cónclave número ochenta y uno de la historia y tras solo cincuenta horas, el lunes 16 de octubre de 1978, eligieron obispo de Roma al cardenal Wojtyla, quien tomó el nombre de Juan Pablo II. Fue el primer Papa que no había nacido en Italia desde el siglo XVI.

Juan Pablo II fue un papa eminentemente viajero, realizó ciento dos viajes internacionales y ciento cuarenta y cuatro dentro de Italia, al tiempo que visitó la casi totalidad de las trescientas treinta y cuatro parroquias que hay en Roma. Recorrió los cinco continentes, mostrando un especial interés en Sudamérica, y Europa, con cuatro viajes a Portugal y cinco a España, seis a Francia y nueve a Polonia, su país natal. En sus veintiséis años de pontificado no dejó de viajar jamás. Solo cuatro meses después de ocupar la silla papal, en enero de 1979, viajó a la República Dominicana, México y Bahamas. Incluso el año del atentado de Alí Agca en la plaza de San Pedro había viajado a Asia, visitó Pakistán, Filipinas, Japón, la isla de Guam y Anchorage, en Alaska. Polonia fue el país más visitado y donde Juan Pablo II hizo un enorme esfuerzo de ayuda y apoyo, financiero en algunos casos, para acabar con el régimen comunista.

El atentado de Alí Agca, un turco perteneciente al grupo extremista «Los lobos grises», se produjo el 13 de mayo de 1981, cuando Juan Pablo II iniciaba una audiencia en la Plaza de San Pedro. Fue herido de un balazo en el vientre y en la mano izquierda. En diciembre de 1983 el Papa visitó a Alí Agca en la prisión romana de Rebbia, donde conversó con él y le dio su perdón.

La labor evangelizadora de Juan Pablo II se extendió hasta donde sus fuerzas físicas se lo permitieron, y uno de los hitos más reseñables fue su visita a Cuba en enero de 1998, donde estrechó amigablemente la mano de Fidel Castro, cuando la enfermedad de Parkinson y su lesión de cadera hacían estragos en su salud. En esta ocasión el Papa se desprendió de su séquito papal en el vuelo a la Habana y dejó traslucir sus opiniones personales hacia el régimen castrista. En enero de 1999, en su cuarto viaje a México, el Papa hizo su última comparecencia de prensa en el avión papal, a partir de entonces estuvo rodeado de una férrea disciplina protocolaria que impedía su contacto directo con los periodistas. El declive físico del Papa se fue haciendo notorio a lo largo de los diferentes viajes en los que, muy a su pesar, no pudo cumplir con sus obligaciones papales: en 1999, en su viaje a Polonia, tuvo que renunciar a oficiar una misa en Cracovia para decepción de sus feligreses por una fuerte gripe que lo dejó postrado. En el año 2000 hizo dos peregrinaciones, una al monte Sinaí, en Egipto, y otra a Israel. Viajó a Palestina y saludó cordialmente al presidente Yasir Arafat, a la par que visitó el museo del Holocausto y realizó una plegaria ante el Muro de las Lamentaciones. Uno de sus viajes más reseñables fue la visita a Atenas, Siria y Malta, en mayo de 2001, convirtiéndose en el primer pontífice que traspasaba la puerta de la mezquita de Damasco. En mayo de 2002, durante el viaje a Bulgaria, ya no era capaz de bajar las escaleras del avión, muestra clara del deterioro que el Parkison estaba haciendo en su organismo.

El Papa es la cabeza visible del Vaticano, para establecer contactos diplomáticos y participar en conferencias internacionales. Los medios de comunicación dieron cumplida nota de todas sus declaraciones y sus viajes, convirtiéndose en el líder espiritual de millones de personas. Sus grandes dotes de comunicador y gran capacidad conciliadora le hicieron establecer contactos con el resto de las religiones, judía, musulmana, ortodoxa..., y mediar en diversos conflictos internacionales, Irán, Líbano, Irak..., llegando a tomar partido en la vida política de su país, Polonia, para salvarla de la opresión bajo la que vivía; todo lo cual le llevó a ser nombrado como «El Grande» (apelativo otorgado solo a los papas santificados).

En España, el primer viaje del Papa se produjo el 31 de octubre de 1982, recién ganadas las elecciones por los socialistas, con la llegada al poder de Felipe González como presidente del Gobierno. El viaje supuso un espaldarazo para el Opus Dei, convirtiéndolo en diócesis mundial, que no había sido concedida por los anteriores papas. Juan Pablo II fue recibido en el aeropuerto de Barajas por los Reyes, acompañados del cardenal de Madrid, Vicente Enrique y Tarancón, y del nuncio en España, arzobispo Antonio Innocenti. El Pontífice visitó dieciocho ciudades y pronunció cincuenta y siete discursos; volvió a España en otras cuatro ocasiones (1984, 1989, 1993 y en mayo de 2003). La primera visita despertó un cierto malestar en el recién inaugurado gobierno, por su insistencia en intentar imponer sus criterios confesionales a la legislación civil del Estado en asuntos como la despenalización del aborto, el divorcio, los subsidios públicos para la Iglesia católica, las reformas educativas, etc.

Con la relatividad de unas cifras referidas a quien luchó contra la ancianidad y la enfermedad, entre los documentos principales escritos por Juan Pablo II, se incluyen: una bula, seis cartas, más las doce a los sacerdotes, quince cartas apostólicas, casi un centenar de documentos de catequesis, once constituciones apostólicas, medio centenar de discursos —sin contar los correspondientes a sus viajes apostólicos—, catorce encíclicas, incontables mensajes apostólicos, ocho documentos *motu propio* y otros escritos, entre los que se encuentran tres libros: *Cruzando el umbral de la esperanza* (1994), *Don y misterio: en el quincuagésimo aniversario de mi ordenación sacerdotal* (1996) y *Tríptico romano: Meditaciones,* libro de poesías editado en 2003.

Al propio tiempo, Juan Pablo II proclamó mil trescientos veinte beatos y cuatrocientos setenta y seis santos; celebró nueve consistorios y nombró a doscientos treinta y dos cardenales; presidió seis asambleas plenarias del Colegio Cardenalicio y quince asambleas del Sínodo de los Obispos, y recibió, en más de mil audiencias generales, a cerca de dieciocho millones de peregrinos en las audiencias de los miércoles, los más de ocho millones que visitaron Roma durante el Gran Jubileo del año 2000 y los cientos de millones de fieles con los que Juan Pablo II se encontró en sus visitas pastorales en Italia y en todo el mundo.

Si necesariamente han de ser provisionales las frías cifras que cuantifican la titánica actividad de Juan Pablo II, sería ajeno a toda ponderación cualquier juicio que quisiera emitirse sobre el valor de su pontificado. La vida de un hombre ha de juzgarse desde su muerte, porque solo ella la cierra, y un hombre que nos es tan próximo como Juan Pablo II, tan activo como fue Juan Pablo II, tan comprometido como Juan Pablo II, inevitablemente suscita en nosotros juicios y sentimientos encontrados que me creo obligado a eludir. Las apasionadas y acerbadas críticas ocupan kilómetros cuadrados de espacio en los medios de comunicación hablando de su capacidad de diálogo con la juventud, de su oposición radical a la llamada «teología de la liberación», de su apasionado amor a la ciencia y la filosofía, de su cerrada negativa a aceptar determinados planteamientos de la sociedad civil de nuestro tiempo —aborto, matrimonio no heterosexual, liberalización de las costumbres sexuales, células madre, etc.—, de su continua lucha por la paz, la justicia social, la cooperación internacional, la erradicación de la pobreza…

Baste recordar, porque el mundo entero lo tiene aún presente, la caridad que siempre mostró para con Alí Agca, el joven turco que, en 1981, atentó contra su vida en la plaza de San Pedro y cuyas consecuencias sufrió el Papa desde entonces; el atentado que un año más tarde sufrió en Fátima; su decisiva participación en la caída del bloque comunista; la edición, en 1992, del nuevo catecismo de la Iglesia católica, y el constante fervor mariano que siempre le caracterizó.

Juan Pablo II falleció el 2 de abril de 2005 a las 21,37 horas de un shock séptico y un colapso cardiocirculatorio, mientras en la plaza de San Pedro unas setenta mil personas rezaban un rosario. Una leyenda romana asegura que cuando la muerte de un papa se acerca, la tumba de Silvestre II, situada en la basílica de San Juan de Letrán, exuda una humedad intensa, y esto ocurrió unos días antes de la muerte de Juan Pablo II. La muerte del Papa da lugar a un ritual que ha de cumplirse escrupulosamente: el camarlengo, en esta ocasión el cardenal Martínez Somalo, fue el encargado de la administración vaticana hasta que el cónclave eligió sucesor. Su primera función fue dar fe de la muerte del Papa golpeando tres veces en la frente del Pontífice con un martillo de plata, ubicado en el escudo de armas pontificio, mientras llamaba al difunto por su nombre de pila. Todos los cardenales visitaron Roma y asistieron a los funerales presididos por el cardenal Ratzinger, decano del colegio cardenalicio. El féretro constaba de tres ataúdes: el primero de cedro, el segundo de plomo para evitar la humedad y el tercero de madera de pino, de una gran sencillez; sobre este, unos Evangelios.

El 7 de abril se hizo público el testamento espiritual del Papa: el pontífice pensó en la posibilidad de renunciar tras el Jubileo del año 2000, cuando la Iglesia entró al nuevo milenio y cumplía ochenta años. También reveló que, en los primeros días de su pontificado, consideró la posibilidad de ser enterrado en Polonia, pero posteriormente decidió dejarlo en manos del Colegio Cardenalicio.

En su testamento no legó ninguna posesión material y pidió que todos sus apuntes privados fueran quemados. El testamento constaba de 15 páginas y fue leído ante los cardenales reunidos en Roma. El texto, escrito en polaco, comenzó a ser redactado en 1979, y retocado posteriormente en varias ocasiones hasta 2000. En él solo mencionaba a dos personas: su secretario privado, el arzobispo Stanislaw Dziwisz, a quien agradeció efusivamente sus años de servicio, y al rabino principal de Roma, Elio Toaff, que recibió al Papa durante su histórica visita a la principal sinagoga de la capital italiana en 1986.

El papa Juan Pablo II fue enterrado en la basílica de San Pedro el 8 de abril, ante la presencia de doscientas delegaciones internacionales, y con una fuertes medidas de seguridad. El féretro fue instalado en las Grutas Vaticanas, donde descansa en el espacio que ocupó la sepultura de Juan XXIII, que actualmente está enterrado en una capilla de la basílica de San Pedro. Juan Pablo II descansa a pocos metros de la tumba del apóstol Pedro, al lado de la tumba de Pablo VI y frente a la de Juan Pablo I. El funeral abrió el novenario de misas en sufragio del Papa en la basílica de San Pedro, que se prolongó hasta el 16 de abril, dos días antes de comenzar el cónclave que decidiría quién sería el sucesor de Juan Pablo II.

A tenor de las cifras mencionadas anteriormente, es evidente el interés de Juan Pablo II por las beatificaciones y canonizaciones. Precisamente, su proceso de beatificación fue iniciado por el cardenal Camillo Ruini el 13 de mayo de 2005, mes y medio después de su fallecimiento. Para acelerar el proceso, Benedicto XVI concedió una dispensa del plazo de cinco años que debe pasar tras la muerte del futuro beato según ordena el derecho canónico. Dicha dispensa también se otorgó en el caso de la Madre Teresa de Calcuta.

La llamada fase diocesana de todo proceso de beatificación implica la reunión de todos los testimonios sobre su vida y los presuntos milagros. En el caso de Juan Pablo II esta fase concluyó dos años después de su muerte, en concreto el 2 de abril de 2007. El milagro más conocido es el de la monja francesa Marie Simon Pierre, quien se curó de Parkinson por la intercesión del pontífice. Pero este no es el único hecho milagroso, sino que en los últimos años han surgido muchos testimonios al respecto de personas que rezan a Juan Pablo II y se curan. Finalizada la primera fase del proceso, Benedicto XVI concedió a su antecesor el título de Siervo de Dios; se trata de un título existente en varias religiones dado a las personas que son consideradas especialmente pías.

Un par de años después, el 19 de diciembre de 2009, Benedicto XVI declaró Venerable a Juan Pablo II. Es el primer título que concede la Iglesia católica a las personas que fallecen con fama de santidad; el proceso continuó con su nombramiento como beato y después santo. Tras su designación como Venerable hubo que analizar más milagros, es decir, hechos que no tienen explicación según las teorías de la ciencia.

La ceremonia de beatificación de Juan Pablo II tuvo lugar el 1 de mayo de 2011 en la Plaza de San Pedro en el Vaticano. La ceremonia fue presidida por Benedicto XVI. Los restos mortales del nuevo beato fueron trasladados y descansan ahora en la Basílica de San Pedro, en la capilla de San Sebastián, muy cerca de la Piedad de Miguel Ángel, para que los fieles puedan orar ante su tumba. Popularmente, ya es conocida como «la capilla de Juan Pablo II».

En el 50 aniversario de su ordenación como sacerdote, Juan Pablo II publicó el libro *Don y misterio* en el que, con un lenguaje sencillo y cercano, alejado de las profundas cuestiones teológicas y el lenguaje elevado, el pontífice explica por qué se hizo sacerdote y cómo sintió la llamada de Dios. Uno de sus apartados lleva por título «Llamado a la santidad» y en él podemos leer lo siguiente:

> «En contacto continuo con la santidad de Dios, el sacerdote debe llegar a ser él mismo santo. Su mismo ministerio lo compromete a una opción de vida inspirada en el radicalismo evangélico. Esto explica que de un modo especial deba vivir el espíritu de los consejos evangélicos de castidad, pobreza y obediencia. En esta perspectiva se comprende también la especial conveniencia del celibato. De aquí surge la particular necesidad de la oración en su vida: la oración brota de la santidad de Dios y al mismo tiempo es la respuesta a esta santidad. He escrito en una ocasión: ''La oración hace al sacerdote y el sacerdote se hace a través de la oración''. Sí, el sacerdote debe ser ante todo hombre de oración, convencido de que el tiempo dedicado al encuentro íntimo con Dios es siempre el mejor empleado porque, además de ayudarle a él, ayuda a su trabajo apostólico. Si el Concilio Vaticano II habla de la vocación universal a la santidad, en el caso del sacerdote es preciso hablar de una especial vocación a la santidad. ¡Cristo tiene necesidad de sacerdotes santos! ¡El mundo actual reclama sacerdotes santos!».

El día 27 de abril de 2014, el papa Francisco I y el papa emérito Benedicto XVI concelebraron una ceremonia para nombrar santos a Juan Pablo II y a Juan XIII. Se decidió que la festividad de San Juan Pablo II es el 22 de octubre.

265. Benedicto XVI (2005-2013)

Tras dos días de cónclave, y dos fumatas negras, el 19 de abril de 2005 la fumata blanca de la chimenea de la Capilla Sixtina volvió a arder indicando *Habemus Papam*. Joseph Alois Ratzinger nació en Marktl am Inn, diócesis de Passau (Alemania), el 16 de abril de 1927, que casualmente era Sábado Santo, y recibió el sacramento del bautismo el mismo día de su nacimiento. Su familia era de origen humilde, ya que su padre, Joseph Ratzinger, aunque ostentaba el puesto de comisario de una gendarmería, procedía en realidad de una antigua familia de agricultores de la Baja Baviera, cuyos recursos económicos y culturales eran más bien modestos. Por su parte, su madre, Maria Rieger, era hija de unos artesanos de Rimsting, en el lago Chiem, y antes de casarse había trabajado en el humilde puesto de cocinera en varios hoteles. El matrimonio tuvo tres hijos, siendo Joseph el menor de los tres. Sus hermanos mayores también siguieron la vocación religiosa: Georg se hizo sacerdote y Maria, franciscana.

Al ser policía, el padre tuvo varios traslados de residencia: cuando el pequeño Joseph tenía dos años vivían en Tittmoning y para cuando hizo su primera comunión (el 15 de marzo de 1936) vivían en Aschau an Inn. Después de su comunión, el niño mostró su vocación temprana, puesto que empezó a colaborar como monaguillo. En 1937 el padre se jubiló y todos se trasladaron a una granja cerca de Traunstein, una ciudad austriaca bastante pequeña situada a unos 30 kilómetros de la más conocida ciudad de Salzburgo. Quizá por eso el mismo Ratzinger se definió a sí mismo en laguna ocasión como «mozartiano». El futuro papa Benedicto XVI pasó su infancia y adolescencia allí y fue el lugar que siempre identificó como su hogar. En esa ciudad fue donde también recibió por primera vez una formación cristiana proveniente en primer lugar de su propia familia, que educó a sus hijos en un marco piadoso excepcional, ya que era una familia muy religiosa. Allí se confirmó y allí empezó a destacar por ser un excelente estudiante en el instituto de educación secundaria.

Al cumplir 12 años, dio un paso muy importante en su vida ingresando en el Seminario Menor de San Miguel, en el mismo Traunstein. Sin embargo, el contexto histórico que vivía Austria en aquel momento, no era el mejor. Tras el estallido de la Segunda Guerra Mundial, el régimen nazi había avanzado y no veía con buenos ojos los seminarios católicos. En concreto, el internado donde se formaba Ratzinger fue requisado y convertido en un hospital militar y los internos fueron enviados a estudiar a otros lugares. Joseph ingresó entonces en la antigua escuela femenina de las Madres Irlandesas de Mary Ward en Sparz, pero al poco tiempo lo abandonó cuando de nuevo los nazis lo requisaron. Al verse sin alternativas, regresó a su casa y al instituto donde había comenzado sus estudios. En 1942, el régimen nazi publicó una orden que movilizaba a los estudiantes de secundaria para actuar como ayudantes de las baterías antiaéreas. Joseph estaba incluido en ese llamamiento a filas, como cualquier otro estudiante, y fue destinado a una fábrica de BMW cercana con tan solo dieciséis años. Posteriormente pasó por otros lugares, como Natters y Gilching y finalmente fue licenciado en 1944 y destinado al Servicio de Trabajo del Reich en Deutsch Jahrndorf, en Austria, construyendo barreras antitanque y trincheras. Sin embargo, poco tiempo después se suspendieron los trabajos y a pesar de seguir el curso de adiestramiento y de ser trasladado un par de veces de guarnición, no fue llamado al frente. Joseph tomó la decisión de regresar a su casa en abril de 1945 arriesgándose a ser declarado desertor y en el mes de mayo de ese año las tropas estadounidenses lo hicieron prisionero de guerra y permaneció en varios campos de prisioneros hasta mediados de junio, cuando fue declarado inocente y volvió a su casa.

Joseph había sido testigo de cómo los nazis golpeaban al párroco al estallar la guerra y tuvo que trabajar para el Reich atenazado por el miedo; esta situación influyó notablemente en su vocación católica, puesto que él mismo reconoció de adulto que tomó la decisión de refugiarse en la Fe de sus padres, basada en la bondad y la esperanza, frente al régimen del terror nazi que definió como «imperio del ateísmo y la mentira».

Una vez aprobado su examen de bachillerato en Traunstein, comenzó sus estudios de teología católica y filosofía en la Escuela Superior de Filosofía de Frisinga y en el Ducal Georgianum de la Universidad de Múnich. Tanto su hermano Georg como él fueron ordenados sacerdotes por el cardenal Faulhaber de Múnich en 1951.

El futuro Benedicto XVI tuvo una carrera académica notable en la que ejerció como profesor en la Universidad de Bonn entre 1959 y 1963, año en el que fue trasladado a la Universidad de Münster. En 1962 llegó a Roma para participar en el Concilio Vaticano II, aunque solo como consultor del cardenal alemán Fring. En 1966 pasó a la Universidad de Tübingen, donde impartió clases de Teología, y finalmente regresó a Baviera, a la Universidad de Regensburg (Ratisbona).

En marzo de 1977 fue nombrado arzobispo de Múnich y Freisin, y en junio de ese mismo año Pablo VI le nombró cardenal. En 1981, Juan Pablo II le nombró Prefecto para la Congregación de la Doctrina de la Fe (anteriormente llamado Santo Oficio de la Inquisición). Su directorio en la Congregación para la Doctrina de la Fe fue una de las cuestiones por las que tuvo fama de ser duro y demasiado conservador e incluso intransigente, si bien son opiniones subjetivas, ya que lo que sí está contrastado es que fue un Papa con gran formación académica que recibió la distinción de doctor *Honoris Causa* de la PUCP en 1986. Tras su dimisión de la archidiócesis de Múnich, se convirtió en obispo de Velletri-Segni. También fue vicedecano del Colegio Cardenalicio en 1998 y decano del mismo en 2002. Es evidente que fue un hombre de gran cultura, hablaba diez idiomas y era un gran entendido en música, buen pianista y amante de Beethoven.

Su ideología estuvo siempre muy cerca de la de Wojtyla, al que estuvo muy unido, tanto espiritual como canónicamente; en los últimos años del Papa Juan Pablo II, Ratzinger asumió muchas de las obligaciones y funciones de Wojtyla, que la mala salud de este le impedían llevar a cabo.

Ratzinger era considerado el favorito para suceder a Juan Pablo II, aunque la tradición en el desarrollo de los cónclaves cuenta que «quien entra Papa, sale cardenal». En este caso, no fue así, lo que constata que solo es un dicho. Benedicto XVI fue el octavo papa alemán, y a sus setenta y ocho años fue solo dos años más joven que la edad tope para ser elegido papa, ochenta años. Su avanzada edad'y lo delicado de su salud (sufrió una hemorragia cerebral en 1991 y tenía diabetes y otros problemas de corazón) hacían previsible un mandato breve (en comparación con su predecesor) y protagonizado por la lucha con los sectores más reformistas de la Iglesia. El 19 de abril de 2005 fue elegido Papa en dos días de cónclave y tras haberse visto dos fumatas negras y no fue un papado que comenzase de un modo neutral, ya que no faltaron voces que criticaban su elección por ser un religioso excesivamente conservador en cuanto a posturas que tuvieran que ver con el aborto, la eutanasia o la homosexualidad. Sin embargo, fue Benedicto XVI quien excomulgó a Monseñor Marcel Lefebvre, el arzobispo ultraconservador que se opuso al Concilio Vaticano II y consagró obispos saltándose la prohibición de Juan Pablo II.

A lo largo de su papado, Benedicto XVI publicó varios textos, entre los que cabe destacar las siguientes encíclicas: *Deus Carita Est* (año 2006), en la que trata el tema del amor de Dios como fuerza extraordinaria para alcanzar la caridad de la Iglesia; *Spe Salvi* (2007), sobre la esperanza de la salvación eterna que permite a los cristianos aceptar su realidad sabiendo que alcanzarán un lugar mejor, y *Caritas in Veritate* (2009), sobre los problemas del mundo en los que la caridad de la Iglesia puede ser una ayuda definitiva. En esta última encíclica se pueden leer estas oalabras: «La crisis nos obliga a revisar nuestro camino, a darnos nuevas reglas y a encontrar nuevas formas de compromiso, a apoyarnos en las experiencias positivas y a rechazar las negativas». También publicó varias exhortaciones apostólicas, otros tantos *Motu proprio* y el libro *Jesús de Nazareth,* en el que se acerca a la figura de Cristo desde su punto de vista como teólogo, no como máximo representante de la Iglesia católica; este texto no dejó indiferente a nadie, ni dentro ni fuera del seno católico y llegó a ser un verdadero *best seller,* sacando una segunda parte en 2011.

En los años de su papado, realizó numerosos viajes para llevar la palabra de Cristo a todo el mundo. También se reunió en varias ocasiones con los jóvenes, a sabiendas de que son el futuro de la Iglesia católica. Uno de los encuentros más emotivos tuvo lugar durante la xx Jornada Mundial de la Juventud en Colonia, en su Alemania natal, en el mes de agosto de 2005. Otros países visitados por Benedicto XVI fueron Polonia, España, Turquía, Brasil, Austria, Estados Unidos, Portugal, Australia y México, entre otros. También fue un firme impulsor del uso de las nuevas tecnologías y las redes sociales para lograr un mayor acercamiento a los fieles.

Muchas personas fueron beatificadas y declaradas santas durante el mandato de Benedicto XVI. La más destacada de todas ellas probablemente sea su antecesor, Juan Pablo II, beatificado en 2011, en una ceremonia multitudinaria en la plaza de San Pedro del Vaticano. Lo histórico no solo se centraba en que era la primera vez que un Papa beatificaba a su antecesor, sino que era un Papa muy longevo que había conquistado el corazón de los católicos.

Durante su último año como Papa tuvo que enfrentarse al escándalo Vatileaks, una filtración de documentos en los que estuvo implicado el mayordomo de Benedicto XVI, Paolo Gabriele, que fue detenido y condenado culpable por el Tribunal del Estado de la Ciudad del Vaticano, pero que terminó siendo perdonado por el mismo Papa.

«Por el bien de la Iglesia». Estas fueron las palabras que Benedicto XVI pronunció el 11 de febrero de 2013 para anunciar que el 28 de febrero renunciaría al «ministerio de Obispo de Roma». «Siendo muy consciente de la seriedad de este acto, con plena libertad, declaro que renuncio al ministerio de Obispo de Roma, Sucesor de San Pedro, que me fue confiado por medio de los Cardenales el 19 de abril de 2005», dijo Benedicto XVI. Según dijo el pontífice: «He llegado a la certeza de que, por la edad avanzada, ya no tengo fuerzas para ejercer adecuadamente el ministerio petrino». Aunque la noticia sorprendió, puesto que solo era la cuarta vez que se producía un cambio de Papa antes de su fallecimiento. Ya en 1032 Benedicto IX fue elegido Papa, pero fue depuesto en 1044; en 1294 Celestino V se retiró a orar tras cuatro meses como Papa porque decía no tener experiencia en el manejo de los asuntos de la Iglesia; y en 1415 Gregorio XII renunció para poner fin al llamado Cisma de Occidente.

El 22 de febrero Benedicto XVI emitió el documento papal llamado *Motu proprio* que permitía al Colegio Cardenalicio adelantar la fecha del cónclave y no estar sometido a las fechas que marca la tradición vaticana.

Unos días más tarde tuvieron lugar los actos con los que Benedicto XVI se despidió de los feligreses y de los cardenales de la Iglesia católica ante quienes prometió «obediencia incondicional» al nuevo Papa. En su discurso afirmó: «Seguiré estando cerca con la oración, especialmente en los próximos días para que estéis totalmente iluminados por el Espíritu Santo en la elección del nuevo Papa, que el Señor os muestre lo que él desea. Entre vosotros está el futuro Papa al que desde hoy le prometo mi reverencia y obediencia». Desde ese momento y hasta la elección del nuevo Papa, Benedicto XVI se retiró a su residencia de verano, en Castelgandolfo, a las afueras de Roma, con la idea de no interferir de ningún modo en el cónclave. Durante este periodo de Sede Vacante, la Iglesia no tuvo cabeza visible y fueron el Camarlengo (el cardenal Tarcisio Bertone) y el Colegio Cardenalicio los que gobernaron el Vaticano.

Una vez elegido el nuevo Papa, el a partir de ese momento llamado «Papa emérito» se trasladó al Monasterio Mater Ecclesiae, en Roma, y después al Vaticano, de manera que Benedicto XVI vivió muy cerca del Papa Francisco, su sucesor, en la misma Ciudad del Vaticano, lo que constiutuye un caso único en la historia de los Papas de la Iglesia católica. Mantuvo su nombre papal hasta su muerte, aunque a partir de entonces se caracterizó siempre por su perfil bajo, dejando todo el protagonismo al nuevo Papa. Es verdad que su estado de salud tampoco le permitió otra cosa, pero no es menos cierto que Francisco lo visitaba con regularidad y que estuvo invitado a participar en actos tan importantes como la canonización de Juan XXIII o la beatificación de Pablo VI.

Antes de su muerte solo hizo un viaje fuera de Italia y fue a Ratisbona para visitar a su hermano Georg, que se encontraba muy enfermo y que murió pocos días más tarde. La salud de Ratzinger también se fue deteriorando progresivamente desde entonces hasta incluso llegar a ver afectada su habla por sus múltiples problemas respiratorios.

Murió el 31 de diciembre de 2022 siendo las últimas palabras que pronunció: «¡Señor, te amo!». A su funeral, celebrado el 5 de enero de 2023, acudieron unas 50 000 personas. Fue enterrado en las grutas vaticanas en la tumba que anteriormente había albergado a Juan XXIII y a Juan Pablo II.

266. Francisco (2013-2025)

Jorge Mario Bergoglio nació el 17 de diciembre de 1936 en Buenos Aires. Era el mayor de cinco hermanos, hijos todos ellos de un empleado en el ferrocarril y un ama de casa, ambos migrantes italianos que trataban de alejarse del fascismo. Recibió el bautismo el día de Navidad de 1936 en la Basílica María Auxiliadora y San Carlos. El pequeño Jorge se crio por tanto en una familia humilde, pero con arraigo católico, que lo mandó a hacer sus primeros estudios al colegio salesiano Wilfrid Barón de los Santos Ángeles y más tarde, a la escuela secundaria industrial Hipólito Yrigoyen, donde obtuvo el grado de técnico químico. Esta formación le dio su primer trabajo en el laboratorio Hickethier-Bachmann en control de higiene de productos alimenticios. A pesar de ello, el joven sentía ya una fuerte vocación religiosa.

En 1957, con veintiún años, tomó la decisión de hacerse sacerdote e ingresó en el seminario haciendo el noviciado en la Compañía de Jesús. Entre 1964 y 1965 ejerció como profesor de Literatura y Psicología en el Colegio de la Inmaculada de Santa Fe. Entre 1967 y 1970 estudió en la Facultad de Teología del Colegio Máximo de San José, donde recibió las clases de Juan Carlos Scannone, quien fue el fundador de la Filosofía de la liberación y la Teología del pueblo. Estas enseñanzas tuvieron una gran influencia en Jorge Bergoglio e incluso durante su papado nunca olvidó esos principios. El 13 de diciembre de 1969 se ordenó sacerdote.

Entre 1972 y 1973 fue maestro de novicios en Villa San Ignacio, pero el 31 de julio de este último año fue nombrado provincial de los jesuitas argentinos, cargo que ocupó hasta 1979. Cuando en 1976 comienza la dictadura militar de Videla en Argentina, algunos sacerdotes vinculados a la teología de la liberación fueron secuestrados, torturados y asesinados. Jorge Mario Bergoglio, como provincial de la orden que era, tuvo que intervenir ante la desaparición y torturas sufridas por sacerdotes jesuitas y se entrevistó con Videla, de quien consiguió su liberación. Además, estuvo detrás de la organización de una red clandestina de huida del país para los opositores a la dictadura.

Desde 1980 y hasta 1986 fue rector del Colegio Máximo de San Miguel y de las Facultades de Filosofía y Teología, cargos que asumía junto al puesto de párroco en la Parroquia del Patriarca San José, situada en un barrio obrero. Entre 1990 y 1992 la Compañía de Jesús lo destinó a la ciudad de Córdoba como director espiritual y confesor, en una maniobra que que él mismo definió como «purificación interior», quizá para no criticar una especie de *castigo* que su orden le impuso.

En junio de 1992 fue consagrado obispo en la catedral de Buenos Aires y cuando su antecesor, Antonio Quarracino, murió en 1998, se le designó arzobispo de Buenos Aires. En 2001 Juan Pablo II lo nombró cardenal, pero eso no cambió su visión del mundo y de la actividad religiosa. De su etapa como cardenal, Bergoglio destacó por su humildad: renunció a vivir en el palacio episcopal y estableció su residencia en un discreto apartamento, no disponía de chófer y recurría al transporte público en sus desplazamientos por la capital argentina. También era un enconado defensor de la justicia social: reprochó duramente a las estructuras de poder que en su opinión favorecían el empobrecimiento de la población. Su popularidad era enorme en toda América Latina, donde recibió el sobrenombre popular de «el obispo de los pobres». Fue un cardenal que visitó cárceles y se pronunció con ideas progresistas, como él mismo declaró apelando a su origen humilde: «mi gente es pobre y yo soy uno de ellos». Fue además un hombre conocido por sus gustos populares, ya que como buen argentino le encantaba el tango y el fútbol.

La idea de Jorge Mario Bergoglio era renunciar al cumplir 75 años a ser arzobispo y jubilarse retirándose a una residencia para sacerdotes mayores, donde poder llevar una vida de oración, pero ante la renuncia papal de Benedicto XVI, tuvo que acudir al cónclave. El 13 de marzo de 2013 un cardenal jesuita argentino llamado Jorge Mario Bergoglio, fue elegido Papa en la quinta votación realizada el segundo día del cónclave. El nombre escogido para gobernar los designios de la Iglesia católica fue Francisco en honor a San Francisco de Asís, toda una declaración de intenciones, pues la orden franciscana se caracteriza por su entrega a los más pobres y su extraordinaria humildad. Su nombramiento rompió muchos esquemas: fue la primera vez que se nombró pontífice a un hispanoamericano y también la primera ocasión en que un miembro de la Compañía de Jesús accedió al puesto más destacado de la Iglesia. «Comenzamos este camino de la Iglesia de Roma, obispo y pueblo juntos, en hermandad, amor y confianza recíproca. Recemos unos por otros, por todo el mundo, para que haya una gran hermandad. Este camino debe dar frutos para la nueva evangelización», dijo el papa Francisco a los miles de fieles que aguardaban en la plaza de San Pedro para conocer al nuevo Ministro de Cristo. Tras estas palabras, pidió una oración en honor a Benedicto XVI, su antecesor en el Vaticano que había renunciado al cargo, como muestra de respeto y consideración.

Durante su primera aparición pública tras ser nombrado Papa, habló del inicio del nuevo «camino». A los fieles les pidió que rezaran «unos por otros para que haya una gran fraternidad». También pidió una oración en silencio por él para que Dios le ayudara en su labor y recordó la figura de su antecesor, Benedicto XVI:

«Hermanos y hermanas, buenas tardes. Sabéis que el deber del cónclave era dar un obispo a Roma. Parece que mis hermanos cardenales han ido a buscarlo casi al fin del mundo; pero aquí estamos. Os agradezco la acogida. La comunidad diocesana de Roma tiene a su obispo. Gracias. Y, ante todo, quisiera rezar por nuestro obispo emérito, Benedicto XVI. Oremos todos juntos por él, para que el Señor lo bendiga y la Virgen lo proteja».

En cuanto a su relación con Benedicto XVI, siempre fue excelente: como ya se ha dicho, al poco tiempo de su nombramiento, empezaron a convivir en el Vaticano e incluso acudieron juntos a algún acto. Al comienzo de su pontificado, Francisco tomó la decisión de que la Casa de Santa Marta fuera su lugar de residencia, por lo que renunció al Palacio Apostólico Vaticano, que siempre había sido usado por los papas predecesores. Por lo que se sabe, su habitación era muy sencilla: todo en la misma tónica de búsqueda de una «forma simple de vivir y la convivencia con otros sacerdotes». Con sentido del humor y el respeto que sentía hacia él, Francisco declaró que vivir cerca de Benedicto «es como tener al abuelo en casa, pero el abuelo sabio; en una familia, el abuelo está en casa, es venerado, es amado, es escuchado. Si yo tuviera una dificultad o algo que no he entendido, puedo llamarlo».

El papa Francisco llegó al cargo en un momento en que la Iglesia católica tenía que tomar muchas decisiones, por lo que el desafío que tenía ante él era enorme. Algunos de los retos que debía asumir eran la reforma del gobierno vaticano para intentar recuperar el prestigio que esta institución religiosa tuvo siempre. Tras varios escándalos y la filtración a la prensa de documentos internos, la curia vaticana debía ser reestructurada para poder continuar con su labor evangelizadora de manera ejemplar. Una de las peticiones que se hacían y se hacen desde el catolicismo (se calcula que en el mundo hay unos 1 200 millones de fieles) es que haya más transparencia en la gestión de la Iglesia y una unión mayor dentro de la propia curia, lo cual redundaría en la recuperación de su prestigio y buena imagen. Son muchos los que quieren dichos cambios, pero otros tantos no desean que se lleven a cabo. Ese enfrentamiento entre dos tendencias era lo que Francisco tenía ante sí.

Su talante dialogante, no exento del espíritu crítico del que siempre hizo gala, le llevaron a mantener encuentros con los dignatarios de muchos países. En poco tiempo su estilo fue reconocido en todo el mundo: directo, llano, comprensivo, solidario, sonriente y muy consciente de la situación en la que se encontraba la Iglesia católica, una institución que debía reforzar su integridad para seguir aglutinando a los fieles.

Su preocupación por los marginados y los pobres definían al pontífice Francisco desde su juventud. Ya hemos visto que en Argentina, en su época de arzobispo y cardenal, destacó por su lucha contra la pobreza, pero sobre todo, una de sus quejas a la sociedad fue su «acostumbramiento» (en sus propias palabras) a la pobreza. Fue muy crítico en un momento dado con las autoridades de su país por no impedir el aumento de la pobreza, actuación que llegó a definir como «inmoral, injusta e ilegítima».

En su línea de actuación de no evitar temas polémicos o tabú dentro de la Iglesia católica, el papa Francisco, al poco tiempo de ser nombrado pontífice, pidió a la Congregación de la Doctrina de la Fe que actuara de manera decidida en los casos de abuso sexual de niños, ayudando y protegiendo a los menores y aplicando las medidas necesarias contra los culpables. Dijo que rezaba por las víctimas de pederastia y a los pocos meses de su nombramiento, creó una comisión establecida por el Consejo de Cardenales para la protección de los niños que han sufrido acoso sexual por parte de sacerdotes. Francisco también pidió perdón públicamente por los casos de pederastia de sacerdotes. Y en su línea de «no dar un paso atrás en lo que se refiere a las sanciones» impulsó, entre otras, la investigación de hechos ocurridos en Granada (España) y ordenó la detención del ex arzobispo polaco Josef Wesolowsky, acusado de abusos sexuales a menores en su etapa de nuncio en República Dominicana. Este enfrentamiento directo a un problema que ha sido muy criticado dentro y fuera de la Iglesia en voz baja dio con otra manera de hacer las cosas y contó con el beneplácito del sector más progresista de la Iglesia.

Al igual que la pederastia, la homosexualidad es otro tema polémico al que se enfrenta la Iglesia católica desde siempre. Durante su etapa de cardenal, Bergoglio criticó al Gobierno argentino por aprobar el matrimonio de personas del mismo sexo. Consciente de que este asunto era delicado, ya siendo Papa aseguró que los hijos de parejas homosexuales son un desafío para la Iglesia a la hora de anunciar el Evangelio. Dijo no querer que se sientan rechazados y pidió a los religiosos que procuren «no suministrar» a estas nuevas generaciones una vacuna contra la fe y que les transmitan el conocimiento y los valores religiosos. De este modo, estaba pidiendo que la Iglesia les abriera las puertas. Es más, durante una entrevista que dio en el vuelo de regreso del viaje a Brasil en julio de 2013, Francisco declaró: «¿Quién soy yo para juzgar a un gay?».

En cuanto a las cuentas bancarias del Vaticano, tras la inspección ordenada por el papa Francisco, se cerraron 3000 cuentas sospechosas en un «proceso de adelgazamiento» que pretendía que el Instituto para las Obras de Religión (IOR) se encargase exclusivamente de servir a la Iglesia católica. Además, pidió una auditoría anual llevada a cabo por una empresa externa al Vaticano, un paso más hacia la transparencia económica de la institución.

Un asunto muy delicado fue la excomunión promulgada por Francisco a la 'Ndrangheta (la mafia calabresa) por el asesinato de un niño de tres años por un ajuste de cuentas con su familia en enero de 2014. Nunca un pontífice había llegado tan lejos frente a la mafia que controla gran parte de Italia (Juan Pablo II criticó las actuaciones mafiosas en mayo de 1993 en una visita a Sicilia y ese verano explotaron dos bombas en sendas iglesias de Roma y en septiembre fue asesinado en Palermo el sacerdote Pino Puglisi, conocido por su lucha contra la mafia). La Cosa Nostra siciliana, la Camorra napolitana, la 'Ndrangheta calabresa y la Sacra Corona Unita, en la Puglia, son los grupos mafiosos más poderosos de dicho país. Precisamente, la calabresa utiliza ceremonias religiosas para reafirmar los lazos de unión con algunas familias. En julio de 2014, unos 200 presos de la 'Ndrangheta se negaron a acudir a misa en la cárcel debido a las palabras de este pontífice que nunca demostró tener miedo.

El 17 de diciembre de 2014 se daba a conocer una noticia de gran calado. El papa Francisco había jugado un papel muy importante en la normalización de las relaciones entre Estados Unidos y Cuba. Según se supo entonces, las negociaciones habían durado muchos meses en un intento por poner fin a una situación que duraba desde 1960. La mayoría de los contactos tuvieron lugar en Canadá, produciéndose el último en el Vaticano. En su papel de mediador internacional, Bergoglio no dudó en poner la diplomacia vaticana al servicio de Estados Unidos y Cuba para acabar con más de medio siglo de embargo. La colaboración entre Francisco y el ex presidente estadounidense Barack Obama fue muy estrecha en relación a este asunto. A través de sus secretarios de Estado, trató temas como el cierre de Guantánamo, la reforma migratoria, la situación de Oriente Próximo o en Venezuela... El liderazgo mundial del papa Francisco se hizo tan evidente que fue propuesto para el Nobel de la Paz en ese mismo año 2014.

Consciente de que su voz era universal, el papa Francisco condenó los cruentos atentados terroristas perpetrados por yihadistas, entre ellos el asesinato de 17 dibujantes y redactores de la publicación satírica *Charlie Hebdo* en la redacción de la revista en París en 2015, además de los ocurridos en un supermercado judío. Dijo que la libertad de expresión debe tener sus límites porque «no puedes provocar, ni insultar la fe de otros ni burlarte de la fe». Además, también comentó en esta ocasión que «tanto la libertad de expresión como la libertad religiosa son derechos fundamentales», pero siempre que no se ofenda con ellos. Y sembró la polémica al añadir un ejemplo: «Es verdad que no debemos reaccionar con violencia, pero, aunque seamos amigos, si dices algo ofensivo contra mi madre, debes esperar un golpe. Es normal».

El primer viaje de su pontificado tuvo lugar dentro de Italia, a Lampedusa en julio de 2013, donde se vivía una situación muy complicada por la llegada masiva de inmigrantes. Y fuera de Italia, su primer viaje fue a Río de Janeiro para celebrar las XXVIII Jornadas Mundiales de la Juventud, también en julio de 2013. Se calculó que unos tres millones de personas procedentes de 175 países acudieron a escuchar y a ver al Papa. Para estar más cerca de la gente, Francisco se desplazó con el «papamóvil» abierto por los laterales en un gesto claro de proximidad a los fieles que habían acudido a verle y escucharle.

Otro viaje intenso por su significado fue en mayo de 2014 a Tierra Santa con motivo del 50 aniversario del encuentro que tuvieron Pablo VI y el patriarca de Constantinopla Atenágoras I. Allí, el papa Francisco dialogó con la Iglesia ortodoxa, pudo rezar por la paz, mantuvo reuniones con el presidente palestino Abu Mazen, el presidente israelí Simón Péres, su primer ministro Benjamín Netanyahu y el rey jordano Abdalá II en un viaje de tres días por Jordania e Israel. Otros viajes destacados han sido a Corea del Sur, Albania, Francia, Turquía, Filipinas, Sri Lanka, México, Estados Unidos, España, Argentina... Y especialmente hay que mencionar el viaje que hizo en 2021 a Irak, por ser el primer papa católico que visitó ese país. En total, visitó 66 países en 47 viajes, siendo el primer papa que visitó, además de Irak, Myanmar, Emiratos Árabes Unidos, Macedonia, Baréin, Sudán, Mongolia y Timor Oriental. Incluso fue el primer papa en visitar el Ártico.

Regresando al campo de la fe, el papa Francisco ha realizado numerosas canonizaciones, entre las que destacan, el 27 de abril de 2014, la conjunta de los papas Juan Pablo II y Juan XXIII, durante una misa concelebrada por el papa emérito Benedicto XVI.

Respecto a las publicaciones, destaca la encíclica *Lumen Fidei*, basada en un trabajo ya iniciado por Benedicto XVI y que él completó. A pesar de los cambios internos que pretendía realizar en la Santa Sede, el pontífice no olvidó su función de guía de los creyentes. En la lectura de *Lumen Fidei,* el 29 de junio de 2013, ante los obispos, presbíteros, diáconos y todos los fieles, recordaba la urgencia de recuperar el carácter luminoso de la fe en esta época moderna en la que está más denostada y aseguraba que: «[...] la característica propia de la luz de la fe es la capacidad de iluminar toda la existencia del hombre. Porque una luz tan potente no puede provenir de nosotros mismos; ha de venir de una fuente más primordial, tiene que venir, en definitiva, de Dios. La fe nace del encuentro con el Dios vivo, que nos llama y nos revela su amor, un amor que nos precede y en el que nos podemos apoyar para estar seguros y construir la vida. Transformados por este amor, recibimos ojos nuevos, experimentamos que en él hay una gran promesa de plenitud y se nos abre la mirada al futuro».

Además de *Lumen Fidei* pronunció la encíclica *Laudato si* en 2015, cuyo tema central es la conservación del medio ambiente y la ecología. Francisco fue un papa preocupado por este tema y, de hecho, en 2020, su exhortación apostólica *Querida Amazonia,* abordaba la relación del ser humano con la naturaleza en esa zona del mundo con especial atención. La encíclica *Fratelli Tutti,* de 2020, fue una exaltación de la fraternidad como elemento de convivencia social. Por último, la cuarta encíclica fue *Dilexit nos,* dedicada a la devoción del Sagrado Corazón de Jesús.

En cuanto a los *Motu proprio,* publicó «Sobre la competencia de las autoridades judiciales de la Ciudad del Vaticano en materia penal» el 11 de julio de 2013, «Sobre la prevención y el contraste de las actividades de blanqueo, la financiación del terrorismo y la proliferación de armas de destrucción masiva», el 8 de agosto de 2013 y *Vos estis lux mundi* el 9 de mayo de 2019. En el *Motu proprio* sobre las competencias de las autoridades del Vaticano, Francisco insistía en esta idea que vertebra su modo de actuar como el representante de Dios en la Tierra: «Del mismo modo que el administrador fiel y prudente tiene la tarea de cuidar con esmero cuanto le ha sido confiado, así la Iglesia es consciente de la responsabilidad que tiene de salvaguardar y gestionar diligentemente sus propios bienes, a la luz de su misión evangelizadora y con particular solicitud hacia los necesitados. Especialmente, la gestión económica y financiera de la Santa Sede está íntimamente relacionada con su misión específica, no solo al servicio del ministerio universal del Santo Padre, sino también del bien común, en aras del desarrollo integral de la persona humana». Es decir, que la gestión de una institución tan grande y rica en posesiones materiales no debe impedir el objetivo principal de la misma: las personas. El 9 de mayo de 2019 publicó «Vosotros sois la luz del mundo», el *Motu proprio* en el que se concretaban las normas que debía seguir la iglesia católica respecto a los abusos sexuales de sacerdotes.

Las canonizaciones durante su papado fueron numerosas, siendo las más significativas las de Juan Pablo II y Juan XXIII, la de Fray Junípero Serra, realizada en Washington D. C. en 2015 y la de la Madre Teresa de Calcuta en 2016.

La actuación del papa Francisco durante la pandemia de COVID-19 fue la de intentar que el virus no se propagara suprimiendo todas las audiencias y la de animar a los cristianos a ayudar a los enfermos, a rezar por ellos y a no olvidarse de los pobres en momentos tan difíciles. En 2020 pidió al Dicasterio para el Servicio del Desarrollo Humano Integral que se creara la Comisión Vaticana COVID-19, que tenía como misión enfrentarse al desafío socioeconómico que se derivaría de la pandemia, dejando caer que debía instaurarse un salario básico universal. También, el 27 de marzo de 2020, dio una bendición *urbi et orbi* extraordinaria y dijo que vacunarse era «una obligación moral».

Toda su actividad pastoral estuvo volcada con los pobres y los desfavorecidos y contrastaba con su antecesor en el tema académico. Francisco hablaba bien el castellano y el italiano, que eran sus lenguas maternas, tenía conocimientos medios de francés y alemán, y básicos de inglés, pero el latinista Wifried Stroh dijo que no era capaz de conversar en latín, la lengua oficial del Vaticano. Sea verdad o no, no necesitó ese conocimiento para alcanzar el corazón de todos los cristianos.

Como muchos de sus fieles, no tuvo buena salud. Ya en su época de seminarista le tuvieron que extirpar parte de un pulmón, pero además sufría estenosis diverticular, lo que le producía dolores abdominales y por lo que tuvo que someterse a una cirugía en 2021. A partir de 2022 tuvo que empezar a desplazarse en silla de ruedas tras una operación de rodilla. El 23 de marzo de 2023 sufrió una bronquitis que requirió hospitalización. Fue visto con un hematoma en la barbilla en 2024 por una caída y con un brazo en cabestrillo en enero de 2025. En febrero de ese mismo año fue ingresado por una bronquitis que derivó en neumonía y estuvo hospitalizado hasta el 23 de marzo, requiriendo una larga rehabilitación. Nunca llegó a recuperarse del todo.

El 21 de abril de 2025 entró en coma y murió a los 88 años de edad en la Casa de Santa Marta. Había dedicado unas palabras a los fieles el Domingo de Resurrección el día anterior en las que volvió a pedir la paz mundial, por lo que no se esperaba una muerte tan repentina y su fallecimiento causó una gran conmoción internacional. El cuerpo del pontífice se expuso en la Basílica de San Pedro, por la que pasaron los fieles a despedirse, hasta su funeral oficiado el 26 de abril. Uno de los papas más queridos por el pueblo dejó en su testamento la petición de recibir una sepultura sencilla en la tierra, sin ornamentos y con tan solo la inscripción de *Franciscus*. Posteriormente se supo que al morir Francisco solo tenía 90 euros, sin propiedades ni cuentas bancarias de ningún tipo. Murió como había vivido, en comunión con los más pobres, con los desfavorecidos y los débiles, por los que sentía tanta inclinación y por lo que siempre será recordado. Su ataque a las conductas inapropiadas en cuanto a la pederastia en el clero, su defensa ambiental, su lucha contra la desigualdad social, su oposición sin tibieza a la trata de personas y la esclavitud, su flexibilidad ante otro tipo de sexualidad y su papel diplomático puso el listón muy alto a su sucesor.

267. León XIV (2025)

El 8 de mayo de 2025, apenas pasadas las seis de la tarde, una fumata blanca anunció la proclamación de un nuevo Papa, que eligió el nombre de León XIV.

Robert Francis Prevost nació el 14 de septiembre de 1955 en Chicago, Estados Unidos. Sin embargo, su procedencia no es solo estadounidense, ya que su padre, Louis Marius, tenía raíces italianas y francesas, y su madre, Mildred Agnes, dominicanas y españolas. Esta condición dio a Robert y a sus hermanos, Louis y John, un ambiente multicultural tanto en idiomas como en tradiciones, por lo que puede decirse que, desde niño, se caracterizó por su facilidad natural para tender puentes entre culturas.

Robert completó sus estudios de secundaria en el Seminario Menor San Agustín de Holland, en Michigan. Esa formación agustina permanecerá ya para siempre en su interior. Posteriormente, obtuvo el grado en Ciencias Matemáticas y Filosofía en la Universidad Villanova, en Filadelfia. Completó su formación con una maestría en Divinidad en la Unión Teológica Católica de Chicago y con estudios de Derecho canónico en la Pontificia de Santo Tomás de Aquino de Roma, donde se doctoró *cum laude*. Entre sus muchas virtudes académicas, destaca su capacidad políglota, pues habla seis idiomas con fluidez (inglés, español, italiano, francés, portugués y quechua) y además lee con solvencia el latín y el alemán.

Si su trayectoria académica resulta brillante, no lo es menos su vocación religiosa. En 1977 comenzó su noviciado en la Orden de San Agustín en San Luis, Misuri. El arzobispo Jean Jadot le ordenó sacerdote en 1982 en Roma. Tenía 27 años. En su labor pastoral siempre ha tenido mucho peso su vocación misionera, pues ya en 1985 comenzó a trabajar en la misión Chulucanas en Perú y aunque entre 1987 y 1988 fue promotor pastoral en Estados Unidos, regresó ese mismo año a Perú, esta vez a la misión de Trujillo, donde fue prior, director de formación y maestro de profesos, además de ser vicario judicial y profesor de Derecho canónico en el Seminario Mayor, donde también fue director de estudios y rector durante un año.

En el año 2001 Robert Prevost fue elegido como prior general de los agustinos, cargo para el que volvió a ser reelegido en 2007 y en el que estuvo hasta 2013, cuando pasó a ser director de formación del Convento de San Agustín en Chiclayo, Perú. Por fin, el 26 de septiembre de 2015 el papa Francisco lo nombró obispo de Chiclayo y en 2020, miembro de la Congregación para los Obispos. Entre 2018 y 2023 fue el vicepresidente segundo de la Conferencia Episcopal Peruana. Siempre se ha mostrado muy unido a este país, puesto que ha pasado casi toda su carrera misionera allí, por eso no extrañó a nadie que el mismo día de su proclamación como papa dirigió a la multitud unas palabras en español acordándose de su misión en Perú:

> «[…] Si me permiten también, un saludo […] en particular a mi querida diócesis de Chiclayo en el Perú. Donde un pueblo ha acompañado a su obispo, ha compartido su fe y ha dado tanto, tanto para seguir siendo Iglesia fiel de Jesucristo».

Su talante misionero le ha puesto siempre a favor de los débiles y no ha dudado en pronunciarse de forma crítica contra los escándalos de abuso sexual en la Iglesia, situándose junto a las víctimas. Además, su origen migrante y su doble nacionalidad estadounidense y peruana (desde 2015) convierte su figura en un enlace entre Estados Unidos y América Latina (incluso se dice que en el Vaticano era conocido como «el yanqui latino»). Del mismo modo, por ser papa de Roma tiende simbólicamente un puente entre Europa y el continente americano.

En 2023 Francisco lo nombró prefecto del Dicasterio para los Obispos, presidente de la Pontificia Comisión para América Latina y arzobispo *ad personam*, es decir, sin jurisdicción de una archidiócesis, sino como una distinción personal y honorífica, lo que explica por sí solo la opinión que Francisco tenía de él. Y es que Prevost siempre estuvo muy unido a Francisco, eran cercanos en su ideología progresista y su visión social de la Iglesia, por lo que, en su discurso de proclamación como papa, León XIV tuvo un recuerdo de especial gratitud hacia Francisco declarando su intención de servir también como él para la unión, la paz y la caridad entre los cristianos.

Fue el mismo papa Francisco quien le nombró cardenal el 30 de septiembre de 2023 con el *titulus* de cardenal diácono de Santa Mónica. Tan solo dos años más tarde fue elegido papa marcando el inicio de una época. Es el primer papa americano de la historia y también el primero de la Orden de San Agustín:

> «[…] Soy un hijo de San Agustín. Agustiniano. Que dijo "Con ustedes soy cristiano y por ustedes obispo". En este sentido podemos todos caminar juntos hacia esta patria que nos ha preparado Dios […]».

La elección del nombre de León XIV tampoco es casual, sino que es el indicativo de su compromiso social al utilizarlo como homenaje a otros papas anteriores, como León I el Magno, el papa que detuvo a Atila a las puertas de Roma tan solo a través del diálogo y el carisma. En este sentido, León XIV quiere promocionar la Iglesia sinodal, aquella que siempre esté abierta al diálogo. Pero, sobre todo, el nombre del nuevo papa vuelve la mirada al papa León XIII, que se significó como el defensor de los derechos humanos situándose junto a los trabajadores humildes oprimidos por la desigualdad social en su *Rerum Novarum*, que definía la doctrina social de la Iglesia.

El nuevo papa León XIV tiene ante sí un pontificado complejo en el escenario de un mundo cada vez más polarizado en el que sus ideales de diálogo y su perfil pacifista serán fundamentales, ya que tendrá que afrontar cuestiones como la pobreza, la inmigración, las guerras y los enmarañados conflictos geopolíticos internacionales. Se sabe de él que tiene el talante reformista y continuista de Francisco, a pesar de que su carácter no es tan extrovertido, sino más bien reservado y reflexivo, pero siempre valiente, capaz de enfrentarse a los poderosos si es necesario, como cuando en 2017, siendo obispo de Chiclayo, recomendó al expresidente de Perú, Alberto Fujimori, que pidiese perdón a las víctimas de su represión para poder iniciar el camino de la reconciliación social.

Su nombramiento aúna una labor pastoral junto a los más necesitados con la de gestión en la curia del Vaticano, en la que también tiene experiencia, siendo por tanto un papa de consenso que puede conseguir el difícil equilibrio entre el sector más progresista, que deseaba una línea audaz en lo social, y el más conservador de la Iglesia, que buscaba un perfil de estabilidad doctrinal. Es un papa conciliador, culto, misionero, discreto y sin estridencias, el puente perfecto entre el norte y el sur, entre la Iglesia más tradicional y la nueva Iglesia que comienza con su papado.

Índice